팀 켈러, 사랑으로 나아가는 오늘

팀 켈러, 사랑으로 나아가는 오늘

지은이 | 팀 켈러
옮긴이 | 윤종석 외
초판 발행 | 2024. 10. 23.
등록번호 | 제1988-000080호
등록된 곳 | 서울시 용산구 서빙고로65길 38
발행처 | 사단법인 두란노서원
영업부 | 02)2078-3333 FAX | 080-749-3705
출판부 | 02)2078-3330

책값은 뒤표지에 있습니다.
ISBN 978-89-531-4955-7 03230

독자의 의견을 기다립니다.
tpress@duranno.com www.duranno.com

두란노서원은 바벨 사노가 3차 진도 여행 때 에베소에서 성령 받은 제자들을 따로 세워 하나님의 말씀으로 양육하던 장소입니다. 사도행전 19장 8-20절의 정신에 따라 첫째 목회자를 돕는 사역과 평신도를 훈련시키는 사역, 둘째 세계선교 ™와 문서선교 단행본·잡지 사역, 셋째 예수문화 및 경배와 찬양 사역, 그리고 가정·상담 사역 등을 감당하고 있습니다. 1980년 12월 22일에 창립된 두란노서원은 주님 오실 때까지 이 사역들을 계속할 것입니다.

예수님 생각 365

팀 켈러,
사랑으로 나아가는
오늘

팀 켈러 지음
Timothy Keller

A Year with Timothy Keller

두란노

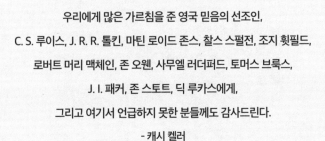

우리에게 많은 가르침을 준 영국 믿음의 선조인,

C. S. 루이스, J. R. R. 톨킨, 마틴 로이드 존스, 찰스 스펄전, 조지 휫필드,

로버트 머리 맥체인, 존 오웬, 사무엘 러더퍼드, 토머스 브룩스,

J. I. 패커, 존 스토트, 딕 루카스에게,

그리고 여기서 언급하지 못한 분들께도 감사드린다.

- 캐시 켈러

CONTENTS

1월
January

방황을 끝내고
하나님 집으로

A Year with
Timothy Keller

창조, 샬롬의 세상

● 하나님이 지으신 그 모든 것을 보시니 보시기에 심히 좋았더라… 창세기 1:31

대다수 고대 창조 설화에서 창조는 전쟁이나 폭력 행위의 부산물이었다. 숙고와 계획을 거친 창조는 사실상 하나도 없다. 흥미롭게도 사물의 기원에 관한 세간의 과학적 설명도 옛 이교도들의 설명과 거의 판박이다. 생물학적 생명은 물론이고 세상의 물리적인 형태 역시 폭력적인 힘이 낳은 결과물이라는 것이다.

여느 고대 창조 설화와 달리 성경은 특이하게도, 완벽하게 조화를 이루고 상호 의존적이며 서로를 향상시키고 강화하는 생명들이 다양하고 풍성한 형태로 존재하는 세상을 묘사한다. 이에 대한 창조주의 반응은 기쁨이다. 창조주이신 하나님은 "심히 좋다"라는 말씀을 되풀이하신다. 하나님은 사람을 창조하시고는 그에게 정원사가 정원을 가꾸듯 피조 세계를 경영하고 광대한 자원을 끌어내라고 지침을 주신다. 창세기 1장 28절을 보면, 창조주는 "잘 굴러가게 해라, 공이 여기 있으니!"[1]라고 말하는 듯하다.

창조의 모든 부분들이 이루는 이 완벽하고 조화로운 상호 의존을 설명하는 히브리어 단어는 '샬롬'이다. 우리는 이 단어를 흔히 'peace'(평화)로 번역하는데, 기본적으로 이 영어 단어는 어려움이나 적의가 없는 상태를 뜻하는 소극적인 의미다. 히브리어 단어는 그보다 훨씬 더 많은 의미를 담고 있다. 곧 '샬롬'은 절대적인 완전함, 즉 충만하고 조화로우며 즐겁고 풍요로운 삶을 뜻한다.

• 완전함

타락, 샬롬을 잃어버리다

● 그러므로 한 사람으로 말미암아 죄가 세상에 들어오고 죄로 말미암아 사망이 들어왔나니 이와 같이 모든 사람이 죄를 지었으므로 사망이 모든 사람에게 이르렀느니라 로마서 5:12

　창세기 3장은 죄로 말미암아 샬롬을 참담하게 잃어버리는 과정을 상세하게 그려 낸다. 하나님이 아니라 자신을 섬기기로 작심하는, 그러니까 하나님을 최고선으로 여기며 그분을 위해 살고 그분을 즐거워하기를 포기한 바로 그 순간, 옹글었던 창조 세계는 깨지고 말았다. 만물의 구조는 인류와 너무나도 단단히 통합되어 있어서 인간이 하나님께 등을 돌리자마자 세상의 기초적인 틀도 철저하게 흐트러졌다. 압제와 전쟁, 범죄와 폭력과 마찬가지로 질병과 유전질환, 기근과 자연재해, 노화와 죽음 자체도 죄의 결과이다. 인류는 신체적으로, 영적으로, 사회적으로, 심리적으로, 문화적으로 하나님의 샬롬을 다 잃어버렸다. 만물은 망가져 버렸다. 바울은 로마서 8장에서 이제 온 세상이 "썩어짐의 종 노릇" 하게 되었고 "허무한 데 굴복하는" 지경에 빠졌으며 인간이 바로 설 때까지 정상을 회복하지 못할 것이라고 지적한다.

　죄는 그저 나쁜 짓을 하는 것만이 아니다. 죄란 하나님의 자리에 다른 좋은 것을 두는 것이다. 그러므로 유일한 해결책은 우리 행동을 변화시키는 차원을 넘어 우리 마음과 삶 전체의 방향을 바꾸어 하나님께 집중하는 것이다.

• 죄

당신을 위해 죽으신 예수님

● 우리가 아직 죄인 되었을 때에 그리스도께서 우리를 위하여 죽으심으로 하나님께서 우리에
대한 자기의 사랑을 확증하셨느니라 로마서 5:8

잘 기억해 두라. 예수님을 위해 살지 않으면, 무언가 다른 것을 위해 살
게 되어 있다. 직장에서 성공하기 위해 살다가 뜻을 이루지 못하면 그게 당신
을 평생 따라다니며 괴롭힌다. 마치 낙오자가 된 듯한 기분이 든다. 아들딸만
보고 사는데 자녀들에게 문제가 있으면 하늘이 무너진듯 낙담하기 십상이다.
인간으로서 자신이 아무 쓸모가 없다는 느낌이 들기 때문이다.

예수님이 우리 삶의 중심이고 우리의 주인이라면, 혹시 우리가 잘못을
저지른다 해도 그분은 기꺼이 용서해 주신다. 직장에서의 성공이 우리 죄를
짊어지고 우리 대신 죽을 수 없다. 개중에는 "내가 그리스도인이었더라면 평
생 죄책감에 쫓기며 살아야 했을 거야!"라고 이야기하는 이들이 있다. 하지
만 인간이라면 누구나 죄책감에 시달린다. 저마다 정체성을 가져야 하고 그
정체성을 확보하기 위해 살아 내야 할 기준 같은 게 있기 때문이다. 어떤 토
대 위에 삶을 구축했든지 거기에 맞춰 살아가야만 한다. 예수님은 우리 삶의
목적으로 삼아야 할 유일한 주님이다. 그분은 우리를 위해 목숨을 버리신,
자신의 마지막 숨까지 우리를 위해 주신 분이다.

• 삶의 목적

종교를 이용해서 예수님을 부인하다

● 그러므로 율법의 행위로 그의 앞에 의롭다 하심을 얻을 육체가 없나니 율법으로는 죄를 깨달음이니라   로마서 3:20

　　죄와 악은 곧 사람들을 억압하게 만드는 자기중심성과 교만이다. 여기에는 두 가지 형태가 있다. 하나는 대단히 야비하고 온갖 규칙을 다 어기는 형태다. 다른 하나는 몹시 선하고 모든 질서를 다 지키지만 자기 의를 자랑하는 형태다. 자신이 구세주가 되는 두 가지 길이 있다. 첫 번째는 "내 인생이니까 내 맘대로 살 거야!"라고 이야기하는 방식이다. 두 번째는 플래너리 오코너가 묘사하는 소설 속 인물 헤이즐 모츠의 모습에 잘 드러난다. "그는 예수를 부인하는 가장 좋은 방법은 죄를 부정하는 것임을 알고 있었다."[2]

　　죄를 짓지 않고 윤리적으로 살기 때문에 하나님도 어쩔 수 없이 복을 주시고 구원을 베푸실 수밖에 없는 사람이라면, 아이러니하게도 그는 예수를 스승이나 본보기, 조력자로 볼 뿐 구주로는 여기지 않을 것이다. 그는 하나님 앞에 서서 자신을 중보해 줄 예수님보다 자신의 선함을 더 신뢰하고 있다. 예수를 따라간다 하면서도 자신을 직접 구원하려 애쓰고 있다.

　　역설적이게도 이는 예수님의 복음을 부정하는 것이다. 기독교 형식의 종교다. 성경의 규칙을 어기는 방식만이 아니라 그 규칙을 모두 지키는 방식으로도 구주 예수님을 마다할 수 있다. 마음에 품은 동기들이 완전히 달라지는 일대 변화가 당신에게는 필요하다.

• 자기중심성

사랑하기에 복종하다

● 너희는 그 은혜에 의하여 믿음으로 말미암아 구원을 받았으니 이것은 너희에게서 난 것이
아니요 하나님의 선물이라 행위에서 난 것이 아니니 이는 누구든지 자랑하지 못하게 함이라
에베소서 2:8-9

우리의 노력을 보고 하나님이 우리를 받아 주신다는 생각과 그리스도가
하신 일 때문에 우리를 받아 주신다는 의식 사이에는 어마어마한 격차가 존
재한다. 종교의 구동 원리는 "나는 순종한다. 그러니 하나님은 나를 받아 주
신다"라는 개념이다. 반면 복음의 구동 원리는 "그리스도가 하신 일을 통해
하나님이 날 받아 주신다. 그래서 나는 순종한다"라는 것이다.

이렇게 판이한 원리에 기대어 사는 두 부류의 사람들이 한 교회에서 바
로 옆자리에 나란히 앉을 수도 있다. 양쪽 다 기도에 힘쓰고, 넉넉히 베풀고,
가족과 교회에 충성하면서 건실한 삶을 살려 애쓴다. 하지만 그들의 동기는
전혀 다르다. 영적인 정체성도 딴판이다. 그리고 그렇게 서로 다른 삶이 불
러오는 결과도 완전히 다르다.

가장 큰 차이는 동기에 있다. 종교를 좇는 이들은 두려움 때문에 거룩한
기준을 지키려 한다. 순종하지 않으면 이생과 내생에서 하나님의 은총을 모
두 잃어버리리라 생각한다. 반면 복음을 따르는 이들은 그리스도 덕분에 이
미 받은 은총에 감사하는 마음에서 순종한다. 도덕주의자들은 버림받을까
봐 두려워서 마지못해 순종할 따름이지만, 그리스도인들은 자신을 위해 목
숨을 내주신 분을 기쁘게 해 드리고 닮아 가려는 염원에서 흔쾌히 복종한다.

• 은혜

자아를 잊어버리는 자유

● 내가 그리스도와 함께 십자가에 못 박혔나니 그런즉 이제는 내가 사는 것이 아니요 오직 내 안에 그리스도께서 사시는 것이라 이제 내가 육체 가운데 사는 것은 나를 사랑하사 나를 위하여 자기 자신을 버리신 하나님의 아들을 믿는 믿음 안에서 사는 것이라 갈라디아서 2:20

개인적으로 복음을 제대로 이해하지 못할 때, 자아상이 두 극단 사이에서 심하게 요동친다. (학업, 직업적인 성취, 또는 관계에 있어서) 내 기준에 맞게 잘 수행하고 있으면, 나는 자신감이 넘치지만 겸손해지진 않는다. 그렇지 못한 이들 앞에서 우쭐해하고 매몰차지는 성향이 있다. 기준에 미치지 못하면 겸허해지기는 하는데 자신감을 잃고 실패자가 된 느낌이 든다. 하지만 나는 독특한 정체성을 구축할 수 있는 자원이 복음에 있음을 깨달았다. 내가 흠투성이임에도 불구하고, 아니 그 사실을 기꺼이 인정하는 까닭에, 그리스도 안에서 은혜로 용납받았음을 알 수 있었다.

내게는 너무 흠이 많아 예수님이 나 대신 죽으실 수밖에 없었지만, 그런 내가 한없이 사랑스럽고 소중해서 그리스도께서 서슴없이 그 죽음을 받아들이셨다는 것이 바로 복음이다. 이 사실 때문에 나는 사무치는 겸손과 깊은 자신감을 동시에 갖게 된다. 젠체하거나 징징거리던 모습을 단번에 누그러뜨린다. 누구에게도 우월감을 가질 수 없지만, 또한 누구에게도 스스로를 입증해 보일 이유가 없다. 나를 더 부풀리지도 찌그러뜨리지도 않는다. 오히려 자신에 대해 덜 생각하게 된다. 자신이 어떻게 행동하고 있는지, 자신이 어떻게 보이는지, 그렇게 자주 자신을 의식할 필요가 없다.

• 독특한 정체성

하나님의 용서하심

● 율법을 따라 거의 모든 물건이 피로써 정결하게 되나니 피 흘림이 없은즉 사함이 없느니라
  히브리서 9:22

"예수님이 꼭 죽어야 할 필요가 있었을까요? 인류를 그냥 용서해 주실 수는 없었던 걸까요?" 이렇게 묻는 이들이 허다하지만, 심각한 죄를 아무도 그냥 용서하지 않는다는 것쯤은 누구나 아는 사실이다. 용서란 잘못을 저지른 이에게 대가를 치르게 하는 대신 자신이 그 대가를 떠안고, 상대가 새롭게 달라지기를 기대하며 사랑을 베푸는 것이다. 이는 죗값을 자신이 짊어진다는 의미이기도 하다. 커다란 죄악을 용서하는 이는 누구나 죽음을 지나 부활에 이르며 고통과 피, 땀과 눈물을 경험한다.

그렇다면 인간이 주님께 잘못한 일이나 서로에게 잘못한 일들을 하나하나 벌주는 게 아니라 도리어 용서하기로 결정하시고 예수님이 스스로 십자가를 지고 돌아가셨다는 사실에 왜 놀라워해야 하는가? 본회퍼의 말처럼, 용서를 하려면 상대의 죄를 대신 져야 한다. 그 규모가 무한히 크기는 하지만, 누군가를 용서하기 위해 반드시 해야 할 일을 하나님은 십자가에서 뚜렷하게, 우주적으로 보여 주신다. 인간은 어쩔 수 없이 창조주의 형상을 드러내게 되므로 인간의 용서 역시 이런 식으로 이뤄진다. 악을 이기는 유일한 방법이 용서의 고통을 통과하는 길뿐임을 우리는 알고 있다. 그렇다면, 악을 물리치고자 하는 열정과 다른 이들을 용서하고자 하는 애정 어린 소망을 우리보다 훨씬 더 무한히 가지고 계신 하나님은 더 그렇게 행하실 것이라는 사실에 놀랄 이유가 없다.

• 용서의 고통

삼위 하나님의 친밀한 교제

● 예수께서 이 말씀을 하시고 눈을 들어 하늘을 우러러 이르시되 아버지여 때가 이르렀사오니 아들을 영화롭게 하사 아들로 아버지를 영화롭게 하게 하옵소서 요한복음 17:1

세상의 모든 종교들 가운데 유독 기독교만 하나님을 삼위로 가르친다. 삼위일체란 한 분 하나님이 성부, 성자, 성령 세 위격으로 영원히 존재하신다는 교리다. 하나님은 본질적으로 관계적이라는 뜻이다.

복음서를 기록한 요한은 성자를 설명하면서 "아버지 품속에"(요 1:18) 영원토록 사신다고 말한다. 여기서 "품속"은 사랑과 친밀감을 상징하는 고대의 표현 방식이다. 요한복음 뒷부분에서는 예수님이 성령을 일컬어 "나를 영광되게 하실 것"(요 16:14, 새번역)이라고 하신다. 이어서 성자는 아버지를 영화롭게 하고(요 17:4), 성부는 다시 아들을 영화롭게 한다고(요 17:5) 한다. 이런 관계가 영원토록 계속된다.

여기서 성부와 성자와 성령이 서로 "영화롭게" 한다는 것은 무슨 뜻인가? 도표를 그려서 생각해 본다면, 자기중심성은 움직임이 없는 정적인 상태라고 할 수 있다. 다른 사람들한테 나를 중심으로 움직이라고 요구한다. 내 목표를 채우고 내 만족을 얻는 데 도움이 되는 경우에만 남들을 위해 무언가를 하고 애정을 쏟는다.

하지만 삼위일체 하나님의 내면생활은 완전히 다르다. 삼위일체의 삶은 자기중심적이 아니라 서로에게 자신을 내주는 사랑을 그 특징으로 한다.

• 삼위일체

창조의 춤에 참여하라

● 기록된 바 하나님이 자기를 사랑하는 자들을 위하여 예비하신 모든 것은 눈으로 보지 못하
고 귀로 듣지 못하고 사람의 마음으로 생각하지도 못하였다 함과 같으니라 오직 하나님이
성령으로 이것을 우리에게 보이셨으니 성령은 모든 것 곧 하나님의 깊은 것까지도 통달하시
느니라 고린도전서 2:9-10

하나님은 인간으로 하여금 서로 사랑하고 영화롭게 하는 우주적이고 무
한한 환희를 혼자 취하도록 지으신 게 아니라 그것을 서로 나누도록 창조하
셨다. 우리는 함께 춤을 추도록 지음받았다. 하나님을 우리 삶의 중심으로
삼고 자기 이익을 위해서가 아니라 오로지 하나님의 존재 때문에, 하나님의
아름다움과 영광을 위하여 섬긴다면, 우리는 그분의 춤에 참여해서 그분이
누리는 즐거움과 사랑을 함께 누리게 될 것이다.

그렇다면 인간은 그저 일반적인 방식으로 하나님을 믿도록 설계된 게 아
니다. 모호한 영감이나 영성을 좇도록 만들어지지 않았다는 뜻이다. 우리는
삶의 중심을 하나님께 두도록, 하나님을 알고 섬기고 즐거워하며 닮아 가는
것을 삶의 목적으로 삼고 열정을 쏟도록 지음받았다. 이렇게 행복이 커 가는
과정은 상상할 수 없을 만큼 깊이를 더해 가며 영원히 계속될 것이다.

그러다 보니 우리는 물질세계를 독특하리만치 긍정적인 시각으로 바라
보게 된다. 이 세상은 다른 창조 신화들이 주장하듯 허상도, 신들이 벌인 전
투의 결과물도, 자연력의 우연한 산물도 아니다. 이 세상은 기쁨이 가득한
가운데 지어졌으므로 당연히 그 자체로 선하다.

우리는 우주를 마치 항성의 주위를 도는 행성처럼, 조수(潮水)와 계절처
럼, "분자 속에 들어 있는 원자처럼, 화음을 이루는 성조처럼, 지상의 생명체
처럼, 품 안의 아기를 굽어보는 어머니처럼"³ 서로를 구속하지만 동시에 독
립적인 에너지를 통해 연합된 존재들의 춤으로 이해할 수 있다.

• 우주

Jan.
10

정의와 진리를 위해 일하다

● 선행을 배우며 정의를 구하며 학대받는 자를 도와주며 고아를 위하여 신원하며 과부를 위하여 변호하라 하셨느니라 이사야 1:17

복음은 우리에게 도덕적인 의무와 정의의 실재를 믿는 신념에 관해 알려 준다. 그러므로 그리스도인들은 기회가 닿는 대로 회복시키고 재분배하는 정의를 실천한다. 복음은 사람들 안에 결코 지워지지 않는 종교성이 있음을 설명해 준다. 그러므로 그리스도인들은 예수님을 통해 용서받고 하나님과 화해하는 길을 가리켜 보이며 복음을 전하기에 힘쓴다. 복음은 인간의 뿌리 깊은 관계적인 속성을 일깨워 준다. 그래서 그리스도인들은 교회 공동체, 곧 교회뿐만 아니라 주위의 인간 공동체들을 단단히 세우기 위해 헌신적으로 일한다.

복음은 또한 아름다운 것들을 기뻐하고 즐기는 마음을 알게 해 준다. 그러므로 그리스도인들은 과학과 원예를 통해 자연 속의 피조물을 잘 돌보는 이들에서부터 예술적인 작업에 온 힘을 기울이는 이들에 이르기까지 모두가 물질세계의 청지기가 되며, 그런 일들이 인간을 풍요롭게 하는 데 반드시 필요함을 알고 있다. 하늘과 나무들은 하나님의 영광을 '노래'하고, 우리는 그 하나하나를 보살피고 기리는 일을 통해 하나님을 찬양하고 인간에게 환희를 선사한다.

간단히 정리하자면, 그리스도인의 삶이란 다른 모든 사람에게 신앙을 가지라고 권해서 기독교 공동체를 세울 뿐만 아니라 정의와 섬김을 실천해 인간 공동체를 굳건하게 만드는 것을 가리킨다. 그리스도인은 정의와 진리를 위해 일하는 참다운 '혁명가'들이다. 우리는 완전한 세상이 오기를 기대하는 마음을 품고 수고를 아끼지 않는다.

• 완전한 세상

은혜 때문에 기꺼이 종이 되다

● 너희 중에는 그렇지 않을지니 너희 중에 누구든지 크고자 하는 자는 너희를 섬기는 자가 되고 너희 중에 누구든지 으뜸이 되고자 하는 자는 모든 사람의 종이 되어야 하리라 마가복음 10:43-44

예수님은 대단한 종교 비판자셨다. 예수님의 유명한 산상수훈(마태복음 5, 6, 7장)은 반종교적인 사람들이 아니라 종교적인 사람들을 지목한다. 이 유명한 설교에서 예수님이 비판하신 대상은 기도하고 가난한 이들에게 베풀고 성경 말씀을 좇아 살려고 애쓰기는 하지만, 남들한테 칭찬을 받고 스스로 주도권을 쥐려는 속셈을 품고 움직이는 종교인들이다. 그들은 이러저러한 영적이고 종교적인 일을 수행했으므로 다른 사람들은 물론이고 하나님까지 움직일 힘을 갖게 되리라고 믿는다("그들은 말을 많이 하여야 들으실 줄 생각하느니라", 마 6:7). 그래서 그들은 툭하면 판단하고 손가락질하며 성급하게 비난하지만 정작 자신은 아무런 비판도 받고 싶어 하지 않는다.

그러나 예수님과 선지자들의 하나님은 오로지 은혜로 구원을 베푸실 따름이다. 종교적이고 도덕적인 행위에 좌우되는 분이 아니다. 우리는 회개를 통해서만, 그리고 주도권을 포기할 때에만, 하나님께 다가갈 수 있다. 순전히 은혜로 구원을 얻은 이들은 감격에 겨워 기꺼이 하나님과 이웃을 섬기는 종이 되게 마련이다.

• 주도권 포기

사랑과 정의의 하나님

● 여호와께서는 그 모든 행위에 의로우시며 그 모든 일에 은혜로우시도다 / 여호와께서 자기
를 사랑하는 자들은 다 보호하시고 악인들은 다 멸하시리로다 시편 145:17, 20

기독교 신앙에서 하나님은 사랑의 하나님인 동시에 공의의 하나님이기
도 하다. 이것을 받아들이는 데 어려움을 겪는 이들이 적지 않다. 사랑의 하
나님이 또한 심판하는 하나님일 수는 없다고 생각하는 것이다. 우리 사회에
서 사역하는 대다수 목회자들이 다 그러하듯, 나 역시 헤아릴 수 없을 만큼
자주 질문을 받는다. "어떻게 사랑의 하나님이 또 노여움과 화가 들끓는 하
나님일 수 있다는 거죠? 사랑이 넘치고 한 점 흠이 없는 분이라면, 모두를 다
용서하고 받아들이는 게 당연합니다. 화를 내서는 안 된다고요."

그때마다 나는 늘 사랑이 넘치는 인간들도 '사랑함에도 불구하고'가 아니
라 '사랑하기에' 더러 분노에 사로잡힌다는 점을 상기시킨다. 상대를 깊이 사
랑하는데 누군가 그를(또는 스스로 자신을) 망치려 든다면 화가 날 수밖에 없다.
베키 피퍼트가 이야기한 그대로다.

사랑하는 이가 슬기롭지 못한 행동과 관계들로 참담하게 망가져 가는 게
보인다면 어떤 느낌이 들지 생각해 보라. 낯선 상대를 대하듯 꾹 참고 점잖
게 반응하겠는가? 말도 안 되는 소리다. 분노는 사랑의 반대말이 아니다.
사랑의 반대는 증오이며, 증오의 끝은 냉담이다. … 하나님의 진노는 짜증
스러운 폭발이 아니라 하나님이 전부를 던져 사랑하신 대상인 인류의 내
면을 갉아먹는 … 암 덩어리에 대한 확고한 반감이다.[4]

하나님의 진노는 피조물을 향한 사랑에서 비롯된다고 성경은 말한다. 하
나님은 악과 불의를 노여워하신다. 평안과 온전함을 깨뜨리기 때문이다.

• 분노

Jan.
13

기적은 예배로 이어진다

● 주는 기이한 일을 행하신 하나님이시라 민족들 중에 주의 능력을 알리시고 시편 77:14

기적은 믿기 어려우며 그게 당연하다. 마태복음 28장은 갈릴리 지방의 어느 산자락에서 부활하신 예수님을 만난 사도들의 이야기를 들려준다. "예수를 뵈옵고 경배하나 아직도 의심하는 사람들이 있더라"(마 28:17). 이는 주목할 만한 자백이다. 초기 기독교 문서의 저자들은 교부라고 할 만한 사람들 중에도 살아나신 예수님을 두 눈으로 똑똑히 보고 손으로 만지면서도 부활의 기적을 믿지 못한 이들이 있었다고 증언한다. 예수님의 부활이 실제로 일어나지 않았다면, 이 사건 기록에 이런 구절을 포함시켰을 이유가 없다.

이 성경 구절은 몇 가지 사실을 보여 준다. 우리 같은 현대의 과학적인 사람들만 기적적인 사건을 붙들고 씨름할 뿐 고대 사람들은 그러지 않았으리라고 생각하면 안 된다고 경고한다. 현대인들과 마찬가지로 사도들 역시 자기 눈을 믿은 이들도 있고 그렇지 않은 이들도 있었다. 아울러 이 말씀은 인내하라고 격려한다. 남들보다 훨씬 더 어려운 씨름 끝에 믿음을 갖게 된 이들도 있었지만, 끝내는 사도들 모두가 교회의 큰 지도자가 되었다.

그러나 이 성경 구절에서 가장 교훈적인 부분은 성경이 기적의 목적을 무엇이라고 가르치는가 하는 점이다. 성경의 기적들은 인지적인 믿음을 넘어 예배와 경외와 감격에 이르도록 우리를 이끈다.

• 경외

21

잃어버린 두 아들

● 모든 세리와 죄인들이 말씀을 들으러 가까이 나아오니 바리새인과 서기관들이 수군거려 이
르되 이 사람이 죄인을 영접하고 음식을 같이 먹는다 하더라 예수께서 그들에게 이 비유로
이르시되 누가복음 15:1-3

　예수님의 이 이야기에 가장 걸맞은 명칭은 '잃어버린 두 아들 비유'일 것
이다. 이 드라마는 두 막으로 되어 있다. 1막의 제목은 '잃어버린 둘째 아들'
이고, 2막의 제목은 '잃어버린 맏아들'이다.

　1막은 짧지만 충격적인 요청으로 시작된다. 둘째 아들은 아버지에게 가
서 "재산 중에서 내게 돌아올 분깃을 내게 주소서"(눅 15:12)라고 말한다. 이 비
유를 들은 최초의 청중은 이런 요구에 경악했을 것이다. 둘째 아들이 유산을
지금 달라고 한 것은 지극히 무엄한 행위였다. 아버지 생전에 유산을 구한다
는 건 아버지가 죽기를 바란다고 말하는 것과 같았다.

　결국 아버지에게 둘째 아들이 요구한 것은 아버지 목숨을 찢어 달라는
것이었다. 그런데 아버지는 아들을 사랑하기에 그대로 해 준다. 당시 예수님
의 이야기를 들었던 대부분의 청중은 중동의 가부장이 그런 식으로 반응하
는 것을 본 적이 없었을 것이다. 이 아버지는 사랑을 거부당한 고통뿐 아니
라 처참한 명예 훼손까지 참고 견딘다. 대개 우리는 사랑을 거부당하면 화를
내고 복수한다. 그리고 그 사람을 향한 우리의 사랑을 최대한 거둬들여 자신
이 상처받지 않으려 한다. 그런데 이 아버지는 아들을 향한 사랑을 줄곧 유
지하며 자신의 괴로움을 견딘다.

• 아버지의 사랑

자신이 의롭다고 착각하는 죄인

● 또 이르시되 어떤 사람에게 두 아들이 있는데 누가복음 15:11

　대체로 사람들은 이 비유를 읽을 때 집을 나갔다가 다시 돌아온 둘째 아들 즉 '탕자'에게 집중해 왔다. 하지만 그러면 이야기의 진정한 메시지를 놓친다. 두 형제가 각기 하나님으로부터 멀어지는 두 가지 길을 대변하기 때문이다. 천국에 들어가기를 구하는 길도 양쪽이 서로 다르다.

　이 이야기의 과녁은 '제멋대로 사는 죄인들'이 아니라 매사에 성경의 규정대로 행하는 종교적인 사람들이다. 예수님이 타이르시는 대상은 부도덕한 외부인이라기보다 도덕적인 내부인이다. 예수님은 그들이 편협해 자신이 의로운 줄로 알고 있으며, 그로 인해 자신의 영혼뿐 아니라 주변 사람의 삶까지도 멸망에 빠뜨리고 있음을 보여 주려 하셨다. 그러니 예수님이 주로 '동생'들에게 하나님의 무조건적 사랑을 확신시켜 주려고 이 이야기를 하셨다고 생각하면 오산이다.

　최초 청중은 이 이야기에 감동해 눈물짓기는커녕 오히려 경악하고 괘씸해하며 격노했다. 예수님의 취지는 좌중의 마음을 훈훈하게 하는 게 아니라 그들의 범주를 허무시는 것이었다. 이 비유로 예수님은 하나님, 죄, 구원에 대해 거의 모든 사람이 하고 있던 생각이 틀렸음을 지적하신다.

　예수님의 이야기는 동생의 해로운 자기중심성을 드러낼 뿐 아니라 형의 도덕주의적 삶도 가차 없이 질책한다. 예수님은 종교적인 사람이나 종교를 등진 사람이나 둘 다 영적으로 잃어버린 바 된 존재이고, 양쪽 삶의 길도 다 막다른 골목이며, 하나님과 연결되는 법에 대해서도 인류가 품어 온 생각이 모두 잘못되었다고 말씀하신다.

• 질책

아들에게 달려가는 아버지

● 그 후 며칠이 안 되어 둘째 아들이 재물을 다 모아 가지고 먼 나라에 가 거기서 허랑방탕하여 그 재산을 낭비하더니 다 없앤 후 그 나라에 크게 흉년이 들어 그가 비로소 궁핍한지라 가서 그 나라 백성 중 한 사람에게 붙여 사니 그가 그를 들로 보내어 돼지를 치게 하였는데 누가복음 15:13-15

　둘째 아들은 "먼 나라"(13절)로 가서 방탕한 생활로 전 재산을 날린다. 자기 신세가 말 그대로 돼지와 같아지자 그는 "스스로 돌이켜"(17절) 혼잣말로 계획을 짠다. 첫째로, 아버지에게 돌아가 자신이 죄를 지어 아들의 자격을 잃었음을 자인한다. 둘째로, 염치 불고하고 아버지에게 "나를 품꾼의 하나로 보소서"(19절)라고 부탁한다.

　둘째 아들이 걸어오는 모습이 시야에 들어오자 아버지가 그를 향해 달려간다. 그렇다. 아들에게로 달려간다! 대체로 중동의 기품 있는 가부장은 달리지 않았다. 아이와 여자와 젊은 남자는 달릴 수도 있지만, 지역사회의 점잖은 기둥이자 대농장의 소유주인 가장은 달랐다. 그들은 아이처럼 겉옷을 들쳐 올려 다리의 맨살을 드러내지 않았다. 그런데 이 아버지는 그렇게 한다. 아들에게 달려가 자신의 감정을 그대로 내보인다. 아들을 끌어안고 그에게 입을 맞춘다.

• 환대

헤프게 베푸시는 은혜

● 아버지는 종들에게 이르되 제일 좋은 옷을 내어다가 입히고 손에 가락지를 끼우고 발에 신을 신기라 그리고 살진 송아지를 끌어다가 잡으라 우리가 먹고 즐기자 누가복음 15:22-23

  얼마나 감격스러운 장면인가! 물론 2막에서 아버지는 맏아들의 훨씬 더 복잡하고 유해한 영적 상태를 다루어야 한다. 하지만 그런 '형'들의 사고방식에 도전을 주는 깜짝 놀랄 메시지가 이미 1막에도 있다. 하나님의 사랑과 용서는 그 어떤 죄나 허물도 다 사면하고 그 사람을 회복시킬 수 있다는 것이다. 당신이 어떤 사람이고 어떻게 살아왔든 상관없다. 고의로 사람을 괴롭혔거나 심지어 살해했어도 상관없고 자신을 지독히 학대했어도 상관없다. 동생은 아버지 집에 "양식이 풍족한"(17절) 줄은 알았으나 이제는 은혜도 풍족함을 깨닫는다. 아버지 사랑으로 용서하지 못하거나 덮지 못할 악은 없고, 아버지 은혜에 맞먹을 만한 죄는 없다.

  요컨대 1막에는 무모할 정도로 헤프게 베푸시는 하나님의 은혜가 예시된다. 예수님이 보여 주시듯이, 아버지가 사랑으로 아들을 끌어안은 시점은 아들이 개과천선을 입증하기 전이었을 뿐만 아니라 그가 외워 두었던 회개의 대사조차 다 읊기 전이었다. 하나님의 은총은 그 어떤 공로나 뼈저린 참회로도 얻어 낼 수 없다. 하늘 아버지의 사랑과 받아 주심은 값없이 베푸시는 선물이다.

• 용서

맏아들의 분노와 반항

● 맏아들은 밭에 있다가 돌아와 집에 가까이 왔을 때에 풍악과 춤추는 소리를 듣고 한 종을 불러 이 무슨 일인가 물은대 / 그가 노하여 들어가고자 하지 아니하거늘 아버지가 나와서 권한대 누가복음 15:25-26, 28

마침내 우리는 대단원에 이른다. 맏아들의 공공연한 반항에 아버지는 어떻게 반응할 것인가? 아버지는 어떻게 행동할 것인가? 그 시대 아버지라면 바로 그 자리에서 부자의 연을 끊을 수도 있었다.

그러나 아버지의 반응은 이번에도 놀랍도록 자애롭다. "내 아들아"(my son; NIV)라고 아버지는 말문을 연다. "네가 사람들 앞에서 나를 욕되게 했다만, 나는 너도 이 잔치에 동참했으면 좋겠다. 나는 네 동생을 버리지 않을 것이고, 널 버릴 마음도 없다. 네 자존심을 버리고 잔치에 들어오너라. 선택은 네 몫이다. 들어오겠느냐, 말겠느냐?" 예상을 뛰어넘는 인자한 호소가 청중의 심금을 울린다.

청중은 이 이야기에 깊이 빠져들었다. '이 집안은 결국 연합과 사랑으로 다시 뭉칠 것인가?' '두 형제가 화해할 것인가?' '이 너그러운 제안에 형은 마음을 누그러뜨리고 아버지와 화해할 것인가?'

그런데 우리 머릿속에 이런 모든 생각이 스쳐갈 그때, 이야기가 끝나 버린다. 예수님은 왜 이야기를 마무리 지어 결과를 들려주지 않으시는가? 그 이유는 이 이야기의 진정한 청중이 '형', 곧 바리새인들이기 때문이다. 예수님은 자신을 대적하는 이들에게 이 메시지에 반응할 것을 촉구하신다.

이 메시지란 무엇인가? 이 질문에 대한 답을 하려면 예수님이 지금 밝히시려는 핵심 요지가 무엇인지 충분히 살펴봐야 한다. 한마디로 예수님은 하나님과의 관계에 대해 우리가 안다고 생각하는 모든 것을 재정의하신다. 죄, 잃어버린 바 된 상태, 구원의 바른 의미를 알려 주신다.

• 하나님의 자애

Jan.

19

아버지의 권위를 무시하다

● 아버지께 대답하여 이르되 내가 여러 해 아버지를 섬겨 명을 어김이 없거늘 내게는 염소 새 끼라도 주어 나와 내 벗으로 즐기게 하신 일이 없더니 누가복음 15:29

맏아들이 가장 원했던 것은 무엇인가? 잘 생각해 보면 알겠지만 그가 원한 것도 동생과 똑같았다. 그도 동생 못지않게 아버지에게 반감을 품었다. 그도 아버지보다 아버지의 재물을 원했다. 다만 동생은 아버지를 멀리 떠난 반면, 형은 아버지 옆에 남아 '명을 어김이 없었을' 뿐이다. 자기 뜻을 관철하는 방식만 달랐다. 형은 무언으로 요구했다. '나는 아버지께 불순종한 적이 없습니다. 그러니 아버지도 내 인생의 모든 일을 내가 원하는 대로 해 주셔야 합니다.'

두 형제의 마음은 똑같았다. 둘 다 아버지의 권위를 못마땅해하며 거기서 벗어나려 했다. 둘 다 아버지를 좌지우지할 수 있는 위치에 서려 했다. 다시 말해서, 두 아들 모두 반항했다. 방법상, 한 명은 아주 못되게 굴었고 다른 한 명은 지극히 착했을 뿐이다. 둘 다 아버지의 마음을 멀리 떠난 잃어버린 아들이었다.

충격적인 메시지다. 하나님의 율법에 힘써 순종하는 게 오히려 하나님께 반항하는 하나의 전략이 될 수도 있다니.

• 반항

하나님 사랑에 대한 확신

● 아버지가 이르되 얘 너는 항상 나와 함께 있으니 내 것이 다 네 것이로되   누가복음 15:31

　'형'과 같은 사람이 취하는 태도의 마지막 징후는 아버지의 사랑에 대한 확신이 없다는 것이다. 맏아들은 아버지에게 "내게는 … 즐기게 하신 일이 없더니"(눅 15:29)라고 말한다. 이 형이 아버지와 맺은 관계에는 춤이나 흥거움이 없다. 선행으로 하나님을 통제하여 구원을 얻어 내려 하는 한, 당신은 여태껏 자신이 하나님께 충분히 착한 사람이었는지 확신할 길이 없다. 당신은 하나님이 당신을 사랑하시고 즐거워하시는지 결코 확신할 수 없다.

　확신이 없다는 가장 확실한 증상은 메마른 기도 생활일 것이다. '형'들은 기도에 열심을 낼 수는 있으나 그들이 하나님과 나누는 대화에는 경이로움이나 경외심이나 친밀함이나 즐거움이 없다.

　세 부류의 사람을 생각해 보라. 당신이 썩 좋아하지 않는 거래처 직원이 있고, 이것저것 함께 즐기는 친구가 있고, 당신과 서로 사랑하는 애인이 있다. 거래처 직원과의 대화는 다분히 목표 지향적일 것이다. 사적인 대화에는 관심이 없을 것이다. 친구에게는 당신의 몇 가지 문제에 대해 마음을 열 수 있다. 그러나 애인과 함께 있을 때는, 애인의 아름다운 점을 직접 말해 주고 싶어 견딜 수 없을 것이다.

• 하나님과의 친밀함

Jan. 21 하나님의 주도적 사랑

● 사랑 안에 두려움이 없고 온전한 사랑이 두려움을 내쫓나니 두려움에는 형벌이 있음이라 두려워하는 자는 사랑 안에서 온전히 이루지 못하였느니라 우리가 사랑함은 그가 먼저 우리를 사랑하셨음이라 요한일서 4:18-19

'동생'과 같은 상태이든 '형'과 같은 상태이든, 우리가 각자의 잃어버린 바 된 상태에서 벗어나려면 필요한 것은 무엇인가? 마음의 내적 동력이 어떻게 두려움과 분노에서 기쁨과 사랑과 감사로 바뀔 수 있는가?

첫 번째로 필요한 것은 하나님의 주도적 사랑이다. 보다시피 아버지는 두 아들 모두를 향해 먼저 나가서 사랑을 표현한다. 그들을 안으로 들이기 위해서다. 아버지는 저만치 오고 있는 둘째 아들을 대문간에서 기다린 게 아니다. 조급하게 서성대며 이렇게 중얼거리지도 않았다. "저기 아들놈이 오는군. 큰 사고를 쳤으니 납작 엎드려 기어들어 와야지!" 아버지의 태도에는 그런 낌새가 전혀 없다. 오히려 아버지는 달려가서 아들에게 입을 맞춘다. 아들에게 죄를 자백할 겨를조차 주지 않는다. 아들의 회개가 아버지의 사랑을 유발한 게 아니라 오히려 거꾸로다. 아버지의 아낌없는 애정 덕분에 아들이 참회를 표현하기가 훨씬 더 쉬워진다.

아버지는 분노와 원망을 품은 맏아들을 찾으러 나가서 그에게 잔치에 들어오라고 다독인다. 이 장면은 양날의 검과도 같다. 한편으로는 가장 종교적이고 도덕적인 사람들도 똑같이 하나님을 떠난 상태라서 하나님의 주도적 은혜가 필요함을 보여 주고, 또 한편으로는 바리새인에게도 진정 희망이 있음을 보여 준다.

• 아낌없는 사랑

진정한 '형'이신 예수님

● 우리는 그리스도 안에서 그의 은혜의 풍성함을 따라 그의 피로 말미암아 속량 곧 죄 사함을 받았느니라   에베소서 1:7

결점이 있는 형을 비유 속에 등장시킴으로써 예수님은 진정한 '형'을 상상하고 동경하도록 우리를 유도하신다.

우리에게는 그런 형이 계시다. 우리에게 필요한 형을 생각해 보라. 그분은 우리를 찾으러 옆 나라로 가는 정도가 아니라 저 높은 하늘에서 이 낮은 땅까지 오셔야 한다. 특정한 금액이 아니라 자신의 목숨이라는 무한한 대가를 기꺼이 치르고 우리를 하나님의 집 안에 들이셔야 한다. 우리의 빚이 그만큼 막대하기 때문이다.

'형'으로든 '동생'으로든 우리는 다 아버지께 반항했다. 우리는 소외와 배척과 거부를 당해 마땅하다. 이 비유의 요지는 용서에는 언제나 대가가 따른다는 것이다. 누군가가 값을 치러야 한다. 형이 희생을 감수하지 않는 한, 동생이 다시 한식구가 될 길은 없었다. 우리의 진정한 형은 십자가에서 우리 대신 우리의 빚을 갚아 주셨다.

거기서 예수님의 옷과 존엄성이 벌거벗겨지셨기에, 우리는 받을 자격이 없었던 존엄성과 신분을 입을 수 있다. 십자가에서 예수님이 버림받으셨기에, 우리는 하나님의 집에 은혜로 값없이 받아들여질 수 있다. 거기서 예수님이 영원한 형벌의 잔을 마셨기에, 우리는 아버지의 기쁨의 잔을 함께 나눌 수 있다. 이 진정한 '형'의 희생 없이는, 하늘 아버지가 우리를 받아 주실 다른 길이 없었다.

• 예수님의 대속

집을 향한 우리의 갈망

● 여호와 하나님이 에덴동산에서 그를 내보내어 그의 근원이 된 땅을 갈게 하시니라   창세기
  3:23

  잃어버린 아들에 대한 예수님의 비유는 누가복음 15장 전체의 문맥 속에
서 읽는 게 중요하다. 그러나 이 이야기의 문맥은 그보다 훨씬 넓다. 이 내러
티브를 유랑과 귀향이라는 성경 전반의 주제에 비추어 읽으면, 예수님이 우
리에게 말씀하신 것이 개인적 구속(救贖)의 한 감동적인 기사 이상임을 알 수
있다. 여기서 예수님은 인류 전체의 이야기를 재현하셨고, 다름 아닌 온 세
상의 소망을 약속하셨다.

  비유 속의 둘째 아들은 더 나은 삶을 기대하며 먼 나라로 떠나지만 곧 실
망한다. 굶주리던 그는 아버지 집에 있는 양식을 떠올리며 점차 향수에 빠진
다. 우리도 마찬가지다.

  우리는 왜 모두 자신을 유랑자처럼 느끼고, 여기가 정말 내 집이 아니라
고 느낄까? 그 이유가 창세기의 첫머리에 나와 있다. 본래 우리는 하나님의
동산에 살도록 창조되었다. 그런데 성경은 하나님이 그 집의 '아버지'이신데
우리가 그분의 권위에 반감을 품었다고 가르친다. 예수님의 비유와 같다. 우
리는 하나님의 간섭 없이 살고 싶어 등을 돌렸고, 그리하여 하나님과 멀어졌
다. 둘째 아들이 집을 잃은 것과 똑같은 이유로 우리도 집을 잃었다. 그 결과
가 바로 유랑이다.

  성경에 따르면, 그 뒤로 우리는 영적 유랑자가 되어 방황하고 있다. 우리
는 이제 우리의 가장 절실한 갈망을 충족시키지 못하는 세상에 살고 있다.

• 본향

Jan.
24

다시 하나님의 동산

- 겁내는 자들에게 이르기를 굳세어라, 두려워하지 말라, … 하나님이 오사 너희를 구하시리라 하라 그때에 맹인의 눈이 밝을 것이며 못 듣는 사람의 귀가 열릴 것이며 그때에 저는 자는 사슴같이 뛸 것이며 말 못하는 자의 혀는 노래하리니 이는 광야에서 물이 솟겠고 사막에서 시내가 흐를 것임이라 이사야 35:4-6

　　두 탕자 이야기는 귀향 잔치로 끝난다. 마찬가지로 역사의 종말을 기록한 요한계시록도 잔치로 끝나는데, 바로 "어린양의 혼인 잔치"다(계 19:9). 우리를 용서하여 집으로 데려가려고 세상 죄 때문에 희생되신 예수님이 바로 어린양이다. 이 잔치가 벌어질 곳은 새 예루살렘, 즉 하늘에서 내려와 이 땅을 가득 채울 하나님의 도성이다(계 21-22장 참조). 이 도성에는 하나님이 친히 거하실 뿐 아니라 놀랍게도 생명나무도 있다. 그 나무의 잎사귀들이 이제 "만국을 치료"한다(계 22:2). 물론 이 생명나무는 에덴동산에 있었다. 역사의 종말에는 온 땅이 다시 하나님의 동산이 된다. 죽음과 부패와 고난은 종식된다. 국가 간의 싸움도 더는 없다.

　　예수님은 세상을 다시 우리의 완벽한 집으로 만드실 것이다. 더 이상 우리는 떠돌아다닐 뿐 결코 어디에도 다다르지 못하던 '에덴의 동쪽'에 살지 않을 것이다. 우리는 집에 갈 것이고, 그러면 아버지가 우리를 맞이해 끌어안으시고 잔치에 들이실 것이다.

• 천국 잔치

예수님의 절절한 사랑

● 주께서 생명의 길을 내게 보이시리니 주의 앞에는 충만한 기쁨이 있고 주의 오른쪽에는 영원한 즐거움이 있나이다 시편 16:11

예수님의 구원은 잔치다. 그래서 예수님이 우리를 위해 이루신 일을 믿고 그 안에 안식하면 성령을 통해 예수님이 우리 마음에 실제로 거하신다. 예수님의 사랑은 꿀이나 포도주와 같다. 우리는 예수님의 사랑을 믿기만 하는 게 아니라 그 사랑의 실체와 아름다움과 위력을 느낄 수 있다. 예수님의 사랑은 어느 누구의 사랑보다도 절절하다. 그 사랑이 당신에게 기쁨과 활력과 위로를 줄 수 있고, 다른 무엇과도 다르게 당신을 일으켜 세우고 두려움에서 해방시킬 것이다.

이것이 모든 차이를 만든다. 당신이 수치심과 죄책감으로 가득 차 있다면 하나님의 자비를 추상적 개념으로만 믿어서는 안 된다. 그 자비의 단맛을, 이를테면 심령의 혀로 느껴야 한다. 그러면 하나님이 당신을 받아 주셨음을 알게 된다. 당신이 염려와 불안으로 가득 차 있다면 하나님이 역사의 주관자이심을 믿기만 해서는 안 된다. 하나님의 눈부신 위엄을 심령의 눈으로 봐야 한다. 그러면 만사가 그분의 손안에 있음을 알게 된다.

이런 경험이 정말 가능할까? 예수님은 우리가 하나님 아버지의 임재에 들어가게 해 주신다. 물론 지금은 맛보기에 불과하며, 평생 성령의 도움으로 하나님의 얼굴을 구하고 기도하는 동안 기복이 있을 것이다. 하지만 하나님의 임재를 누릴 수 있음은 분명하다. 찬송 작사가인 아이작 와츠는 그것을 이렇게 표현했다. "천국의 들녘에 이르거나 그 황금 길을 걷기도 전에 시온 산에서 거룩한 단비가 무수히 내리네."

• 예수님의 구원

복음, 삶의 출발점이자 종착점

● 그런즉 우리가 무슨 말을 하리요 은혜를 더하게 하려고 죄에 거하겠느냐 그럴 수 없느니라 죄에 대하여 죽은 우리가 어찌 그 가운데 더 살리요 로마서 6:1-2

복음은 그리스도인의 삶의 출발점일 뿐만 아니라 종착점이다. 우리 문제들은 우리가 끊임없이 복음으로 돌아가 그것을 내면화하고 생활화하지 않기 때문에 발생한다. 그래서 마르틴 루터는 이렇게 썼다. "복음의 진리는 모든 기독교 교리의 기본 조항이다. … 가장 중요한 일은 우리가 이 조항을 잘 알고 다른 사람들에게 가르쳐 그들의 머릿속에 이를 계속 주입하는 것이다."⁵

하지만 사람들은 내게 이런 반론을 편다. "잠깐만요, 그러니까 그리스도 안에서 성장해 가려면 자신이 얼마나 은혜로 사랑받고 인정받는 존재인지 자꾸 자신에게 되뇌라는 말입니까? 그게 성장하기 위한 최선의 방법은 아닌 것 같은데요. 형벌을 강조해서 동기를 부여하려는 방법은 부정적일지 몰라도 효과는 좋았습니다. 하나님께 순종해야만 한다는 걸 알게 되었거든요. 하나님께 순종하지 않으면 하나님이 그 사람의 기도에 응답하지 않으시거나 그를 천국에 들어가게 하지 않으실 테니까요. 그런데 그 두려움을 제해 버리고 값없는 은혜를 주심과 과분하게 인정해 주심만 너무 강조한다면, 사람들이 무슨 동기로 선하게 살려고 하겠습니까? 복음이 말하는 이런 생활방식으로는 하나님의 뜻에 아무 말 없이 순종할 충성스럽고 성실한 사람들이 배출되지 못할 것 같습니다."

그러나 만일 형벌에 대한 모든 두려움을 잃는 순간 순종하며 살려는 동기까지 함께 잃었다면, 애초에 당신의 동기는 무엇이었는가? 두려움이었을 수밖에 없다. 그 반대의 동기는 무엇일까? 감사와 경외심 가득한 사랑이다.

• 값없는 은혜

너는 너 자신의 것이 아니다

● …너희는 너희 자신의 것이 아니라 값으로 산 것이 되었으니… 고린도전서 6:19-20

몇 년 전에 내가 목사로 섬기는 리디머교회에 처음 나온 한 여성을 만났다. 그녀는 성장기에 교회에 다닌 적이 있는데, 충분히 착하고 윤리적이어야만 하나님이 우리를 받아 주신다는 말을 늘 들었다고 했다. 하나님이 과거나 현재의 우리 행동과 무관하게 그리스도가 이루신 일로 말미암아 순전히 은혜로 우리를 받아 주신다는 메시지는 금시초문이라는 것이었다. 그녀는 "정말 무서운 개념이네요. 좋은 쪽으로 무섭지만, 그래도 여전히 무서운 말입니다"라고 말했다.

나는 호기심이 일어 그녀에게 공로 없이 거저 받는 은혜의 어떤 점이 그렇게 무서우냐고 물었다. 그녀의 대답은 이런 내용이었다. "내가 선행으로 구원받는다면, 하나님도 일정한 한도 내에서만 내게 무엇을 요구하시거나 역경을 통과하게 하시겠지요. 나는 마치 권리를 지닌 납세자 같을 겁니다. 내 의무를 다한다면 어느 정도 괜찮은 삶을 누릴 자격이 있는 거지요. 하지만 정말 내가 하나님의 무한한 희생을 통해서만 구원받은 죄인이라면, 하나님이 내게 요구하지 못하실 일은 없습니다."

그녀가 금방 깨달았듯이, 순전히 은혜로만 구원받는다는 이 믿기 힘들 정도로 놀라운 가르침은 양날의 검과 같다. 한편으로는 두려움을 베어 버린다. 하나님은 우리의 결함과 실패에도 불구하고 값없이 우리를 사랑하신다. 그러나 그녀가 또 깨달았듯이, 예수님이 정말 우리에게 그렇게 해 주셨다면, 이제 우리는 우리 자신의 것이 아니라 우리를 값 주고 사신 하나님의 것이다.

• 순전히 은혜로

Jan. 28

왜 정의가 중요한가

● …곧 주의 성령이 내게 임하셨으니 이는 가난한 자에게 복음을 전하게 하시려고 내게 기름을 부으시고 나를 보내사 포로 된 자에게 자유를, 눈먼 자에게 다시 보게 함을 전파하며 눌린 자를 자유롭게 하고 주의 은혜의 해를 전파하게 하려 하심이라 하였더라 누가복음 4:17-19

이 글은 예수님께서 사역 시작을 선포하시면서 나사렛 회당에서 읽으신 말씀이다. 예수님은 이사야 선지자가 예언한 대로 '이방에 정의를' 베풀 '주님의 종'(사 42:1-7)이 바로 자신임을 분명히 하신다. 흔히들 그리스도는 용서와 은혜를 전하러 오셨다고 생각한다. 반면, 예수 그리스도의 은혜를 제대로 체험한 그리스도인이라면 필연적으로 공의를 추구하는 삶을 살 수밖에 없다는 성경의 가르침에는 상대적으로 둔감하거나 무지한 편이다.

하나님이 공의로 심판하시지 않고 은혜로 값없이 구원하셨다는 고전적인 복음을 선포했을 때, 그 메시지에 깊이 감격한 성도일수록 이웃과 사회에서 부당한 대접을 받는 이들에게 더 예민하게 반응했다. 하나님의 은혜를 체험하는 일과 공의를 추구하며 가난한 이들을 긍휼히 여기는 마음은 단단히 연결되어 있다.

우리 교회에 출석하던 한 교인만 해도 엄청난 변화를 보였다. 그는 도덕적인 행실에 기반을 둔 메마른 인생관을 가지고 살던 이였다. 그러나 구원의 근거가 대가를 바라지 않고 아낌없이 베푸시는 예수님의 은혜에 있다는 진리를 차츰 깨달았다. 그때부터 얼마나 사람이 변했는지, 따뜻하고 유쾌하며 자신만만해진 그의 변화를 누구든 한눈에 알 수 있을 정도였다. 어느 날 그가 말했다. "돌아보니, 제가 평생 인종에 대한 편견을 가지고 살았더라고요." 나는 깜짝 놀랐다. 그때까지 나는 단 한 번도 그 주제로는 설교한 적이 없으므로, 그는 혼자서 그런 결론에 이른 게 분명했다. 바리새인 같은 영적 독선에서 벗어나는 순간, 자신의 인종 편견을 버리게 된 것이다.

• 편견

정의, 곤고한 자를 돌보는 것

● 사람아 주께서 선한 것이 무엇임을 네게 보이셨나니 여호와께서 네게 구하시는 것은 오직
  정의를 행하며 인자를 사랑하며 겸손하게 네 하나님과 함께 행하는 것이 아니냐 미가 6:8

　미가서 6장 8절이야말로 하나님이 자녀들에게 어떤 삶을 기대하시는지 한마디로 보여 주는 말씀이다. 겸손하게 하나님과 행한다는 건, 주님과 친밀하게 교제하고 그분이 원하고 좋아하시는 일에 신경을 쓰며 귀를 기울이는 것을 말한다. 그렇다면 구체적으로 무얼 어떻게 해야 하는 걸까?

　본문은 "정의를 행하며", "인자를 사랑하며"라고 말한다. 이 두 가지는 언뜻 별개로 보이지만 사실은 그렇지 않다. '인자'는 히브리어로 '헤세드'(chesed)인데 하나님의 차별 없는 은혜와 동정을 의미한다. '정의'에 해당하는 히브리어는 '미쉬파트'(mishpat)다. 미가서 6장 8절에서 "미쉬파트는 행위를 강조하는 반면, 헤세드는 그 이면에 숨겨진 마음가짐이나 동기에 초점을 맞춘다."[6] 따라서 하나님과 함께 행하자면 반드시 인자한 사랑을 품고 정의를 실천해야 한다.

　미쉬파트라는 말은 히브리어 구약성경에 2백 번 이상 다양한 형태로 등장한다. 기본적으로 이 단어에는 인간을 공평하게 대한다는 뜻이 담겨 있다. 레위기 24장 22절은 이스라엘 백성에게 "거류민에게든지 본토인에게든지 그 법을 동일하게(미쉬파트)" 해야 한다고 경고한다. 인종이나 사회적 지위와 상관없이 옳고 그름에 따라 유무죄를 가려 벌을 주어야 한다는 얘기다. 누구든 똑같은 잘못을 저질렀으면 동일한 형벌을 받아야 한다. 하지만 미쉬파트에는 '비행에 대한 징계'의 차원을 넘어 한 사람 한 사람에게 저마다 고유한 권리를 부여해야 한다는 깊은 의미가 있다. 그렇다면 미쉬파트는 징벌이든, 보호든, 보살핌이든 그들에게 마땅히 돌아가야 할 몫을 주는 것이다.

• 긍휼

힘없는 사람을 위하시는 하나님

Jan. 30

● 너희의 하나님 여호와는 … 고아와 과부를 위하여 정의[미쉬파트]를 행하시며 나그네를 사랑하여 그에게 떡과 옷을 주시나니 신명기 10:17-18

　　이처럼 하나님을 취약한 집단의 옹호자로 설명하는 경우가 성경에 얼마나 많은지 놀라울 지경이다. 여기에 담긴 중차대한 의미를 놓치지 말라. 나는 "목사님을 어떻게 소개해 드릴까요?"라는 질문을 받으면, "뉴욕시 리디머 장로교회를 담임하는 팀 켈러 목사입니다" 정도로 소개해 달라고 부탁한다. 물론 온갖 일을 하고 있지만, 공적인 생활 전체를 통틀어 가장 많은 시간을 투자하는 주 업무가 담임목사 노릇인 까닭이다. 그러니 생각해 보라. 성경 기자들이 하나님을 "고아의 아버지시며 과부의 재판장"(시 68:5)으로 규정했다는 건 얼마나 의미심장한 일인가! 하나님이 이 세상에서 행하시는 주 업무 가운데 하나가 여기에 명시되어 있다. 하나님은 힘없고 연약한 이들을 찾아서 그 형편을 헤아리신다.

　　고대 세계에서 이게 얼마나 혁명적인 사건인지 현대인들로서는 선뜻 이해하기 어렵다. 스리랑카의 신학자 비노트 라마찬드라(Vinoth Ramachandra)는 이것을 "말이 안 되는 정의"(scandalous justice)라고 표현했다. 실질적으로 세상 문화 속의 신들은 하나같이 소외 계층이 아니라 왕이나 제사장, 또는 장군처럼 당대의 엘리트를 통해 능력을 행사하고 또 입증해 보였다. 따라서 그 사회의 리더에게 반기를 드는 건 곧 신을 거역하는 행위와 통했다. '하지만 이스라엘과 맞선 적들이 보기에' 여호와는, 지체 높은 남성들이 아니라 '고아와 과부, 나그네'의 편을 드는 신이었다. 무력한 이들에게 힘을 주는 데 권능을 사용하신 것이다.[7] 이처럼 성경의 하나님은, 아주 오랜 옛날부터, 다른 종교의 신들과 달리 연약하고 어려운 처지에 몰린 이들을 위해 정의를 실현하시는 분이었다.

• 혁신적

Jan. 31

공정하고 공평하며 관대하게

● 이는 부르짖는 빈민과 도와줄 자 없는 고아를 내가 건졌음이라 / 내가 의를 옷으로 삼아 입었으며 나의 정의는 겉옷과 모자 같았느니라 나는 맹인의 눈도 되고 다리 저는 사람의 발도 되고 빈궁한 자의 아버지도 되며 내가 모르는 사람의 송사를 돌보아 주었으며   욥기 29:12, 14-16

가난한 이들에게 깊은 관심을 갖는 게 중요하지만, 성경이 말하는 정의의 개념은 거기에 한정되지 않는다. 일반적으로 '의롭다'로 풀이되지만 '공정하다'는 뜻으로도 해석할 수 있는 또 다른 히브리어를 잘 곱씹어 보면 더 많은 깨달음을 얻을 수 있다. 바로 '짜데카'(tzadeqah)라는 단어인데 올바른 관계를 맺는 삶을 의미한다. 성경학자 알렉 모티어(Alec Motyer)는 '의롭다'는 말을 "하나님과 올바른 관계를 맺고 있는 까닭에, 삶에서 맞닥뜨리게 되는 모든 관계를 바로잡는 일에 자연스럽게 헌신하다"라는 의미로 정의한다.

성경이 말하는 의로움은 이처럼 관계들에 관한 것이므로 필연적으로 '사회적'일 수밖에 없다. 현대인들은 성경을 읽다가 '의로움'이라는 단어와 마주하면, 일단 성적으로 순결을 지키거나 열심히 기도하고 하나님 말씀을 공부하는 일 같은 개인 윤리의 차원에서 생각하는 경향이 있다. 그러나 성경이 말하는 '짜데카'는 하루하루 가족과 사회 안에서 관계를 공정하고 공평하며 관대하게 이끌어 가는 일상적인 생활을 지칭한다. 그러므로 짜데카와 미쉬파트가 성경에서 수십 번 나란히 등장하는 건 놀라운 일이 아니다. 짜데카와 미쉬파트라는 두 단어가 결합되어 나타날 때(성경 전체에서 30회 이상), 그 의미를 가장 잘 담아내는 단어는 '사회 정의'다.

• 정의

2월
February

내 안의
가짜 신을 몰아내며

가난한 백성 곁에 계신 예수님

● 예수께서 대답하여 이르시되 너희가 가서 듣고 보는 것을 요한에게 알리되 맹인이 보며 못 걷는 사람이 걸으며 나병 환자가 깨끗함을 받으며 못 듣는 자가 들으며 죽은 자가 살아나며 가난한 자에게 복음이 전파된다 하라   마태복음 11:4-5

오늘 말씀이 바로 하나님의 마음이기도 한, 연약한 이들을 향한 관심이다. 예수님이 줄곧 모든 사람에게 복음을 전하신 건 어김없는 사실이지만, 하늘 아버지가 늘 그러셨던 것처럼 사역하시는 내내 예수님은 가난하고 억눌린 이들에게 더 특별히 관심을 기울이셨다.

예수님은 성육신하심으로 가난한 백성 안으로 '들어오셨다'. 궁핍한 이들과 함께 사셨고, 그들과 함께 식사하셨으며, 사회적으로 소외된 계층과 어울리셨다(마 9:13). 의지할 데 없는 과부의 아들을 살리시고(눅 7:11-16), 온 세상이 따돌리는 부도덕한 여인을 깊이 존중해 주셨다(눅 7:36-50). 예수님은 사람들 앞에서 여성들과 이야기를 나누셨다. 지체 있는 남성들은 여자와 대화하지 않는 게 상식이던 시절이지만 주님은 성차별에 저항하셨다(요 4:27).[8] 인종차별적 문화에 순응하기를 거부하시고 유대인들이 미워하는 사마리아인을 가장 유명한 예화의 주인공으로 삼으셨다(눅 10:25-37). 또 하나님은 유대인 못지 않게 사렙다 과부와 시리아의 나아만 장군 같은 이방인들도 사랑한다고 선포하시는 바람에 폭동이 일어났던 적도 있다(눅 4:25-30). 또한 어린아이들을 '쓸데없이 성가시기만 한 존재'로 여기는 제자들의 통념을 깨트리고 외려 어린아이들에게 특별한 관심을 쏟으셨다(눅 18:15-16).

• 소외된 자

풍성한 환대

● 또 자기를 청한 자에게 이르시되 네가 점심이나 저녁이나 베풀거든 벗이나 형제나 친척이나
부한 이웃을 청하지 말라 두렵건대 그 사람들이 너를 도로 청하여 네게 갚음이 될까 하노라
잔치를 베풀거든 차라리 가난한 자들과 몸 불편한 자들과 저는 자들과 맹인들을 청하라
누가복음 14:12-13

본문에서 예수님은 무슨 말씀을 하고 계신가? 누가복음 14장 후반부에
서, 예수님은 누구든 그분을 따르려면 부모까지도 '미워해야' 한다고 제자들
에게 말씀하신다(눅 14:26). 충격적으로 들리지만, 실은 이 표현은 셈족이 관용
적으로 쓰던 말이다. 주님이 문자 그대로 부모를 미워해야 한다고 주장하신
것이 아니다. 정말 그랬다면 평소 그분의 가르침(막 7:9-13)은 물론이고 십계
명과도 정면으로 부딪히기 때문이다. 이는 예수님을 향한 사랑과 충성이 다
른 대상에 대한 충성심을 훨씬 능가해서 마치 다른 대상은 '미워하는 것처럼'
보일 정도가 되어야 한다는 의미다. 이런 화법은 본문의 잔치에 대한 예수님
말씀을 이해하는 데 실마리가 된다.

예수님이 우리에게 아버지와 어머니를 미워하라고 말씀하셨을 때처럼,
"벗이나 형제나 친척이나 부한 이웃을 청하지 말라"라는 구절 역시 곧이곧대
로 받아들여선 안 된다. 예수님도 친구나 동료들의 집에서 자주 음식을 잡수
셨다. 그러므로 요즘 상황에 맞춘다면, 혼자 오락을 즐기거나 휴가를 떠나거
나 외식을 하거나 자기에게 도움이 될 만한 동료들과만 어울리는 대신에, 가
난한 이들을 돕는 데 재물을 더 많이 쓰라는 말씀으로 풀이하는 게 좋겠다.

• 구제

약한 사람을 돕는 공동체

● 믿는 사람이 다 함께 있어 모든 물건을 서로 통용하고 또 재산과 소유를 팔아 각 사람의 필요를 따라 나눠 주며 사도행전 2:44-45

초대교회는 공의와 자비를 베풀라는 예수님의 부르심에 확실하게 반응했다. 사도 바울은 가난한 이들을 돌보는 사역을 중요하게 여긴 나머지, 에베소교회를 떠나는 마지막 순간까지 그 사역에 대한 당부를 잊지 않았다. 고별 메시지를 전하면서 바울은 그 의무를 다시 강조한다. "이렇게 힘써 일해서 약한 사람을 도와주는 것이 마땅합니다. 그리고 주 예수께서 친히 '주는 것이 받는 것보다 더 복이 있다' 하신 말씀을 반드시 명심해야 합니다"(행 20:35, 새번역). 누구든 마지막 말을 하는 순간에는 일생일대의 중대사를 언급하게 마련이다. 바울이 에베소교회에 "설교만 하지 말고 가난한 이들을 도와주라"고 한 부탁이 바로 그것이었다.

교회를 구약시대 이스라엘 같은 신정국가로 여길 수는 없었지만, 신약성경 기자들은 모세율법에 담긴 정의와 자비의 정신을 인식하고 다양한 방식으로 교회 공동체에 적용하려고 애썼다. 모세율법 조항들 가운데 상당 부분은, 부한 자들과 가난한 이들 사이의 나날이 커지는 간격을 메우는 걸 목표로 삼고 있다. '희년'에 관한 규정(레 25장)부터 출애굽기 16장의 만나를 거두는 규칙에 이르기까지, 줄기차게 '균등'의 폭을 확장한다는 원칙을 고수했다. 바울은 마케도니아의 굶주리는 교인들을 위해 연보해 주기를 고린도교회에 요청하면서 출애굽기 16장 18절을 인용했다. "이제 너희의 넉넉한 것으로 그들의 부족한 것을 보충함은 후에 그들의 넉넉한 것으로 너희의 부족한 것을 보충하여 균등하게 하려 함이라"(고후 8:14).

• 자비의 정신

결혼의 비밀

● 그러므로 사람이 부모를 떠나 그의 아내와 합하여 그 둘이 한 육체가 될지니 이 비밀이 크도 다 나는 그리스도와 교회에 대하여 말하노라 에베소서 5:31-32

결혼에는 다양한 양상이 존재함에도, 사람들은 오직 감정과 관련된 면만 말한다. 결혼은 영광스러운 일이지만, 고단한 과정이기도 하다. 가슴 벅찬 환희와 샘솟는 기운도 주지만, 피와 땀과 눈물, 참담한 패배와 상처뿐인 승리이기도 하다.

내가 아는 결혼 이야기 중에, 결혼하고 몇 주 지난 부부가 동화처럼 살고 있다는 이야기는 없다. 그러므로 바울의 유명한 결혼 말씀인 에베소서 5장에서 많은 부부가 공감할 수 있는 유일한 구절이 "이 비밀이 크도다"(32절)인 것은 놀랍지 않다. 부부들은 온종일 서로를 이해하려는 길고도 힘든 씨름을 벌이다 잠자리에 누워 탄식한다. "이 비밀이 크도다!(결혼은 엄청난 미스터리야.)" 때로 당신의 결혼 생활은 마치 맞출 수 없는 퍼즐이나 길을 찾을 수 없는 미로 같다.

그럼에도 불구하고 결혼보다 더 위대하고 중요한 인간관계는 없다. 성경은 하나님이 직접 첫 번째 결혼을 주재하셨다고 말한다(창 2:22-25). 여자를 본 남자는 "드디어!"라는 탄성과 함께 시를 쏟아 냈다. 창세기 말씀은 하나님과의 교제가 시작되자마자 등장한 결혼 제도야말로 가장 심오한 관계임을 웅변한다. 이는 배우자를 알고 사랑하는 것이 하나님 그분을 아는 것과 마찬가지로 힘들고 고통스럽지만 보람 있고 경이로운 일인 까닭이다.

한없이 고통스럽지만 그만큼 근사한 일, 이것이 성경의 결혼관이다. 지금이야말로 그런 결혼의 정신을 드높이며 문화 전반에 걸쳐 그 중요성을 깊이 인식하는 것이 어느 때보다 절박한 시점이다.

• 결혼관

'딱 맞는 짝'과 결혼하지 않았다

● 이 모든 것 위에 사랑을 더하라 이는 온전하게 매는 띠니라 골로새서 3:14

목회를 하다 보니 결혼 생활을 유지하려고 안간힘을 쓰는 부부들을 만나게 된다. 그때마다 "사랑이 이렇게 힘들 줄 몰랐어요. 부부라면, 애정이 자연스럽게 우러나와야 하지 않나요?"라는 식의 이야기를 듣는다. 이에 대한 기독교의 답변은 '나와 딱 맞는 짝'은 애당초 없다는 것이다. 듀크대학교 윤리학 교수인 스탠리 하우어워스는 그 점을 지적하며 유명한 말을 남겼다.

결혼과 가정을 개인의 성취를 도모하기 위한, 다시 말해서 '온전해지고' 행복해지는 데 필요한 제도로 가정하는 자기실현 윤리는 부부 생활에 지극히 해롭다. 여기에는 세상 어딘가에 자신에게 꼭 들어맞는 결혼 상대가 있어서 잘 찾아보면 그런 사람을 만나게 된다는 전제가 깔려 있다. 이는 결혼의 결정적인 일면을 간과하는 윤리적 가설이다. 누구나 부적절한 요소를 가진 상대와 결혼할 수밖에 없다는 사실을 제대로 인식하지 못한다.
누구도 결혼 상대를 속속들이 알 수는 없다. 그저 잘 안다고 생각할 뿐이다. … 결혼 생활이 엄청난 이유는, 일단 결혼하고 나면 아내와 남편 모두가 서로 전에 알던 그 사람이 아니라는 것이다. 중요한 건, 결혼해서 더불어 살게 된 낯선 상대를 사랑하고 보살피는 법을 배우는 일이다.[9]

결혼은 한 인간을 또 다른 존재와 밀접하게 묶는 것이다. 결혼 관계만큼 두 사람이 가까워지는 관계는 그 어디에도 없다. 따라서 누군가와 결혼하는 순간, 당사자는 물론이고 배우자 또한 엄청난 변화를 겪기 시작한다. 실제로 살아보기 전까지는 앞길에 어떤 난관이 기다리고 있을지 알 길이 없다.

• 친밀한 관계

한 지붕 아래 두 죄인

● 누가 누구에게 불만이 있거든 서로 용납하여 피차 용서하되 주께서 너희를 용서하신 것같이 너희도 그리하고 골로새서 3:13

하우어워스는 딱 맞는 결혼 상대라는 것이 존재하지 않는 첫 번째 이유로 결혼이 인간을 완전히 바꿔 놓는다는 점을 지적한다. 하지만 또 다른 이유가 있다. 결혼 생활을 시작하는 두 남녀는 죄로 인해 영적으로 깨진 상태다. 다른 말로 표현하자면 '호모 인쿠르바투스 인 세'(homo incurvatus in se),¹⁰ 곧 자기중심적인 삶을 살 수밖에 없는 존재라는 뜻이다. 드니 드 루즈몽(Denis de Rougemont)은 "예민하고 이기적이며 미숙한 이들이 사랑에 빠진다고 해서 어떻게 그들이 순식간에 천사가 되겠는가?"¹¹라고 되묻는다.

운동 경기의 기량이나 예술적인 능력을 키우는 것보다 결혼 생활을 잘 꾸려 가는 것이 한층 더 힘들고 고통스러운 까닭이 여기에 있다. 본래 타고난 재주만 가지고서는 프로 선수만큼 운동을 잘할 수 없다. 힘겨운 훈련의 시간을 견디거나 수많은 습작을 해 보지 않고는 위대한 문학 작품을 생산해 낼 도리 역시 없다. 인간이 태생적으로 수없이 많은 흠결을 내면에 지니고 있다는 것을 감안한다면, 다른 인간과 더불어 잘 사는 일이 어떻게 쉬울 수 있겠는가? 따라서 죄의 본질을 가르치는 성경의 교리를 통해 본다면, 타락한 세상 전체를 통틀어 그 무엇보다도 선하고 중요한 결혼이 그토록 괴롭고 고단할 수밖에 없는 이유가 어느 정도는 설명된다고 할 수 있겠다.

• 결혼

독신의 장점

- …아내에게서 놓였으면, 아내를 얻으려고 하지 마십시오. 그러나 결혼한다고 할지라도, 죄를 짓는 것이 아닙니다. 그리고 처녀가 결혼을 하더라도, 죄를 짓는 것이 아닙니다. 그러나 그들이 살림살이로 몸이 고달플 것이므로, 내가 아껴서 말해 주는 것입니다. 형제자매 여러분, 내가 말하려는 것은 이것입니다. 때가 얼마 남지 않았으니,… 고린도전서 7:27-29(새번역)

결혼하지 않은 사람들이 깊이 있고 균형 잡힌 결혼관을 갖추지 못하면 독신 생활을 제대로 유지하기 어려울 수 있다. 시각이 잘못되어 있으면 결혼에 대한 기대가 넘치거나 모자라게 마련인데, 어느 쪽이든 삶을 곡해할 수 있다.

오늘 말씀은 언뜻 보기엔 아주 혼란스럽다. 결혼을 근사하게 그려 냈던 에베소서 5장 21절 이하 말씀과는 완전히 다른 분위기다. 고린도전서 7장을 쓸 무렵, 사도에게 안 좋은 일이라도 있었던 것일까?

하지만 기독교의 정수인 예수님과 가장 중요한 신학자 바울은 둘 다 평생 독신으로 살았다. 따라서 독신으로 사는 이들을 결혼한 성인들보다 미숙하다거나 무언가를 실현하지 못했다는 식으로 볼 근거가 없다. 완벽한 인격체였던 예수님도 독신이었기 때문이다(히 4:15; 벧전 2:22). 고린도전서 7장에 기록된 바울의 평가에 따르면, 독신은 하나님의 축복을 받는 좋은 조건이며 여러 가지 정황으로 볼 때 사실상 결혼보다 낫다. 이처럼 혁명적인 자세를 가졌던 초대교회는 바울의 편지에서 보듯 누구한테도 결혼에 대한 압박감을 주지 않았으며 가난한 미망인들을 제도적으로 지원하여 재혼하지 않고도 살아갈 길을 열어 주기까지 했다.

어째서 초대교회는 이런 태도를 보였던 것일까? 복음을 받아들이고 미래에 완성될 나라에 대한 소망을 품었기에 결혼에 연연하지 않은 것이다.

• 독신

야곱의 잘못된 열망

● 라반에게 두 딸이 있으니 언니의 이름은 레아요 아우의 이름은 라헬이라 레아는 시력이 약하고 라헬은 곱고 아리따우니 야곱이 라헬을 더 사랑하므로 대답하되 내가 외삼촌의 작은 딸 라헬을 위하여 외삼촌에게 칠 년을 섬기리이다 창세기 29:16-18

참사랑을 찾으려는 인간의 열망은 늘 노래와 이야기로 예찬되어 왔지만, 현대 우리 문화에서는 경악스러울 정도로 과장되었다. 사랑을 쫓아다니다 노예가 될 수 있음을 보여 주는 이야기가 성경에도 있다. 창세기 29장에 나오는 야곱과 라헬의 이야기인데, 아주 오래된 것이지만 어느 때보다 지금의 우리에게 딱 들어맞는다. 로맨틱한 사랑과 결혼을 가짜 신으로 삼는 일이야 늘 가능했지만 지금 우리가 살고 있는 문화에서는 사랑을 하나님으로 혼동하기가 더 쉬워졌다. 그래서 사람들은 사랑에 휩쓸려 인생의 희망을 몽땅 거기에 건다.

야곱의 삶은 공허했다. 그는 아버지의 사랑을 받지 못했고, 소중한 어머니의 사랑도 잃었으며, 하나님의 사랑과 보호는 더욱 몰랐다. 그러던 차에 이토록 아리따운 여인을 처음 봤으니 틀림없이 이렇게 생각했을 것이다. '그녀만 있으면 드디어 내 비참한 인생도 뭔가 제대로 될 거야. 그녀만 있으면 문제가 해결될 거야.' 그래서 의미를 찾고 인정받으려는 마음의 열망이 온통 라헬에게 쏠렸다.

• 사랑

우상 숭배로 인한 폐해

● 야곱이 아침에 보니 레아라 라반에게 이르되 외삼촌이 어찌하여 내게 이같이 행하셨나이까 내가 라헬을 위하여 외삼촌을 섬기지 아니하였나이까 외삼촌이 나를 속이심은 어찌됨이니이까 창세기 29:25

야곱이 어찌 그리 쉽게 속아 넘어갈 수 있었는지 의아하겠지만 그는 중독자처럼 행동한 것이다. 로맨틱한 사랑은 여러모로 마약처럼 작용해 삶의 현실에서 도피하게 해 준다. 여러 폭력적 관계에서 헤어나지 못하던 미모의 여성 샐리는 내게 이렇게 말한 적이 있다. "남자들이 제겐 술과 같았어요. 남자 품에 안겨야만 삶을 감당할 수 있고 제 모습이 괜찮아 보였거든요."

또 다른 예로, 어떤 나이 든 남자는 배우자를 버리고 묘령의 여자를 만난다. 자신이 늙어 가고 있다는 현실을 감추려는 처절한 시도다. 어떤 젊은 남자는 두어 번 동침할 때까지만 여자에게 매력을 느끼고 그 뒤에는 관심을 잃는다. 그에게 여자란 자기 매력과 정력을 확인하기 위한 소모품에 불과하다. 우리의 두려움과 피폐한 내면 때문에 사랑은 마약으로 변한다. 고통을 달래는 마취제인 셈이다. 그리하여 중독자는 늘 미련하고 해로운 선택을 한다.

야곱이 바로 그랬다. 라헬은 그에게 단순히 아내가 아니라 '구세주'였다. 그녀를 어찌나 애절하게 원하고 필요로 했던지 자기가 듣고 싶은 말만 들었고 보고 싶은 것만 봤다. 그래서 라반의 속임수에 쉬이 넘어갔던 것이다.

야곱이 라헬을 우상으로 섬긴 탓에 이후로 수십 년간 집안에 우환이 끊이지 않았다. 그는 레아의 아들들보다 라헬의 아들들을 떠받들고 편애해서 모든 자녀의 마음에 상처와 원한을 남겼고 온 집안에 독소를 퍼뜨렸다. 흔히 사랑에 빠진 사람을 가리켜 '눈에 콩깍지가 씌었다'라고 하는데, 정말 그 말 그대로라면 해로움이 얼마나 크겠는가.

• 해로운 선택

은혜의 하나님을 찬양하다

● 여호와께서 레아가 사랑받지 못함을 보시고 그의 태를 여셨으나 … 그가 또 임신하여 아들을 낳고 이르되 내가 이제는 여호와를 찬송하리로다 하고… 창세기 29:31-35

레아는 이 슬픈 이야기에서 영적 성장을 보이는 유일한 인물이다. 비록 맨 마지막에 가서야 그리되긴 하지만 말이다. 우선 하나님이 그녀 안에 행하시는 일을 보라. 히브리어 학자들이 지적하듯이, 레아가 하는 모든 말에 하나님이 등장한다. 레아는 그분을 여호와라는 이름으로 부른다. "여호와께서 나의 괴로움을 돌보셨으니"(32절). 레아는 여호와에 대해 어떻게 알았을까?

히브리어에서 하나님을 지칭하는 일반 단어는 '엘로힘'이었다. 당시 모든 문화에 하나님 내지는 신들에 대한 보편적 개념이 어느 정도 있었지만, '여호와'는 아브라함과 훗날 모세에게 스스로 계시하신 하나님의 이름이었다. 아브라함에게 그의 혈통을 통해 온 세상에 복을 주시겠다고 말씀하신 분이 바로 그분이었다. 레아가 여호와를 알 수 있었던 길은, 야곱이 자기 할아버지에게 주어진 약속을 그녀에게 말해 주었을 경우뿐이다. 이렇듯 그녀는 혼란에 빠져 힘들었지만 그럼에도 인격적인 은혜의 하나님께 손을 내밀었다.

그러나 돌파구는 출산의 세월이 모두 흐른 후에야 찾아온다. 넷째 아들 유다를 낳고서 그녀는 "내가 이제는 여호와를 찬송하리로다"(35절)라고 말한다. 이 고백에는 당당한 기백이 묻어난다. 이전의 세 아이를 낳고 선포하던 말과는 다르다. 이번에는 남편이나 아이가 언급되지 않는다. 마침내 그녀는 자기 마음의 가장 깊은 희망을 남편과 자녀에게서 떼어 내 여호와께 둔 것으로 보인다. 야곱과 라반은 레아의 삶을 앗아 갔으나, 그녀는 결국 주님께 마음을 드려 삶을 돌려받았다.

• 참신앙

참된 신랑 되시는 하나님

● 내가 하나님의 열심으로 너희를 위하여 열심을 내노니 내가 너희를 정결한 처녀로 한 남편인 그리스도께 드리려고 중매함이로다… 고린도후서 11:2

하나님이 레아 안에 행하신 일뿐만 아니라 그녀에게 해 주신 일도 봐야 한다. 레아의 네 번째 아이는 유다였는데 창세기 49장에 보면 훗날 진정한 왕이신 메시아가 바로 그를 통해 오신다고 했다. 하나님은 아무에게도 사랑받지 못하는 여자를 찾아오셔서 그녀를 예수님이 나실 계보의 조상으로 삼아 주셨다. 세상에 구원이 임한 통로는 아리따운 라헬이 아니라 아무도 원하지 않고 사랑하지 않은 레아였다.

여기에 우상 숭배를 이기는 놀라운 힘이 있다. 로맨틱한 상대를 만나지 못한 사람이 세상에 많이 있는데 그들은 주님의 이런 음성을 들어야 한다. "내가 참된 신랑이다. 네 마음의 모든 갈망을 이루어 줄 품은 하나뿐이다. 내게로 오기만 하면 마지막 순간까지 그 품이 너를 기다리고 있을 것이다. 그러니 지금 내가 너를 사랑함을 알라."

배우자가 없는 사람뿐만 아니라 배우자가 있는 사람도 하나님이 우리의 참된 신랑이심을 알아야 한다. 그래야 결혼 생활이 서로의 신적인 기대의 중압감에 짓눌리지 않는다. 신 같은 배우자를 기대하고 결혼한다면 상대가 당신을 실망시킬 것은 뻔하다. 배우자를 덜 사랑하라는 게 아니라 하나님을 더 알고 더 사랑해야 한다는 것이다. 어떻게 하면 우리가 하나님 사랑을 아주 깊이 알아서, 우리의 숨 막히는 기대로부터 연인이나 배우자를 해방시켜 줄 수 있을까? 레아의 삶이 가리켜 주는 그분을 바라봐야 한다.

• 하나님을 사랑함

결혼의 경이로움

● 이 비밀이 크도다 나는 그리스도와 교회에 대하여 말하노라   에베소서 5:32

바울은 결혼이 '큰 비밀'이라고 단언했다. 그리고 우리는 결혼이 인간에게 진정 신비로운 일이며 그 자체로 압도적이리만치 중요해서 결코 폐기해 버릴 수 없는 제도임도 살펴보았다. 하지만 바울이 본문에 사용한 헬라어 'mysterion'은 '비밀'이란 개념을 포함하는 활용 범위가 넓은 어휘다. 성경에서 이 말은 내부 사람들끼리만 주고받는 비밀한 지식을 전하는 용도가 아니라 하나님이 성령을 통해 드러내시는 예상을 뛰어넘는 경이로운 진리를 표현하는 데 쓰였다.[12] 또 다른 본문에서 바울은 복음에 담긴 구원 목적을 언급하며 이 단어를 등장시켰다.

그런데 놀랍게도 이처럼 풍성한 의미를 가진 낱말을 에베소서 5장에서 결혼에 적용하고 있는 것이다. 31절에서 사도는 첫 번째 결혼을 묘사한 창세기 본문의 마지막 대목을 인용한다. "남자가 부모를 떠나 그의 아내와 합하여 둘이 한 몸을 이룰지로다"(창 2:24). 그러고는 "이 비밀이 크도다"(mega-mysterion, 32절)라고 말했다. 문자 그대로, 하나님의 영이 도와주시지 않는 한 결코 이해할 수 없을 만큼 어마어마하게 크고 근사하며 심오한 진리라는 것이다.

그렇다면 결혼의 비밀은 과연 무엇일까? 바울은 앞에서(25절) 언급했던 "남편들아 아내 사랑하기를 그리스도께서 교회를 사랑하시고 그 교회를 위하여 자신을 주심같이 하라"라는 말을 다시 한 번 되풀이하고 나서, 이내 그리스도와 교회를 두고 이 말을 한다고 덧붙인다. 간단히 정리하자면, '비밀'은 단순히 결혼 자체에 관한 사실을 말하는 것이 아니다. 예수님이 우리로 하여금 그분과 연합하게 인도하셨던 것처럼 남편도 아내에게 그러해야 한다는 메시지다.

• 그리스도와의 연합

Feb. 13

그는 우리를 위해 자신을 주셨다

● 남편들아 아내 사랑하기를 그리스도께서 교회를 사랑하시고 그 교회를 위하여 자신을 주심 같이 하라 이는 곧 물로 씻어 말씀으로 깨끗하게 하사 거룩하게 하시고 에베소서 5:25-26

　예수님은 우리를 위해 자신을 주셨다. 성자는 성부 하나님과 동등하시지만 그 영광을 버리고 인간의 모습을 취하셨다(빌 2:6-7). 한 걸음 더 나아가 스스로 십자가를 지심으로써 인류의 죗값을 치르고 우리로 죄책감과 정죄에서 벗어나게 하셨다. 그 은혜로 우리는 예수님과 연합하고(롬 6:5) 하나님의 성품을 입을 수 있게 된 것이다(벧후 1:4). 예수님은 영광을 포기하고 도리어 종이 되셨다. 자신의 이해득실을 따지지 않고 우리의 필요와 유익을 구하셨다(롬 15:1-3).

　그리스도가 희생적으로 섬겨 주신 덕에 우리는 그분과 깊이 연합하게 되었다. 그리스도는 늘 우리와 함께 계신다. 바울은 그러한 사실이 결혼 관계를 이해하는 차원을 넘어서 결혼을 제대로 살아 내는 열쇠라고 보았다. 그러기에 성경 전체를 통틀어 결혼을 처음 언급하는 창세기 2장의 본문을 끌어다가 예수님과 교회의 관계를 설명했던 것이다.

　결혼은 본래부터 억압적이므로 없어져야 마땅하다는 의견에 맞설 가장 강력한 답변이 여기에 있다. 빌립보서 2장에서 바울은 예수님을 소개하면서 하나님과 동등함을 당연하게 생각하지 않으시고 기꺼이 하늘 아버지의 종이 되셔서 그 뛰어난 이름을 드러내셨음을 지적한다. 예수님은 친히 십자가를 지셨지만, 하나님은 예수님을 죽음에서 다시 살리셨다.

• 예수님과 교회

Feb.

14

사랑과 진리가 함께

- 자기 앞에 영광스러운 교회로 세우사 티나 주름 잡힌 것이나 이런 것들이 없이 거룩하고 흠이 없게 하려 하심이라 에베소서 5:27

결혼이 고통스러우면서도 멋진 까닭은 한없이 아픈 동시에 그것이 무한정 근사한 복음을 반영하고 있기 때문이다.

복음이란 이것이다. 우리는 스스로 생각하는 수준 이상으로 죄에 깊숙이 빠져 있으며 내면에 수없이 많은 흠이 있다. 하지만 그와 동시에 그리스도를 통해 상상을 초월하는 큰 사랑과 용납을 받고 있는 것도 사실이다.

우리는 결혼 관계를 통해서만 진정한 내면의 변화를 이룰 수 있다. 진리가 없는 사랑은 감상이다. 그런 사랑은 우리 힘을 북돋우고 우리를 지지해 주지만 우리 안의 결점들은 부정하게 한다. 사랑이 빠진 진리는 가혹하다. 정확한 정보를 주긴 하지만 진심으로 그 정보에 귀 기울일 수 있게 하는 방법으로 그러는 것은 아니다. 그리스도 안에서 구원을 베푸신 하나님의 사랑은 인간의 실상을 가감 없이 드러내는 동시에 인류를 향한 철저하고도 무조건적인 헌신을 보여 준다. 자비로운 헌신은 우리를 강하게 해서 자신의 실체를 직시하고 자복하게 만든다. 그리고 그 확신과 회개는 우리를 인도해서 하나님의 자비와 은혜에 매달리며 거기서 안식을 얻게 한다.

• 복음

마음은 우상을 만드는 공장

● 자기의 재물을 의지하는 자는 패망하려니와 의인은 푸른 잎사귀 같아서 번성하리라
잠언 11:28

돈은 영적 중독이 될 수 있다. 우리가 갈망하던 만큼 돈을 가져도 만족은 자꾸만 줄어든다. 그래서 우리는 그 만족감을 더 채우려고 더 크고 많은 모험도 불사하다가 결국 파탄에 이른다. 그 중독에서 회복되기 시작하면 '내가 무슨 생각을 한 거지? 어떻게 그렇게 눈이 가려질 수가 있었지?'라는 의문이 든다. 우리는 숙취 때문에 전날 밤 일이 통 기억나지 않는 사람 같다. 왜 그랬을까? 그토록 이성에 어긋나게 행동한 이유가 무엇일까? 왜 우리는 옳은 길을 시야에서 완전히 놓친 것일까?

성경은 인간 마음이 '우상 공장'이라서 그렇다고 답한다.

대체로 사람들은 '우상'(idols)이라고 하면 눈에 보이는 신상을 떠올린다. 오디션 프로그램에서 심사 위원 사이먼 코웰의 극찬을 받은 신인 팝스타를 떠올릴 수도 있다. 물론 아직도 세상 곳곳에서 전통적인 우상 숭배가 이루어지고 있긴 하지만, 마음속에서 이루어지는 내적 우상 숭배는 모든 사람 안에 두루 널리 퍼져 있다. 에스겔 14장 3절에서 하나님은 이스라엘 장로들을 가리켜 "이 사람들이 자기 우상을 마음에 들이며"라고 말씀하신다. 우리처럼 장로들도 그런 지적에 틀림없이 이렇게 반응했을 것이다. "우상이라니요? 무슨 우상? 저한테는 아무런 우상도 보이지 않는데요." 여기서 하나님 말씀은, 인간의 마음이 성공, 사랑, 재물의 소유, 가정 등과 같은 좋은 것을 궁극적인 것으로 탈바꿈시킨다는 뜻이다. 우리 마음은 그런 것을 신격화해 삶의 중심에 둔다. 그것만 얻으면 존재감과 든든함과 안전과 충족감을 누릴 수 있다고 생각하기 때문이다.

• 신격화

무엇이든 우상이 될 수 있다

● 자녀들아 너희 자신을 지켜 우상에게서 멀리하라 요한1서 5:21

무엇이든 우상이 될 수 있으며 이미 우상이 되어 왔다.

세상에서 가장 유명한 도덕규범은 십계명이고 그중 제1계명은 이렇다. "나는 … 네 하나님 여호와니라 너는 나 외에는 다른 신들을 네게 두지 말라"(출 20:2-3). 여기서 자연스럽게 따라오는 의문이 있다. "다른 신들"이란 무엇인가? 곧바로 답이 나온다. "너를 위하여 새긴 우상을 만들지 말고 또 위로 하늘에 있는 것이나 아래로 땅에 있는 것이나 땅 아래 물속에 있는 것의 어떤 형상도 만들지 말며 그것들에게 절하지 말며 그것들을 섬기지 말라"(출 20:4-5). 세상 모든 것이 포함된다! 돈이나 섹스를 신으로 떠받들 수 있다는 건 누구나 안다. 하지만 삶의 무엇이든 우상 노릇을 할 수 있다. 모든 것이 하나님의 대용품, 즉 '가짜 신'(counterfeit god)이 될 수 있다.

우리는 우상을 나쁜 것이라 생각하지만 그 자체가 나쁜 경우는 거의 없다. 더 좋은 것일수록 그것이 우리의 가장 깊은 욕구와 희망을 채우리라는 기대도 커진다. 무엇이든 가짜 신이 될 수 있으며, 특히 삶에서 가장 좋은 것일수록 더 그렇다.

• 가짜 신

참담한 일을 초래하는 우상

● 스스로 지혜 있다 하나 어리석게 되어 썩어지지 아니하는 하나님의 영광을 썩어질 사람과 새와 짐승과 기어다니는 동물 모양의 우상으로 바꾸었느니라 로마서 1:22-23

왜 마음의 가장 깊은 소원을 이루는 게 오히려 재앙이 될까? 로마서에서 사도 바울은 하나님이 누군가에게 행하실 수 있는 최악의 일 중 하나가 "그들을 마음의 정욕(갈망)대로 내버려 두시는 것"이라 썼다(롬 1:24). 가장 절실한 꿈을 이루도록 허용하시는 게 왜 상상 가능한 최고의 형벌일까? 우리 마음이 그 갈망을 우상으로 삼기 때문이다. 같은 장에서 바울은 인류 역사를 이렇게 한 문장으로 요약했다. "그들이 … 피조물을 조물주보다 더 경배하고 섬김이라"(25절). 모든 인간은 무엇인가를 위해 살아야 한다. 그 무엇인가가 우리 생각을, 우리 마음의 가장 근본적인 충성심과 희망을 사로잡아야 한다. 그런데 성경에 따르면, 성령의 개입이 없이는, '그 무엇' 곧 '그 존재'는 결코 하나님일 수 없다.

하나님만이 주실 수 있는 의미와 희망과 행복을 피조물에게 바란다면 결국 피조물은 그 역할을 하기는커녕 우리 마음을 비탄에 빠뜨린다. "성경의 … 핵심 원리는 우상 숭배를 배격하는 것이다."¹³ 성경을 속속들이 아는 두 유대인 학자가 내린 결론이다. 그래서 성경에는 우상 숭배의 무수한 형태와 참담한 결과를 보여 주는 이야기가 수두룩하다. 우리 마음이 선택하는 가짜 신에는 사랑, 돈, 성취(성공), 권력이 있다. 그리고 성경에는 그에 상응하는 생생한 내러티브가 나온다. 그것을 보면 특정한 우상을 숭배하는 일이 우리 삶 속에서 어떻게 이루어지는지 알 수 있다.

• 피조물 숭배

Feb. 18 아브라함을 부르신 하나님

● 여호와께서 아브람에게 이르시되 너는 너의 고향과 친척과 아버지의 집을 떠나 내가 네게 보여 줄 땅으로 가라 창세기 12:1

성경에 보면 하나님은 아브라함에게 오셔서 엄청난 약속을 하셨다. 아브라함이 하나님께 충실히 순종하면 그와 그의 후손을 통해 이 땅의 모든 나라에 복을 주겠다고 하셨다. 하지만 그러려면 아브라함이 떠나야 했다. 인간의 마음이 갈망하는 거의 모든 것과 현세적 희망을 하나님을 위해 버리라는 것이었다.

그러나 수십 년이 지나면서 하나님의 약속을 믿기가 점점 더 어려워졌다. 결국 아브라함이 백 세가 되어서야 사라는 아흔이 넘은 나이로 아들 이삭을 낳았다(창 17:17; 21:5). 하나님이 명백하게 개입하신 것이었다. 그래서 이삭의 이름 뜻은 '웃음'이다. 부모의 기쁨을 가리키는 말이자 약속을 이루실 하나님을 그들이 잘 믿지 못했던 일을 떠올리게도 한다.

이제 문제는 이것이다. 아브라함의 희생과 기다림은 하나님을 위한 것인가, 아니면 아들을 바라서인가? 아브라함에게 하나님은 목적을 이루는 수단에 불과했는가? 아브라함이 궁극적으로 마음을 바친 대상은 누구인가? 그가얻은 평안과 겸손과 당당함과 불굴의 안정은 환경이나 여론이나 자신의 능력을 믿지 않고 하나님을 신뢰한 결과였는가? 그는 하나님만을 신뢰하는 법을 배웠는가? 하나님을 사랑하되 그분께 얻어 낼 것 때문이 아니라 그분 자체를 사랑했는가?

• 하나님을 사랑함

58

Feb. 19 전부를 드리라는 하나님

● 여호와께서 이르시되 네 아들 네 사랑하는 독자 이삭을 데리고 모리아 땅으로 가서 내가 네게 일러 준 한 산 거기서 그를 번제로 드리라 창세기 22:2

이는 아주 결정적인 시험이었다. 이제 이삭은 아브라함의 전부였다. 하나님도 그 점을 분명히 하셨다. 하나님은 그 아들을 그냥 "이삭"이 아니라 "네 아들 네 사랑하는 독자"라 부르셨다. 아브라함의 애정은 숭배로 변했다. 그전까지는 삶의 의미가 하나님 말씀에 달려 있었지만, 이제 이삭을 사랑하고 이삭을 잘되게 하는 쪽으로 방향을 틀었다. 삶의 무게 중심이 이동하고 있었다.

하나님은 아들을 사랑해서는 안 된다고 말씀하신 게 아니라 사랑의 대상을 가짜 신으로 둔갑시켜서는 안 된다는 것이었다. 누구든지 자녀를 하나님의 자리에 두면 거기서 우상 숭배 같은 사랑이 싹튼다. 그 사랑은 자녀를 숨막히게 하고 관계의 목을 조른다.

아들 이삭을 드리라는 명령에 순종하려는 아브라함은 하나님을 그저 '맹신'한 게 아니다. "이건 미친 짓이고 살인이지만 그래도 나는 하겠다"라고 말한 게 아니다. 그 대신 "나는 하나님이 거룩하시고 은혜로우신 분임을 안다. 어떻게 하실지는 모르지만 분명히 이번에도 하나님은 자신이 그런 분임을 보이실 것이다"라고 말했다.

자신이 거룩하신 하나님께 빚진 자임을 믿지 않았다면, 그는 너무 화가 나서 가지 못했을 것이다. 반대로 은혜의 하나님을 믿지 않았다면, 그는 너무 아찔하고 낙망해서 가지 못했을 것이다. 그냥 드러누워 시름시름 앓았을 것이다. 그가 산으로 한 발짝씩 걸음을 옮길 수 있었던 것은 오직 하나님이 거룩하고 사랑 많으신 분임을 알았기 때문이다.

• 신뢰

가장 좋은 것의 위험성

● 하나님이 그에게 일러 주신 곳에 이른지라 이에 아브라함이 그곳에 제단을 쌓고 나무를 벌여 놓고 그의 아들 이삭을 결박하여 제단 나무 위에 놓고 손을 내밀어 칼을 잡고 그 아들을 잡으려 하니 창세기 22:9-10

그 순간 하늘에서 음성이 들려왔다. "아브라함아, 아브라함아."

"내가 여기 있나이다." 아들을 제단 위에 놓고 벼랑 끝에 몰린 아브라함이 대답했다.

"그 아이에게 네 손을 대지 말라 … 네가 네 아들 네 독자까지도 내게 아끼지 아니하였으니 내가 이제야 네가 하나님을 경외하는 줄을 아노라"(12절). 그때 뿔이 수풀에 걸린 숫양이 아브라함의 눈에 띄었다. 그는 이삭을 풀어 주고 아들 대신 그 양으로 번제를 드렸다.

마지막에 여호와의 사자는 그에게 "내가 이제야 네가 하나님을 경외하는 줄을 아노라"라고 말씀하셨다. 아브라함이 하나님을 사랑하는지 그분이 알아보려 하셨다는 뜻은 아니다. 전지하신 하나님은 모든 사람의 마음 상태를 이미 아신다. 정확히 말하자면, 하나님은 그를 용광로에 넣으셨다. 하나님을 향한 아브라함의 사랑이 결국 '순금같이 되어 나오게' 하기 위해서였다. 하나님이 왜 이삭을 수단으로 삼으셨는지는 어렵지 않게 알 수 있다. 하나님이 개입하지 않으셨다면 아브라함은 틀림없이 세상 무엇보다도 아들을 가장 사랑했을 것이다. 이미 그렇게 되어 있었는지도 모른다. 이는 우상 숭배이며, 모든 우상 숭배는 해를 초래한다.

이런 관점에서 보면 하나님이 아브라함을 거칠게 다루신 것은 오히려 자비였다. 이삭은 아브라함에게 놀라운 선물이었지만 하나님을 첫자리에 모실 의향이 없다면 이삭과 함께하는 것은 안전하지 않았다.

• 우상

참된 대속물, 하나님의 독자 예수

● 자기 아들을 아끼지 아니하시고 우리 모든 사람을 위하여 내주신 이가 어찌 그 아들과 함께 모든 것을 우리에게 주시지 아니하겠느냐 로마서 8:32

먼 훗날 산에서 또 다른 장자가 나무 위에 달려 두 팔을 벌리고 죽었다. 그러나 하나님이 사랑하시는 그 아들이 갈보리 산에서 "나의 하나님, 나의 하나님, 어찌하여 나를 버리셨나이까"라고 외치셨을 때는 하늘에서 구조를 알리는 아무 소리도 없었다. 오히려 성부 하나님은 침묵 속에 그 값을 치르셨다. 왜 그러셨을까? 아브라함의 아들 이삭의 참된 대속물은 하나님의 외아들 예수님이었다.

하나님은 아브라함의 제물을 보시고 "네가 네 독자까지도 내게 아끼지 아니하였으니 내가 이제야 네가 나를 사랑하는 줄을 아노라"라고 말씀하셨다. 그렇다면 우리는 십자가 위에 계신 하나님의 제물을 보며 "하나님께서 사랑하시는 독자까지도 제게 아끼지 아니하셨으니 이제 저는 하나님이 저를 사랑하시는 줄을 알겠습니다"라고 더 아뢸 수 있지 않겠는가.

이 이야기의 의미는 예수님으로만 완성된다. 하나님이 '의로우신'(우리 죄의 빚을 갚도록 요구하시는) 분이면서 동시에 '의롭다 하시는'(구원과 은혜를 베푸시는) 분이 되실 수 있는 건(롬 3:26), 먼 훗날 다른 아버지 곧 하나님께서 다른 '산' 갈보리로 그분의 장자와 함께 올라가 우리 모두를 위한 제물로 그 아들을 내주셨기 때문이다.

당신의 노력으로는 결코 아브라함처럼 위대하고 용감할 수 없으며 하나님 안에서 안전해질 수 없다. 이 사건의 실체이신 구주 예수님을 믿어야만 그리될 수 있다. 오직 예수님이 우리를 위해 사시고 죽으셨기 때문에 하나님도 무한한 사랑이시면서 동시에 거룩하신 분일 수 있다.

• 예수님의 대속

왕이 오셨다

● 하나님의 아들 예수 그리스도의 복음의 시작이라 선지자 이사야의 글에 보라 내가 내 사자를 네 앞에 보내노니 그가 네 길을 준비하리라 광야에 외치는 자의 소리가 있어 이르되 너희는 주의 길을 준비하라 그의 오실 길을 곧게 하라 기록된 것과 같이 마가복음 1:1-3

마가는 예수님의 정체를 밝히는 데 지체하지 않는다. 그는 예수님이 그리스도이자 하나님의 아들이라고 말한다. 우선 '크리스토스'(Christos)는 헬라어로 '기름부음을 받은 왕족'이란 뜻이다. 이 단어는 언젠가 오셔서 이 땅을 다스리고 이스라엘을 모든 압제자와 고통에서 건져 줄 '메시아'에 대한 다른 표현이었다. 그리스도는 여러 왕 중의 하나가 아니라 만왕의 왕이셨다.

마가는 그리스도 앞에 하나님의 아들이란 표현을 덧붙인다. 하나님의 아들, 이것은 당시 대중이 생각하는 메시아 개념에서 한 걸음 더 나아간 과감한 표현이다. 한마디로, 예수님의 신성을 숨기지 않고 그대로 드러낸 것이다. 이어서 마가는 내친 김에 폭탄 발언을 해 버린다. 마가는 이사야의 예언을 인용하면서 세례 요한이 광야에서 외치는 소리, 곧 주의 길을 준비하는 사람이라고 말한다. 이는 결국 예수님이 주님, 곧 전능하신 하나님이란 뜻이다. 주 하나님, 자기 백성을 구원할 신적인 왕, 그리고 예수님. 이 세 호칭은 모두 한 사람을 가리킨다.

이 대담한 주장을 통해 마가는 예수님을 예로부터 내려온 이스라엘의 종교와 최대한 깊이 연결시키고 있다. 마가의 주장은 기독교가 새로운 종교가 아니라는 것이다. 예수님은 성경의 모든 선지자들이 표현한 열망과 환상을 실현하시는 분이다. 예수님은 세상에 오셔서 온 세상을 다스리고 새롭게 하시는 분이다.

• 구원자

예수님의 세례식

● 그때에 예수께서 갈릴리 나사렛으로부터 와서 요단강에서 요한에게 세례를 받으시고 곧 물에서 올라오실새 하늘이 갈라짐과 성령이 비둘기같이 자기에게 내려오심을 보시더니   마가복음 1:9-10

성령을 비둘기에 비유한 표현이 지금 우리에게는 익숙하지만 마가의 시대에는 그렇지 않았다. 유대교 경전 중에서 성령을 비둘기에 비유한 경전은 마가 시대 유대인들이 읽던 아람어 구약성경인 탈굼(Targums)밖에 없었다.

창세기 1장 2절에서 하나님의 영은 수면 위로 운행하셨다. 여기서 '운행'에 해당하는 히브리어는 '훨훨 난다'는 뜻이다. 다시 말해, 성령이 수면 위를 훨훨 날아다니셨다. 탈굼을 쓴 랍비들은 이 장면을 생생하게 묘사하기 위해 이 구절을 이렇게 번역했다. "땅이 혼돈하고 공허하며 흑암이 깊음 위에 있고 하나님의 영은 '비둘기처럼' 수면 위로 훨훨 날아다니시니라. 하나님이 이르시되 빛이 있으라 하시니."

세상의 창조에는 하나님, 하나님의 영, 하나님의 말씀, 이렇게 세 주체가 참여했다. 이 세 주체는 예수님의 세례식에도 참여했다. 아버지는 말씀하셨고 아들은 세례를 받았으며 성령은 비둘기처럼 훨훨 날아다녔다. 여기서 마가는 의도적으로 태초의 창조 과정을 떠올리게 만든다. 마가는 처음 세상을 창조하신 것이 삼위일체 하나님의 프로젝트였던 것처럼, 진정한 왕의 오심도 삼위일체 하나님의 프로젝트임을 말하고 싶었던 것이다.

• 삼위일체

서로를 영화롭게 하다

● 하늘로부터 소리가 나기를 너는 내 사랑하는 아들이라 내가 너를 기뻐하노라 하시니라
마가복음 1:11

　창조와 구속이 삼위일체 하나님의 작품이라는 사실이 왜 중요할까?

　삼위일체에 관한 기독교의 가르침은 신비롭고 인지적으로 도전이 된다. 이 교리는 하나님은 한 분 하나님이시며, 세 위격으로 영원히 존재하신다는 것이다. 이것은 세 신이 조화롭게 일한다고 생각하는 삼신론이 아니다. 또한 한 분의 하나님이 때에 따라 이런 모습 저런 모습으로 나타난다고 생각하는 일위론도 아니다. 삼위일체 신학이 가르치는 것은 한 분 하나님이 계신데 서로 알고 서로 사랑하는 삼위로 존재하신다는 것이다. 하나님은 셋이면서 하나이시고, 하나이면서 셋이시다.

　예수님이 물에서 나오시자 아버지께서 그를 사랑의 말씀으로 입혀 주시고 덮어 주신다. "너는 내 사랑하는 아들이라. 내가 너를 기뻐하노라." 그와 동시에 성령은 그를 능력으로 덮어 주신다. 이는 삼위일체 안에서 영원 전부터 계속 이어져 온 과정이다. 이 구절을 통해 우리는 하나님의 위대한 속성을 엿볼 수 있다. 요한복음에 기록된 예수님의 기도를 보면 아버지와 아들과 성령은 서로를 영화롭게 하신다. "아버지께서 내게 하라고 주신 일을 내가 이루어 아버지를 이 세상에서 영화롭게 하였사오니 아버지여 창세전에 내가 아버지와 함께 가졌던 영화로써 지금도 아버지와 함께 나를 영화롭게 하옵소서"(요 17:4-5). 삼위일체의 세 위격은 서로를 영화롭게 한다. 마치 춤추는 것처럼.

• 삼위일체

가장 치열한 전투 한가운데

Feb.

25

● 성령이 곧 예수를 광야로 몰아내신지라 광야에서 사십 일을 계시면서 사탄에게 시험을 받으시며 들짐승과 함께 계시니 천사들이 수종 들더라 마가복음 1:12-13

본문 말씀에서 마가는 우리의 궁극적 실재는 춤, 즉 하나님과의 교제이지만, 우리의 현실은 전투라는 점을 보여 주고 있다.

마가는 당시 독자들이 잘 아는 구약성경 속의 역사와 예수님의 삶을 교차시키고 있다. 먼저 창세기의 내용을 보자. 성령이 수면 위를 운행하시고 하나님이 말씀으로 세상을 창조하시면서 역사가 시작되었다. 그다음으로 어떤 일이 일어났는가? 사탄이 에덴동산에서 최초의 인간인 아담과 하와를 유혹했다.

우리는 아담과 하와를 보며 혀를 끌끌 찬다. "저런 바보. 사탄의 거짓말에 넘어가다니!" 하지만 우리 마음속에도 사탄의 거짓말이 침투해 있다. 우리는 하나님 믿기를 두려워하고 있다. 아니, 그 무엇도 믿지 못한다. 우리는 사탄이 시키는 대로 정지해 있다. 이것이 사탄이 싸우는 방식이다.

하지만 하나님은 우리를 무방비 상태로 방치해 두지 않으셨다. 하나님은 예수님께 말씀하셨다. "나무에 관해서는 내 말을 믿고 순종해라. 너는 죽을 것이다." 이 나무는 십자가였고 예수님은 순종하셨다. 예수님은 우리를 춤의 궁극적인 실재 속으로 초대하시기 위해 치열한 전투의 한복판으로 앞서 들어가셨다. 예수님은 영원 전부터 누리신 것을 우리에게도 주시기 위해 오셨다. 때때로 가장 치열한 전투의 한복판에서 당신이 시험당하고 상처 입고 연약함을 경험할 때, 예수님께서 친히 들으셨던 바로 그 말씀을 당신의 존재 깊은 곳에서 들으라. "이는 내 사랑하는 아이다. 내가 너를 사랑한다. 내가 너를 기뻐한다."

• 영적 전투

복음을 믿으라

● 요한이 잡힌 후 예수께서 갈릴리에 오셔서 하나님의 복음을 전파하여 이르시되 때가 찼고 하나님의 나라가 가까이 왔으니 회개하고 복음을 믿으라 하시더라 마가복음 1:14-15

마가복음에서 처음 들리는 예수님의 음성은 이것이다. "회개하고 복음을 믿으라!" 여기서 "회개하라"의 뜻은 '되돌아오라' 혹은 '뭔가에서 돌아서라'이다. 특히 성경에서는 하나님이 미워하는 것들에서 돌이켜서 그분이 사랑하는 것들로 나아오라는 뜻이다.

복된 소식이나 복음으로 번역되는 헬라어 '유앙겔리온'(Euangelion)은 소식을 전한다는 뜻의 '앙겔로스'(angelos)와 기쁨을 뜻하는 접두사 '유'(eu)가 합쳐진 단어다. 따라서 복음은 '기쁨을 주는 소식'이다. 이 단어는 마가 당시에 널리 사용되었지만 종교적인 용어는 아니었다. 당시 이러한 복음은 흔한 소식이 아니라 역사와 삶의 흐름을 바꿔 놓는 큰 소식을 의미했다.

바로 이 부분에서 우리는 기독교와 (무종교를 비롯한) 여타 종교의 결정적인 차이점을 발견할 수 있다. 여타 종교의 본질은 조언(advice)이지만 기독교의 본질은 소식(news)이다. 여타 종교들은 이렇게 조언한다. "신과 영원한 교제를 나누기 위해서는 이렇게 해야 한다. 이렇게 살아야 신 앞에 설 자격을 얻는다." 복음의 메시지는 전혀 다르다. "이 사건이 역사 가운데 일어났다. 이것이 예수님의 삶이고 죽음이며 이로써 당신이 하나님께 갈 수 있는 길이 열렸다." 기독교는 완전히 다르다. 기독교는 기쁨이 넘치는 소식이다.

• 소식

나를 따라오라

● 갈릴리 해변으로 지나가시다가 시몬과 그 형제 안드레가 바다에 그물 던지는 것을 보시니 그들은 어부라 예수께서 이르시되 나를 따라오라 내가 너희로 사람을 낚는 어부가 되게 하리라 하시니 곧 그물을 버려두고 따르니라 마가복음 1:16-18

　　예수님은 사람들을 불러 그분의 제자로 삼으셨다. 그런데 유대 문화에서는 선생이 제자를 부르는 경우가 매우 드물었다. 대개는 제자가 랍비를 선택했다. 배움을 원하는 사람이 랍비를 찾아가 가르침을 청하는 것이 일반적이었다. 하지만 마가복음에 따르면 예수님의 권위는 보통 랍비와는 매우 달랐다. 예수님이 먼저 부르시지 않으면 그 누구도 그분의 제자가 될 수 없다.

　　"나를 따라오라." 예수님의 말씀 한마디에 시몬과 안드레는 당장 어부라는 직업을 버리고 그분을 따랐다. 야고보와 요한도 그 자리에서 아버지와 친구를 버리고 예수님을 따라갔다. 물론 복음서의 뒷부분을 읽어 보면 그들은 다시 고기를 잡았고 부모와의 관계도 이어 갔다. 그럼에도 예수님의 말씀은 보통 파격적인 게 아니다. 전통적인 사회에서는 개인의 정체성이 가족에게서 비롯한다. 따라서 "가족보다 나를 더 생각하라"라는 말씀은 충격 그 자체다. 예수님은 이렇게 말씀하신다. "나를 알고 사랑하고 닮아 가고 섬기는 일을 인생의 최우선 사항으로 삼아야 한다. 나머지는 모두 부차적일 뿐이다."

• 제자도

치유하시는 왕의 손

● 회당에서 나와 곧 야고보와 요한과 함께 시몬과 안드레의 집에 들어가시니 시몬의 장모가 열병으로 누워 있는지라 사람들이 곧 그 여자에 대하여 예수께 여짜온대 나아가사 그 손을 잡아 일으키시니 열병이 떠나고 여자가 그들에게 수종드니라 마가복음 1:29-31

이 치유 사건은 예수님이 영의 세계만이 아니라 물질세계에도 관심을 갖고 친히 그 세계까지 다스리신다는 사실을 보여 준다. 예수님은 (제자를 부르시고 권위 있는 가르침을 펴실 때처럼) 권위를 '주장'만 하시는 것이 아니라 실질적으로 권위를 발휘하셨다. 예수님은 질병까지도 다스리는 능력을 보여 주셨다. 그분의 손이 닿기만 했는데도 환자의 열병이 씻은 듯이 나았다. 치유의 기적은 여기서 끝이 아니었다. 세 구절 뒤에서 마가는 예수님이 무리 전체를 치유하셨다고 말한다. 또 며칠 뒤에는 나병 환자를 고치셨다. 마가복음 2장의 중간쯤에서 모든 사람이 놀라 이렇게 말했다. "우리가 이런 일을 도무지 보지 못하였다." 청각장애인이 듣고 시각장애인이 보고 지체장애인이 걸었다. 마가복음에는 질병에 대한 예수님의 권위를 보여 주는 치유 사건이 30번이나 나타난다. 마가복음은 처음 몇 장에 걸쳐 물질세계의 구석구석까지 뻗어가는 예수님의 권위를 보여 주는 증거를 드러낸다.

"나를 따라오너라. 네가 그토록 찾던 왕이 바로 나다. 그러니 나를 따라오너라. 나는 만물에 대한 권위를 가지고 있으나 너를 위해 낮아졌다. 그러니 나를 따라오너라. 네 믿음과 행동이 엉망일 때 내가 너를 위해 십자가에서 죽었다. 나는 네게 조언을 하는 것이 아니라 소식을 전해 준다. 내가 너의 진정한 사랑이요 생명이다. 그러니 나를 따라오너라." 예수님은 그렇게 말씀하고 계신다.

• 왕의 권위

3월
March

내 고통 속에 들어오신
예수님께 기대어

A Year with
Timothy Keller

고난, 우리를 하나님께로 더 가까이

● 다만 이뿐 아니라 우리가 환난 중에도 즐거워하나니 이는 환난은 인내를, 인내는 연단을, 연단은 소망을 이루는 줄 앎이로다 소망이 우리를 부끄럽게 하지 아니함은 우리에게 주신 성령으로 말미암아 하나님의 사랑이 우리 마음에 부은 바 됨이니   로마서 5:3-5

　삶에 고난이 찾아들지 않는 한 아무도 하나님을 찾지 않는다는 말은 과장된 말임에 틀림없지만, 그렇다고 아주 틀린 말도 아니다. 고난이 닥치면 그제야 비로소 인간은 자신이 제 삶을 마음대로 할 수 없으며, 그렇게 해 본 적도 없다는 사실을 절감하게 된다.
　그뿐이 아니다. 곤경은 그저 하나님의 존재를 믿게 하는 데 그치지 않고 이미 신앙을 가진 이들을 이끌어 하나님의 실재와 사랑과 은혜를 더 깊이 경험하게 한다는 것을 지난 몇 년간 나는 깨닫고 있다. 고난의 풀무불을 거치는 과정이야말로 하나님을 추상적으로 아는 수준을 넘어 인격적인 만남으로 이끄는 주요한 통로다. C. S. 루이스의 말처럼, "하나님은 기쁨을 통해 속삭이시고, 양심을 통해 말씀하시며, 고통을 통해 소리치신다."[14]
　웬만한 그리스도인이라면 수많은 교리를 잘 이해해서 머릿속에 간직하고 있을 것이다. 하지만 실망과 실패와 상실의 통로를 거치지 않는 한, 그 진리들은 마음 깊은 곳에 닿지 않는다. 일자리와 가족을 한꺼번에 잃어버린 한 남성은 이렇게 고백한다. "예수님만 있으면 무슨 어려움이든 다 헤쳐 나갈 수 있다는 얘기는 이미 들어서 알고 있었습니다. 원론적으로 말입니다. 하지만 가진 걸 전부 잃어버리고 제게 예수님만 남고 보니 예수님 한 분만으로 충분하다는 사실이 무슨 의미인지 비로소 실감하게 되더군요."

・고난

고난, 성경의 가장 중요한 주제

● 그러므로 우리에게 큰 대제사장이 계시니 승천하신 이 곧 하나님의 아들 예수시라 우리가 믿는 도리를 굳게 잡을지어다 우리에게 있는 대제사장은 우리의 연약함을 동정하지 못하실 이가 아니요 모든 일에 우리와 똑같이 시험을 받으신 이로되 죄는 없으시니라 히브리서 4:14-15

  하나님 말씀을 깊이 알아가면서 차츰 '고난의 실상'이야말로 성경이 가르치는 가장 중요한 주제 가운데 하나임을 깨달았다. 창세기는 세상에 악과 죽음이 들어온 전말을 설명하는 데서 시작한다. 출애굽기는 이스라엘 백성의 40년에 걸친 광야 생활이 시련을 통한 집중 점검 기간이었다고 이야기한다.

  구약성경의 지혜서들은 고난의 문제를 다루는 데 상당 부분을 할애한다. 시편은 살아가면서 부닥칠 수 있는 시련에 대한 기도, 고통에 대한 호소, 부당한 고난에 대한 부르짖음으로 가득하다. 시편을 보노라면, 하나님께 제기하는 불만 가득한 질문이 얼마나 많은지 모른다. 시편 44편에서 기자는 황폐해진 조국을 바라보며 부르짖는다. "주님, 깨어나십시오. 어찌하여 주무시고 계십니까? … 어찌하여 얼굴을 돌리십니까? 우리가 고난과 억압을 당하고 있음을 어찌하여 잊으십니까?"(시 44:23-24, 새번역) 욥기와 전도서는 삶의 부당한 고통과 실망을 성찰하는 데 지면의 대부분을 할애한다.

  예레미야와 하박국 같은 선지자들은 신랄한 표현을 써 가며 악이 지배하는 것처럼 보이는 현실에 대해 인간적인 불만을 토로한다. 히브리서와 베드로전서를 비롯한 신약성경들은 그리스도인들이 극심한 괴로움과 어려움에 맞서도록 돕는 데 온 힘을 기울인다. 이렇듯 성경은 그 어떤 주제 못지않게 고난에 관심을 두고 있다.

• 고통

'고난에도 불구하고'가 아니다

● 의인이 부르짖으매 여호와께서 들으시고 그들의 모든 환난에서 건지셨도다 여호와는 마음이 상한 자를 가까이하시고 충심으로 통회하는 자를 구원하시는도다 시편 34:17-18

나는 아내와 함께 삶을 돌아보면서 사람들이 하나님을 인정하거나 부정하는 지점, 하나님의 살아 계심을 강하게 확신하거나 의심하는 기준선에 고난이 있음을 깨달았다. 이 난해하고 심오한 패턴을 이해하기 위해 성경을 살피다 보니, 성경 자체의 중요한 주제가 하나님이 어떻게 해서 '고난에도 불구하고'가 아니라 '고난을 통해서' 온전한 기쁨을 주시는가 하는 것임을 알게 되었다. 예수님이 '십자가를 지는 고통에도 불구하고'가 아니라 '그 고통을 통해서' 인류를 구원해 주신 것처럼 말이다. 그러므로 오로지 고난을 통해, 그리고 고난 가운데서만 맛볼 수 있는 특별하고, 충만하며, 가슴에 사무치는 기쁨이 있다.

시몬 베유(Simone Weil)는 "고난이 심하면 하나님이 없는 것처럼 보인다"라고 했다. 하지만 시편 34편에서 다윗은 하나님이 없는 것처럼 보이는 순간에도 정말 그런 것은 아니라고 못 박아 말한다. 일생일대의 위기를 맞아 목숨마저 위태로웠던 시절을 돌아보며 다윗은 단언한다. "여호와는 마음이 상한 자를 가까이하시고 충심으로 통회하는 자를 구원하시는도다"(18절).

• 고난을 통해서

풀무불 속에도 함께하시는 하나님

● 왕이여 우리가 섬기는 하나님이 계시다면 우리를 맹렬히 타는 풀무불 가운데에서 능히 건져 내시겠고 왕의 손에서도 건져 내시리이다 **다니엘 3:17**

성경을 통틀어 고난을 가장 생생하게 보여 주는 대목은 다니엘 3장이 아닐까 싶다. 본문에서 다니엘의 세 친구는 사형선고를 받고 맹렬하게 타오르는 풀무불에 던져졌다. 하지만 신비로운 인물이 그들 곁에 나타났다. 불구덩이 속에 셋이 아니라 네 사람이 있는 것을 본 구경꾼들은 화들짝 놀랐다. 새로운 인물은 마치 '신의 아들' 같았다.

지푸라기처럼 타 버릴 줄 알았던 사형수들은 태연히 풀무불 속을 거닐었다. 신약의 관점을 갖게 된 오늘날의 그리스도인들은 그로부터 수백 년 뒤, '하나님의 아들'이 십자가를 지시고 비교할 수 없이 큰 풀무불 속으로 걸어 들어가셨음을 알고 있다. 주님이 우리와 '동행'하신다는 개념을 전혀 다른 차원으로 끌어올린 일대 사건이다. 인간이 겪는 불처럼 뜨거운 고통 속으로 하나님도 예수 그리스도를 통해 걸어 들어가셨다. 그분은 참으로 우리와 동행하시는 하나님이다. 우리의 괴로움을 다 아시고 사랑으로 함께하신다.

우리가 풀무불 속에 있을 때 주님은 친히 그 한복판에 뛰어드셨다. 덕분에 우리는 돌이켜 그분을 바라보면서 우리도 검불처럼 소진되는 게 아니라 크고 고운 인간으로 빚어지리라는 사실을 온 마음으로 깨닫게 된다. "내가 너와 함께하리라. 환난으로 축복을 빚으며 네 깊은 아픔으로 널 거룩하게 하리라."[15]

· 풀무불

고난, 징벌이 아닌 정화

● 그가 아들이시면서도 받으신 고난으로 순종함을 배워서 온전하게 되셨은즉 자기에게 순종하는 모든 자에게 영원한 구원의 근원이 되시고 히브리서 5:8-9

　카르마(karma, 업보)를 믿는 이들과 달리, 그리스도인들은 고난이란 때로 부당하고 부적절하다고 생각한다. 인생은 정말 공평하지 않다. 잘사는 사람들이 때로는 바르게 행하지 않는다. 막스 셸러는 기독교가 이러한 사실을 인정함으로 고난의 엄중하고 비참한 실상을 최대한 제대로 드러내는 데 성공했다고 말한다. 누구나 그만한 이유가 있어서 고난을 당한다고 주장하는 카르마 교리로는 납득하기 어려운 일이다. 욥기는 이러한 사실을 가장 또렷이 보여 준다. 하나님은 욥의 고통과 고난이 욥의 윤리적으로 부정한 삶에서 비롯되었다고 우기는 친구들을 꾸짖으셨다.

　이러한 사실은 그 누구보다 그리스도를 통해 더없이 잘 확인할 수 있다. 성품과 행실을 볼 때 행복한 삶을 누릴 만한 가장 적합한 인물을 고르라면 단연 예수님이겠지만 사실 예수님은 그런 삶을 살지 못하셨다. 셸러가 글에 썼듯, 기독교 신앙의 중심에는 "남들의 빚을 짊어지고 기꺼이 고난을 받으신 죄 없는 이의 본보기"가 자리 잡고 있다. "고난은 고통스러워하는 인간의 거룩한 품성을 통해 경이롭고 새로운 고결함이라는 열매를 맺는다." 십자가에 비춰 보면, 고난은 "징벌이 아니라 정화"다.[16]

• 고결함

모든 사람 안에 있는 선과 악

● 모든 사람이 죄를 범하였으매 하나님의 영광에 이르지 못하더니 그리스도 예수 안에 있는 속량으로 말미암아 하나님의 은혜로 값없이 의롭다 하심을 얻은 자 되었느니라　로마서 3:23-24

　　이원론적인 입장과 달리, 기독교 신앙은 고통을 견디며 덕을 쌓아서 죄짐을 털어 버릴 수 있다고 말하지 않는다. 기독교는 "금욕적이고 자발적인 고행이 사람을 더 신령하게 만들고 신에게 더 가까이 나아가게 한다"고 가르치지 않는다. "고난 자체 때문에 인간이 신에게 더 가까이 가게 된다는 해석은 기독교적이라기보다 그리스 사상과 신플라톤주의에 훨씬 가깝다."[17]

　　아울러, 이원론은 세상을 선한 인간과 악한 인간으로 나눈다. 고난은 덕성의 증표이자 도덕적 우월의 상징이 되고, 이는 고통을 가하는 집단을 악마화하도록 허락하는 구실이 된다. 하지만 기독교 신앙은 알렉산드르 솔제니친이 쓴 유명한 글처럼, "선과 악을 가르는 선은 모든 인간의 마음 정중앙을 통과한다"[18]라고 믿는다.

　　그리스도인들이 고난을 이해하는 데는 은혜라는 관념이 중요하다. 그리스도인이라면 누구나 그리스도를 통해 용서와 사랑을 받고 하나님의 가족이 된다.

・은혜

말씀이 사람이 되어

● 태초에 말씀이 계시니라 이 말씀이 하나님과 함께 계셨으니 이 말씀은 곧 하나님이시니라
  요한복음 1:1

요한복음 1장만큼 기독교 신앙과 이교도 신앙의 차이를 극명하게 드러내는 서술도 없을 것이다. 요한은 "태초에 말씀(the Logos)이 계시니라"(요 1:1)라고 선언하면서 그리스 철학의 주요 주제 하나를 기막히게 끌어들인다. 하지만 곧이어 설명한다. "말씀(Logos)이 육신이 되어 우리 가운데 거하시매 우리가 그의 영광을 보니 아버지의 독생자의 영광이요"(요 1:14).

가슴 벅찬 이야기다. 요한은 "우주의 이면에 질서가 존재하며 자기 삶을 거기에 맞춰 조정하는 데 인생의 의미가 있다는 사실에 동의한다"라고 말하고 있다. 하지만 요한은 우주 이면의 로고스는 공부깨나 한 지식인들이 깊은 묵상을 통해서만 파악할 수 있는 추상적이고 이성적인 원칙이 아니라고도 지적한다. 그는 우주의 로고스는 누구든 인격적인 관계를 맺고 사랑하며 알아갈 수 있는 예수 그리스도라는 인격적인 존재라고 주장한다.

뤽 페리는 문화에 대한 요한의 메시지를 "신은 … 더 이상 비인격적인 구조가 아니라 비범한 개인"이란 말로 간추린 뒤, 이는 "사상사에 이루 헤아릴 수 없을 만큼 큰 영향을 미친 불가해한 변화"라고 말한다.[19]

• 로고스

슬픔과 눈물을 위한 공간

● 예수께서 그가 우는 것과 또 함께 온 유대인들이 우는 것을 보시고 심령에 비통히 여기시고 불쌍히 여기사 이르시되 그를 어디 두었느냐 이르되 주여 와서 보옵소서 하니 예수께서 눈물을 흘리시더라 요한복음 11:33-35

　　그리스 철학과 기독교 신앙 사이의 또 다른 차이점은 기독교의 위로는 슬픔과 괴로움을 억누르지 않고 자유롭게 표현하게 한다는 데 있다. 기독교 신앙은 눈물과 울음을 엄하게 제한하지 않았으며 자연스럽고 선하게 여겼다. 키프리아누스는 바울서신의 한 구절(살전 4:13)을 인용해서 말했다. "그리스도인은 진정으로 슬퍼하지만, 소망 가운데 깊이 잠깁니다."[20]

　　그리스도인들은 슬픔을 무슨 수를 써서라도 억제해야 할 감정으로 보지 않았다. 암브로시우스는 형제의 죽음 앞에서 눈물을 쏟으며 슬퍼했지만 변명하지 않았다. 그는 나사로의 무덤 앞에서 눈물을 보이셨던 예수님을 거론하며 말했다. "눈물이 통탄할 만한 죄를 불러온 적은 단 한 번도 없습니다. 모든 울음이 믿음이 없고 연약한 데서 나오는 것이 아닙니다. 주님도 우셨습니다. 그분은 피 한 방울 섞이지 않은 이를 위해 우셨고, 나는 형제를 위해 울었습니다. 주님은 한 사람을 위해 울면서 모두를 위해 우셨고, 나는 형제를 위해 울면서 모두를 위해 울겠습니다."[21]

　　그리스도인들은 고난을 대할 때 이성과 의지력을 동원해 부정적인 감정들을 통제하고 억누르는 방식으로 다루지 않았다. 그들은 이성이나 사색이 아니라 관계를 통해 궁극적인 실재에 이른다고 믿었다. 이성이나 감정 절제가 아니라 겸손과 믿음과 사랑을 통해 구원을 받는다고 배웠다. 그러기에 그리스도인들은 인간과 세상 만물을 향한 사랑을 금욕적으로 줄이는 방식이 아니라 하나님께 대한 사랑과 기쁨을 증가하는 방식으로 역경에 맞선다.

• 위로

고난 중에 있는 우리를 위하시는 하나님

● 그런즉 이 일에 대하여 우리가 무슨 말 하리요 만일 하나님이 우리를 위하시면 누가 우리를
대적하리요 로마서 8:31

고대에는 기독교 신앙 안에 악과 고난과 죽음에 맞설 우월한 자원이 들
어 있다고 두루 인정받았다. 현대에 들어서도 이런 생각은 달라지지 않았다.
세속적 문화가 무엇을 제공할 수 있든지 간에, 기독교 신앙은 고통받는 사람
들에게 그보다 훨씬 더 큰 도움이 될 강력한 자산을 보유하고 있다. 다만, 그
런 자산은 살아 움직이는 독특한 기독교 신앙 안에 있다는 조건이 붙는다.

악과 고난에 관해 그리스도인들이 가진 첫 번째 자산은, 인격적이고 지
혜롭고 무한하신, 그래서 불가해한 하나님이 세상만사를 주관하신다고 믿는
신앙이다. 이 신앙은 변덕스러운 운명과 가늠할 수 없는 우연이 우리 삶을
쥐고 흔든다는 신념보다 우리에게 더할 수 없는 위안이 된다.

두 번째 결정적인 교리는, 하나님이 예수 그리스도를 통해 친히 세상에
오셔서 우리를 위해, 우리와 함께 고난을 받으셨다는 가르침이다. 이는 신은
세상사에서 멀리 떨어져 아무런 개입도 하지 않는다는 교리보다 우리에게
훨씬 큰 위로를 준다. 모든 불가해성에도 불구하고, 십자가 사건은 하나님이
우리를 위하심을 증명한다.

세 번째 교리는, 십자가에서 그리스도가 이루신 역사를 믿음으로써 우리
가 구원에 대한 확신을 갖는다는 것이다. 이 교리는 카르마적 사고방식보다
훨씬 더 큰 위로를 준다. 예수님이 이미 값을 치르셨으므로, 우리는 삶에서
겪는 고난이 우리가 지난날 저지른 죄의 대가가 아님을 확신한다. 세속주의
는 이런 믿음을 줄 수 없다. 덕을 쌓고 선행을 베풀어 구원을 받으라고 주문
하는 종교들도 마찬가지다.

• 기독교 교리

영적, 도덕적 얼룩을 지우다

● 이에 바리새인들과 서기관들이 예수께 묻되 어찌하여 당신의 제자들은 장로들의 전통을 준행하지 아니하고 부정한 손으로 떡을 먹나이까 마가복음 7:5

정결법에서는 죽은 동물이나 죽은 사람을 만지면, 종기 같은 전염성 피부병에 걸리면, (옷이나 가구나 집에 생긴) 곰팡이와 접촉하면, 유출병이 있으면, 부정한 짐승의 고기를 먹으면, 의식적으로(ritually) 부정하고 더럽고 얼룩지고 깨끗하지 못한 사람으로 여겼다. 이렇게 더러워진 사람은 성전에 들어갈 수 없었고, 그래서 공동체와 함께 하나님을 예배할 수 없었다. 예수님 당시 종교인들이 늘 깨끗이 씻고 더러운 것과 질병을 피했던 것은 자신들이 영적, 도덕적으로 불결해서 어떤 영적 정화 없이는 하나님의 임재 앞에 나아갈 수 없다는 사실을 상기하는 데 도움이 되었다.

중요한 면접이나 일생일대의 데이트를 앞두고 있다면, 우리는 깨끗이 씻고 양치하고 머리를 빗는다. 왜 그럴까? 물론 불결한 것을 없애기 위해서이다. 때나 얼룩을 지우기 위해서다. 고약한 냄새를 없애기 위해서다. 정결법의 이유도 똑같다. 영적, 도덕적으로 깨끗하지 않으면 완벽하고 거룩하신 하나님의 존전에 나아갈 수 없다.

우리가 하나님 앞에서 부정하다는 사실에 대해서는 예수님도 당시 종교 지도자들과 생각이 완전히 같으셨다. 하지만 예수님은 부정의 이유에 대해서는 그들과 의견이 다르셨다.

• 거룩함

네 안을 청소하라

● 무리를 떠나 집으로 들어가시니 제자들이 그 비유를 묻자온대 예수께서 이르시되 너희도 이 렇게 깨달음이 없느냐 무엇이든지 밖에서 들어가는 것이 능히 사람을 더럽게 하지 못함을 알지 못하느냐 이는 마음으로 들어가지 아니하고 배로 들어가 뒤로 나감이라 이러므로 모든 음식물을 깨끗하다 하시니라 마가복음 7:17-19

예수님의 언어는 매우 시각적이다. 깨끗한 음식을 먹든 더러운 음식을 먹든 입으로 들어가 위를 거쳐 밖으로 나간다. 그 어떤 음식도 마음으로 들 어가지는 않는다. 밖에서 안으로 들어온 것이 우리를 더럽게 하는 법은 결코 없다(막 7:20-23).

이 세상은 실제로 무엇이 문제인가? 왜 세상은 그토록 불행한가? 왜 나라 와 민족, 부족, 계급 간의 갈등이 끊이지 않는가? 왜 인간관계들은 어긋나고 종종 산산이 깨지는가? 예수님은 바로 우리가 문제라고 말씀하신다. 우리 안에서 나오는 것이 문제다. 인간 마음속의 자기중심주의가 문제다. 죄가 문 제인 것이다.

발이나 눈이 골칫거리라면 고통스럽긴 해도 잘라 버리면 그만이다. 하지 만 마음은 잘라 버릴 수가 없다. 아무리 애를 써도 외적인 해법으로는 영혼 을 다룰 수 없다. 바깥만 청소해서는 소용이 없다. 문제의 대부분은 안에서 비롯한다. 외양을 아무리 그럴싸하게 치장해도 자신이 불결하다는 생각을 떨쳐 버릴 수 없다.

알렉산드르 솔제니친은 이런 말을 했다. "선과 악을 가르는 선은 국가 사 이, 계급 사이, 정당 사이가 아니라, 모든 인간의 마음 정중앙을 통과한다."[22]

• 자기중심주의

예수의 피로 깨끗해진 우리

Mar. 12

● 하나님이 죄를 알지도 못하신 이를 우리를 대신하여 죄로 삼으신 것은 우리로 하여금 그 안에서 하나님의 의가 되게 하려 하심이라 **고린도후서 5:21**

하나님은 예수님께 우리 죄로 옷 입히셨다. 예수님은 우리의 벌을 대신 받으셨다. 덕분에 우리는 대제사장 여호수아(슥 3:1-5)처럼 요한계시록 19장 7-8절에 기록된 것을 받을 수 있게 되었다. "우리가 즐거워하고 크게 기뻐하며 … 빛나고 깨끗한 세마포 옷을 입도록 허락하셨으니." 히브리서 13장은 예수님이 성문 밖 시체를 태우는 장소에서 십자가에 달리셨다고 말한다. 쓰레기 더미라니, 더없이 더러운 곳이 아닌가. 덕분에 우리는 깨끗해질 수 있다. 예수 그리스도께서 무한한 대가를 치르신 덕분에 하나님은 우리에게 무한히 깨끗하고 값진 옷을 입혀 주셨다. 그 대가는 바로 그분의 피였다. 우리 마음의 문제를 해결할 수 있는 유일한 열쇠는 보혈뿐이다.

과거에 저지른 실수 하나 때문에 말할 수 없는 죄책감에 시달리며 살고 있는가? 평생 그 실수를 만회하기 위해 발버둥을 쳤는가? 종교나 정치, 아름다운 외모로 이 열등감을 치유하려고 애쓰고 있는가? 심지어 목회를 통해 존재의 의미를 찾으려는가? 하지만 외적인 노력은 아무리 해도 소용이 없다.

> 당신의 치명적인 '행위'를
> 예수님의 발치에 내려놓으라.
> 그분 안에, 오직 그분 안에만
> 영광스럽고 온전히 서 있으라.[23]

• 예수님의 대속

81

예수님은 누구신가

● [예수께서] 또 물으시되 너희는 나를 누구라 하느냐 베드로가 대답하여 이르되 주는 그리스도
시니이다 하매 이에 자기의 일을 아무에게도 말하지 말라 경고하시고 마가복음 8:29-30

마가복음 8장은 마가복음에서 중심축이 되는 장이다. 마침내 제자들은
자신이 따르던 선생의 진정한 실체를 깨닫기 시작하기 때문이다. 8장에서
예수님은 기본적으로 두 가지를 말씀하신다. "나는 왕이지만 십자가로 갈 것
이다." "나를 따르려면 너희도 십자가로 가야 한다."

"예수님은 누구신가?" 마침내 베드로는 이 중요한 질문에 제대로 답한다.
"당신은 그리스도십니다." 베드로는 문자적으로 '기름 부음을 받은 자'라는
뜻의 표현을 사용한다. 전통적으로 왕은 대관식에서 기름 부음을 받았다. 하
지만 '크리스토스'(Christos)는 궁극의 기름 부음을 받은 자, 메시아, 만왕의 왕,
세상만사를 바로잡을 절대적인 왕을 뜻한다. "당신은 메시아십니다." 예수
님은 베드로가 말한 그분의 칭호를 기꺼이 받아들이신다.

그리고는 갑자기 분위기를 바꿔 충격적인 말씀을 하신다. "하지만 나는
네가 기대하는 왕은 아니다." 예수님은, 인자가 반드시 많은 고난을 받고, 장
로들과 대제사장들과 율법학자들에게 배척을 받아, 죽임을 당하고 나서, 사
흘 후에 살아나야 한다는 것을 그들에게 가르치기 시작하셨다(막 8:31, 새번역).
메시아가 고난을 받는다는 것은 말이 되지 않았다. 악과 불의를 종식하고 세
상만사를 바로잡아야 할 인물이 고난을 받다니…. 고난을 받고 죽임을 당하
는데 어찌 악을 이길 수 있겠는가? 아무리 생각해도 얼토당토않은 궤변처럼
보인다. "반드시 많은 고난을 받고"라는 표현에서 보듯이, 예수님은 자진해
서 목숨을 내놓을 계획을 갖고 계신다.

• 메시아

인자는 고난을 받아야 한다

● [예수께서] 드러내 놓고 이 말씀을 하시니 베드로가 예수를 붙들고 항변하매   마가복음 8:32

　예수님의 말씀이 끝나자마자 베드로가 항변한다. 여기서 '항변'에 해당하는 동사는 예수님이 귀신들을 꾸짖는 장면에서도 사용되었다. 그러니까 베드로는 거친 표현을 써 가며 예수님께 대든 것이다. 베드로가 예수님을 메시아로 불러 놓고 곧바로 대들 만큼 흥분한 이유는 뭘까? 베드로는 어릴 때부터 메시아가 강림하여 악과 불의를 끝내고 보좌에 오를 것이라는 이야기를 듣고 자랐다. 그런데 느닷없이 예수님이 황당한 말씀을 하시는 게 아닌가. "그래, 내가 메시아요 왕이다. 하지만 나는 살기 위해서가 아니라 죽기 위해서 왔다. 나는 권력을 취하기 위해서가 아니라 권력을 버리기 위해서 왔다. 내 목적은 통치하는 것이 아니라 섬기는 것이다. 이것이 내가 악을 무찌르고 세상만사를 바로잡기 위해 사용할 방법이다."

　내가 복수심을 누르고 용서할 때의 고통을 감당해야 그나마 상대방이 내 말을 듣고 잘못을 바로잡을 가능성이 있다. 그가 당장 잘못에서 돌이키지 않더라도 용서는 복수의 악순환을 끊는 효과가 있다. 고통이라는 대가를 치러야 잘못을 바로잡을 수 있으니 하나님이 이렇게 말씀하시는 것은 너무도 당연하다. "내가 인류의 죄를 용서할 수 있는 유일한 길은 고통이라는 대가를 치르는 것이다. 너희 아니면 내가 죄의 형벌을 받아야 한다." 죄에는 언제나 형벌이 따른다. 누군가가 대가를 치르지 않으면 죄는 없어지지 않는다.

　하나님이 우리를 심판하지 않고 용서하실 수 있는 길은 스스로 십자가에 달려 우리 대신 죄의 형벌을 받으시는 것이다. 그래서 예수님은 "내가 반드시 고난을 받아야만 한다"라고 말씀하셨다.

• 예수님의 대속

자기 십자가를 지라

● 누구든지 자기 목숨을 구원하고자 하면 잃을 것이요 누구든지 나와 복음을 위하여 자기 목숨을 잃으면 구원하리라 사람이 만일 온 천하를 얻고도 자기 목숨을 잃으면 무엇이 유익하리요 마가복음 8:35-36

예수님은 이렇게 말씀하고 계신다. "나는 십자가를 지는 왕이니, 나를 따르려면 너희도 십자가로 가야 한다." 자기 십자가를 지라는 것이 무슨 뜻일까? 목숨을 구원하려면 복음을 위해 목숨을 잃어야 한다는 것이 무슨 의미일까?

여기서 마가는 "목숨"에 대해 일부러 '프시케'(psyche)라는 헬라어를 선택했다. 프시케는 'psychology'(심리학)의 어원이다. 이것은 남들과 구별되는 개인의 정체성이나 개성, 자아를 의미한다. 그렇다고 해서 예수님이 개성을 버리라고 말씀하신 것은 아니다. 예수님의 말씀은 세상적인 것에서 정체성을 얻으려고 하지 말라는 뜻이다. "사람이 만일 온 천하를 얻고도 자기 목숨을 잃으면 무엇이 유익하리요"라고 말씀하신 이유가 여기에 있다.

우리를 위해 십자가를 지심으로써 우리를 사랑하신 하나님의 아들을 알게 되면, 그리고 그 사랑 때문에 존재 깊은 곳에서 감동을 받으면, 우리는 자신의 성과나 외모, 재력 혹은 남들의 사랑과 상관없는 자신감과 안정감을 얻는다.

• 십자가

하나님 나라를 바라보며

● 또 그들에게 이르시되 내가 진실로 너희에게 이르노니 여기 서 있는 사람 중에는 죽기 전에 하나님의 나라가 권능으로 임하는 것을 볼 자들도 있느니라 하시니라   마가복음 9:1

어떤 사람들은 마가복음 9장 1절을 현 세대가 다 가기 전에 예수님이 이 땅으로 돌아오신다는 뜻으로 이해했다. 하지만 예수님의 말씀은 그런 뜻이 아니었다. 초대교회는 예수님 당시 세대가 다 세상을 떠난 뒤에도 계속해서 이 말씀을 소중히 여겼다. 예수님의 말씀을 제대로 이해했기 때문이다. 예수님의 말씀은 하나님 나라가 약하게(십자가 위에서) 시작되지만 약하게만 끝나지 않는다는 뜻이었다. 실제로, 초대교회 성도들은 부활의 능력을 경험하고 세상을 향한 교회의 사랑과 섬김, 영향력이 자라나는 현상을 목격했다.

하나님의 나라는 약함에서 시작된다. 포기에서 시작된다. 목숨을 버리면서 시작된다. 구주가 필요하다는 겸손한 고백에서 시작된다. 우리에게는 우리 죄를 대신 갚음으로써 의의 조건을 채워 줄 분이 필요하다. 그것이 우리의 약함이다. 예수님은 처음에는 약함으로 시작하셨다. 먼저 약한 인간이 되셨고, 나중에는 십자가에 무기력하게 달리셨다. 그래서 예수님을 만나려면 우리도 약함에서 시작해야 한다. 하나님의 나라는 그렇게 시작된다. 하지만 그렇게 끝나지 않는다. 언젠가 예수님이 돌아오셔서 우리를 회복된 세상으로 데려가실 때, 사랑이 미움을 완전히 이기고 생명이 죽음을 완전히 이길 것이다.

• 하나님 나라

변화산, 하나님의 영광

● 엿새 후에 예수께서 베드로와 야고보와 요한을 데리시고 따로 높은 산에 올라가셨더니 그들 앞에서 변형되사 그 옷이 광채가 나며 세상에서 빨래하는 자가 그렇게 희게 할 수 없을 만큼 매우 희어졌더라 이에 엘리야가 모세와 함께 그들에게 나타나 예수와 더불어 말하거늘 마가복음 9:2-4

구약의 출애굽기에 따르면, 본문의 사건이 일어나기 아주 오래전에 하나님이 구름 속에서 시내산에 임하신 적이 있다. 구름 속에서 하나님의 음성이 들려오자 모든 사람이 무서워 벌벌 떨었다. 그때 모세는 산꼭대기로 올라가 하나님의 영광을 보여 달라고 간청했다. "주의 영광을 내게 보이소서"(출 33:18). 그러자 하나님이 말씀하셨다. "네가 내 얼굴을 보지 못하리니 나를 보고 살 자가 없음이니라 … 내 영광이 지나갈 때에 내가 너를 반석 틈에 두고 내가 지나도록 내 손으로 너를 덮었다가 손을 거두리니 네가 내 등을 볼 것이요 얼굴은 보지 못하리라"(출 33:20-23). 모세는 하나님의 영광을 직접 볼 수는 없었다. 하지만 근처에만 갔는데도 모세의 얼굴은 하나님의 영광을 반사하여 환히 빛났다.

이제 수 세기가 지나 또 다른 산에서 하나님의 영광이 다시 나타난다. 눈부신 광채 때문에 예수님의 옷이 "세상에서 빨래하는 자가 그렇게 희게 할 수 없을 만큼 매우 희어졌"다. 산꼭대기, 구름 속에서 들려오는 음성, 모세의 출현까지 비슷하다. 시내산의 사건이 재현된 것일까? 그렇지 않다. 결정적인 차이점이 있다. 모세는 달이 태양빛을 반사하듯 하나님의 영광을 반사했다. 하지만 예수님은 하나님의 지극한 영광을 스스로 만들어 내셨다. 엘리야나 모세 같은 선지자들과 달리 하나님의 영광을 가리키시지 않았다. 예수님은 인간의 모습을 한 하나님의 영광 자체셨다.

• 예수님

하나님의 임재가 뒤덮다

● 베드로가 예수께 고하되 랍비여 우리가 여기 있는 것이 좋사오니 우리가 초막 셋을 짓되 하나는 주를 위하여, 하나는 모세를 위하여, 하나는 엘리야를 위하여 하사이다 하니 … 마침 구름이 와서 그들을 덮으며 구름 속에서 소리가 나되 이는 내 사랑하는 아들이니 너희는 그의 말을 들으라 하는지라 마가복음 9:5-7

시내산에서는 일어나지 않은 일이 이곳에서는 일어났다. 베드로와 야고보와 요한이 하나님의 면전에 서고도 죽지 않은 것이다. 이것이 예수님이 '변형되신' 산에서 베드로가 두려워했던 이유다. 마가에 따르면, 베드로는 너무 무서운 나머지 자신이 무슨 말을 하는지도 몰랐다. 그는 더듬거리며 말했다. "랍비여 … 우리가 초막 셋을 짓되 하나는 주를 위하여, 하나는 모세를 위하여, 하나는 엘리야를 위하여 하사이다." 우리로서는 도무지 이해할 수 없는 말이다. 이 말의 의미를 한번 살펴보자.

베드로의 말을 해석하자면 이렇다. "우리를 하나님의 임재로부터 보호해 줄 성막이 필요합니다." 베드로가 이 말을 하는 즉시 구름이 나타나 예수님과 모세와 엘리야를 뒤덮었다. 그리고 쉐키나 영광의 구름 속에서 하나님의 음성이 들려왔다. "이는 내 사랑하는 아들이니 너희는 그의 말을 들으라." 베드로와 야고보와 요한은 하나님의 임재 안에 있었다.

예배는 단순히 믿기만 하는 것이 아니다. 베드로와 야고보와 요한은 산에 올라가기 전에도 이미 하나님을 믿었다. 심지어 베드로는 예수님을 그리스도로 고백하기도 했다. 하지만 이제야 비로소 제자들은 머리로 믿는 바를 몸으로 느꼈다. 하나님의 임재가 그들을 뒤덮었다. 그들은 C. S. 루이스가 말한 갈망의 대상, 곧 하나님의 얼굴과 그분과의 포옹을 미리 맛본 것이다.

• 하나님의 얼굴

한 가지 부족한 것

● 예수께서 길에 나가실새 한 사람이 달려와서 꿇어 앉아 묻자오되 선한 선생님이여 내가 무엇을 하여야 영생을 얻으리이까 마가복음 10:17

예수님은 이 청년에게 어떤 처방을 내리셨는가? 이 청년에게는 처방이 필요했다. 겉으로는 이 청년은 너무나 완벽해 보였다. 젊고 부유한 데다 잘생기기까지 했을 것이다. 하지만 그는 무언가 허전했다. 아쉬운 것이 전혀 없었다면 예수님을 찾아와 영생의 비법을 물었을 리가 없다.

신실한 유대인이라면 누구나 그에 대한 답을 알고 있었을 것이다. 답은 항상 똑같았다. "하나님의 법을 지키고, 모든 죄를 피하라." 이 점에 대해서는 이견이 전혀 없었다. 필시 부자 청년도 이 답을 알고 있었을 것이다. 그런데 그는 왜 예수님께 질문한 것일까?

"한 가지 부족한 것이 있으니." 예수님의 이 한마디에서 부자 청년이 공허함에 시달리고 있음을 알 수 있다. "예수님, 저는 돈도 많이 벌었고 높은 지위에도 올랐어요. 도덕도 잘 지키고 종교에도 열심을 다했어요. 예수님이 훌륭한 랍비라고 들었어요. 제가 혹시 뭔가 놓친 게 있나 궁금해요. 제가 놓친 게 있나요? 아무래도 뭔가 부족한 것 같아요."

물론 그는 뭔가를 놓쳤다. 행위로 영생을 얻을 수 있다고 착각하는 사람은 아무리 대단한 성과를 거두었어도 공허함과 불안감과 의심에 시달릴 수밖에 없다. 우리 힘으로는 아무리 똑바로 살아도 어딘가 모르게 불완전하다고 느끼기 마련이다.

• 영생

정말로 영생을 얻고 싶으냐

● 예수께서 그를 보시고 사랑하사 이르시되 네게 아직도 한 가지 부족한 것이 있으니 가서 네게 있는 것을 다 팔아 가난한 자들에게 주라 그리하면 하늘에서 보화가 네게 있으리라 그리고 와서 나를 따르라 하시니   마가복음 10:21

이제 겨우 시작일 뿐이다. 곧이어 예수님은 충격적인 말씀을 하신다. 예수님은 청년이 계명을 철저히 지키며 도덕적인 삶을 살았다는 점은 인정하셨다. 하지만 이제 예수님은 한 가지를 더 해야 한다고 말씀하신다.

"나를 따르고 영생을 얻고 싶다면 나쁜 짓을 하지 말아야 한다. 하지만 그저 나쁜 짓만 회개하면 기껏해야 종교적인 사람만 될 뿐이다. 정말로 영생을 얻고 싶으냐? 하나님과 친밀해지고 싶으냐? 허전한 느낌에서 벗어나고 싶으냐? 존재에 묻은 때를 어떻게 지워야 할지 모르겠느냐? 그렇다면 네가 받은 선물과 네가 얻은 성공을 지금과는 다르게 사용해야 한다. 여태껏 너는 네가 받은 좋은 것들을 잘못 사용해 왔다. 그 점을 회개해야 한다."

이런 '좋은 것들'을 사용하는 모습은 각양각색이다. 하나님께 자신의 좋은 것들(성과)을 내세우며 "제가 얼마나 잘했는지 보세요! 이래도 제 기도를 들어주시지 않을 겁니까?"라고 으스대는 사람도 있다. 요컨대, 좋은 것들로 하나님과 남들을 조종하려는 사람들이다.

그래서 예수님은 청년에게 이렇게 말씀하신 것이다. "너는 네 부와 성과를 믿고 있구나. 하지만 그럴수록 하나님으로부터 멀어진다. 지금 너는 하나님을 상사(boss)로만 여길 뿐 구세주로 인정하지는 않는구나. 그걸 어떻게 알 수 있느냐고? 돈 없이 산다고 생각해 봐라. 유산, 통장, 하인, 저택까지 전부 사라지고 오직 하나님만 남았다고 생각해 봐라. 그래도 행복할 수 있겠느냐?"

• 재물

무엇이 내 정체성의 중심인가

● 그 사람은 재물이 많은 고로 이 말씀으로 인하여 슬픈 기색을 띠고 근심하며 가니라   마가복음 10:22

여기서 "슬픈"(sad)이라는 단어는 '비탄에 잠겨'(grieved)로 번역해야 더 옳다. 이에 해당하는 헬라어가 예수님에 대해 쓰인 적이 있다. 마태는 겟세마네 동산에서 예수님이 '극심한 고통으로 비탄에 잠겨' 땀이 핏방울같이 되었다고 말한다. 왜 그러셨을까? 예수님은 곧 궁극의 혼란한 상태에 들어갈 줄 아셨기 때문이다. 예수님은 이제 자기 삶의 기쁨, 자기 정체성의 핵심을 잃게 될 것이다. 예수님은 이제 아버지를 잃게 될 것이다. 예수님은 자신의 영적 중심, 바로 자기 자신을 잃게 될 것이다.

예수님이 모든 재산을 포기하라고 하자 청년은 비탄에 잠겨 떠나갔다. 예수님께 아버지가 전부라면 청년에게는 돈이 전부였기 때문이다. 부자 청년에게는 돈을 잃는 것이 곧 자신을 잃는 것이나 다름없었다.

하나님을 상사(boss)요 도덕 선생으로만 삼는다면 모르겠지만, 하나님을 구세주로 삼고 싶다면 현재 자신이 구세주로 섬기는 존재를 버려야 한다. 모든 사람이 이미 구세주를 섬기고 있다. 당신의 구세주는 누구인가? 돈인가? 하나님인가?

그리스도인이 되려면 죄를 회개해야 한다. 하지만 죄를 뉘우친 뒤에는 인생의 좋은 것들을 하나님의 자리에 놓았다는 사실을 회개해야 한다. 하나님과 친밀해지고 싶은가? 뭔가 허전한 느낌에서 벗어나고 싶은가? 그렇다면 당신의 마음과 힘을 다해 하나님을 사랑해야 한다.

• 하나님을 사랑함

많은 사람을 위한 대속물

● 인자가 온 것은 섬김을 받으려 함이 아니라 도리어 섬기려 하고 자기 목숨을 많은 사람의 대속물로 주려 함이니라 마가복음 10:45

예수 그리스도는 섬김을 받기 위해서가 아니라 자기 목숨을 내주러 오셨다. 이것이 예수님이 다른 주요 종교 창시자와 결정적으로 다른 점이다. 어느 종교 창시자들의 목적은 모범적으로 '사는' 것이었다. 하지만 예수님의 목적은 희생 제물로 '죽는' 것이었다.

예수님이 "온 것"(come)이라는 단어를 선택하신 것은 그분이 이 땅에 태어나기 전부터 존재하셨다는 사실을 은연중에 드러낸다. 예수님은 이 땅으로 '오셨다.' "섬김을 받으려 함이 아니라"라는 말씀에는 예수님이 원래 누구보다도 섬김을 받을 권리가 있지만 그 권리를 주장하지 않으셨다는 전제가 깔려 있다.

마지막 문장인 "자기 목숨을 많은 사람의 대속물로 주려 함이니라"는 예수님이 돌아가셔야 하는 이유를 요약한다. "많은 사람의 대속물"에서 "~의"에 해당하는 헬라어 '안티'(anti)는 '~ 대신'을 뜻한다. 대속물이 무엇인가? 대속물에 해당하는 헬라어 '루트론'(lutron)은 '노예나 죄수의 자유를 사는 것'을 뜻한다. 노예나 죄수에게 자유를 사 주려면 막대한 비용을 치르거나 그의 빚을 대신 갚아 주어야 했다.

예수님은 이런 몸값을 치르기 위해 오셨다. 하지만 예수님이 해결하려는 노예 상태는 우주적인 악이기 때문에 우주적인 몸값이 필요했다. "너희가 치를 수 없는 몸값을 내가 치르겠다. 네게 자유를 사 주겠다." 예수님은 그렇게 말씀하시면서 십자가로 걸어가셨다.

• 자유

사랑의 보호막

● 사람이 친구를 위하여 자기 목숨을 버리면 이보다 더 큰 사랑이 없나니 요한복음 15:13

삶을 변화시키는 진정한 사랑은 다른 사람을 대신해 희생하는 사랑이다. 해리 포터의 엄마 릴리 포터를 아는가? 해리 포터 시리즈의 첫 책에서 사악한 볼드모트는 해리를 죽이려고 하지만 실패한다. 볼드모트의 조종을 받는 악한이 해리에게 손을 대려고 하다가 극심한 고통으로 뜻을 이루지 못한다. 나중에 해리가 스승 덤블도어를 찾아가 묻는다. "그가 왜 저를 만지지 못했죠?" 그러자 덤블도어는 이렇게 대답한다. "네 어머니가 너를 구하기 위해 죽었단다. … 네 어머니의 사랑처럼 강한 사랑은 흔적을 남기기 마련이지. 흉터가 아니고 눈에 보이지 않는 표시야. … 깊은 사랑을 받으면 … 영원한 보호막이 생기지."²⁴ 덤블도어의 말이 왜 감동적인가? 일상적인 경험부터 극적인 경험에 이르기까지, 우리는 다양한 경험 속에서 희생이야말로 진정한 사랑의 증거라는 것을 배웠기 때문이다.

그런데 하나님은 그 어떤 인간보다도 사랑이 충만하시다. 그토록 사랑이 많은 분이기에 궁극의 악과 죄를 해결하기 위해 대속의 희생을 하신 것이다. 죄는 모른 체한다고 없어지는 것이 아니다. 그냥 "용서할게"라고 말한다고 해서 죄가 처리되거나 사라지거나, 그 죄로 인한 상처가 회복되지 않는다. 반드시 대가를 치러야 한다. 그것도 비싼 대가를 치러야 한다. 하나님이 악을 그냥 눈감아 주시면 얼마나 좋을까? 하지만 누군가는 빚을 갚아야 한다. 그런데 하나님은 우리를 너무도 사랑하시기에 기꺼이 죽으심으로 직접 그 빚을 대신 갚아 주셨다.

• 희생

Mar.
24

위엄과 온순함을 지니신 왕

● 나귀 새끼를 예수께로 끌고 와서 자기들의 겉옷을 그 위에 얹어 놓으매 예수께서 타시니 많은 사람들은 자기들의 겉옷을, 또 다른 이들은 들에서 벤 나뭇가지를 길에 펴며 앞에서 가고 뒤에서 따르는 자들이 소리 지르되 호산나 찬송하리로다 주의 이름으로 오시는 이여   마가복음 11:7-9

　　예수님이 예루살렘에 입성하시자 사람들이 길목에 자신들의 겉옷을 깔고 그분을 다윗 가문의 이름으로 오시는 왕으로 여겨 환호했다. 당시에는 왕이 공개적으로 입성하면 군중이 환호하는 풍습이 있었다. 하지만 예수님은 일부러 대본에서 벗어나 매우 독특한 모습을 보이셨다. 예수님은 여느 왕처럼 늠름한 군마를 타지 않고 '폴로스'(polos), 곧 망아지 혹은 작은 나귀를 타셨다. 기적을 행하는 힘을 지니신 만왕의 왕 예수 그리스도께서 어린아이에게나 어울릴 나귀 새끼를 타고 성으로 들어오셨다. 이는 자신이 스가랴서에 예언된 위대한 메시아라는 사실을 만방에 알리시기 위함이었다.

　　"시온의 딸아 크게 기뻐할지어다 예루살렘의 딸아 즐거이 부를지어다 보라 네 왕이 네게 임하시나니 그는 공의로우시며 구원을 베푸시며 겸손하여서 나귀를 타시나니 나귀의 작은 것 곧 나귀 새끼니라"(슥 9:9). 왕과 나귀 새끼라는 별난 조합은 예수님이 왕이로되 세상의 왕과는 전혀 다르다는 사실을 보여 준다. 예수님은 위엄과 온순함을 한 몸에 지니셨다.

· 겸손

절대적 사랑을 쏟는 대상

● 나는 여호와이니 이는 내 이름이라 나는 내 영광을 다른 자에게, 내 찬송을 우상에게 주지 아니하리라 이사야 42:8

　　J. R. R. 톨킨의 《반지의 제왕》 3부작이 1950년대에 출간되었을 무렵, 로나 비아레(Rhona Beare)라는 여성이 톨킨에게 편지를 보내, 절대 반지가 운명의 산의 불 속에서 파괴되는 대목에 관해 물었다. 반지가 녹아 버리자 어둠의 군주가 지닌 힘도 완전히 무너져 함께 스러지고 말았다. 비아레는 반지처럼 사소한 물건이 사라졌다고 해서 난공불락의 압도적인 힘이 철저하게 파괴된다는 설명을 납득하기 어려워했다.

　　그러자 톨킨은, 어둠의 군주가 그처럼 막강한 힘을 반지에 장착해 자기 세력을 확장하고 극대화하려는 안간힘이 이 책의 핵심을 이룬다고 답했다. "사우론의 반지는 생명이나 힘을 외부의 어떤 대상에게 부여해 그것에 사로잡히거나 파멸을 맞는 참혹한 결과를 보여 주는 다양한 신화적인 장치들 가운데 하나일 뿐입니다."[25]

　　톨킨의 이야기를 정리해 보면 이렇다. 당신이 누군가를 너무나 사랑해서 큰 기쁨을 얻는 관계가 있다고 하자. 하지만 그 관계가 깨졌을 때 당신이 죽고 싶은 마음이 든다면, 그것은 당신이 상대에게 지나치게 많은 영광과 삶의 비중을 두었다는 뜻이다. "그 사람이 날 사랑해 줄 때, 내가 살아가는 의미와 보람이 있어." 그러다 상대방이 나를 떠나 버리면 어떻게 될까? 내 삶이 전부 녹아 내려 붕괴되고 말 것이다.

　　하나님보다 다른 무언가가 더 중요하다면, 당신 자신과 당신의 마음을 외부의 그 대상에 두고 있다는 이야기다. 하나님을 제일 중요하게 여기지 않으면, 다시 말해 하나님을 영화롭게 하고 그분께 영광을 돌리지 않으면, 당신은 안전한 삶을 누릴 수 없다.

• 우상

성전 문을 여신 예수

● …예수께서 성전에 들어가사 성전 안에서 매매하는 자들을 내쫓으시며 돈 바꾸는 자들의 상
과 비둘기 파는 자들의 의자를 둘러엎으시며 아무나 물건을 가지고 성전 안으로 지나다님을
허락하지 아니하시고 이에 가르쳐 이르시되 기록된 바 내 집은 만민이 기도하는 집이라 칭
함을 받으리라고 하지 아니하였느냐… 마가복음 11:15-17

성전 문을 열면 가장 먼저 나타나는 곳은 이방인(ethne, 에트네, '민족들')의 뜰
이었다. 이곳은 유일하게 비유대인의 출입이 허용된 곳이었다. 성전에서 가
장 넓은 구역이었고, 성전의 다른 장소로 가려면 반드시 이곳을 지나야 했
다. 아울러 성전의 모든 상업적 거래가 이곳에서 이루어졌다. 그런데 거래의
규모가 보통이 아니었다. 오늘날에도 증권거래소는 얼마나 시끌벅적하고
북적거리는가. 거기에 가축 떼까지 사방에서 울어 댄다고 상상해 보라. 이방
인들이 조용한 묵상과 기도 중에 하나님을 만나야 할 곳이 이렇게 아수라장
이었다.

이 상황에서 예수님이 하신 첫 번째 행동은 집기를 집어던지는 것이었
다. 분명히 종교 지도자들이 놀라서 허겁지겁 달려왔을 것이다. "당신, 뭐하
는 거요?" 이에 예수님은 이사야서의 한 구절을 인용하셨다. "내 집은 만민이
기도하는 집이라 칭함을 받으리라고 하지 아니하였느냐?" "내 집은 이방인
들이 기도하는 집이다!"라는 뜻이다. 이 말씀을 들은 사람들은 크게 놀랐다.
왜 그랬을까? 무엇보다도, 메시아가 오셔서 이방인들의 신전을 청소할 것이
라는 믿음이 널리 퍼져 있었기 때문이다. 그런데 엉뚱하게 예수님이 이방인
들을 '위해' 성전을 청소하시는 게 아닌가. 예수님은 이방인들의 친구처럼 행
동하셨다. 다문화 사회라면 예수님의 이런 행동을 열렬히 환영했겠지만 당
시 유대 사회는 전혀 그렇지 않았다. 게다가 예수님은 희생 제물 제도를 완
전히 뒤엎어, 이제는 '부정한' 이방인들도 기도를 통해 하나님을 직접 만날
수 있다고 말씀하셨다.

• 이방인

하나님 나라의 큰 잔치

● 그들이 먹을 때에 예수께서 떡을 가지사 축복하시고 떼어 제자들에게 주시며 이르시되 받으라 이것은 내 몸이니라 하시고 또 잔을 가지사 감사 기도 하시고 그들에게 주시니 다 이를 마시매 이르시되 이것은 많은 사람을 위하여 흘리는 나의 피 곧 언약의 피니라 진실로 너희에게 이르노니 내가 포도나무에서 난 것을 하나님 나라에서 새 것으로 마시는 날까지 다시 마시지 아니하리라 하시니라 **마가복음 14:22-25**

　만찬 자리에서 축사하시던 예수님은 예로부터 내려온 대본에서 벗어나 돌출 행동을 하셨다. 그때 제자들이 얼마나 놀랐을지 상상이 가는가? 예수님은 떡을 보여 주며 말씀하셨다. "이것은 내 몸이니라." 이 말씀의 의미는 이러하다. "이것은 내 고난의 떡이다. 내가 궁극적인 출애굽을 이끌 것이다. 너희를 궁극적인 종살이에서 구해 낼 것이다."

　이 말씀은 예수님의 대속의 희생으로 이제 하나님과 우리 사이에 새로운 언약이 성립되었다는 뜻이다. 이 언약의 조건은 바로 예수님 자신의 피다. "나의 피 곧 언약의 피." 하나님 나라에서 우리를 만나기 전까지는 다시 먹지도 마시지도 않겠다는 말씀은 예수님이 우리에게 아무 조건 없이 헌신하시겠다는 약속이다. "내가 너를 아버지의 품으로 데려가겠다. 내가 너를 왕의 만찬으로 데려가겠다." 예수님은 하나님 나라를 큰 잔치에 비유하곤 하셨다. 예를 들어, 마태복음 8장 11절에서 예수님은 "또 너희에게 이르노니 동서로부터 많은 사람이 이르러 … 천국(의 잔치 자리)에 앉으려니와"라고 말씀하셨다. 예수님은 우리를 이 천국 잔치로 데려갈 것이라 약속하신다.

• 천국 잔치

세상 죄를 짊어질 하나님의 어린양

● … 여호와께서는 우리 모두의 죄악을 그에게 담당시키셨도다 그가 곤욕을 당하여 괴로울 때
에도 그의 입을 열지 아니하였음이여 마치 도수장으로 끌려가는 어린양과 털 깎는 자 앞에
서 잠잠한 양같이 그의 입을 열지 아니하였도다 이사야 53:6-7

예수님이 제자들과 함께하신 마지막 만찬은 또 다른 면에서 대본과 달랐
다. 예수님이 떡을 축사하신 것은 유월절의 대본대로였다. 포도주를 축사하
신 것도 대본대로였다. 모든 유월절 만찬에는 떡과 포도주가 빠지지 않았다.
하지만 복음서 어디에도 메인 요리 이야기가 없다. 이 유월절 만찬에는 어린
양에 관한 언급이 없다. 물론 유월절은 채식주의자들의 만찬이 아니었다. 어
린양 요리가 빠진 유월절 만찬은 있을 수 없었다. 도대체 이 유월절 만찬에
서 어린양은 어디로 갔을까? 하나님의 어린양이 상 앞에 있었기 때문에 어린
양이 상 위에 없었던 것이다. 그래서 세례 요한은 예수님을 처음 봤을 때 이
렇게 말했다. "보라, 세상 죄를 지고 가는 하나님의 어린양이로다"(요 1:29).

마가복음에서 예수님은 "이것은 내 몸이니라 … 이것은 많은 사람을 위
하여 흘리는 나의 피 곧 언약의 피니라"라고 말씀하셨다(14:22-24). 따라서 이
말씀은 결국 이런 뜻이다. "이사야와 요한이 말한 메시아가 바로 나다. 내가
바로 세상 죄를 짊어질 하나님의 어린양이다."

십자가 위에서 예수님은 우리가 받아 마땅한 형벌을 받으셨다. 세상의
모든 죄가 그분을 뒤덮었다. 그분은 모든 형벌을 대신 받을 만큼 우리를 사
랑하셨다. 다시 말하지만, 모든 진정한 사랑, 인생을 변화시키는 사랑은 대
속과 희생의 사랑이다.

• 예수님의 대속

둘로 찢어진 성전 휘장

● 예수께서 큰 소리를 지르시고 숨지시니라 이에 성소 휘장이 위로부터 아래까지 찢어져 둘이
되니라 예수를 향하여 섰던 백부장이 그렇게 숨지심을 보고 이르되 이 사람은 진실로 하나
님의 아들이었도다 하더라 마가복음 15:37-39

성전의 휘장은 얇고 작은 천 조각이 아니라 매우 두텁고 무거웠다. 사실
상 벽이나 다름없는 재질이었다. 휘장은 하나님의 쉐키나 영광이 거하는 지
성소와 성전의 다른 장소를 분리하는 벽이었다. 다시 말해, 휘장은 사람들을
하나님의 임재로부터 분리하는 벽이었다. 가장 거룩한 민족인 유대인 중에
서도 가장 거룩한 사람인 대제사장만이 연중 가장 거룩한 날인 속죄일에만
지성소에 들어갈 수 있었다. 그것도 죄를 대속할 피의 희생 제물을 들고 들
어가야 했다. 지성소의 휘장은, 영적 어둠 속에 있는 죄인은 그 누구도 하나
님의 품에 안길 수 없다는 사실을 분명하게 일깨우고 있었다.

예수 그리스도께서 돌아가신 순간, 이 거대한 휘장이 쫙 찢어졌다. 위에
서 아래로 찢어져 누가 찢으셨는지를 분명히 드러냈다. 하나님은 이 현상을
통해 이렇게 말씀하셨다. "이는 모든 희생을 종식시키는 궁극의 희생이다.
이제 내게로 오는 문이 활짝 열렸다." 예수님이 죽으신 덕분에 이제 그분을
믿는 사람은 누구나 하나님을 보고 그분과 사귈 수 있다. 장벽은 영원히 사
라졌다. 멸망으로 향하던 우리의 궤도가 하나님 쪽으로 영원히 수정되었다.
이 모든 것이 예수님이 우리의 죗값을 대신 치르셨기 때문에 가능해졌다. 이
제 그분을 믿는 사람은 누구나 하나님의 품에 안길 수 있다.

• 희생

어둠은 잠시 후면 사라진다

● 그리스도께서도 단번에 죄를 위하여 죽으사 의인으로서 불의한 자를 대신하셨으니 이는 우리를 하나님 앞으로 인도하려 하심이라 육체로는 죽임을 당하시고 영으로는 살리심을 받으셨으니 베드로전서 3:18

나는 죽음을 직접 마주한 적이 있다. 갑상선암에 걸렸을 때, 처음부터 의사들은 내게 충분히 치료가 가능하다고 말했다. 그런데도 수술을 받기 위해 마취를 하는 동안 불안감이 엄습했다. 그 순간, 내 머릿속에 어떤 성경 구절이 떠올랐을까? 솔직히 고백하면, 성경 구절이 아니라 《반지의 제왕》의 한 대목이 생각났다. 3권의 끝부분에 나오는 대목이다. 악과 어둠이 너무도 거대하게만 보이던 순간, 영웅 중 한 명인 샘(Sam)은 이런 생각을 했다.

샘은 잠시 하얀 별이 반짝이는 광경을 보았다. 그 아름다움에 그의 마음은 크게 감동했다. 그렇게 버려진 땅에서 시선을 떼 고개를 들고 있는 사이에 희망이 돌아왔다. 어둠은 잠시일 뿐이라는 생각이 마치 섬광처럼 떠올랐다. 어둠은 사라져도 빛과 드높은 아름다움은 영원히 사라지지 않는다. 탑에서 그가 불렀던 노래는 소망이라기보다 저항의 노래였다. 하지만 이제는 생각이 달라졌다. 잠시나마 자신의 운명이 괴롭지 않았다. 그는 모든 두려움을 내려놓고 깊고도 편안한 잠에 빠져들었다.[26]

이 부분을 읽으면서 '정말로 그래'라고 생각했던 기억이 난다. 예수님의 죽음으로 인해 이제 어둠, 곧 악은 잠시일 뿐이다. 수술이 어떻게 되든 상관없었다. 우리에게는 미래에 대한 소망이 있지 않은가.

• 소망

미래를 기억하라

● 청년이 이르되 놀라지 말라 너희가 십자가에 못 박히신 나사렛 예수를 찾는구나 그가 살아 나셨고 여기 계시지 아니하니라 보라 그를 두었던 곳이니라 마가복음 16:6

부활을 사실로 믿는가? 예수님이 당신을 구원하기 위해 돌아가셨다고 믿는가? 예수님이 당신의 영원한 궤도를 하나님의 품 쪽으로 수정해 주셨다고 믿는가? 예수님의 놀라운 십자가 은혜를 통해 하나님이 당신을 받아 주셨다고 믿는가? 그렇다면 당신은 하나님 나라의 일원이다. 하지만 '지금' 당신의 삶과 부활은 무슨 상관이 있는가? 물론, 깊은 상관이 있다.

오직 예수 그리스도 안에서만 그토록 놀라운 소망을 얻을 수 있다. 오직 부활만이 새 마음뿐 아니라 새 몸을 약속해 준다. 새로운 몸은 완벽하고 아름답고 영원할 것이다. 새로운 몸은 지금의 몸이 할 수 없는 놀라운 일을 할 수 있을 것이다.

춤을 출 수 없지만 너무도 춤을 추고 싶은가? 부활한 몸으로 완벽한 춤을 추게 되리라. 외로운가? 부활 안에서 완벽한 사랑을 얻게 되리라. 공허한가? 부활 안에서 온전한 만족을 얻으리라. 평범한 삶은 회복될 것이다. 세상에 평범한 삶만큼 좋은 것도 없다. 단지 그 삶이 자꾸만 무너져 내리는 것이 문제다. 음식과 일, 모닥불 곁의 의자, 포옹, 춤, 그러니까 이 세상이 곧 평범한 삶이다. 하나님은 이 세상을 지극히 사랑하여 독생자를 보내 주셨다. 덕분에 우리가, 그리고 이 평범한 세상의 다른 피조물들이 구속되고 완벽해질 수 있었다. 그런 미래가 우리를 기다린다.

• 부활

4월
April

하나님에 대한 의심을
의심하다

A Year with
Timothy Keller

부활이 세상에 주는 희망

● 그가 우리를 위하여 목숨을 버리셨으니 우리가 이로써 사랑을 알고 우리도 형제들을 위하여 목숨을 버리는 것이 마땅하니라 요한1서 3:16

해마다 부활절이면 나는 부활에 관한 설교를 한다. 그때마다 늘 회의적이고 세속적인 친구들에게, 설령 부활을 믿을 수 없을지라도 그게 사실이길 바라야 한다고 말하고 있다. 그들 가운데 대다수는 가난한 이들을 공평하게 대우하고 기근과 질병을 줄이며 환경을 보호하는 데 깊은 관심을 기울인다. 하지만 그들은 물질세계는 우연의 산물이고 자연계에 속한 만물들은 결국 태양의 소멸과 함께 불타 버리고 말 것이라고 믿는다. 그들은 자신의 세계관이 세상을 더 나은 곳으로 만들고자 하는 의욕을 꺾어 버린다는 사실을 의식하지 못한 채 지극히 적은 사람들만이 정의에 관심을 갖는다고 낙심한다. 끝까지 가 봐야 달라질 게 전혀 없다면 군이 남을 위해 희생할 까닭이 뭐란 말인가?

하지만 예수님이 부활하신 사건이 실제로 일어났다면 얘기가 다르다. 세상의 필요를 위해 스스로를 쏟아부을 끝없는 소망과 이유가 있다는 뜻이다.

• 부활

빈 무덤과 부활의 증인

● 내가 받은 것을 먼저 너희에게 전하였노니 이는 성경대로 그리스도께서 우리 죄를 위하여 죽으시고 장사 지낸 바 되셨다가 성경대로 사흘 만에 다시 살아나사 게바에게 보이시고 후에 열두 제자에게와 그 후에 오백여 형제에게 일시에 보이셨나니 그중에 지금까지 대다수는 살아 있고 어떤 사람은 잠들었으며 고린도전서 15:3-6

　빈 무덤과 증인들에 대한 설명을 처음 기록한 문서는 복음서가 아니라, 예수님이 세상을 떠나고 15-20년쯤 지난 뒤 기록되었다고 역사가들이 입을 모으는 바울서신이다.

　바울은 빈 무덤과 부활이 "사흘 만에" 있었던 일이라고 소개할 뿐만 아니라(상징이나 비유가 아니라 역사적인 사건을 이야기하고 있음을 보여 주는 대목이다) 증인들까지 열거한다. 부활하신 예수님은 몇몇 개인들과 소그룹들에 나타나시는 데 그치지 않고 500명이나 되는 군중에게 모습을 드러내기도 하셨다. 이 목격자들의 대다수는 바울 사도가 이 글을 쓸 당시에 여전히 살아 있었기 때문에, 확실한 증거가 필요하면 얼마든지 그들에게 물어볼 수 있었다. 바울서신은 교회에 보내는 편지였으므로 공문서임에 틀림없다. 큰 소리로 낭독하도록 쓰인 글이란 뜻이다. 바울은 누구든 예수님이 죽은 뒤에 사람들에게 나타나셨다는 사실이 의심스러우면 당장이라도 아직 살아 있는 증인들을 찾아가서 그들의 얘기를 직접 들어 보라고 권면한다.

　바울서신은 처음부터 그리스도인들이 예수님의 육체적 부활을 선포했음을 보여 준다. 이것은 분명히 예수님의 무덤이 비어 있었음을 뜻한다.

• 역사

부활은 날조된 것일까

- 우리 주 예수 그리스도의 능력과 강림하심을 너희에게 알게 한 것이 교묘히 만든 이야기를 따른 것이 아니요 우리는 그의 크신 위엄을 친히 본 자라 **베드로후서 1:16**

부활을 의심하는 이들은 예수님의 제자들이 환영을 보았으리라는 가설을 내놓았다. 다시 말해 그리스도가 나타나서 이런저런 이야기를 하셨다고 제자들이 상상했다는 뜻이다. 유대인 제자들로서는 주님의 부활을 얼마든지 상상할 수 있었으며 그들의 세계관 속에서는 그것이 얼마든지 선택 가능한 방법이라고 그들은 추정한다. 하지만 그건 사실이 아니다.

제자들이 예수님의 시신을 몰래 빼돌린 뒤 남들한테는 그리스도가 살아 있다고 이야기했다는 식의 음모론을 제기하는 이들도 있다. 여기에는 제자들이 다른 유대인들도 특정한 개인이 죽음에서 살아날 수 있다는 믿음을 거부감 없이 받아들일 줄 알았다는 가정이 깔려 있다. 모두 터무니없는 얘기다. 비록 이유는 다르지만, 당시 사람들도 현대인들과 마찬가지로 육신의 부활을 불가능한 일로 여겼다.

예수님과 비슷한 시기에 활동하다 죽음을 맞은 사이비 메시아가 한둘이 아니었다. 그런데 어째서 유독 그리스도의 제자들만 십자가에 달린 주님의 죽음이 실패가 아니라 승리라는 결론을 내렸던 걸까? 죽은 자들 가운데서 다시 살아나신 예수님을 보았다는 것 말고는 설명할 도리가 없다.

• 사실

고통을 통해 보이신 하나님의 은혜

● 우리가 아직 죄인 되었을 때에 그리스도께서 우리를 위하여 죽으심으로 하나님께서 우리에 대한 자기의 사랑을 확증하셨느니라 로마서 5:8

　예수님 당시의 종교 지도자들은 로마의 압제를 단숨에 물리치고 이스라엘을 정치적 독립으로 이끌 근사하고 특별한 메시아를 기대했다. 연약하고, 고통당하며, 십자가에 못 박히는 메시아를 그들은 도무지 납득할 수가 없었다. 그들은 십자가에 달려 죽어 가는 예수님을 지켜보면서도 인류 역사에서 가장 위대한 구원 사건을 목격하고 있다는 사실을 자각하지 못했다.

　십자가 주위에서 주님을 올려다보던 구경꾼들은 하나님이 역사하시는 방법을 또렷이 감지할 수 있었을까? 천만의 말씀이다. 놀라운 은혜를 두 눈으로 직접 보고 있었지만 그들은 알지 못했다. 그들은 그저 어둠과 고통을 보았을 뿐이다. 이성의 한계에 갇힌 인간으로서는 하나님이 그 사건 가운데, 그리고 그 사건을 통해 역사하고 계신다는 확신을 품을 수 없었다. 그래서 예수님을 향해 비웃으며 소리쳤다. "그가 남은 구원하였으되 자기는 구원할 수 없도다 … 지금 십자가에서 내려올지어다"(마 27:42). 그들은 주님이 그분 자신을 구하려 하지 않았기에 다른 이들을 구원할 수 있었다는 사실을 조금도 깨닫지 못했다.

　하나님은 오로지 연약함과 고난을 통해서 구원을 베푸셨다. 주님은 더없이 강렬한 방식으로 우리를 향한 은혜와 사랑을 보여 주셨다. 사실 여기에는 율법을 엄정하게 집행해야 하는 한편, 그 율법을 어긴 죄인들을 확실하게 용서해야 한다는 이 두 가지 요구를 한 번에 해결하는 매우 심오한 지혜가 담겨 있다. 하나님의 사랑과 공의는 단번에 충족되었다. 메시아는 자신이 죽으심으로 죽음 자체를 영원히 끝내기 위해 오셨다. 이는 인간을 멸하지 않고 악을 끝낼 유일무이한 방법이었다.

• 십자가

완전한 회복

● 보라 내가 너희에게 비밀을 말하노니 우리가 다 잠잘 것이 아니요 마지막 나팔에 순식간에
홀연히 다 변화되리니 나팔 소리가 나매 죽은 자들이 썩지 아니할 것으로 다시 살아나고 우
리도 변화되리라 고린도전서 15:51-52

기독교의 또 다른 위대한 교리는 신자들마다 어김없이 죽음을 이기고 몸
으로 다시 살아난다는 것이다. 이는 기쁨과 위안의 다양한 스펙트럼을 완결
하는 신념이다. 인간의 마음 가장 깊은 곳에 있는 한 가지 소망은 사랑하는
이들과 헤어지지 않고 영원히 함께하는 일이다. 따라서 기독교의 부활 신앙
은 죽으면 무(無)로 돌아간다거나 인격이 없는 영적인 존재가 된다는 관념보
다 훨씬 큰 진정한 위로가 된다. 부활은 육신을 세상에 버려둔 채 영혼만 하
늘나라로 들어가리라는 약속이 아니다. 지금으로서는 상상할 수조차 없을
만큼 아름답게 회복된 모습으로 몸을 돌려받게 된다는 것이다.

부활하신 예수님의 몸은 물질적이었다. 사람들이 그분의 몸을 만져볼 수
도 있고 안을 수도 있었다. 주님은 음식을 드시기까지 했다. 그러면서도, 단
혀 있는 문을 통과하시기도, 홀연히 사라지시기도 했다. 물질적이었지만 인
간의 생각을 뛰어넘는 존재였다. 하늘나라 개념은 시련을 달래 주는 위안이
나 잃어버린 삶에 대한 보상이 될 수 있다. 그러나 부활은 위안 차원에 머물
지 않는다. 부활은 회복이다. 우리는 사랑, 사랑하는 이들, 삶 속의 아름다운
것들을 남김없이, 상상할 수 없을 만큼 영화로운 모습으로 돌려받는다.

• 부활

소망과 은혜로 살아가는 삶

● 네가 어찌하여 네 형제를 비판하느냐 어찌하여 네 형제를 업신여기느냐 우리가 다 하나님의 심판대 앞에 서리라 로마서 14:10

성경이 가르치는 최후의 심판은, 음울한 통념과는 달리, 우리로 하여금 소망과 은혜 가운데 살게 한다. 우리는 이 진리를 받아들일 때, 정의를 위해 살아갈 소망과 동기를 얻는다. 눈앞의 상황은 말할 수 없이 초라할지라도 언젠가는 하나님의 정의가 온전하고 완벽하게 구현되리라는 사실에 힘을 얻는다. 그날에는 이 땅에 가득한 온갖 도덕적 죄악들이 바로잡힐 것이다.

다른 한편으로는 너그러운 마음을 품게 해서 상대를 용서하고, 앙갚음과 폭력적인 행동을 자제하게 한다. 마지막 심판에 대한 확신이 없다면 부당한 일을 당할 때마다 당장 칼을 빼 들고 상대방에게 복수하고 싶은 충동에 휩싸일 것이다. 하지만 아무도 징벌을 피할 수 없으며 모든 죄악이 결국에는 바로잡히리라는 사실을 안다면 평안한 마음으로 살아갈 수 있다. 마지막 심판의 날에 대한 교리는, 자신이 어떤 처분을 받아야 마땅한지 정확하게 아는 사람은 없으며, 스스로 죄인인 처지에 누구를 벌할 권리도 없다고 엄중하게 경고한다(롬 2:1-16; 12:17-21). 마지막 심판에 대한 믿음은 진리와 정의를 추구하는 일에 지나치게 소극적이 되거나, 아니면 너무 격해져서 공격적이 되지 않도록 지켜 준다.

• 최후 심판

합력하여 선을 이루시는 하나님

● 우리가 알거니와 하나님을 사랑하는 자 곧 그의 뜻대로 부르심을 입은 자들에게는 모든 것이 합력하여 선을 이루느니라 로마서 8:28

　　때로 불행한 일들이 '합력하여 선을 이루는'(롬 8:28) 일들을 보기도 한다. 문제는 간혹, 아주 제한적으로만 이런 모습을 목격할 수 있다는 점이다. 하지만 불행한 일을 겪는 경우가 그렇지 않을 때보다 우리로 하여금 훨씬 큰 영광과 기쁨을 얻게 하기에 하나님이 악을 허용하셨다고 볼 수는 없을까? 우리가 고난을 통과하여 맛보게 될 궁극적인 영광과 기쁨이 한없이 더 크기 때문은 아닐까? 장차 만나게 될 세계가 깨지고 엉망이었던 지금까지의 세상보다 훨씬 좋고 멋지다면 어떻겠는가? 정말 그렇다면, 이는 악의 완전한 패배를 의미한다. 악은 우리의 아름다움과 행복을 가로막는 걸림돌이 아니라 그것을 한층 더 강화하는 요인으로 작용할 것이다. 악은 애초에 의도했던 것과는 정반대의 결과를 빚어내는 셈이다.

　　어떻게 그럴 수 있을까? 아주 단순한 수준에서 생각해 보자. 알다시피 위험이 있어야 비로소 용기도 생겨나는 법이다. 죄와 악이 없다면, 우리는 하나님의 능력, 놀랍도록 크고 넓은 하나님의 사랑, 하늘의 영광을 내려놓고 십자가로 내려오신 하나님의 은혜를 깨닫지 못했을 것이다.

• 고난

하나님을 마주하게 될 때 누리는 기쁨

● 이 섬긴 바가 자기를 위한 것이 아니요 너희를 위한 것임이 계시로 알게 되었으니 이것은 하늘로부터 보내신 성령을 힘입어 복음을 전하는 자들로 이제 너희에게 알린 것이요 천사들도 살펴보기를 원하는 것이니라 베드로전서 1:12

이 세상에 있는 우리는 하나님의 영광이 우리와 동떨어져 있고 추상적이라고 생각한다. 그러나 우리가 반드시 알아야 할 사실이 있다. 눈앞에 있는 가장 아름다운 풍경도, 세상에서 맛볼 수 있는 가장 진귀한 음식도, 사랑하는 사람을 품에 안는 기쁨도, 하나님 앞에 섰을 때 마주하게 될 기쁨과는 감히 비교할 수 없다는 것 말이다. 하나님을 대면할 때 느끼게 될 바다처럼 끝 모를 환희에 비하면(요일 3:1-3), 우리가 지금까지 살아오면서 경험한 그 어떤 큰 기쁨도 그저 이슬방울 정도에 불과하다.

성경에 따르면, 악과 죽음에서 우리를 건지신 그리스도의 구원은 그 영화로운 아름다움과 그것을 누리는 우리의 기쁨을 헤아릴 수 없을 정도로 증폭시킨다. 천사들마저도 복음을, 다시 말해 예수님이 성육신과 대속 사역을 통해 이루신 경이로운 역사를 한없이 지켜보고 싶어 한다(벧전 1:12).

바울은 그리스도와 그 부활의 권능에 참여하는 이들은 또한 "그 고난에 참여"(빌 3:10-11)한다는 알 듯 말 듯한 이야기를 하고 있다. 이와 관련해 앨빈 플랜팅가는 조나단 에드워즈나 아브라함 카이퍼 같은 옛 개혁 신학자들의 가르침을 언급한다. 이 신학자들은 우리의 타락과 구원이 있었기에, 우리가 다른 방법으로는 도저히 이를 수 없는 수준으로 하나님과 친밀해졌다고 믿었다. 그러기에 천사들마저 이를 부러워한다고 보았다.[27] 예수님이 고난을 통과하는 것 말고는 그 영광과 사랑을 달리 보여 주실 방도가 없었듯, 우리 역시 세상에서 역경을 거치는 것 외에 다른 방법으로는 그런 초월적인 영광과 기쁨과 사랑을 경험할 수 없다.

• 역경

Apr. 9

모든 영광 버리신 하나님

● 말씀이 육신이 되어 우리 가운데 거하시매 우리가 그의 영광을 보니 아버지의 독생자의 영광이요 은혜와 진리가 충만하더라 요한복음 1:14

　신약성경은 예수님이 '육신을 입고 오신 하나님'이라고 가르친다. 예수님 안에는 신성의 모든 충만이 육체로 거하신다(골 2:9). 그리스도는 하나님이셨지만 고난을 받으셨다. 인간의 절대적 연약함을 경험하셨으며 "심한 통곡과 눈물"(히 5:7)이 가득한 삶을 사셨다. 거절과 배신, 가난과 학대, 낙심과 좌절, 사랑하는 이의 죽음과 극심한 고통, 그리고 죽음을 누구보다 절실하게 경험하셨다. 주님은 모든 점에서 우리와 마찬가지로 시험을 받으셨지만 죄는 없으시기에 "우리의 연약함을 동정하지 못하실"(히 4:15) 분이 아니었다.

　십자가에서, 예수님은 인간이 감당할 수 있는 최악의 고통조차 넘어서셨다. 지식과 권세만 비할 데 없이 뛰어나셨던 것이 아니라 몸소 겪으신 고난과 고통 역시 우리로서는 도저히 감당할 수 없을 만큼 가혹했다. 사랑하는 사람을 잃는 것보다 더 큰 고통은 없다. 이 땅에서의 인연도 그러하다면 영원 전부터 이어진 아버지 하나님의 사랑을 잃은 예수님의 심정이 어떠했을지를 상상조차 할 수 있겠는가? 예수님은 십자가에서 "나의 하나님, 나의 하나님, 어찌하여 나를 버리셨습니까"라고 부르짖으셨다. 주님은 철저한 단절, 그 자체를 경험하신 것이다.

　여기에서 우리는 지극히 강하신 분을 만난다. 인류를 너무도 사랑하신 나머지 자신의 힘을 버리고 약함과 어둠 속에 뛰어드신 하나님이 바로 그분이다. 하나님은 우리를 너무나 사랑해서 그분의 더없이 큰 영광, 다시 말해 모든 영광을 기꺼이 벗어 버리셨다.

• 십자가 죽음

하나님의 통제 안에 있는 고난

● 모든 일을 그의 뜻의 결정대로 일하시는 이의 계획을 따라 우리가 예정을 입어 그 안에서 기업이 되었으니 에베소서 1:11

하나님은 "모든 일을 그의 뜻의 결정대로 일하시는" 분이다(엡 1:11). '모든 일'은 하나님의 계획에 따라 그분의 섭리와 조화를 이루며 일어난다. 하나님의 계획은 사소한 일들조차 아우른다는 뜻이다. 잠언 16장 33절은 "제비는 사람이 뽑으나 모든 일을 작정하기는 여호와께 있느니라"라고 말씀한다. 동전을 던져서 나오는 앞뒷면에 따라 선택하는 행동마저도 거룩한 계획의 한 조각인 셈이다. 결국, 우연은 없다. 주님의 계획에는 나쁜 일들도 포함된다. 시편 60편 3절은 "주께서 주의 백성에게 어려움을 보이시고 비틀거리게 하는 포도주를 우리에게 마시게 하셨나이다"라고 노래한다.

고난은 하나님의 계획 밖에 있는 것이 아니라 그 일부다. 사도행전 4장 27-28절에서 그리스도의 제자들은 하나님께 기도한다. "과연 헤롯과 본디오 빌라도는 이방인과 이스라엘 백성과 합세하여 하나님께서 기름 부으신 거룩한 종 예수를 거슬러 하나님의 권능과 뜻대로 이루려고 예정하신 그것을 행하려고 이 성에 모였나이다." 예수님의 고난과 죽음은 이루 말할 수 없이 큰 불의였지만 그 또한 하나님이 세우신 계획 가운데 한 부분이었다.

• 십자가 죽음

우리의 계획을 계획하시는 하나님

● 사람이 마음으로 자기의 길을 계획할지라도 그의 걸음을 인도하시는 이는 여호와시니라
잠언 16:9

하나님은 인간의 계획을 계획하신다. 잠언 기자는 인간이 계획을 세울지
라도 그 계획은 하나님이 그리시는 큰 그림에 꼭 맞을 뿐이라고 생각한다.

인간의 자유의지와 하나님의 주권을 함께 엮어 놓은 성경 구절은 이 잠
언 말씀 외에도 많이 있다. 창세기 50장 20절에서 요셉은 자신을 노예로 팔
아넘긴 형들의 악한 행동을 하나님이 어떻게 선하고 위대한 일로 사용하셨
는지 설명한다. "당신들은 나를 해하려 하였으나 하나님은 그것을 선으로 바
꾸사 오늘과 같이 많은 백성의 생명을 구원하게 하시려 하셨나니." 형들이
한 일을 요셉이 악으로 여겼다는 점에 주목할 필요가 있다.

하지만 요셉은 하나님의 섭리가 그의 시련과 괴로움을 뒤집어 거룩한 뜻
을 이루는 데 사용하셨다고 말한다. 요셉의 말을 신약성경 버전으로 바꾸면
로마서 8장 28절이 될 것이다. "하나님을 사랑하는 자 곧 그의 뜻대로 부르심
을 입은 자들에게는 모든 것이 합력하여 선을 이루느니라."

사도행전 2장 23절에서 베드로는 "하나님께서 정하신 뜻"에 따라 예수
님이 십자가에 못 박히셨지만, 예수님을 죽음으로 내몬 손들은 불의와 "무
법"(새번역)을 행한 것이라고 다시 한 번 언급한다. 달리 말하면, 그리스도는
하나님의 뜻에 따라 죽임당할 수밖에 없으셨으며 그런 사태가 일어나지 않
게 막는 일은 불가능했다. 하지만 그 누구도 강압에 못 이겨 예수님을 배반
하고 죽음에 이르게 한 것이 아니다. 모두가 자유롭게 선택해 그 일을 행했
으므로 저마다 자신의 결정에 책임을 지고 대가를 치러야 한다. 예수님은 이
러한 진리를 한마디로 정리하셨다. "인자는 이미 작정된 대로 가거니와 그를
파는 그 사람에게는 화가 있으리로다"(눅 22:22).

• 하나님의 섭리

우리 내면의 근본 문제

● 사람들이 한 중풍병자를 네 사람에게 메워 가지고 예수께로 올새 무리들 때문에 예수께 데
  려갈 수 없으므로 그 계신 곳의 지붕을 뜯어 구멍을 내고 중풍병자가 누운 상을 달아 내리니
  예수께서 그들의 믿음을 보시고 중풍병자에게 이르시되 작은 자야 네 죄 사함을 받았느니라
  하시니 마가복음 2:3-5

이 얼마나 극적인 장면인가! 내가 한창 설교하는 중에 갑자기 지붕에서
사람이 내려온다면 나는 말문이 막힐 것이다. 도대체 무슨 사연이기에 그들
은 예수님께 다가가기 위해 지붕까지 뜯어냈을까?

그런데 예수님은 그들의 마음을 전혀 몰라주시는 듯하다. "병이 나았으
니 일어나라." 이렇게 말씀하실 줄 알았는데 중풍병자를 보며 뜻밖의 말씀을
하신다. "너의 죄가 용서받았다." 이 중풍병자가 이 시대 사람이었다면 이렇
게 대꾸하지 않았을까? "어…, 고맙습니다. 하지만 그건 제가 구한 것이 아니
에요. 제 몸이 마비되었어요. 이 중풍병을 고치는 것이 제게는 급선무예요."

하지만 예수님은 이 사람이 모르는 것을 알고 계신다. 이 남자에게는 육
체적 질병보다 훨씬 더 큰 문제가 있다. 그래서 예수님은 먼저 이 문제부터
지적하신다. "네 고통을 처음부터 지켜봐서 다 안다. 걱정하지 마라. 내가 고
쳐 주마. 하지만 인생의 가장 큰 문제는 육체의 고통이 아니라는 것을 알아
야 한다. 근본 문제는 죄란다."

성경은 나쁜 행동만을 죄라고 말하지 않는다. 거짓말이나 음욕 같은 것
만 죄가 아니다. 하나님을 무시하는 것이 가장 큰 죄다. 하나님과 상관없이
살아가는 것은 곧 그분에 대한 반역이요 죄다. "내 인생이니 내 맘대로 살겠
어." 예수님은 이런 태도가 우리의 가장 큰 문제라고 말씀하신다.

• 죄 용서

예수님의 인내

● 그러나 내가 긍휼을 입은 까닭은 예수 그리스도께서 내게 먼저 일체 오래 참으심을 보이사 후에 주를 믿어 영생 얻는 자들에게 본이 되게 하려 하심이라 디모데전서 1:16

"예수님의 인내의 본을 따르기 원합니다." 이는 첫 공동기도문(Book of Common Prayer)의 저자 토머스 크랜머(Thomas Cranmer)가 부활절 전 종려주일에 사용하려고 쓴 기도문이다. 인내가 무엇인가? 인내는 어려운 상황에서도 포기하지 않고 끝까지 참아 내는 것이다. 인내는 당장 결과가 나타나지 않아도 계속해서 열심을 다하는 것이다. 인내는 인생의 어떤 상황에서도 분노하지 않고 고통까지도 기꺼이 받아들이는 것이다. 하지만 힘들고 답답하고 다급할 때마다 우리의 인내심은 바닥을 드러낸다. 그러다가 급기야는 참지 못하고 폭발하고 만다.

크랜머의 기도는 부활절 전주에 예수님의 희생적인 십자가 죽음을 기억하며 드리는 기도라는 점에서 특히 마음에 와닿는다. 예수님은 대적들과 십자가 처형 앞에서만 인내를 발휘하시지 않았다. 사실, 기도문의 전문은 이렇다. "예수님의 인내의 본을 따르고 그분의 부활에 참여하기를 원합니다." 예수님은 면류관으로 가는 길이 반드시 십자가를 지난다는 사실을 알고 계셨다. 부활로 가기 위해서는 반드시 죽음을 지나야 했다.

• 부활

누가 죄를 용서할 수 있는가

● 어떤 서기관들이 거기 앉아서 마음에 생각하기를 이 사람이 어찌 이렇게 말하는가 신성 모독이로다 오직 하나님 한 분 외에는 누가 능히 죄를 사하겠느냐 마가복음 2:6-7

예수님은 종교 지도자들은 물론이고 모든 사람의 속마음을 꿰뚫어 보신다. "작은 자야 네 죄 사함을 받았느니라." 예수님의 이 말씀에 종교 지도자들은 경악하고 분노했다. 오직 하나님만이 하실 수 있는 일을 자신이 할 수 있다고 주장하니 이는 엄연히 하나님을 모독하는 불경죄였다. "하나님 외에 누가 죄를 용서할 수 있는가?" 지극히 맞는 말이다.

톰과 딕과 해리가 대화를 나누고 있다고 하자. 갑자기 톰이 딕의 입을 강타하자 선혈이 낭자한다. 이때 해리가 톰에게 다가가 말한다. "딕을 때린 것을 내가 용서하겠습니다. 이 문제에 대해서는 더 이상 왈가왈부하지 맙시다." 이윽고 정신을 차린 딕이 뭐라고 말하겠는가? "이봐, 해리! 당신이 뭔데 용서하겠다는 겁니까? 용서를 하려면 내가 해야지. 당신이 당한 게 아니지 않습니까. 내가 당한 거지."

우리는 당한 일에 대해서만 용서할 수 있다. 그래서 예수님은 중풍병자에게 "네 죄 사함을 받았느니라"라고 말씀하신 것이다. 중풍병자가 예수님께 죄를 지었다는 뜻이다. 인간에게 그렇게 말할 수 있는 분은 오직 창조주뿐이다. 예수님은 중풍병자를 용서하신다는 말씀을 통해 자신이 전능하신 하나님이라고 주장하신 셈이다. 종교 지도자들은 이 점을 분명히 간파했다. "이 남자는 단순히 기적을 일으킬 수 있다고 주장하는 게 아니라 자신이 우주의 주인이라고 주장하고 있다." 그래서 그들은 분노할 수밖에 없었다.

• 죄 용서

죄 문제를 해결하시다

● 중풍병자에게 네 죄 사함을 받았느니라 하는 말과 일어나 네 상을 가지고 걸어가라 하는 말 중에서 어느 것이 쉽겠느냐 그러나 인자가 땅에서 죄를 사하는 권세가 있는 줄을 너희로 알 게 하려 하노라 하시고 중풍병자에게 말씀하시되 내가 네게 이르노니 일어나 네 상을 가지 고 집으로 가라 하시니 마가복음 2:9-11

많은 성경학자들은 마가복음 2장의 이 대목부터 예수님의 길에 십자가 의 그림자가 드리우기 시작했다고 말한다. 예수님은 종교 지도자들의 생각 을 훤히 읽고 계셨기 때문에, 자신이 그저 기적을 행하는 자가 아니라 세상 의 구주로 나서면 그들에게 죽임을 당할 줄 이미 아셨다. 하지만 예수님은 중풍병만 치유하시지 않고 그의 죄까지 용서하심으로써, 스스로 죽음을 향 해 성큼 나아가셨다. 이 사건을 통해 예수님은 우리를 용서하시기 위한 '계 약금'을 치르셨다.

예수님은 중풍병자의 몸을 치유할 능력이 있으셨다. 마찬가지로 예수님 은 지금 우리가 원하는 성공과 배우자, 명성을 얼마든지 주실 수 있다. 우리 가 구하는 것을 즉각 주실 수 있는 능력과 권위가 있으신 분이다.

하지만 예수님은 그것이 피상적인 해법일 뿐임을 아신다. 우리에게는 단 지 소원을 들어줄 분이 필요한 것이 아니다. 우리의 문제를 그보다 더 깊이 다루어 줄 분이 필요하다. 우리에게는 우리의 자기중심주의를 간파해서, 우 리를 노예로 삼고 우리의 아름다운 소원조차도 왜곡하는 우리의 죄를 제거 해 주실 분이 필요하다. 요컨대 우리는 용서받아야 한다. 그래야만 우리의 불만족이 마침내 치유될 수 있다. 그러려면 기적을 행하는 자나 소원을 들어 주는 요정만으로는 부족하다. 구세주가 필요하다. 그래서 예수님은 죽음을 통해 우리의 구주가 되셨다.

• 죄 용서

종교를 대신하기 위해 오신 분

● 안식일에 예수께서 밀밭 사이로 지나가실새 그의 제자들이 길을 열며 이삭을 자르니 바리새
인들이 예수께 말하되 보시오 저들이 어찌하여 안식일에 하지 못할 일을 하나이까　마가복
음 2:23-24

　　예수님이 죄 용서의 권위를 가지고 있음을 주장하시자 종교 지도자들은
신성모독이라며 펄쩍 뛰었다. 하지만 예수님은 아랑곳하지 않고 다시 한 번
대담한 주장을 하여 종교 지도자들이 할 말을 잃게 만드셨다. 예수님이 종교
를 개혁하러 온 게 아니라 종교를 끝내고 종교를 대신하기 위해 왔다고 하셨
으니 종교 지도자들이 당황할 만도 했다.

　　하나님은 일주일에 하루는 안식하라고 명령하셨다. 이는 정말 좋은 법이
지만 예수님 당시의 종교 지도자들은 이 법에 온갖 구체적인 조항을 덧붙였
다. 그러다 보니 안식일에 하지 말아야 할 활동 유형이 39가지나 되었다. 바
리새인들이 제자들을 비난한 것은 이삭을 자르는 행위가 이 39가지 조항에
포함되었기 때문이다. 계속해서 마가는 그 안식일에 일어난 두 번째 사건을
묘사한다. 마가복음 3장 1-6절에서 바리새인들은 예수님이 손 마른 사람을
고치시는 것을 완고한 태도로 지켜보고 있었다.

　　왜 예수님은 종교 지도자들에게 분노하셨을까? 안식일은 상한 것을 회
복시키는 날이다. 안식일은 마른 땅을 소생시키고 망가진 것을 고치는 날이
다. 따라서 사람의 마른 손을 고치는 것은 안식일에 꼭 해야만 하는 일이다.
하지만 안식일 규정에만 얽매여 있던 종교 지도자들은 예수님이 손 마른 사
람을 치유하는 것이 영 못마땅했다. 그들은 숲은 보지 못하고 나무만 보는
사람들이었다. 이 병자는 손만 마른 상태였지만, 그들은 마음이 말라 있었
다. 그들은 그 남자를 돌보기는커녕 편협하고 비판적이고 자기 자신만 생각
하고 있었다. 왜일까? 그들이 믿은 것은 바로 '종교'이기 때문이다.

• 안식일

안식일의 주인, 예수님

● 또 이르시되 안식일이 사람을 위하여 있는 것이요 사람이 안식일을 위하여 있는 것이 아니니 이러므로 인자는 안식일에도 주인이니라 마가복음 2:27-28

　예수님은 종교에 집착하는 무리에게 이렇게 말씀하셨다. "안식일이 사람을 위하여 있는 것이요 사람이 안식일을 위하여 있는 것이 아니니 이러므로 인자는 안식일에도 주인이니라." 이는 안식일의 본래 정신을 일깨워 주는 말씀이다. 안식일이 무슨 날인가? 쉬는 날이다. 아울러 예수님은 안식일 준수를 둘러싼 율법주의를 철저히 깨부수신다. 예수님은 종교적 패러다임을 송두리째 바꾸신다.

　"나는 안식일을 '지배하는' 주인이다." 예수님은 이렇게 안식일에 대한 권리만 주장하실 수도 있었다. 하지만 우리 예수님은 이보다 훨씬 더 멋진 말씀을 하셨다.

　안식일(sabbath)은 깊은 쉼, 깊은 평안을 의미한다. 이는 '샬롬'(shalom)의 유의어다. "나는 안식일의 주인이다." 이 말씀은 예수님이 곧 안식의 근원이라는 뜻이다.

　우리 대부분은 하나님과 자신, 그리고 남들에게 자신의 가치를 증명해 보이기 위해 일하고 또 일한다. 이 일은 우리가 복음 안에서 쉼을 얻기 전까지 절대 끝이 나지 않는다. 하나님은 위대한 창조 사역을 마치고 "다 이루었다"라고 하신 뒤에 쉬셨다. 예수님도 십자가 위에서 위대한 구속 사역을 마치고 "다 이루었다"라고 하셨다. 덕분에 우리가 쉴 수 있게 되었다.

· 샬롬

잠잠하라, 고요하라

● 예수께서 깨어 바람을 꾸짖으시며 바다더러 이르시되 잠잠하라 고요하라 하시니 바람이 그 치고 아주 잔잔하여지더라 마가복음 4:39

예수님이 잠에서 깨시자 두 가지 놀라운 상황이 벌어졌다. 우선 예수님의 말씀 자체다. 그분의 명령은 너무도 단순하다. "잠잠하라! 고요하라!" 예수님은 마치 말썽쟁이 아이에게 하듯 폭풍을 꾸짖으신다. "잠잠하라! 고요하라!"

이제 예수님은 행동으로도 선언하신다. "나는 단순히 능력을 가지고 있는 사람이 아니다. 나는 능력 자체. 우주에서 어떤 사람이든 어떤 존재든 그들이 가지고 있는 능력은 모두 내게서 비롯된 것이다."

얼마나 대담한 주장인가. 이 주장이 사실이라면 그것은 우리에게 무슨 의미가 있는가? 두 가지 선택 사항이 있다. 우선, 이 세상은 단순히 거대한 '풍랑'의 결과일 뿐이라고 주장할 수 있다. 그러니까 우리는 우연히, 맹목적이고 광포한 자연의 힘에 의해서, 빅뱅을 통해서 존재하게 되었다. 죽으면 우리는 먼지로 돌아간다. 악하게 살든 착하게 살든, 어차피 죽으면 그만이다. 하지만 예수님이 자신이 누구라고 말씀하신 대로 정말 그런 분이라면, 우리는 우리 삶을 전혀 다른 관점으로 바라볼 수 있다. 정말로 예수님이 풍랑의 주인이라면, 세상이 어떤 모습이든, 우리 삶이 어떤 모습이든, 우리가 원하는 모든 치유, 모든 안식, 모든 능력을 예수님이 공급해 주심을 알게 된다.

• 예수님의 정체

누구도 통제할 수 없는 분

Apr.

19

● 이에 제자들에게 이르시되 어찌하여 이렇게 무서워하느냐 너희가 어찌 믿음이 없느냐 하시니 그들이 심히 두려워하여 서로 말하되 그가 누구이기에 바람과 바다도 순종하는가 하였더라 **마가복음 4:40-41**

왜 제자들은 풍랑이 몰아칠 때보다 풍랑이 잠잠해졌을 때 더 두려워했을까? 예수님이 풍랑보다도 더 어마어마한 분이었기 때문이다. 풍랑의 힘은 인간이 통제할 수 없을 만큼 막강했다. 예수님의 힘은 그 풍랑을 통제할 정도로 더 막강했다. 그들은 예수님을 새롭게 인식했다.

하지만 중요한 차이점이 있다. 풍랑은 우리를 사랑하지 않는다. 자연은 우리를 마모시키고 파괴할 뿐이다. 오래 살면 누구나 몸이 쇠하여 죽고 만다. 지진이나 산불 같은 재난이 닥치면 더 빨리 죽을 수도 있다. 자연은 맹렬하고 압도적이다. 인간의 힘으로는 도무지 자연을 통제할 수 없다. 이 무시무시한 자연의 힘이 언제 우리를 덮칠지 모른다.

예수님도 우리가 통제할 수 없는 분이다. 예수님은 우리가 이해할 수 없는 일을 허락하신다. 예수님은 우리의 계획이나 논리에 따라 역사하시지 않는다. 하지만 예수님이 하나님이시라면, 그렇다면 우리가 이해할 수 없는 일을 허락하시는 데는 그럴 만한 이유가 있을 것이다. 예수님은 힘만 무한한게 아니라 지혜와 사랑도 무한한 분이다. 자연은 우리에게 무관심하지만 예수님은 우리를 향해 감당할 수 없을 정도로 큰 사랑을 품고 계신다.

위대하고 강력한 하나님이 우리의 고난을 거둬 가시지 않는 것은 우리가 이해할 수 없는 이유가 있기 때문이다.

• 예수 그리스도

십자가를 향해 몸을 던지다

● 요나를 들어 바다에 던지매 바다가 뛰노는 것이 곧 그친지라 그 사람들이 여호와를 크게 두려워하여 여호와께 제물을 드리고 서원을 하였더라 요나 1:15-16

마가는 풍랑 사건을 의도적으로 구약의 요나 이야기와 거의 똑같은 방식으로 풀어 나갔다. 예수님과 요나는 둘 다 배 안에 있었고, 두 배는 모두 풍랑에 휩싸였다. 비슷한 이 두 이야기에 딱 하나 차이점이 있다. 풍랑의 한복판에서 요나는 선원들에게 말했다. "방법은 하나뿐이오. 내가 죽어야 여러분이 살 수 있소"(욘 1:12). 그래서 선원들은 요나를 바다에 집어던졌다. 하지만 마가의 이야기에서는 그런 일이 일어나지 않았다. 아니, 그런 일이 일어났던가? 조금만 뒤로 물러나 나머지 이야기를 모두 다 보면, 결국 이 두 이야기는 비슷한 게 아니라 완전히 똑같다.

마태복음에서 예수님은 "요나보다 더 큰 이가 여기 있느니라"라고 말씀하셨는데, 이는 바로 그분 자신을 지칭하신 것이다. "내가 진짜 요나다." 이말씀을 풀이하자면 이렇다. "언젠가 내가 모든 풍랑을 잠재우고 모든 파도를 고요하게 할 것이다. 내가 파괴를 파괴하고 죽음을 죽일 것이다." 그래서 예수님은 어떤 방법을 사용하셨는가? 바로 요나처럼 궁극의 풍랑이요 죄와 죽음의 파도인 십자가를 향해 몸을 던지셨다. 예수님은 우리를 진정으로 죽게만들 수 있는 형벌의 풍랑 곧 십자가를 향해 우리 대신 몸을 던지셨다. 이 풍랑은 예수님이 몸을 던지신 후에야 비로소 잠잠해졌다.

• 예수님의 대속

성경의 권위를 인정하라

● 모든 성경은 하나님의 감동으로 된 것으로 교훈과 책망과 바르게 함과 의로 교육하기에 유익하니   디모데후서 3:16

검증되지 않은 믿음이 성경의 확실성을 갉아먹게 내버려 두면, 예상보다 훨씬 큰 대가를 치러야 할지도 모른다.

성경의 도전을 받아들이고 자신의 생각을 바꿀 정도로 성경을 신뢰하지 않는다면, 어떻게 하나님과 인격적인 관계를 맺을 수 있겠는가? 진정한 인간관계에서는 서로 의견을 달리할 수 있는 법이다. 예를 들어, 아내가 남편과 다른 의견을 가질 수 없다면 그 두 사람은 친밀한 관계를 이룰 수 없다. 〈스텝포드 와이프〉(The Stepford Wives)라는 영화를 기억하는가? 코네티컷주 스텝포드의 남편들은 아내를 남편의 뜻을 절대 거스르지 않는 로봇으로 만든다. 스텝포드의 아내들은 더없이 순종적이고 아름답지만, 아무도 그런 부부 사이를 친밀하거나 인격적인 관계라고 여기지 않을 것이다.

자, 성경에서 우리 감정을 상하게 하고 우리 뜻에 맞지 않는 부분을 다 도려낸다면 어떻게 되겠는가? 믿고 싶은 내용만 골라서 믿고 나머지는 거부한다면, 인간과 다른 생각을 가진 하나님을 어떻게 만나겠는가? 어림도 없다. 기껏해야 스텝포드 하나님을 만들 뿐이다. 그런 신은 인간이 참다운 관계를 맺고 진정으로 교제할 수 있는 하나님이 아니라 인간이 스스로 만든 신일 뿐이다. 우리를 화나게 하고 우리가 힘겹게 씨름할 거리를 던져 주는 하나님일 때(참다운 우정이나 부부 관계에서처럼), 비로소 우리는 상상 속 허상이 아니라 진정한 하나님을 만났다고 볼 수 있다. 따라서 성경의 권위는 하나님과의 인격적인 관계를 막는 적이 아니다. 오히려 그런 관계의 전제 조건이다.

• 변증론

의심을 인정하고 의심과 씨름하기

● 곧 그 아이의 아버지가 소리를 질러 이르되 내가 믿나이다 나의 믿음 없는 것을 도와주소서
하더라 마가복음 9:24

오랫동안 수많은 청년 뉴요커들의 삶에서 결실을 보았던 일을 당신에게
도 제안하고 싶다. 신앙인이든 회의주의자들이든, 예전과는 완전히 다른 새
로운 방식으로 '의심'에 주목하면 좋겠다.

우선 신앙인들에게 말하고 싶다. 의심을 내포하고 있지 않은 신앙은 항
체를 갖추지 못한 몸이나 마찬가지다. 너무 바쁘거나 무관심해서 자신이 왜
믿는지 스스로 질문할 겨를도 없이 인생을 가볍게 살아가는 사람들이 있다.
그들은 비극적인 일을 경험하거나 영리한 회의주의자들이 탐색하는 질문을
해 오면 그제야 자신이 무방비 상태임을 깨닫는다. 오랜 세월에 걸쳐 자기
내면의 의심에 참을성 있게 귀 기울이지 않으면, 그 사람의 신앙은 하룻밤
사이에도 무너져 내릴 수 있다. 회의가 생겼다면 반드시 긴 성찰을 거쳐 정
리해야만 한다.

신앙인들은 의심을 자각하고 그 의심과 씨름해야 한다. 자기 의심뿐 아
니라 친구와 이웃들의 의심까지 끌어안아야 한다. 선대로부터 물려받은 신
앙을 그대로 믿는 것만으로는 충분치 않다. 믿음에 배치되는 생각들과 길고
도 힘겨운 싸움을 벌여야만 자신은 물론 회의주의자들에 맞서 자기 신앙에
대한 근거를 마련할 수 있다. 이러한 과정은 눈앞의 상황을 헤쳐 나가는 데
도 중요하지만, 당신이 확고한 믿음을 갖게 된 후에도, 의심을 품고 있는 다
른 사람들을 존중하고 이해하게 이끌어 준다.

• 변증론

당신의 의심을 의심하라

● 여호와께서 말씀하시되 오라 우리가 서로 변론하자 너희의 죄가 주홍 같을지라도 눈과 같이 희어질 것이요 진홍같이 붉을지라도 양털같이 희게 되리라 이사야 1:18

　　신앙인이 자기 신앙 이면에 감춰진 이유를 살펴야 하듯, 회의주의자들 역시 자신의 논리 밑바닥에 깔린 모종의 신앙을 짚어 봐야 한다.

　　무슨 말을 들어도 이렇게 반응하는 이들이 있다. "내 의심이 신앙적인 비약이라고? 천만에. 이리저리 아무리 따져 봐도 하나님이 믿어지지 않아. 하나님 따위는 필요 없고, 거기에 대해 생각하는 것도 흥미 없어." 하지만 이런 사고방식 이면에는, 자신의 정서적 필요와 접점이 없다면 하나님의 존재는 신경 쓸 일이 아니라는 이 시대 서구인들의 확신이 깔려 있다. 그런 사람은 "신이 필요하다고 생각되지 않으면 나의 신앙과 행동에 책임을 물을 신은 존재하지 않는다"는 데 목숨을 건 내기를 하고 있다. 그럴 수도 있고 아닐 수도 있지만, 그 역시 어김없는 신앙적 비약이다.[28]

　　기독교 신앙을 정당하고 공평하게 의심하는 방법은 당신이 의심하는 요소마다 그 아래에 깔린 당신만의 신념을 찾아내고 자신이 그렇게 믿는 근거가 무엇인지 자신에게 묻는 길뿐이다. 자신의 신념이 옳다는 것을 어떻게 알 수 있는가? 자신의 신념이 타당한 이유가 무엇인지 밝히라고 스스로에게 요구하는 것보다, 기독교 신앙이 타당한 이유가 무엇인지 밝히라고 그리스도인들에게 더 강하게 요구한다면, 이는 불공평하다. 하지만 그런 일은 흔하게 일어난다. 공평하려면, 당신의 의심도 의심해야 한다.

• 변증론

나의 믿음 없는 것을 도와주소서

● …도마가 이르되 내가 그의 손의 못 자국을 보며 내 손가락을 그 못 자국에 넣으며 내 손을 그 옆구리에 넣어 보지 않고는 믿지 아니하겠노라 … [예수께서] 도마에게 이르시되 네 손가락을 이리 내밀어 내 손을 보고 네 손을 내밀어 내 옆구리에 넣어 보라 그리하여 믿음 없는 자가 되지 말고 믿는 자가 되라 도마가 대답하여 이르되 나의 주님이시요 나의 하나님이시니이다 예수께서 이르시되 너는 나를 본 고로 믿느냐 보지 못하고 믿는 자들은 복되도다 하시니라 요한복음 20:24-29

예수님은 의심을 바라보는 새로운 관점을 몸소 보여 주신다. 이 관점은 오늘날의 회의주의자들이나 신앙인들의 시각과 미묘하게 차이가 있다. '의심하는 도마'를 마주한 예수님은 그의 의심을 묵살하는 대신("무조건 믿어!") 증거를 보여 달라는 제자의 요구에 순순히 응하셨다.

예수님은 자기 마음에 의심이 가득함을 고백하는 남자를 만나신 적도 있다. 그는 예수님께 "나의 믿음 없는 것을 도와주소서"라고 부르짖었다(막 9:24). 의심하는 자신을 붙잡아 달라는 뜻이다. 예수님은 자신의 의심을 솔직하게 인정하는 남자의 요청을 들어주셨다. 은총을 베푸셔서 그 아들을 고쳐 주셨다. 자신을 그리스도인으로 여기든, 아니면 회의주의자라고 생각하든, 나는 여러분이 본문의 주인공처럼 정직한 태도로 의심의 본질을 나날이 깊이 파악해 가기를 바란다. 그렇게만 하면 당신이 무엇을 상상하든 그 이상의 결실을 거둘 것이다.

• 변증론

믿음인가, 폭력인가

● 아무에게도 악을 악으로 갚지 말고 모든 사람 앞에서 선한 일을 도모하라 할 수 있거든 너희
로서는 모든 사람과 더불어 화목하라   로마서 12:17-18

기독교는 다른 신앙을 가진 이들을 존중하는 견고한 토대를 제공한다.
예수님은 불신자들이 저마다 가진 문화적인 배경과 상관없이 기독교적인 행
동을 대부분 '선하게' 여기리라고 보셨다(마 5:16; 벧전 2:12). 기독교의 가치 구성
과 그 어떤 개별적인 문화나[29] 다른 종교들의[30] 가치 구성 사이에 겹치는 부
분이 있음을 인정하신 것이다. 이처럼 중첩되는 영역이 생기는 까닭은 무엇
인가? 그리스도인들은 인간이라면 누구나 하나님의 형상을 따라 선을 행하
고 지혜롭게 판단할 수 있는 존재로 빚어졌다고 믿는다. 하나님의 보편적인
형상에 관한 교리 때문에 그리스도인들은 신앙을 갖지 않은 이들이 그릇된
믿음을 가진 이들보다 나을 수도 있다고 생각한다. 아울러 인간의 보편적인
죄성에 관한 교리는 정통 기독교 신앙이 마땅히 그러해야 한다고 가르치는
수준에 그리스도인들의 실천이 미치지 못할 수 있음을 예상하게 한다. 이만
하면 서로 존중하는 마음으로 협력할 근거가 충분한 셈이다.
　흔히 '근본주의'는 폭력으로 이어진다고들 하지만, 지금껏 살펴본 바와
마찬가지로, 다른 믿음보다 우월하다는 근본주의적이고 입증할 수 없는 신
앙에 너나없이 깊이 몰입하고 헌신하는 게 현실이다. 따라서 정말 던져야 할
질문은 "어떤 근본주의적인 신앙이 그 추종자들을 이끌어, 의견이 다른 이들
의 눈에도 더없이 사랑스럽고 수용할 만한 인간들로 만들어 가는가?" 하는
것이다. 불가피하게 배타적일지라도 추종자들을 겸손하고 평화를 사랑하게
만드는 일단의 신념은 어떤 것들인가?

• 기독교 세계관

사랑 때문에 고통을 당하다

● 제구시쯤에 예수께서 크게 소리 질러 이르시되 엘리 엘리 라마 사박다니 하시니 이는 곧 나의 하나님, 나의 하나님, 어찌하여 나를 버리셨나이까 하는 뜻이라 마태복음 27:46

예수님의 죽음은 다른 죽음들과 본질적으로 다르다. 신체적인 고통 따위는 우주적으로 버림받는 영적 경험에 댈 게 못 된다.[31] 세상의 많은 종교 가운데 오로지 기독교만이 하나님이신 그리스도가 독특하고도 완전하게 인간이 되셨으므로 절망, 거절, 외로움, 가난, 사랑하는 이를 잃어버리는 고통, 고문과 감금 따위를 몸소 알고 있다고 주장한다. 예수님은 지식과 능력에서 인간을 능가하신 것처럼, 십자가에 달려 인간 고통의 정점을 넘어섰으며 인간으로서는 도저히 감당할 수 없을 우주적인 거절과 고통을 당하셨다. 그 죽으심으로, 하나님은 버림받은 사람들과 자신을 동일시하셨고 사랑 때문에 고통을 당하셨다.

하나님이 이렇게 하신 까닭은 무엇인가? 성경은 예수님이 피조물을 구원하는 사명을 띠고 세상에 왔다고 말한다. 하나님은 훗날 우리를 끝장내는 것이 아니라 악과 고통을 끝장낼 수 있도록 인류의 죗값을 치르셔야 했다.

이것이 어떤 결과를 낳았는지 살펴보자. "어째서 하나님은 악과 고통이 사라지지 않고 지속되도록 허용하셨는가?"라는 질문을 다시 던져 보고, 십자가의 예수를 아무리 바라보아도 무엇이 정답인지는 여전히 알 수 없다. 하지만 이제 무엇이 답이 아닌지는 알 수 있다. 하나님이 우리를 사랑하시지 않는다는 말은 답이 될 수 없다. 하나님이 인간의 처지에 무관심하고 멀리 떨어져서 이를 지켜볼 뿐이라는 주장도 답이 아니다. 하나님은 인간의 비참함과 고통을 매우 심각하게 여기셨기에 그 고통을 직접 짊어지셨다.

• 성육신

부활의 영광과 기쁨

● 내가 들으니 보좌에서 큰 음성이 나서 이르되 보라 하나님의 장막이 사람들과 함께 있으매 하나님이 그들과 함께 계시리니 그들은 하나님의 백성이 되고 하나님은 친히 그들과 함께 계셔서 모든 눈물을 그 눈에서 닦아 주시니 다시는 사망이 없고 애통하는 것이나 곡하는 것이나 아픈 것이 다시 있지 아니하리니 처음 것들이 다 지나갔음이러라 요한계시록 21:3-4

　　고통을 겪는 이에게 기독교 신앙은 십자가에 관한 가르침뿐 아니라 부활의 사실도 자원으로 제공한다. 성경이 가르치는 미래는 실체가 없는 '낙원'이 아니라 새 하늘과 새 땅이다. 요한계시록 21장을 보면, 인간들이 세상을 벗어나 하늘나라에 들어가는 것이 아니라 하늘나라가 내려와서 이 물질세계를 깨끗하고 새롭고 완전하게 만드는 것을 알 수 있다. 물론 세속적인 세계관은 미래를 죽음과 역사 이후에 있을 회복으로 보지 않는다. 반면에 동양 종교들은 우리가 개체성을 잃고 위대한 영, 완전한 영혼으로 돌아가므로 이생에서 누리던 물질적인 삶은 영원히 사라진다고 생각한다. 천상의 낙원을 믿는 신앙인들조차도 그 실체를 이생에서 겪은 상실과 고통에 대한 보상이자 상상 속에나 있을 법한 희열 정도로 여긴다.

　　성경의 세계관은 부활, 곧 단 한 번도 누려 보지 못한 삶이 있다고 위로하는 정도가 아니라 늘 원하던 삶을 복원해서 살게 한다는 것이다. 지금까지 일어났던 끔찍한 일들이 없었던 일이 되고 바로잡힐 뿐만 아니라 어떤 면에서는 궁극적인 영광과 기쁨이 더 커진다는 뜻이다.

• 기독교 세계관

모든 슬픔이 사라지다

● 보좌에 앉으신 이가 이르시되 보라 내가 만물을 새롭게 하노라 하시고 또 이르시되 이 말은
신실하고 참되니 기록하라 하시고 **요한계시록 21:5**

그리스 철학(특히 스토아학파)은 역사를 끝없이 되풀이되는 과정으로 보았
다. 우주가 가끔씩 운행을 멈추고 팔렌게네시아(palengenesia)라는 거대한 불길
에 타 버리는 정화 절차를 거친 뒤에 새로운 역사가 시작된다는 것이다. 마
태복음 19장 28절에서 예수님은 바로 그 팔렌게네시스로 세상에 다시 오겠
다고 말씀하셨다. "내가 진실로 너희에게 이르노니 세상이 새롭게 되어(그리
스어, palengenesis) 인자가 자기 영광의 보좌에 앉을 때에…." 이건 완전히 새로
운 개념이다. 예수님은 물질세계 및 우주의 부패와 손상을 단번에 털어 버리
는 권세를 가지고 돌아올 것이라고 주장하신다. 모든 상처는 치유될 것이며
막연하게 기대하던 일들도 모두 현실이 될 것이다.

3부작 《반지의 제왕》의 클라이맥스 이후를 보면, 샘은 죽은 줄로만 알았
던 친구 간달프가 살아 있다는 사실을 알고 부르짖는다. "당신이 죽었다고
생각했어요. 아니, 그와 반대로 내가 죽은 건 아닐까도 생각했죠. 이제 어떤
슬픈 일도 일어나지 않는 거죠?"[32]

이 질문에 대한 기독교의 대답은 "그렇다"이다. 그 어떤 슬픈 일도 일어
나지 않을 것이다. 깨지고 가망 없었던 지난날이 있었기에 앞으로의 세상은
훨씬 근사할 것이다.

• 기독교 세계관

인간에게 맞추신 하나님

● 그리스도의 사랑이 우리를 강권하시는도다 우리가 생각하건대 한 사람이 모든 사람을 대신
하여 죽었은즉 모든 사람이 죽은 것이라 그가 모든 사람을 대신하여 죽으심은 살아 있는 자
들로 하여금 다시는 그들 자신을 위하여 살지 않고 오직 그들을 대신하여 죽었다가 다시 살
아나신 이를 위하여 살게 하려 함이라 고린도후서 5:14-15

　자유란 제한과 제약이 없는 것이 아니라, 우리 본성에 맞고 우리를 자유
롭게 하는 올바른 제약과 제한을 찾아내는 것이다.

　사랑하는 관계가 건강하려면 그 두 사람이 상호 간에 독립성을 잃어야
한다. 어느 한쪽만 그래서는 안 된다. 언뜻 보면, 신과의 관계는 본질적으로
비인간적이다. 그 관계는 일방적, 그러니까 신 쪽의 일방통행이기 때문이다.
거룩한 존재인 신은 모든 권능을 거머쥐고 있다. 인간은 신에게 맞춰야 한
다. 신이 인간 편에 적응하고 섬긴다는 건 생각조차 할 수 없다.

　다른 종교나 다른 신앙 형태에서는 그런 개념이 사실일지 모르지만, 기
독교에서는 전혀 그렇지 않다. 기독교의 하나님은 성육신과 대속 사역이라
는 가장 극단적인 방식으로 인간에게 자신을 맞추셨다. 예수 그리스도는 유
한한 인간, 고통을 겪고 죽음을 당할 만큼 연약한 존재가 되셨다. 십자가에
달려 인간의 한계(죄인이라는)를 받아들였으며 인류를 용서하기 위해 대신 죽
으셨다. 그리스도를 통해 하나님은 한없이 심오한 방식으로 우리에게 말씀
하신다. "너희들에게 맞추마. 내가 달라지겠다. 나를 희생해서라도 너희들
을 섬기마." 하나님이 우리를 위해 그리하셨다면, 우리 역시 하나님과 이웃
에게 똑같이 고백할 수 있으며 또 반드시 그래야 한다.

• 성육신

빈곤이 사라진 공동체

● 그중에 가난한 사람이 없으니 이는 밭과 집 있는 자는 팔아 그 판 것의 값을 가져다가 사도 들의 발 앞에 두매 그들이 각 사람의 필요를 따라 나누어 줌이라 사도행전 4:34-35

　본문 말씀은 보기보다 훨씬 의미심장한 구절이다. 구약성경이 말하는 정의를 다룰 때 핵심 본문으로 삼았던 신명기 15장 말씀을 기억하는가? 하나님은 거룩한 백성이 스스로 본분을 지켜서 주님의 뜻을 좇으면 영구적인 빈곤이 공동체 안에서 사라질 것이라고 선언하셨다. "너희 중에 가난한 자가 없으리라"(신 15:4-5). 이 구절은 구약성경에 기록된 사회정의 규범의 정점으로, 약자들을 향한 하나님의 사랑을 드러내고 한편으로는 사람들의 빈곤함을 살펴서 이를 반드시 제거하고 싶은 하나님의 열정도 단적으로 보여 준다.

　그런데 놀랍게도 사도행전 4장 34절은 신명기 15장 4-5절을 동원한다. 성령님이 역사하시는 공동체의 초기 모습을 그리면서 누가는 신명기 15장 4-5절을 거의 원문 그대로 가져와 사용하기로 작정했다. 신명기에서 하나님은 가난한 이들이 스스로 일어설 수 있을 때까지 백성들이 손을 활짝 펴서 가난한 이들에게 필요한 것을 채워 주라고 말씀하신다. 신약성경도 그리스도인들에게 똑같은 메시지를 전한다(요일 3:16-17; 비교. 신 15:7-8).

• 사회정의

5월
May

곤경에 처한 사람의
이웃이 되다

A Year with
Timothy Keller

모든 이에게 착한 일을 하라

● 우리가 선을 행하되 낙심하지 말지니 포기하지 아니하면 때가 이르매 거두리라 그러므로 우리는 기회 있는 대로 모든 이에게 착한 일을 하되 더욱 믿음의 가정들에게 할지니라   갈라디아서 6:9-10

그리스도인이 교회 공동체에 소속된 형제자매들의 물질적인 어려움을 돌보아야 하는 것은 분명하지만, 가난한 이웃 곧 궁핍한 세상 사람들까지 보살펴야 할 의무가 있는 것일까? 구약시대의 사회적인 법률이 주로 신앙 공동체 구성원들의 어려움을 헤아리는 데 초점을 맞추고 있는 건 사실이다. 신약시대에 이루어진 구제 활동 역시 남편을 잃고 홀로 된 여성들을 지원하는 등 가난한 그리스도인들을 돌보는 데 집중되어 있었다(행 6:1-7; 딤전 5:3-16). 양과 염소 비유에서 예수님은 '형제 중에 지극히 작은 자'에게 베푼 도움을 시금석으로 사용하셨는데, 이는 '가난한 신자들'을 가리킬 공산이 크다. 그리스도인이 책임져야 할 일차적인 대상은 가족과 친척들이고(딤전 5:8) 그다음은 신앙 공동체의 다른 구성원들(갈 6:10)이다.

그러나 성경은, 그리스도인이 사랑으로 사람들의 실질적인 필요를 채워 주고 너그럽게 공의를 베풀 대상이 그리스도인에게만 국한되지 않음을 분명하게 보여 준다. 갈라디아서 6장 10절이 보여 주는 균형감은 놀라울 정도다. 여기서 바울은 "그러므로 우리는 기회 있는 대로 모든 이에게 착한 일을 하되 더욱 믿음의 가정들에게 할지니라"라고 권면한다. '모든 이'를 돕는 건 선택 사항이 아니라 우리가 반드시 따라야 할 명령이다.

• 구제

누가 내 이웃인가

● 네 생각에는 이 세 사람 중에 누가 강도 만난 자의 이웃이 되겠느냐 누가복음 10:36

그리스도인이 이웃과 어떤 관계를 맺어야 하는지를 잘 알려 주는 성경
말씀은 예수님의 선한 사마리아인 비유다. 예수님은 이 비유를 통해 무엇을
말씀하시는가? 이웃을 사랑한다는 건 무슨 의미인가? '사랑'이란 무얼 말하
는가? 주님은 이런 질문들에 기막힌 대답을 내놓으셨다. 곤경에 빠진 상대
의 물질적, 신체적, 경제적 필요를 채워 주기 위해 직접 행동한 사람의 이야
기를 들려주신 것이다. 예수님이 보시기에, 물질적이고 경제적인 어려움을
덜어 주는 행동은 선택의 문제가 아니다. 그래서 예수님은 '사랑하라'는 명령
의 참뜻을 제한하려 드는 율법교사를 막으셨다. 그리고 사랑이란, 사마리아
인이 목숨을 걸고 그 길에 멈춰 섰던 것처럼 자신을 희생해서 취약한 이들의
삶에 개입하는 것이라고 설명하셨다.

예수님은 사랑하는 방법뿐만 아니라 사랑의 대상에도 제한을 두지 못하
게 하신다. 흔히들 '이웃'이라면 사회적인 지위나 생활 수준이 비슷한 이들을
먼저 떠올린다(눅 14:12). 현대인은 본능적으로 영향을 주고받을 수 있는 이들
로 대상을 한정한다. 자신과 이모저모 비슷해서 좋아할 만한 사람들을 이웃
으로 여긴다는 말이다. 하지만 주님은 그런 사고방식을 용납지 않으신다. 예
수님은 유대인을 돕는 사마리아인을 비유의 주인공으로 내세우셨다. 누가
됐든(인종, 정치적인 색깔, 계급, 종교와 상관없이) 곤궁한 처지에 빠진 이들이 바로
우리의 이웃이라는 메시지를 전달하기에 그만큼 강력하고 효과적인 방법은
없었을 것이다. '믿음 안에서 형제자매가 된 모든 사람들'이 아니라 그냥 '모
든 이들'이 우리의 이웃이다.

• 이웃 사랑

위대한 사마리아인

● 예수께서 대답하여 이르시되 어떤 사람이 예루살렘에서 여리고로 내려가다가 강도를 만나
매 강도들이 그 옷을 벗기고 때려 거의 죽은 것을 버리고 갔더라 누가복음 10:30

성경 말씀에 따르면, 모름지기 인간이라면 누구나 길에서 죽어 가고 있
는 존재다. 영적으로 보자면 '허물로 죽은'(엡 2:5) 자들이다. 그러나 그리스도
는 친히 이 위험천만한 세상에 오셨으며 인간의 길을 가셨다. 너나없이 예
수님의 원수 노릇을 했음에도 불구하고, 예수님은 그 인간들이 고통당하는
걸 보고 마음 아파하셨다. 그리고 스스로 세상에 오셔서 구원을 베푸셨다(롬
5:10). 사마리아 사람처럼 그저 위험을 감수하는 데 그치지 않고 예수님은 자
신의 생명을 값으로 지불하셨다. 아무도 제힘으로는 갚을 수 없는 우리의 엄
청난 빚을 십자가에서 예수님이 단번에 청산해 주셨다. 예수님은 선한 사마
리아인이 예표하는 위대한 사마리아인이시다.

우리는 이웃 사랑을 베풀기 전에 우선 그 사랑을 받아야 한다. 우리가 내
내 적대시했던 분이 은혜로 우리를 구원해 주셨다는 사실을 뼛속 깊이 깨달
아야, 세상에 나가 상대를 가리지 않고 곤경에 처한 이들을 돕게 된다. 일단
예수님이 부어 주시는 한없이 높고 깊은 이웃 사랑을 실감하면, 성경이 가르
치는 대로 누군가의 이웃이 되는 삶을 시작할 수 있다.

• 이웃 사랑

하나님의 형상 존중하기

May
——
4

- 하나님이 자기 형상 곧 하나님의 형상대로 사람을 창조하시되 남자와 여자를 창조하시고
  창세기 1:27

인간에게는 어떤 식으로든 하나님의 거룩한 성품이 배어 있다고 성경은
가르친다. 그러므로 모든 인생은 다 신성하며 인간은 저마다 존엄성을 지닌
다. 창조주의 형상대로 지음받은 순간, 측정할 수 없을 만큼 무한한 가치를
지닌 존재가 된 것이다. 창세기 9장 5-6절에서, 하나님이 살인을 극악무도한
범죄로 여기시는 까닭을 알 수 있다. "내가 반드시 너희의 피 곧 너희의 생명
의 피를 찾으리니 … 이는 하나님이 자기 형상대로 사람을 지으셨음이니라."

한편, 야고보서 기자는 아무 말이나 함부로 내뱉는 이들을 매섭게 책망
했다(약 3:9). 살인에 비하면 훨씬 가벼운 잘못이지만 일체의 언어폭력을 단호
하게 금했다. 그런 일은 곧 "하나님의 형상대로 지음을 받은 사람을 저주"하
는 행위이기 때문이다. 하나님이 높은 가치를 부여하신, 더할 나위 없이 소
중한 존재의 목숨을 빼앗은 것은 물론이고 그 존재를 저주하는 것도 용납하
지 않으셨다.

성경에 따르면, 인간이라면 누구나 이런 가치와 권리를 가진다. 창세기
와 야고보서가 '의로운' 이들을 학대하는 행위를 금지하고 있음에 주목하라.
경력이나 성품에 상관없이, 모든 인간에게는 무엇으로도 깎아내릴 수 없는
영광과 의미가 내재되어 있다. 하나님은 진정으로 인류를 깊이 사랑하시며
'지으신 모든 피조물에게 긍휼을' 베푸시기 때문이다(시 145:9, 17). 주님은 그분
을 떠난 이들까지 아끼신다(겔 33:11; 요 3:16).

• 인간론

하나님 은혜를 알기에 정의를 행하다

● 너희의 하나님 여호와는 … 사람을 외모로 보지 아니하시며 뇌물을 받지 아니하시고 고아와 과부를 위하여 정의를 행하시며 나그네를 사랑하여 그에게 떡과 옷을 주시나니 너희는 나그네를 사랑하라 전에 너희도 애굽 땅에서 나그네 되었음이니라   신명기 10:17-19

이집트에서 종살이하던 시절, 이스라엘 백성은 가난한 소수 민족 신세였다. 그랬던 이들이, 지금 이스라엘 땅에서 살게 된 궁핍한 다른 민족 이주민들을 어떻게 냉랭하게 대할 수 있느냐고 모세는 묻고 있다. 하나님은 모세를 통해 말씀하셨다. "이스라엘 백성아, 너희를 해방시킨 건 바로 나다. 너희 힘으로 성취한 게 아니라 내가 은혜를 베풀어 너희를 풀어 주었다. 내가 너희에게 그런 것처럼, 너희도 그들의 멍에를 깨트리고 족쇄를 풀어 주고 그들을 먹이고 입히거라."

특히 흥미로운 대목은 "마음에 할례를 행하라"(신 10:16)는 모세의 권면이다. 할례란 한 가정이 하나님과 언약 관계를 맺었다는 외적 표식이다. 마음에 할례를 행한다는 것은, 하나님께 뜨겁게 헌신하려는 의지를 내면에 품는다는 뜻이다. 고아와 과부와 가난한 나그네들의 필요를 채워 준다는 건, 이스라엘 백성이 형식적이고 외면적으로만 아니라 내면적으로도 하나님과 긴밀한 관계를 맺고 있음을 보여 주는 증표다.

논리는 명쾌하다. 하나님의 은혜를 온 마음으로 절감한 이들은 공의를 행하게 마련이다. 정의롭게 살지 않는다면, 입술로는 그분의 은혜에 감사한다고 말하지만, 마음은 주님과 동떨어져 있다. 가난한 이들을 돌보지 않는 처사는, 좋게 말해야 자신이 경험한 은혜의 의미를 이해하지 못했다는 의미이고, 최악의 경우에는 구원해 주시는 하나님의 사랑을 실제로 받지 못했다는 의미다. 은혜는 인간을 정의롭게 한다.

• 구제

May 6 칭의와 정의

- 내 형제들아 만일 사람이 믿음이 있노라 하고 행함이 없으면 무슨 유익이 있으리요 그 믿음이 능히 자기를 구원하겠느냐 / 이와 같이 행함이 없는 믿음은 그 자체가 죽은 것이라 야고보서 2:14, 17

야고보서를 읽노라면 언뜻 바울의 견해와 충돌하는 것처럼 보이는 구절들과 마주친다. 바울은 "하나님의 은혜로 값없이 의롭다 하심을"(롬 3:24) 얻으며, "율법의 행위에 있지 않고 믿음으로" "일한 것이 없이 하나님께 의로 여기심을" 받는다고 했다(롬 3:28; 4:6).

명명백백한 모순이다. 바울은 오직 믿음으로만 죄인이 하나님과의 관계를 회복할 수 있다고 주장하는 반면, 야고보는 참된 믿음에 반드시 수반되는 변화된 삶이야말로 구원에 이르게 하는 믿음을 소유했다는 결정적 증거라고 한다. 바울과 야고보 사도의 가르침을 한데 묶는다면 이렇게 정리할 수 있을 것이다. "오직 믿음으로 구원을 받지만 그 이후에도 믿음만으로 충분한 건 아니다. 진정한 믿음은 늘 변화된 삶을 낳을 것이다."

하지만 야고보 사도는 단순하게 참믿음을 가지면 삶이 완전히 바뀔 것이라고 이야기하지 않는다. 가진 게 없어서 쩔쩔매는 이를 보고도 아무런 조처를 취하지 않는다면 그 믿음은 '죽은 것'이라고 야고보는 단정한다. 구원에 이르게 하는 믿음이 아니라는 것이다. 그렇다면 사도가 말하는 '행함'이란 무얼 말하는 것일까? 가난한 이들을 섬기는 데 아낌없이 쏟아붓는 삶이야말로 진실하고 참되며, 복음적인 믿음에 반드시 뒤따르는 표적이라는 게 야고보의 설명이다. 은혜는 인간을 정의롭게 한다. 당신이 정의롭지 않다면, 믿음으로 의롭다 하심을 받지 못한 게 아닌지 의심해 봐야 한다.

• 믿음

가난한 이들을 대하는 태도

● 낮은 형제는 자기의 높음을 자랑하고 부한 자는 자기의 낮아짐을 자랑할지니 이는 그가 풀의 꽃과 같이 지나감이라 야고보서 1:9-10

이는 굉장한 역설이다. 그리스도인은 누구나 죽어 마땅한 죄인인 동시에, 온전히 용서받고 사랑받은 하나님의 양자라는 사실 말이다. 사회적 지위와 상관없이 그리스도인이라면 누구나 마찬가지다. 그런데 야고보는 예수님을 믿게 된 부자들이 큰 유익을 얻은 것이라고 말한다. 세상에서 늘 높임만 받았는데 이제 하나님 앞에서 자신이 죄인임을 자각하게 되었으니 이 얼마나 영적으로 큰 복인가. 반면에, 예수님을 믿게 된 가난한 이들은 세상에서 하찮은 존재로 늘 무시만 당했는데 이제 높은 영적 위상을 갖게 됐으니 이 얼마나 영적으로 큰 복인가.

사도 야고보는 편지 후반부에서, 가난한 이들에게 관심을 가지고 너그럽게 소유를 나누는 행동이야말로 은혜의 복음을 정확하게 이해했다는 결정적 증거라고 말한다. 세상은 사회 계급으로 실질적인 정체성을 규정하려 한다. 사회적 지위와 통장 잔고가 바로 그 사람 자신이고, 자존감의 토대가 된다. 하지만 복음 안에서 그것들은 지엽적인 요소들로 평가 절하된다. 최소한 점진적으로라도 성경이 가르치는 쪽으로 정체성이 변화되는 기미가 보이지 않으면, 그가 복음의 진수를 제대로 파악했다는 증거가 없는 셈이다. 그래서 야고보는 가난한 이들을 존중하는 마음과 사랑, 실질적인 관심을 품지 않는 믿음은 죽은 믿음이라고 단언한 것이다. 그것은 인간을 의롭게 하는 믿음, 복음적인 믿음이 아니다.

• 믿음

정의를 어떻게 실천할지 생각하다

● 내가 의를 옷으로 삼아 입었으며 나의 정의는 겉옷과 모자 같았느니라   욥기 29:14

욥은 마치 몸에 의복을 걸치듯 사회의식이 그의 일상생활에 두루 스며들었다고 고백하고 있다(욥 29:14). 욥은 가난한 이들에게 재물과 음식을 나누어 주었다. 그는 시각장애인, 지체장애인, 가난한 과부를 보살폈다. 이주민과 고아의 법적 후견인이기도 했다.

이는 포괄적인 베풂의 삶이다. 욥은 "의를 옷으로" 입었다고 했다. 늘 '의'를 마음에 품고 이를 실천할 길을 찾았다는 말이다. 시편 41편 1절은 "가난한 자를 보살피는 자에게 복이 있음이여"라고 노래한다. 여기서 '보살피다'로 번역된 히브리어는, 상대방에게 지속적인 관심을 가지고 지켜보다가 그를 돕기 위해 지혜롭고 성공적으로 행동한다는 것을 의미한다. 하나님은 그분의 백성인 우리가 형식적이고 기계적으로 다른 사람들을 돕는 게 아니라, 가난한 이들의 형편을 총체적으로 끌어올릴 방도를 오랫동안 열심히 탐색하기를 기대하신다.[33]

정의를 실천하는 데는 한결같고 꾸준한 성찰과 세심한 주의가 반드시 필요하다. 그리스도인으로서 성적으로 문란하지 않고 저속한 말을 쓰지 않으며 꼬박꼬박 주일예배에 참석할지라도, 삶의 구석구석에서 공의를 실현할 방도를 열심히 찾지 않는다면 정의롭고 바르게 생활하지 않는 셈이다.

• 구제

승천하신 예수

● 이 말씀을 마치시고 그들이 보는데 올려져 가시니 구름이 그를 가리어 보이지 않게 하더라 올라가실 때에 제자들이 자세히 하늘을 쳐다보고 있는데 흰옷 입은 두 사람이 그들 곁에 서서 이르되 갈릴리 사람들아 어찌하여 서서 하늘을 쳐다보느냐 너희 가운데서 하늘로 올려지신 이 예수는 하늘로 가심을 본 그대로 오시리라 하였느니라 **사도행전 1:9-11**

　승천이란 무엇인가? 승천은 단지 예수님이 땅에서 하늘로 올라가신 일이 아니라 새로운 왕위에 올라 우리와 더불어 온 세상과 새로운 관계를 맺으신 사건이다.

　대관식을 말할 때 당연히 'ascension'(올라감, 승천)이라는 단어를 쓴다. 왕위에 오르는 사람은 예식을 거쳐 정식으로 권한을 받는다. 연단에서 문자 그대로 계단을 '올라가서' 높은 의자인 왕좌에 앉는다. 이렇게 '왕위에 올랐다'(ascended)라고 말할 때 이 단어가 쓰인다. 이 단어는 높이 올라간다는 뜻을 넘어선다. 왕은 물리적으로만 다른 사람보다 높아지는 게 아니라 그들과의 관계에서도 달라지고 권한을 행사할 권력과 특권도 새로 받는다. 계단과 높은 의자는 상징일 뿐이다.

　예수님이 단지 아버지께로 돌아가려 하셨다면 그냥 사라지실 수도 있었다. 실제로 그러신 적이 여러 번 있었다. 엠마오 도상의 그분은 제자들 앞에서 순식간에 사라지셨다. 그런데 승천하실 때는 구름 속으로 떠올라 아득히 저 위로 멀어지셨다. 왜 그러셨을까? 추측할 수 있을 뿐이지만, 대관식과 같은 이유일 수 있다. 공간적 상승은 높아진 권위와 관계의 상징이다. 예수님은 우주적이고 영적으로 벌어지는 일을 물리적으로 재현하셨다.

　그 일은 무엇이었던가? 이제 유일한 신인(神人, God-man), 곧 온전한 인간이자 온전한 신이신 그분은 새 왕이자 인류의 머리로서 좌정하러 올라가셨다.

• 승천

하나님의 우편에

● 이는 하나님의 영광의 광채시요 그 본체의 형상이시라 그의 능력의 말씀으로 만물을 붙드시
며 죄를 정결하게 하는 일을 하시고 높은 곳에 계신 지극히 크신 이의 우편에 앉으셨느니라
히브리서 1:3

고대에 왕의 우편에 앉는 사람은 총리와 같아서 왕권을 대행해서 법과
정책으로 나라를 통치했다. 그래서 예수님이 하나님 우편에 앉으셨다는 말
씀은 그분이 승천하여 통치를 시작하셨다는 뜻이다. 다만 승천이 곧 왕의 즉
위라는 개념에는 부연 설명이 필요하다. 예수님은 하나님이시므로 늘 왕이
셨고 늘 우리를 다스리실 권한이 있었다. 그런데 이제 부활하여 승천하신 신
인(神人, God-man)으로서 천국에서 교회의 머리가 되시고 모든 통치자와 주관
자까지 다스리신다. 즉 "만물 위에 교회의 머리"이시다(엡 1:21-22).

이 일을 예수님은 특히 성령의 역사를 통해서 하시는데, 이에 대해서는
그분이 죽기 전날 밤 친히 제자들에게 자세히 설명하신 바 있다(요 14-17장).
이는 그분이 모든 역사를 통치하고 지배하여 최종 목표점을 향하신다는 뜻
이기도 하다. 그때가 되면 하나님의 새 백성인 교회가 완전히 최종 해방되고
온 세상이 새로워진다(롬 8:18 이하). 그때가 되면 더는 고난이나 악이나 죽음
도 없다. 예수님의 구원과 회복 사역이 완성되기 때문이다.

요컨대 지금 예수님은 새 하늘과 새 땅을 이룰 우주 변혁 계획을 지휘하
시는 중이다(사 65:17-25). 승천하신 주님은 사람들의 심령에 역사하여 복음을
전파하고 교회를 세우시는 한편, 역사의 모든 사건을 영광스러운 종말을 향
해 이끌어 가신다.

• 통치

돈이 당신의 주인인가

● 그들에게 이르시되 삼가 모든 탐심을 물리치라 사람의 생명이 그 소유의 넉넉한 데 있지 아니하니라 하시고 누가복음 12:15

바울은 탐심이 우상 숭배라고 지적했다(골 3:5; 엡 5:5). 누가도 복음서에서 똑같이 가르친다. 누가복음 11장과 12장의 전후 문맥을 보면 재물 때문에 염려하지 말라는 그분의 경고가 나온다. 예수님이 말씀하신 탐심이란 돈을 사랑하는 마음만이 아니라 돈에 대한 과도한 염려이기도 하다.

예수님은 우리 감정이 통장 잔고에 맥없이 좌우되는 이유를 이렇게 설명하신다. "사람의 생명이 그 소유의 넉넉한 데 있지 아니하니라." 생명이 재물에 '있다면' 그 사람을 규정하는 것은 소유와 소비다. 곧 그의 정체성이 돈에 달려 있다는 의미다. 재물을 잃으면 '자아'도 없어지는 사람이 이에 해당한다. 인간 가치가 재물의 가치에 달려 있기 때문이다. 나중에 예수님은 단도직입적으로 탐심의 정체를 밝히신다.

"집 하인이 두 주인을 섬길 수 없나니 혹 이를 미워하고 저를 사랑하거나 혹 이를 중히 여기고 저를 경히 여길 것임이니라 너희는 하나님과 재물을 겸하여 섬길 수 없느니라 바리새인들은 돈을 좋아하는 자들이라 이 모든 것을 듣고 비웃거늘 예수께서 이르시되 너희는 사람 앞에서 스스로 옳다 하는 자들이나 너희 마음을 하나님께서 아시나니 사람 중에 높임을 받는 그것은 하나님 앞에 미움을 받는 것이니라"(눅 16:13-15)

• 탐심

143

구원이 임해 삶이 변화되다

● 삭개오가 서서 주께 여짜오되 주여 보시옵소서 내 소유의 절반을 가난한 자들에게 주겠사오 며 만일 누구의 것을 속여 빼앗은 일이 있으면 네 갑절이나 갚겠나이다 예수께서 이르시되 오늘 구원이 이 집에 이르렀으니 이 사람도 아브라함의 자손임이로다 인자가 온 것은 잃어 버린 자를 찾아 구원하려 함이니라 **누가복음 19:8-10**

삭개오는 예수님을 따르고 싶었는데 그러자면 돈이 문제가 됨을 즉시 깨 달았다. 그래서 두 가지 예사롭지 않은 약속을 했다. 우선 소득의 50퍼센트 를 가난한 자들에게 주기로 약속했다. 이는 모세 율법에 규정된 십일조를 훨 씬 웃도는 수준이다. 삭개오도 다 알고 한 선언이었다. 그의 마음이 변화되 었기 때문이다. 삭개오는 구원이 율법으로 말미암지 않고 은혜로 주어짐을 알았다. 이제 그의 목적은 율법 조항대로 사는 게 아니었다. 삭개오는 그 이 상을 하고 싶었다.

삭개오의 두 번째 약속은 구호나 자비보다는 정의와 관계된 것이었다. 그는 여태 속임수로 큰돈을 벌었다. 많은 이에게 세금을 과잉 징수했다. 모 세 율법에 이에 대한 조항도 나와 있다. 레위기 5장 16절과 민수기 5장 7절 규정에 따르면 물건을 훔친 사람은 20퍼센트 이자를 덧붙여 갚아야 했다. 그 런데 삭개오는 그보다 훨씬 많게 착취 금액의 "네 갑절이나"(눅 19:8) 갚고자 했다. 300퍼센트 이자다.

이 약속을 들으신 예수님은 "구원이 이 집에 이르렀으니"(9절)라고 답하셨 다. 그분은 "네가 그렇게 살면 구원이 이 집에 이를 것이니"라고 하지 않으셨 다. 구원은 이미 이르렀다. 하나님의 구원은 변화된 삶의 결과로 오는 게 아 니다. 변화된 삶이 구원의 결과이며, 구원은 값없이 주시는 선물이다.

• 돈

그리스도의 가난

● 우리 주 예수 그리스도의 은혜를 너희가 알거니와 부요하신 이로서 너희를 위하여 가난하게
되심은 그의 가난함으로 말미암아 너희를 부요하게 하려 하심이라   고린도후서 8:9

바울은 고린도후서 8-9장에 가난한 이들을 위한 구제 헌금을 당부하면서
자신이 권위 있는 사도임에도 "내가 명령으로 하는 말이 아니요"(고후 8:8)라
고 썼다. 이는 "너희에게 명령하고 싶지 않다. 내가 시켜서 하는 헌금이 되지
않았으면 좋겠다"라는 뜻이다. 바울은 무작정 그들의 의지에 압력을 가하며
"사도인 내가 시키는 대로 하라"라고 말하지 않았다. 오히려 그는 "너희의 사
랑의 진실함"(고후 8:8)을 보고 싶다며 그리스도의 가난함에 대한 유명한 말을
남겼다. "우리 주 예수 그리스도의 은혜를 너희가 알거니와 부요하신 이로서
너희를 위하여 가난하게 되심은 그의 가난함으로 말미암아 너희를 부요하게
하려 하심이라"(고후 8:9).

신인(神人, God-man)이신 예수님께는 무한한 부가 있었으나 그분이 그 부를
버리지 않으셨다면 우리는 영적 가난 속에서 죽었을 것이다. 다음 둘 중 하
나였다. 예수님이 계속 부요하고자 하셨다면, 우리는 가난한 채로 죽을 것이
다. 그분이 가난하게 되고 죽으신다면, 우리는 부요해질 것이며 죄를 용서받
아 하나님의 가족으로 받아들여질 것이다.

예수님은 우리를 보배로 삼으시려고 하늘의 모든 보화를 버리셨다. 우리
가 그분께 보배로운 백성이기 때문이다(벧전 2:9-10). 우리를 보배로 삼고자 죽
으신 그분을 보면, 우리도 그분을 보배로 삼을 수밖에 없다. 이제 돈에서 의
미와 안전을 찾지 않고 자신이 가진 것으로 남을 돕고 싶어질 것이다. 우리
가 복음을 깨닫는 정도만큼 돈은 우리에 대한 지배력을 잃는다. 예수님의 값
비싼 은혜를 생각하면 결국 우리도 후하게 베푸는 백성으로 변화될 수밖에
없다.

• 돈

성공이라는 우상

● 열국의 우상은 은금이요 사람의 손으로 만든 것이라 입이 있어도 말하지 못하며 눈이 있어
도 보지 못하며   시편 135:15-16

개인적 성공과 성취는 자신이 신이라는 느낌을 준다. 내 안전과 가치는 나 자신의 지혜와 힘과 행위에 달려 있다는 것이다. 일을 최고로 잘해 내면, 이는 당신같이 뛰어난 이가 아무도 없다는 뜻이다. 성공해서 정상에 오르면 당신이 최고다.

문화 전체가 우리에게 이 성공과 성취라는 가짜 신을 받아들이라고 잔뜩 부추기고 있다. 여기서 어떻게 헤어날 것인가?

자기 당대에 세상 최고의 성공과 권력을 거머쥔 사람 중에 나아만이 있다. 열왕기하 5장에 그의 이야기가 있다. 그의 삶은 최고뿐이었다. 오늘날 시리아에 해당하는 아람의 군대 장관이었고, 아람 왕이 국정 공식 석상에서 그의 "손을 의지"(왕하 5:18)한 것으로 보아 나라의 국무총리에 해당하기도 했다. 또 부자에다 온갖 훈장과 포상으로 빛나는 용맹한 군인이었다. 그런데 이 모든 위대한 성취와 능력에 맞서는 적수가 나타났다. 바로 나병이었다.

• 우상

성공했지만 죽은 사람

● 아람 왕의 군대 장관 나아만은 그의 주인 앞에서 크고 존귀한 자니 이는 여호와께서 전에 그에게 아람을 구원하게 하셨음이라 그는 큰 용사이나 나병 환자더라   열왕기하 5:1

열왕기하의 저자는 나아만의 명예와 성취를 쭉 늘어놓다가 돌연 이 모두에도 불구하고 그가 죽은 목숨이나 다름없다고 덧붙인다. 성경에서 나병은 여러 가지 치명적인 피부 질환을 아우르는 말이다. 나병 환자는 점점 불구가 되고 육체가 일그러지면서 결국 죽음을 맞이했다. 나아만은 재물, 무공, 대중의 환호 등 모든 것을 갖추었으나 그 속에서 말 그대로 무너져 내리고 있었다.

나아만은 성공과 돈과 권력을 쥐었지만 나병 환자였다. 성공과 부와 권력만 있으면 의당 완벽한 내부인이 되어 배타적인 사교 모임과 내밀한 핵심 세력 안에 들어가는 것이 가능하다. 그런데 나아만은 전염성 피부병 때문에 외부인이 될 수밖에 없다. 어떤 성공도 무용지물이었다. 사회적 소외와 정서적 절망은 성공으로도 극복할 수 없었다.

이런 면에서 나아만의 이야기는 비유와 같다. '외부인'이라는 막연한 느낌을 떨쳐 보려고 성공을 추구하는 이들이 많다. 그들은 성공하면 문이 열려 클럽과 사교 모임에도 들어가고, 영향력 있는 마당발과 연줄도 맺을 수 있다고 믿는다. 정말 중요한 모든 이가 자신을 받아줄 것이라고 생각한다.

그러나 성공은 그것을 약속만 할 뿐 결국 지키지는 못한다. 나아만의 나병이 현실을 보여 주듯이 성공은 우리가 바라는 만족을 가져다줄 수 없다.

• 성공

순전히 은혜로 대하시는 하나님

● 나아만이 이에 말들과 병거들을 거느리고 이르러 엘리사의 집 문에 서니 엘리사가 사자를 그에게 보내 이르되 너는 가서 요단강에 몸을 일곱 번 씻으라 네 살이 회복되어 깨끗하리라 하는지라 나아만이 노하여 물러가며… **열왕기하 5:9-11**

나아만은 엘리사가 돈을 받고 무슨 신기한 의식이라도 치러 줄 줄 알았다. 돈을 받지 않을 거라면 적어도 자신에게 치료비로 뭔가 '큰일'을 시킬 줄 알았다. 그런데 요단강에 가서 몸을 일곱 번 담그라는 말이 고작이었다. 그래서 그는 노하며 돌아선다.

왜 그랬을까? 나아만의 세계관이 송두리째 흔들렸기 때문이다. 조금 전에 그는 이 하나님이 문화의 산물이 아니라 문화를 변혁하시는 분이고, 통제당하는 존재가 아니라 주권적인 군주이심을 알게 되었다. 그런데 이번에는 인간을 순전히 은혜로 대하시는 하나님과 맞닥뜨렸다. 이 둘은 나란히 짝을 이룬다. 아무도 하나님을 통제할 수 없는 이유는 아무도 자신의 공로로 복과 구원을 얻거나 성취할 수 없기 때문이다.

나아만이 화가 난 이유는 엘리사가 자신에게 거창한 일을 시킬 거라는 예상이 빗나갔기 때문이다. 이를테면 《반지의 제왕》에서처럼 힘의 반지를 운명의 산에 다시 가져다 놓으라는 임무처럼 말이다. 이런 요청이라면 그의 자아상과 세계관에 부합했을 것이다. 그런데 엘리사의 메시지는 모욕적이었다.

나아만은 '요단강에 내려가 물장구를 치는 것은 바보나 아이라도 할 수 있는 일이다. 능력도 필요 없고 내가 지금까지 성취한 일과도 전혀 상관없는 일이다'라고 생각했다. 바로 그거다. 그래서 구원이란 선하든 악하든, 강하든 약하든, 누구라도 받을 수 있다.

• 공로

고난당하는 종

- 전에 아람 사람이 떼를 지어 나가서 이스라엘 땅에서 어린 소녀 하나를 사로잡으매 그가 나아만의 아내에게 수종 들더니 그의 여주인에게 이르되 우리 주인이 사마리아에 계신 선지자 앞에 계셨으면 좋겠나이다 그가 그 나병을 고치리이다 하는지라 **열왕기하 5:2-3**

성경에서 여러 저자들이 애써 강조하는 사실이 있는데, 곧 하나님의 은혜와 용서는 받는 쪽에서는 거저지만, 주는 쪽에는 늘 희생이 따른다는 것이다. 성경 첫머리부터 암시되어 있듯이 하나님도 희생 없이는 용서하실 수 없다.

위의 이야기에서도 나아만이 복을 받기 위해서는 누군가 인내와 사랑으로 고난을 감수해야 했다. 그 '누군가'는 이야기 속에 등장했다가 너무 빨리 사라져서 우리 눈에 거의 띄지 않을 정도다. 하지만 어떤 면에서는 가장 중요한 인물이다. 그 사람이 누구일까? 바로 나아만의 아내가 부리던 여종이다. 시리아 군대에 의해 포로가 된 그 여종은 복수를 꾀하지 않고 하나님이 만인의 재판장이심을 믿었다. 여종은 상대를 용서하고 기꺼이 치유와 구원의 통로가 되어 주었다. 하나님을 신뢰하고 자신의 고통을 인내로 감당했다.

언제나 고난당하는 종이 있어야만 용서가 가능하다는 성경의 이 주제는 예수님에게서 절정에 이른다. 고난당하는 종이 세상을 구원하러 오신다는 예언이 예수님을 통해 성취되었다(사 53장).

• 구원

성령으로 충만하라

● 그리스도를 경외함으로 피차 복종하라 에베소서 5:21

　　결혼 생활을 다루는 에베소서 5장의 유명한 본문을 여는 말씀이 바로 21
절이다. 서구 문화의 영향을 받은 오늘날 독자들은 맨 먼저 '복종'이라는 단
어에 눈길이 갈 것이다. 논란이 분분한 '성 역할'이라는 주제를 건드리는 것
처럼 보이기 때문이다. 하지만 거기에 대해 왈가왈부하는 것은 바울이 말하
려는 핵심을 파악하지 못한 치명적인 잘못이다. 바울 사도는 앞으로 결혼에
관해 무엇을 말하든 남편과 아내가 모두 하나님의 영으로 충만한 상태임을
전제로 한다고 선언하고 있다(엡 5:18). 성령님의 권능으로 남을 섬기는 법을
배워야만 결혼 생활이라는 난제에 맞설 힘을 갖출 수 있다는 것이다.

　　신약성경을 통틀어 성령님의 역사를 자세하게 설명하는 본문은 요한복
음에 처음으로 등장한다. 예수님은 그 가르침을 중요하게 여긴 나머지, 십자
가를 지고 돌아가시기 전날 밤에, 상당한 시간을 투자해서 제자들에게 설명
하셨다. 흔히들 '성령 충만'이란 말을 들으면 내면의 평안과 능력을 먼저 떠
올리지만 그것은 성령 충만의 결과일 뿐이다. 예수님은 성령을 가리켜 "내가
너희에게 말한 모든 것을 생각나게" 하실 "진리의 영"이라고 하셨다(요 14:17,
26). 아울러 "내 영광을 나타내리니 내 것을 가지고 너희에게 알리시겠음이
라"(요 16:14)라고도 하셨다. 무슨 뜻일까?

　　'알리다'는 주의를 환기시키는 중대 발표라는 뜻의 헬라어를 번역한 말이
다. 그러니까 예수님의 성품과 사역에 담긴 의미를 그리스도인들의 마음과
생각에 사무치도록 펼쳐 보여 주는 것이 성령님의 일이다.

• 진리의 영

서로에게 종이 되어 섬기라

● 아무 일에든지 다툼이나 허영으로 하지 말고 오직 겸손한 마음으로 각각 자기보다 남을 낫게 여기고 빌립보서 2:3

바울은 그리스도인의 일반적인 생활 원리를 결혼에도 적용한다. 복음을 제대로 받아들인 그리스도인이라면 당연히 인간관계에도 근본적인 변화가 있어야 한다는 얘기다. 빌립보서 2장 3절 말씀은 다른 사람들이 모든 면에서 나보다 낫다고 믿으려 노력하라는 비현실적인 주문이 아니다. 그런 가정은 당치도 않다. 이 말은 나 자신의 이익보다 상대의 이익을 먼저 생각하고 중요하게 여기라는 명령이다. 또 다른 본문에서도 사도는 말한다. "우리는 자기에게 좋을 대로만 해서는 안 됩니다. … 저마다 자기 이웃의 마음에 들게 행동하면서, 유익을 주고 덕을 세워야 합니다. 그리스도께서도 자기에게 좋을 대로만 하지 않으셨습니다"(롬 15:1-3, 표준새번역). 더 나아가, 바울은 그리스도인들에게 서로의 '종'(douloi) 곧 노예가 되라고까지 한다. 그리스도가 자신을 낮추고 종이 되어서 목숨까지 바치셨으니 이제 그 뒤를 따르는 그리스도인 또한 종처럼 서로를 섬겨야 한다는 것이다.

이것은 현대인의 눈에 지나치게 급진적이며 마땅치 않은 모습으로 비칠 게 틀림없다. 나더러 노예가 되라고? 하지만 바울이 '종, 노예'라는 표현까지 쓰며 이야기하고자 했던 바는, 옛날 옛적 주인의 말 한마디에 목숨이 오갔던 노예와 똑같은 방식으로 서로를 대하라는 것은 아니다. 이 표현의 핵심은 자신보다 상대방의 필요를 앞세운다는 데 있다. 예수님을 구주로 믿는 이들에게는 이것이 서로를 대하는 방식이 되어야 한다.

• 섬김

자기중심성에 대한 해독제

● 사랑은 오래 참고 사랑은 온유하며 시기하지 아니하며 사랑은 자랑하지 아니하며 교만하지 아니하며 무례히 행하지 아니하며 자기의 유익을 구하지 아니하며 성내지 아니하며 악한 것을 생각하지 아니하며 고린도전서 13:4-5

사랑은 다른 이들의 유익보다 자신의 이익을 좇는 '자기 위주'의 사고방식과 정반대편에 있는 덕목이다. 자기중심성은 바울이 열거한 바와 같이 조급하고, 쉽게 화내고, 너그러움과 따뜻함이 없는 말을 함부로 쏟아내고, 형편이 더 나은 이들을 샘내고 헐뜯으며, 누군가에게서 받은 지난날의 상처와 아픔을 버리지 않고 곱씹는 따위의 증상을 보인다. 자기중심성은 상대방의 이기적인 면모에 대해서는 예민하게 반응하고 불쾌해하며 억울해하고 낙담하지만 자신도 똑같은 성질을 가졌다는 점은 보지 못하게 만드는 특성이 있다. 그러니 관계에 발전이 없고 늘 자기연민과 분노와 절망의 구렁텅이에 빠질 수밖에 없는 것이다.

하지만 성령은 우리의 그런 마음을 제자리로 돌려놓는다. 복음은 우리에게 만족을 주고 우리 내면에 충만한 기쁨을 부어 준다. 그로 인해, 비록 관계에서 기대하는 만큼 만족을 얻지 못했다 하더라도 닦달하지 않고 배우자를 너그럽게 대하게 된다. 성령의 도우심이 없으면, 다시 말해서 영혼의 탱크에 주님의 영광과 사랑을 지속적으로 재충전하지 않으면 남의 유익을 앞세우는 건 고사하고 오랜 시간 동안 원망과 원한을 품지 않고 지내는 일조차 불가능할 것이다. 콧노래가 절로 나오는 결혼 생활을 영위하기 위해서는 삶의 중심에서 자신을 끌어내리고 상대방의 필요를 앞세우는 섬김의 능력이 필수적이다. 이것은 성령이 주시는 것으로, 복음이 가슴속에 살아 움직이게 되면 자기중심적인 마음가짐도 금세 수그러들고 말 것이다.

• 사랑

행복에 도달하는 방법

- 누구든지 제 목숨을 구원하고자 하면 잃을 것이요 누구든지 나를 위하여 제 목숨을 잃으면 찾으리라 **마태복음 16:25**

오늘날 '자기중심적인' 결혼 문화는 배우자의 유익을 자신의 이익보다 앞세워야 한다는 제안을 억압적이라고 해석한다. 하지만 이는 관계에 대한 성경적 가르침의 본질을 꿰뚫어 보지 못해서 오는 오해다.

기독교는 출발 당시부터 하나님이 삼위임을 강조해 왔다. 요한복음 17장을 비롯한 여러 본문을 보면 성부와 성자와 성령 각 위는 다른 두 위로부터 영광과 높임과 사랑을 받아 왔음을 알 수 있다. 하나님의 존재 자체에 이미 '이타적 지향성'이 있었던 셈이다. 예수님은 십자가를 지실 당시에, 그저 당신이 가진 고유한 성품을 좇아 행하셨다. C. S. 루이스가 쓴 것처럼, 인류를 위하여 자신을 희생 제물로 바치신 주님은 영원 전부터 "본향에서 영광과 기쁨으로 하시던 일을 궁벽한 변방의 사나운 날씨 속에서"[34] 행하셨을 따름이다.

성경의 가르침은 인간이 하나님의 형상을 따라 만들어졌다는 것이다. 여기에는 인간이 자신의 영광을 위해서가 아니라 하나님의 영광을 예배하며 그 이름을 높이기 위해 살도록 창조되었다는 뜻이 있다. 하나님께 순종하는 일보다 자신의 행복에 우선순위를 두는 사람은 삶의 본질이 훼손되어서 마침내는 참담한 지경에 이르게 된다. 예수님은 그 원리를 이렇게 표현하셨다. "누구든지 제 목숨을 구원하고자 하면 잃을 것이요 누구든지 나를 위하여 제 목숨을 잃으면 찾으리라"(마 16:25). 곧 이런 말씀이다. "만약 네가 나를 구하는 것보다 네 행복을 더 추구한다면, 너는 아무것도 얻지 못할 것이다. 네가 행복을 추구하기보다 나를 더 찾는다면, 너는 둘 다 갖게 될 것이다."

• 이타적 지향성

하나님을 두려워하는 즐거움

● 이스라엘아 네 하나님 여호와께서 네게 요구하시는 것이 무엇이냐 곧 네 하나님 여호와를 경외하여 그의 모든 도를 행하고 그를 사랑하며 마음을 다하고 뜻을 다하여 네 하나님 여호와를 섬기고 신명기 10:12

바울은 "그리스도를 경외함으로(reverence)" 피차 복종하라고 말한다(엡 5:21). 많은 역본이 이렇게 옮겼지만 실제로 바울이 전하고자 하는 의미는 "그리스도를 두려워함으로(fear)"에 가깝다. '경외'는 필자의 의도를 전하기에 다소 모자라고, '두려움'이란 표현은 공포나 괴기의 느낌으로 오해받을 소지가 있다. '주님을 두려워함'이란 개념이 수시로 등장하는 구약성경을 읽노라면 쉽게 납득하기 어려운 용례와 종종 마주친다. 주님에 대한 두려움이 흔히 커다란 기쁨과 연결되기 때문이다. "항상 '두려워하는' 자는 복되거니와"라는 잠언 28장 14절도 당황스럽지만, 놀랍기로 친다면, "사유하심이 주께 있음은 주를 '두려워하게' 하심이니이다"(시 130:4)라는 시편 기자의 고백도 마찬가지다. 용서와 복이 '두려워함'과 함께 있지 않은가!

주님을 두려워하면 훈계를 받고 성장할 수 있는데(대하 26:5; 시 34:11), 여기에는 찬송과 놀라움과 기쁨이 함께한다고 가르치는 구절도 있다(시 40:3; 사 11:3). 어떻게 그런 일이 가능할까? 어느 주석가는 시편 130편을 이렇게 해석했다. "용서를 받고 나면 (겁에 질려) 두려움이 커지는 것이 아니라 도리어 두려움이 사라져 버린다. … 구약성경에 등장하는 '주님을 경외하다(두려워하다)'라는 말의 참뜻은 … 관계와 연관이 있다."

• 경외함

하나님을 두려워하기에 사랑함

● 우리는 주의 두려우심을 알므로 사람들을 권면하거니와 우리가 하나님 앞에 알리어졌으니 또 너희의 양심에도 알리어지기를 바라노라 고린도후서 5:11

원어(히브리어)는 존경이나 경외의 의미를 담고 있지만, 주님을 '두려워한다'는 말은 겁에 질려 무서워한다는 뜻은 분명히 아니다. 성경에 사용된 단어인 '두려움'은 무언가에 사로잡히고 압도당하는 것을 의미한다. 따라서 주님을 두려워한다는 말은 하나님과 그 사랑의 크기에 눌려 숨이 막힌다는 뜻이 된다. 더없이 밝은 거룩함과 광대한 사랑 때문에 그분이 '두려우리만치 아름답다'는 사실을 절감하게 된다는 의미다. 하나님의 은혜와 용서를 더 깊이 경험할수록 주님의 성품과 행하신 역사가 크고 넓음에 놀라게 되는 까닭이 여기에 있다. 창조주를 두려워한다는 것은 그분의 영광과 아름다움에 놀라다 못해 머리를 조아리게 되는 것을 의미한다. 바울은 그리스도의 사랑을 언급하면서 그 사랑이 "우리를 휘어잡습니다"(고후 5:14, 표준새번역)라고 표현했다.

우리의 몸과 마음을 움직이는 가장 강력한 동기는 무엇일까? 성공하고자 하는 열망인가? 무언가를 성취하려는 의지인가? 부모에게 자신을 입증해 보이고 싶은 욕구인가? 또래들 사이에서 선망의 대상이 되고 싶은 마음인가? 자신을 괴롭혔던 인물, 또는 집단에 대한 분노가 내 삶을 이끌어 가는 힘으로 작용하고 있는가? 바울은 이들 가운데 어느 하나라도 하나님이 한 사람 한 사람을 위해 베푸신 거룩한 사랑의 실재보다 더 큰 힘을 행사하고 있다면, 사심 없이 누군가를 섬기는 수준에 결코 도달하지 못한다고 말한다. 오로지 주 예수님을 두려워하는 마음을 가질 때에야 비로소 기꺼이 섬길 수 있다.

• 경외함

삼위일체 하나님과 교제하기

● 그러므로 너희는 가서 모든 민족을 제자로 삼아 아버지와 아들과 성령의 이름으로 세례를
베풀고 마태복음 28:19

하나님은 삼위 간에 언제나 완벽한 친교를 나누신다. 성부와 성자와 성령은 서로 흠모하며, 사랑으로 찬미하며, 기쁨을 주고받는다. 사랑받고 또 사랑하는 것보다 더 기쁜 일이 또 있을까? 삼위 하나님은 인간으로서는 꿈도 꾸지 못할 전혀 다른 차원의 사랑과 기쁨을 알고 계실 것이다. 그러므로 하나님은 무한정 깊고 큰 행복을 누리신다. 온전한 기쁨이 가득하다. 관념적인 평온이 아니라 서로 사랑하는 관계가 살아 움직이는 데서 오는 뜨거운 희열이다. 이런 하나님을 안다는 말은 감정과 사고를 초월하는 게 아니라 영광스러운 사랑과 기쁨이 차고 넘치는 상태가 된다는 뜻이다.

하나님이 독자적으로 사랑과 행복을 알 수 있었다면 굳이 다른 존재들을 지으신 까닭은 무엇인가? 조나단 에드워즈는 〈하나님이 세상을 지으신 목적에 대한 고찰〉이란 논문에서 창조주께서 인간을 지으신 한 가지 이유가 있다면, 관계에서 오는 우주적인 기쁨과 사랑을 얻는 게 아니라(그건 이미 만끽하고 계시므로) 그 기쁨과 사랑을 나누시려는 것이라고 주장한다.[35] 에드워즈는 그러한 사실이 인간으로서는 상상조차 할 수 없는 완전함과 아름다움을 통해 서로에게 행복과 기쁨을 전달하시는 삼위일체 하나님(본질적으로 '타자 중심'이신, 오로지 상대를 영화롭게 하고자 하시는)의 속성과 얼마나 정확하게 맞아떨어지는지 설명한다.

아우구스티누스가 《삼위일체론》에 썼듯이, 인간이 누군가를 사랑할 줄 아는 건 거룩한 형상대로 지음받은 덕에 하나님의 사랑을 되비출 능력을 가졌기 때문이다.[36] 하나님이 우리를 부르시며 서로 대화하고, 알며, 교제하자고 하시는 까닭이 어디에 있는지 짐작할 수 있는 대목이다. 자신이 만끽하고 있는 큰 기쁨을 나누고 싶으신 것이다.

• 친교

성부 하나님과 만나기

● 너희가 아들이므로 하나님이 그 아들의 영을 우리 마음 가운데 보내사 아빠 아버지라 부르게 하셨느니라 갈라디아서 4:6

구약성경에서는 하나님을 아버지라고 부르는 사례가 드문드문 나타날 뿐이지만, 신약성경은 하나님의 삼위일체적인 특성이 여실히 드러날 때마다 그분의 아버지로서의 성품도 뚜렷하게 보여 준다. 아버지는 아들을 보내 죄에서 인류를 구하게 하셨으며 그 덕에 우리가 하나님의 아들딸로 입양될 길이 열렸다(엡 1:3-5). 그리스도를 믿고 거듭난 이들은 누구나 하나님의 자녀가 되는 권세를 받고 그분을 아버지라고 부를 수 있게 된다(요 1:12-13).

새 식구로 입양된다는 건 일상적인 생활방식이 혁명적으로 달라진다는 얘기다. 따라서 그리스도인들은 그리스도를 통해 법적으로만이 아니라 인격적으로도 하나님께 아버지의 사랑을 공급받는 관계에 들어간다.

예수님은 제자들을 위해 하늘 아버지께 놀라운 기도를 드리셨다. "아버지께서 나를 보내신 것과 또 나를 사랑하심같이 그들도 사랑하신 것을 세상으로 알게 하려 함이로소이다"(요 17:23). 하나님이 우리를 자녀로 입양해 주셨다는 말은 우리가 예수님과 똑같은 일을 하기라도 한 것처럼 우리를 사랑해 주신다는 뜻이다. 어느 신학자의 말처럼, 그리스도는 인류의 "죗값을 치르셨을 뿐만 아니라, 영생을 얻기에 합당한 자격을 갖추게 하셨다. 하나님의 법에 온전히 순종하심으로 받으신 상급을 우리에게 돌리신 셈이다."[37]

따라서 우리는 두려움 없이 아버지 품으로 달려갈 수 있다. 우리는 온 천하를 다스리는 하나님과 비할 데 없이 친밀하고 절대로 깨지지 않는 관계를 맺고 있다.

• 양자 됨

성령 하나님과 만나기

● 이와 같이 성령도 우리의 연약함을 도우시나니 우리는 마땅히 기도할 바를 알지 못하나 오직 성령이 말할 수 없는 탄식으로 우리를 위하여 친히 간구하시느니라 마음을 살피시는 이가 성령의 생각을 아시나니 이는 성령이 하나님의 뜻대로 성도를 위하여 간구하심이니라 로마서 8:26-27

로마서 8장 26절의 '연약함'은 그 앞 구절들(18-25절, 특히 23절)에서 설명한 약함을 가리킨다. 절망적인 순간은 말할 것도 없고 충족되지 못한 갈망을 품은 채 장차 나타날 영광을 기다리는 인간의 처지 전반을 압축한 표현이다.

하나님은 "그의 뜻대로 부르심을 입은 자들에게는 모든 것이 합력하여 선을" 이루게 하시지만(28절), 정작 그리스도인들은 무엇이 선한지 대개 분별하지 못한다. 어떤 결과를 얻기 위해 기도해야 할지 모른다는 얘기다.

하지만 성령님은 그리스도인의 내면에 하나님의 뜻을 행하고 주님의 영광을 보고자 하는 깊은 갈망을 심어 주신다. 그렇게 해서 우리의 신음을 당신의 탄식으로 바꾸시며 우리의 기도 속에 친히 하늘 아버지를 향한 주님의 탄원을 담으신다. 저마다의 기도에 이런 갈망, 곧 주님의 마음을 흡족하게 해 드리고 싶은 '탄식하는' 소망이 함께 어우러지는 것이다. 따라서 기도를 드릴 때마다 하늘 아버지는 그 속에서 우리에게 정말 유익한 것과 주님을 기쁘게 하는 일에 대한 탄원을 한꺼번에 들으시며, "모든 일이 서로 협력해 선을 이루게 하시는 역사를 통해 성령의 중보에 응답하신다."[38] 당장 구체적으로 무얼 구해야 할지 모르는 이들에게 성령님은 감동을 주셔서 장차 나타날 하나님의 영광과 거룩한 뜻을 갈구하게 하신다.[39]

기도는 우리의 삶을 하나님이 원만하게 이끌고 계시며, 나쁜 일들도 결국은 유익한 열매를 맺으며, 좋은 선물을 거둬 가지 않으실 뿐만 아니라, 앞으로 더 멋진 미래가 찾아오리라는 점을 확신하게 하는 중요한 도구다.

• 기도

May 27 — 성자 하나님과 만나기

● 하나님은 한 분이시요 또 하나님과 사람 사이에 중보자도 한 분이시니 곧 사람이신 그리스도 예수라 디모데전서 2:5

성령만이 아니라 성자를 통해서도 성부 하나님께 나아갈 수 있다. 예수 그리스도의 중보하심에 힘입어 예수님의 이름으로 하나님께 가면 하나님은 기꺼이 우리의 아버지가 되어 주신다는 건 의심의 여지가 없다.

예수님은 우리와 하나님 사이에서 중보자가 되신다(딤전 2:5; 히 8:6; 12:24). 고대 국가와 문화는 모두 사원을 두고 있었다. 인간은 본능적으로 자신과 신성한 존재 사이에 크게 벌어진 틈, 또는 간격이 존재한다는 걸 알아차리기 때문이다.

하지만 이제 그리스도인들에게는 궁극적인 중보자요 지극히 높으신 대제사장이 계신다(히 4:14-15). "하나님 [아버지의 일에 자비하고 신실한 대제사장이" 되기 위해 아들은 "범사에 형제들과 같이 되심이 마땅"했다(히 2:17). "우리에게 있는 대제사장은 우리의 연약함을 동정하지 못하실 이가" 아니며 "모든 일에 우리와 똑같이 시험을 받으신 이로되 죄는" 없으시므로 "은혜의 보좌 앞에 담대히" 나아갈 수 있다(히 4:15-16).

세상의 철학자들과 종교 지도자들은 이 주장이 터무니없다고 생각했다. 어떻게 하나님이 인간과 절친한 친구가 될 수 있었을까? 하나님이 스스로 인간이 되셨기 때문이다. 그분은 우리와 똑같이 유한한 존재가 되셔서 고난과 죽음을 겪으셨다. 우리가 무슨 수고를 하고 어떤 공로를 세웠느냐와 상관없이 죄를 용서받고 의로워질 수 있는 길을 여시려고 그리하신 것이다. 우리가 감히 주님 곁에 가까이 다가설 수 있는 까닭이 여기에 있다.

• 대제사장 예수

정의를 행하고 은혜를 전파하며

● 우리가 이같이 너희를 사모하여 하나님의 복음뿐 아니라 우리의 목숨까지도 너희에게 주기를 기뻐함은 너희가 우리의 사랑하는 자 됨이라 데살로니가전서 2:8

자비와 정의를 행하는 일은 그저 선교적인 목표를 달성하기 위한 수단으로서가 아니라 사랑에서 우러나오는 것이어야 한다. 그러나 정의를 행하는 것보다 확실하게 선교의 기초를 닦을 수 있는 방법은 없다.

사역을 하면서 말과 행동을 분리하는 건 불가능한 일이다. 인간은 영과 육이 통합된 존재인 까닭이다. 그러므로 "육신의 필요를 채워 주는 건 선교 목적에서 벗어난 처사"라고 말하는 그리스도인이 있다면, 편안하고 잘사는 이들에게 복음 전하는 것만을 전도로 여기는 꼴이다. LCM(London City Mission)은 2백 년 가까이 런던 안팎의 도시 빈민들을 전도하는 데 주력해 온 단체다. 선교를 핵심 목표로 삼지만 관계와 심방과 우정을 통해 말씀을 전한다. "동일한 사람이 동일한 대상을 꾸준히 찾아가서 예수님의 이름으로 친구 되기"를 사명으로 삼는다. 이런 소명 의식을 가졌으므로, LCM 선교사들은 대규모 선교 프로그램이나 사회 활동을 추구하지 않는다. '말씀'과 '행동'을 사역에 조화롭게 통합시킬 따름이다. 아이들의 교육적인 필요를 채워 주거나, 일자리를 마련해 주거나, 다른 언어권 출신에게 영어를 가르치거나, 마주 앉아서 말로 복음을 전하는 식으로 가난한 이웃을 돕는다. 머릿속으로는 "그리스도인으로서 선교와 사회정의 가운데 어느 쪽을 선택해야 할까?"라고 물을 수도 있다. 하지만 실생활에서 그 두 가지는 늘 함께 붙어 다니는 법이다.[40]

• 자비

가난한 사람의 모습이신 하나님

● 내가 주릴 때에 너희가 먹을 것을 주었고 목마를 때에 마시게 하였고 나그네 되었을 때에 영접하였고 헐벗었을 때에 옷을 입혔고 병들었을 때에 돌보았고 옥에 갇혔을 때에 와서 보았느니라 **마태복음 25:35-36**

"온갖 부당한 일이 세상에 가득한 걸 보면, 하나님을 믿을 수가 없다"라고 말하는 이들이 많다. 하지만 여기 하나님의 아들, 예수 그리스도가 계시다. 예수님은 불의한 일의 희생자가 되거나, 권력에 맞서 싸우거나, 부패한 시스템에 도전하거나, 그 때문에 죽음을 맞는다는 게 무얼 의미하는지 잘 아신다. 잔인한 폭력을 당하는 게 어떤 것인지 아신다. 불의한 압제를 외면하는 신을 어떻게 신뢰하겠느냐고 말하는데, 기독교는 그런 하나님을 믿으라고 요구하지 않는다.

심판 날에 "우리가 언제 주님께서 굶주리고 헐벗고 감옥에 갇히신 것을 보았다는 것입니까?"라고 주께 묻지 말라. 십자가에 그 대답이 있기 때문이다. 십자가 앞에 나아가 보면, 세상의 억눌린 이들과 하나가 되기 위해 주님이 기꺼이 얼마나 멀리까지 가셨는지 알 수 있다. 예수님은 우리를 위해 그 모든 일을 행하셨다. 그 십자가에서 무죄로 풀려나야 마땅한 예수님이 유죄 판결을 받으셨다. 덕분에 정작 우리 죄로 인해 사형 선고를 받아야 할 우리는 징벌을 면제받았다(갈 3:10-14; 고후 5:21). 이것이야말로 가난한 이들과 하나가 되시려는 하나님의 마음을 잘 보여 주는 실례다. 주님은 가난하고 소외된 사람으로 세상에 오셨을 뿐만 아니라, 영적 빈곤 상태에서 파산한(마 5:3) 온 인류를 대신하여 그 빚을 청산하셨다.

이보다 아름다운 일이 또 있을까? 삶과 마음의 중심에 이 진리를 받아들이는 사람은 의로운 인간으로 거듭날 것이다.

• 구제

누구도 우월하지 않다

● 인류의 모든 족속을 한 혈통으로 만드사 온 땅에 살게 하시고 그들의 연대를 정하시며 거주의 경계를 한정하셨으니 사도행전 17:26

하나님의 말씀은 인종 간의 화해를 이루는 근거가 된다. 특히 창조에 관한 설명은 인종 차별의 뿌리를 아예 제거해 버린다. 성경은 인류 전체가 '한 혈통'(행 17:26)이라고 말한다. 창조주가 아담을 지으시는 장면은 인종을 이해하는 데 결정적인 단서를 제공한다. 유대인 성경 학자들이 편집한 첫 번째 주요 성경 주석서인 미쉬나는 이렇게 가르친다. "하나님이 인간을 오직 한 명만 만드신 까닭은 무엇인가? 그래야 아무도 '내 아버지가 그대의 아버지보다 낫다'라는 말을 할 수 없을 것 아니겠는가!"[41] 모든 인간은 하나님의 형상대로 지음받았으므로, 그 어떤 인종이나 민족도 다른 이들보다 태생적으로 우월하다고 주장할 수 없다.

인종 차별은 어디서 비롯되었는가? 창세기 11장 바벨탑 이야기에는 교만과 권력욕에 사로잡힌 인류의 모습이 나온다. 하나님은 그 오만함을 벌하시기 위해 "언어를 혼잡하게" 하셨다. 서로 이해하거나 어울려 일하는 게 불가능해지자 인간은 온 땅에 흩어져 여러 나라와 여러 민족을 이루었다. 인간의 교만과 권력욕으로 인해 인종과 국가가 여럿으로 분리되었고, 서로 갈등하고 미워하게 되었다는 창세기의 설명에는 심오한 메시지가 담겨 있다.

• 화해

모든 장벽을 넘는 복음

● 오순절 날이 이미 이르매 그들이 다 같이 한곳에 모였더니 / 그들이 다 성령의 충만함을 받고 성령이 말하게 하심을 따라 다른 언어들로 말하기를 시작하니라 사도행전 2:1, 4

사도행전 2장을 보면, 오순절을 맞아 한자리에 모여 있던 교회 위에 성령님이 강림하시자 또 다른 기적이 일어난다. 바벨탑에서는 같은 언어를 사용하던 이들이 서로의 뜻을 알아듣지 못하게 되었는데, 오순절에는 제각기 다른 말을 쓰고 있던 사람들이 사도들이 선포하는 복음의 메시지를 온전히 이해했다. 바벨의 저주를 뒤엎는 기념비적인 사건이었다. 예수님의 은혜가 인종 차별의 상처를 치유하고도 남는다는 선언이기도 했다.

오순절에 복음을 선포하는 설교가 모든 언어로 전달됐다는 사실은, 어떤 문화도 '정통'을 주장할 수 없으며 성령님 안에서 민족과 언어와 문화적인 장벽을 넘어 일치를 이룰 수 있음을 분명하게 보여 준다. 에베소서 2장 11-22절에 따르면, 그 결과 모든 인종과 민족이 '동일한 시민'으로 참여하는 공동체가 탄생했다. 베드로전서 2장 9절은 그런 점에서 그리스도인은 '새로운 족속'이라고 말한다.

교회를 통해 인종의 벽을 뛰어넘는 파트너십과 우정을 이루는 것이야말로 복음 임재와 권능의 증표라고 할 수 있다. 이는 민족적이고 문화적인 정체성이 쓸데없다는 얘기가 아니라, 더 이상 그것이 예수님 안에서 자신을 이해하는 주요 잣대가 될 수 없다는 말이다. 성경의 마지막 장은 "모든 종족과 언어와 백성과 민족"(계 5:9; 7:9; 11:9; 14:6)에서 나온 백성이 하나가 되는 장면을 그리고 있다. 예수님의 죽음과 부활이라는 세계사의 클라이맥스 앞에서 인종이나 민족 간의 구별과 증오는 완전한 종말을 맞게 될 것이다.

• 하나 됨

6월
June

내 일을 유능하게 하는 것이
이웃 사랑

A Year with
Timothy Keller

'일반 은총'이라는 선물

● 선행을 배우며 정의를 구하며 학대받는 자를 도와주며 고아를 위하여 신원하며 과부를 위하여 변호하라 하셨느니라   이사야 1:17

　그리스도인들이 성경적 믿음을 공유하지 않는 많은 사람들과 함께 힘을 모아 동일한 목표를 위해 움직일 수 있는 까닭은 무엇인가? 사도 바울은 성경을 읽어 보지도 않고 알지도 못하는 이들은 "그 양심이 증거가 되어 그 생각들이 서로 혹은 고발하며 혹은 변명하여 그 마음에 새긴 율법의 행위를" 나타낸다고 말한다(롬 2:15). 신학자들은 성경이라는 '특별계시'와 구별해서 이를 '일반계시'라고 부른다. 하나님은 이른바 '직관'을 통해 거룩한 뜻을 인간의 양심에 계시하신다. 예를 들어, 창조주가 그분의 형상대로 인류를 지으셨다는 말씀을 믿지 않는 이들조차도 성경의 가르침을 믿느냐와 상관없이 직관적으로 인간의 신성한 존엄성을 인지할 수 있다.

　이런 일반계시의 결과로, 그리스도인들은 어떤 문화에는 '일반 은총'이 존재하게 되었다고 믿는다. 야고보서 1장 17절은 하나님이 신앙을 초월해 뭇 민족에게 지혜와 선, 정의와 아름다움 등의 선물을 고루 베푸셨다는 의미를 담고 있다. 성경은, 하나님 말씀을 믿는 이들만 정의에 관심을 가졌다거나 자신을 희생해서 그 정의를 실현할 각오가 되어 있다고 속단하지 말 것을 경고한다.

· 일반계시

다른 세계관에 도전하다

- 여호와여 주의 인자하심이 하늘에 있고 주의 진실하심이 공중에 사무쳤으며 주의 의는 하나님의 산들과 같고 주의 심판은 큰 바다와 같으니이다 여호와여 주는 사람과 짐승을 구하여 주시나이다 시편 36:5-6

그리스도인이라면 '일반 은총', 즉 하나님을 믿지 않는 이들과 공유하는 선과 진리와 정의에 대한 공통된 의식을 인정해야 한다고 앞에서 이야기했다. 그처럼 서로 일치하는 가치관에 기대어 우리는 이웃들과 더불어 이 세상에 정의를 확산시키는 일을 해야 한다. 성경의 가르침에 따른다면, 우리 사회에 존재하는 다채로운 정의관이 저마다 일정 부분 타당성이 있음을 부정할 수 없을 것이다.

하지만 그러한 정의 개념들에 저마다 어느 정도 오류가 포함된 것 또한 엄연한 사실이다. 우리 문화에서 통용되는 정의에 대한 이론들은 도덕성, 권리, 공동선 가운데 한 가지에 상대적으로 월등한 가치를 부여한다. 그러나 성경이 가르치는 공의는 어느 특정 요소가 아니라 하나님 자신의 성품과 존재에 뿌리를 둔다. 그런 의미에서 현존하는 어떠한 정치 구조도 성경의 포괄적인 정의관을 온전히 담아낼 수 없다. 그러므로 그리스도인들은 특정 정당이나 철학에 지나치게 기울지 않도록 주의해야 한다.

따라서 그리스도인들은 지향성이 같은 사람들과 겸손하게 협력하면서도, 그들의 정의 모델이 환원적이고 불완전하다고 정중하게 도전하는 자세를 가져야 한다.

• 정의

우리의 영혼을 사랑하는 절대자

● 우리가 사랑함은 그가 먼저 우리를 사랑하셨음이라 요한일서 4:19

낭만적인 관계를 유지하는 두 가지 방법을 선명하게 보여 주는 노래가 있다. 윌리엄 블레이크의 《경험의 노래》에 실린 시다.

> 사랑은 자신을 즐겁게 하려 하지 않고,
> 자신을 돌보지도 않는다.
> 다만 다른 사람을 편안하게 하며,
> 지옥의 절망 가운데 하늘나라를 세운다.
>
> 사랑은 자신만을 즐겁게 하며,
> 자신의 즐거움에 다른 사람을 옭아맨다.
> 다른 사람이 편안하지 못한 걸 즐거워하고
> 천국의 체념 가운데 지옥을 세운다.
> _〈흙덩이와 조약돌〉(The Clod and the Pebble) 중에서

나의 필요를 채워 주고 내면의 불안과 회의를 다독여 주는 누군가에게 끌릴 때, 흔히들 '한눈에 반해' 사랑에 빠졌다고 생각한다. 하지만 그런 관계에서는, 당신은 섬기고 주기보다 요구하고 통제하려 들기 쉽다. 그런 만행을 피하는 길은 당신의 영혼을 사랑하는 절대자를 의지하는 것뿐이다.

성자의 희생과 성령의 사역을 통해 우리는 성부 하나님의 사랑이 충만한 천국에 눈을 떴다. 예수님은 진정 "지옥의 절망 가운데 하늘나라를" 세우셨다. 당신의 영혼이 하나님 사랑으로 충만해졌기에 이제 당신도 사랑으로 배우자를 섬기기 위해 자신을 내줄 수 있다.

• 사랑

위급한 때, 한결같은 친구

● 친구는 사랑이 끊어지지 아니하고 형제는 위급한 때를 위하여 났느니라 잠언 17:17

우정이란 무엇인가? 성경, 특히 잠언은 많은 지면을 할애해 우정의 개념을 설명한다. 친구로서 으뜸가는 자질은 한결같음이다. "친구는 사랑이 끊어지지" 아니해야 하는데 특히 "위급한 때" 그러해야 한다(잠 17:17). 승승장구할 때는 다가왔다가 부와 명예와 권력이 이운다 싶으면 슬며시 자취를 감추는 반짝 친구는 참다운 벗이 아니다(잠 14:20; 19:4, 6-7). 진정한 친구는 동기간보다 더 가깝다(잠 18:24). 그런 벗은 늘 우리 곁을 지켜 준다.

투명성과 공정성도 우정의 핵심 요소로 꼽을 수 있다. 진실한 친구들은 서로를 세워 주며 애정 어린 지지를 보내지만(잠 27:9; 삼상 23:16-18) 때로는 드러내 놓고 꾸짖을 줄도 안다. "면책은 숨은 사랑보다" 낫고 "친구의 아픈 책망은 충직"에서 나온다(잠 27:5-6). 외과 의사처럼, 친구를 고치기 위해 칼을 들기도 한다. "철이 철을 날카롭게 하는 것같이" 친구들은 건전한 의견 충돌을 통해 더 슬기로워진다(잠 27:17).

이처럼 참다운 친구의 두 가지 특성은 항상성과 투명성이다. 진짜 친구는 언제든 마음을 열고 받아 주며 결코 우리를 실망시키는 법이 없다. 하지만 우정에는 한마디로 표현하기 어려운 세 번째 특성이 있다. 문자적으로는 '같은 감정'(sym-pathos), 곧 공감 정도가 되지 않을까 싶다. '저절로' 생성되는 차원을 넘어서는 무언가가 있다는 의미다. 우정은 보통 같은 대상에 대해 관심과 갈망을 품은 이들 사이에 싹튼다.

• 우정

그리스도인의 우정

● 새 계명을 너희에게 주노니 서로 사랑하라 내가 너희를 사랑한 것같이 너희도 서로 사랑
하라 너희가 서로 사랑하면 이로써 모든 사람이 너희가 내 제자인 줄 알리라   요한복음
13:34-35

신약으로 들어가면 우정에 대한 우리의 이해에 새로운 겹이 더해진다. 우정은 서로 동일한 비전과 열정을 공유할 때만 가능하다. 이것이 그리스도인에게 어떤 의미를 갖는지 생각해 보라. 계층, 기질, 문화, 인종, 감성, 개인사가 백인백색일지라도 그리스도를 주님으로 믿고 좇는 이들은 그 모든 차이를 덮고도 남을 만큼 강력한 동질성을 바닥에 깔고 있다. 이쯤 되면 '끈'이라기보다 끊어지지 않는 쇠줄에 가깝다. 그리스도인은 누구나 예수님이 전하신 복음을 통해 하나님의 사랑을 경험했다. 그것을 근거로 새로운 정체성을 얻게 되었다. 그 무엇보다도 거룩한 부르심과 사랑을 토대로 자신의 실체를 파악하고 규정하게 된 것이다.

그뿐만 아니라 그리스도인은 동일한 미래를 갈망하며 성경이 '새로운 피조물'이라고 부르는 한 가지 목표를 향해 함께 걷는다. 바울은 그리스도인들 안에서 마지막 날에 온전히 이뤄질 '선한 일'을 하나님이 지금도 행하고 계신다고 말한다(빌 1:6). 창조주가 지으실 때 의도하셨던 모양대로 참다운 자아가 실현된다는 뜻이다. 바울은 "장차 우리에게 나타날 영광"에 대해서도 이야기하는데, "썩어짐의 종노릇한 데서 해방되어 하나님의 자녀들의 영광의 자유에 이르"리라는 것이다(롬 8:18, 21). 그리스도인들은 이처럼 최종적이고 완전한 속량을 '소망'하고 '간절히' 기다린다(롬 8:23).

이것은 무슨 의미인가? 예수님을 믿는 동일한 신앙만 있으면 그 두 사람은 새 창조를 향한 여정에서 서로 도우며 강한 우정을 가질 수 있고 세상에서 함께 사역할 수 있다는 뜻이다.

• 동질성

행동하는 우정

- 기름과 향이 사람의 마음을 즐겁게 하나니 친구의 충성된 권고가 이와 같이 아름다우니라
  잠언 27:9

그리스도인 친구들은 영적으로 투명해짐으로써 서로를 지지한다. 그들
은 자기 죄를 서로 솔직하게 고백할 뿐 아니라(약 5:16), 상대방이 스스로 깨닫
지 못하는 허물을 사랑으로 지적해 주어야 한다(롬 15:14). 그리스도인이라면
마땅히 신앙의 벗에게 '수렵 허가증'을 내주어야 한다. 내가 마땅히 가야 할
길에서 벗어날 때마다 이를 단호하게 바로잡아 줄 권리를 친구에게 주고(갈
6:1), 서로 꼬집고 도발을 해서라도 사망의 낭떠러지에서 잡아 주어야 한다(히
10:24 이하). 어쩌다 한 번 그러는 것이 아니라 하루하루 일상 속에서 구체적으
로 그러해야 한다(히 3:13). 그리스도인 친구들은 자기 잘못을 인정하고 용서
를 구해야 하며(엡 4:32), 상대방을 실망시켰을 때는 화해하는 데 필요한 조처
를 취해야 한다(마 5:23; 18:15).

또 다른 길은 영적인 항상성이다. 그리스도인 친구들은 서로 짐을 나눠
지고 있다(갈 6:2). 벗이 어려운 처지에 처하게 되면 소유는 물론 생명까지 나
누면서(히 13:16; 빌 4:14; 고후 9:13) 변함없이 그 곁을 지켜야 한다(살전 5:11, 14-15).
친구들은 존중하고 인정함으로 서로 세워 주어야 한다(롬 12:3-6, 10; 잠 27:2). 상
대를 알아보고 은사와 장점과 능력을 끌어내야 한다. 공부하고 함께 예배하
면서 서로의 믿음을 세워 주어야 한다(골 3:16; 엡 5:19).

- 서로를 지지함

Jun. 7 — 영적인 우정

- 사랑하는 자들아 우리가 지금은 하나님의 자녀라 장래에 어떻게 될지는 아직 나타나지 아니 하였으나 그가 나타나시면 우리가 그와 같을 줄을 아는 것은 그의 참모습 그대로 볼 것이기 때문이니 주를 향하여 이 소망을 가진 자마다 그의 깨끗하심과 같이 자기를 깨끗하게 하 느니라 요한1서 3:2-3

그리스도인들의 초자연적 우정은 사랑과 열정이라는 공통적 끈으로 유지되는 일반적인 우정과 어떤 관계가 있을까? 이에 대한 답은, 그 두 가지는 겹치거나 일치할 수 있다는 것이다. 어느 작가에게 열광하는 그리스도인과 비그리스도인이 있다면 그 둘은 막역한 친구가 될 수 있다. 그 작가의 책을 같이 읽고 마음에 들었던 대목에 대해 열광적으로 즐겁게 이야기하다 보면 그렇게 된다. 둘 다 젊은 엄마라면 친구가 될 만한 또 다른 조건이 생긴다. 기독교 신앙을 공유하지 않아도 따뜻하고 친밀한 관계를 맺을 수 있다.

두 명의 그리스도인은 기질을 비롯해 여러 가지 면에서 너무 달라 인간적으로 보기엔 도무지 어울릴 것 같지 않더라도 신약성경이 말하는 '서로 세워 주는' 신령한 우정을 쌓을 수 있다. 하지만 가장 풍요롭고 훌륭한 관계는 자연적인 요소와 초자연적인 요소가 잘 어우러진 경우다. 결혼은 자연적이고도 초자연적으로 결합된 우정에 로맨틱한 사랑의 힘을 보탠다. 바로 이것이 인간관계 전체를 통틀어 결혼을 가장 풍성한 관계로 만드는 요인이다.

우정이란 두 사람이 사랑 안에서 진리를 말하고 같은 목표를 향해 나아가는 가운데 차츰 깊어 가는 '하나 됨'이다. 특히 영적인 우정은 더할 나위 없이 위대한 여정이다. 목적 자체가 지극히 고상하고 심원하지만 또한 분명하기 때문이다. 우리는 모두 '예수 그리스도의 날'이 이를 때 주님과 같은 모습으로 변하여 얼굴과 얼굴을 마주 대하게 될 것이다.

• 위대한 여정

태초에 일이 있었다

● 여호와 하나님이 그 사람을 이끌어 에덴동산에 두어 그것을 경작하며 지키게 하시고
  창세기 2:15

성경은 가장 먼저 '일'에 관해 이야기하기 시작한다. 이는 노동이 얼마나 중요하고 기본적인 요소인지 보여 준다. 창세기 저자는 천지를 창조하신 하나님의 사역을 일로 묘사한다. 우주를 빚어내는 광대한 프로젝트를 일주일 동안 진행된 규칙적인 노동으로 그려 낸 것이다. 이어서 최초의 인류가 낙원에서 일하고 있음을 보여 준다. 질서정연한 하나님의 창조 사역과 인간을 지으신 목적에 뿌리를 두는 이러한 노동관은 세상의 온갖 종교나 신앙 체계들과 명확히 구별된다.

창세기에 기록된 창조 이야기는 우주의 기원을 설명하는 다른 고대 설화에서는 유례를 찾을 수 없을 만큼 독특하다. 대다수 문화와 설화들은 세계사와 인간사의 출발점을 우주적인 세력들이 치열하게 싸운 투쟁의 결과로 그려 낸다. 바빌로니아의 창조 설화 '에누마 엘리쉬'(Enuma Elish)만 하더라도 마르둑 신이 티아맛 여신을 쓰러트리고 그 주검에서 세상을 빚어냈다고 풀이한다. 이런 유형의 설명에 따르자면, 눈에 보이는 우주는 서로 긴장 관계에 있는 세력들이 불안하게 균형을 유지하는 공간이다.

그러나 성경에서 창조는 갈등의 결과물이 아니다. 하나님에겐 적수가 없기 때문이다. 하늘과 땅의 모든 존재와 그 권세는 하나님의 피조물이며 하나님께 의존한다. 그러므로 창조는 전투의 후유증이 아니라 장인의 계획이다.

• 창조

공급자이신 하나님

● 하나님이 지으신 그 모든 것을 보시니 보시기에 심히 좋았더라 저녁이 되고 아침이 되니 이는 여섯째 날이니라 천지와 만물이 다 이루어지니라 창세기 1:31-2:1

창세기 1장에서, 하나님은 일하실 뿐만 아니라 거기서 큰 기쁨을 누리셨다. 이는 놀라운 일이다. 하나님은 자신이 지으신 세상을 참 아름답게 여기셨다. 하나님은 한 걸음 물러서서 "지으신 모든 것을" 보시다가 탄성을 터트리셨다. "참 좋구나!" 멋지고 만족스러운 작품이 다 그렇듯, 작가는 그 안에서 자신을 본다. "완성된 하늘과 땅의 어울림과 완벽함은, 그 어떤 개별적인 성분들보다 더 정확하게, 이를 지으신 이의 성품을 드러낸다"라고 G. J. 웬넘(Wenham)은 말했다.

창세기 2장 역시 하나님이 만물을 창조하셨을 뿐만 아니라 피조물들을 계속 돌보신다는 것을 보여 준다. 이는 신학자들이 '공급'이라고 부르는 사역이다. 하나님은 인류를 지으시고 직접 '공급자'가 되어 돌보신다. 인간을 빚으시고(창 2:7), 그 인간을 위해 동산을 일구시고 물을 내셨으며(창 2:6, 8), 아내를 만들어 주셨다(창 2:21-22). 성경을 읽어 보면 그 뒤로도 하나님은 공급자로서 샘물이 솟아나게 하시고 땅을 경작하시며 세상을 가꾸셨으며(시 104:10-22), 자신이 만드신 모든 피조물에 먹을거리를 주셨고, 고난받는 백성에게 도움의 손길을 내미셨으며, 궁핍한 이들이 살아가도록 필요한 것을 모두 채워 주셨다(시 145:14-16). 마르틴 루터가 지적하듯, 하나님이 모든 생명을 먹이신다는 말씀은 농부와 다른 일꾼들의 수고를 통해 인류에게 먹을거리를 베풀어 주신다는 뜻이다.

• 창조자 하나님

일할 때 누리는 기쁨

● 예수께서 그들에게 이르시되 내 아버지께서 이제까지 일하시니 나도 일한다 하시매
요한복음 5:17

창세기는 일(work)이 낙원의 일부였다는 놀라운 진리를 말해 준다. 어느 성경학자는 이렇게 정리했다. "하나님의 선한 섭리는 늘 일하는, 더 구체적으로 말하자면, 일과 쉼을 지속적으로 반복하며 살아가는 인간을 포함한다."[42] 이보다 더 선명하게 다른 종교나 문화와 구별되는 차이점이 또 있을까? 일은 무위도식하는 황금시대가 지난 뒤에 역사에 끼어든 재앙이 아니다. 하나님이 인생을 염두에 두고 마련하신 완벽한 설계의 일부다. 인간은 하나님의 형상대로 지음받았기 때문이다. "내 아버지께서 이제까지 일하시니 나도 일한다"(요 5:17)라는 독생자의 말씀처럼 적어도 하나님의 영광과 기쁨의 일부는 일하는 데서 비롯된다.

하나님이 낙원에 일을 두셨다는 사실은 노동을 필요악이나 심지어 징계쯤으로 여기는 이들에게는 놀라운 진리다. 일을 아담의 타락 이후 인류 역사에 끼어든 상함과 저주의 결과물로 보아선 안 된다. 노동은 하나님의 정원에 존재했던 축복의 일부다. 일은 음식, 아름다움, 쉼, 우정, 기도, 섹스와 마찬가지로 인간의 기본적인 욕구에 해당한다. 영혼을 고치는 약일 뿐 아니라 영혼에 영양을 공급하는 밥이다.

우리는 의미 있는 일을 하지 못하면 내적으로 심각한 상실감과 공허감에 시달린다. 건강 문제를 비롯해 여러 요인으로 일터에서 밀려난 이들은 정서적으로, 신체적으로, 영적으로 행복하게 사는 데 일이 얼마나 긴요한지 금방 알게 된다.

• 일의 유익

일이 삶의 목적이 될 때

● 하나님이 그가 하시던 일을 일곱째 날에 마치시니 그가 하시던 모든 일을 그치고 일곱째 날
에 안식하시니라 창세기 2:2

하나님이 일하신 뒤에 쉬셨다는 점은 의미가 있다. 일은 저주이며, 여가
생활이나 가족이나 영적인 추구 같은 것들이 삶의 의미를 찾는 유일한 길이
라고 생각하는 이들이 얼마나 많은지 모른다. 성경은 이런 사고방식의 허구
성을 여지없이 드러낸다. 또한 성경은 오직 노동만이 인간의 중요한 활동이
며 쉼은 필요악이라고 여기는(휴식의 가치를 일을 계속하도록 '배터리를 재충전하는' 행
위쯤으로 엄격하게 제한하는) 반대쪽 착각에도 빠지지 않도록 지켜 준다. 우리는
하나님이 어떻게 하셨는지 알아볼 필요가 있다.

하나님은 힘을 회복하실 필요가 없었지만 일곱째 날에 쉬셨다(창 2:1-3).
인간은 하나님의 형상대로 지음받았으므로, 쉬는 것, 그리고 쉬면서 하는 일
들이 우리에게 좋고 생기를 불어넣어 주는 요소임을 알 수 있다. 삶에는 일
만 필요한 게 아니다. 일이 없으면 의미 있는 삶을 살 수 없지만, 일만이 삶
의 유일한 의미라고 말할 수는 없다. 일을 삶의 목적으로 삼는다면, 설령 교
회 사역일지라도 그것은 하나님을 대적하는 우상이 될 뿐이다. 삶에서 가장
중요한 토대는 당신과 하나님의 관계다. 하나님과의 관계는 일이나 우정, 가
족, 여가나 행복 등 다른 요소가 당신에게 너무 중요해져서 거기에 중독되거
나 그것을 왜곡하지 않도록 막아 준다.

• 안식

인간의 존엄성과 일

- 하나님이 이르시되 우리의 형상을 따라 우리의 모양대로 우리가 사람을 만들고 그들로 바다의 물고기와 하늘의 새와 가축과 온 땅과 땅에 기는 모든 것을 다스리게 하자 하시고   창세기 1:26

손으로 하든 머리로 하든, 모든 유형의 일은 인간으로서 우리의 존엄성을 증명한다. 일은 인간 내면에 존재하는 창조주 하나님의 형상을 반영하기 때문이다. 성경학자 데렉 키드너(Derek Kidner)는 동물과 인간을 창조하는 내용을 다루는 창세기 1장에서 심오한 진리를 깨달았는데, 오직 사람만이 일 곧 직무를 맡았다는 점이다(창 1:26하, 28하; 2:19, 비교: 시 8:4-8, 약 3:7).⁴³ 쉽게 말해서, 식물과 짐승은 그저 "충만하고 번성하라"라는 명령을 받았을 뿐인데 유독 인간은 명확하게 일을 부여받았다. 정복하고 지배하며 세상을 다스리라는 지시를 받은 것이다.

인간은 하나님의 형상대로 창조되었으므로 할 일을 구체적으로 받았다. 여기에는 어떤 의미가 있을까? "고대 근동의 통치자들은 권위를 내세우거나 권력 행사를 요구받는 자리에 자신의 모습을 담은 그림이나 조형물을 세웠다. 지배자의 이런 이미지는 그가 직접 그 자리에 머물며 다스린다는 상징이었다."⁴⁴ 창세기 1장 26절이 '다스리라'는 명령과 긴밀하게 연결되어 있다는 사실은 이런 통치 행위가 인간이 창조주의 형상대로 지어졌다는 말의 의미를 정의하는 측면이 있음을 보여 준다. 인간은 하나님을 위해 이 땅에 존재하며 일종의 부(副)통치자로서 나머지 창조 세계를 관리하는 청지기 역할을 하도록 부름받았다. 하나님이 창조 과정에서 행하셨던 것처럼 혼돈스러운 세상에 질서를 부여하며, 인간 본성을 사용하여 창의적으로 문명을 세우고, 친히 지으신 만물을 보살피는 일을 나눠 맡게 된 것이다. 창조주가 인간을 지으시며 인간에게 기대하신 가장 큰 역할이 바로 이것이다.

• 청지기

Jun. 13 | 일할 때 임하는 일반 은총

● 파종하려고 가는 자가 … 지면을 이미 평평히 하였으면 … 소맥을 줄줄이 심으며 대맥을 정한 곳에 심으며 귀리를 그 가에 심지 아니하겠느냐 이는 그의 하나님이 그에게 적당한 방법을 보이사 가르치셨음이며 … 곡식은 부수는가 … 이도 만군의 여호와께로부터 난 것이라 그의 경영은 기묘하며 지혜는 광대하니라 이사야 28:24-29

놀랍지 않은가! 이사야는 본문에서 하나님이 인간을 가르쳐 솜씨 좋은 농부가 되게 하거나 농업 기술을 발전시키게 하신다고 말한다. 어느 주석가는 이 구절을 이렇게 풀었다. "씨를 뿌리고, 논밭을 관리하고, 곡물을 번갈아 가며 심는 기술을 인간이 발견한 줄 알지만, 실제로는 창조주께서 창조의 책장을 열어 진리를 보여 주신 것이다."[45]

경작은 문화 형성의 전형이다. 따라서 학문이 발전하고, 예술 작품을 만들어 내고, 건강을 지키는 방법이 혁신적으로 개선되고 과학기술과 경영과 행정이 진보하는 것은, 그저 하나님이 '창조의 책장을 열어 진리를 보여 주신' 결과일 뿐이다. 물론, 인류 역사에 등장했다가 사라진 농부들 가운데 절대다수는 이를 전혀 몰랐지만, 이것이 사실이자 현실이라고 이사야는 자신 있게 이야기한다. 신학자들은 이를 가리켜 '일반계시'라고 부르는데, 하나님이 뭇사람에게 자신을 드러내 보여 주시는 '일반 은총'을 의미한다. 하나님은 일반 은총을 통해 인류에게 축복을 베푸시고 거룩한 자녀들이 하나님을 모르는 이들과 협력하며 유익을 얻게 하셨다.

• 일

세상을 경작하는 책임

● 하나님이 그들에게 복을 주시며 하나님이 그들에게 이르시되 생육하고 번성하여 땅에 충만
하라, 땅을 정복하라, 바다의 물고기와 하늘의 새와 땅에 움직이는 모든 생물을 다스리라 하
시니라 창세기 1:28

창세기 1장 28절을 '문화 명령'이라고 한다. 이는 무슨 뜻일까?

첫째로, 하나님은 "땅에 충만하라", 즉 수를 늘리라고 명령하신다. 동식
물에게는 단순히 "번성하라"라고 말씀하시는 반면(11, 22, 24절), 사람에게는 적
극적으로 감당해야 할 명령(28절 전반)뿐 아니라 구체적으로 실행해야 할 사항
까지 주셨다(28절). 다시 말해, 오로지 인간만이 '번성'을 의지적으로 완수해
야 할 임무를 부여받았다는 뜻이다. 어째서 '번성'을 일로 치는 것일까? 그것
은 자연스럽게 진행되는 과정 아닌가? 그렇지 않다. 인간이 땅에 충만하게
되는 건 동식물이 세상에 가득해지는 것과는 의미가 전혀 다르다. '출산'이
아니라 '문명'을 뜻하기 때문이다. 하나님은 단순히 인간이라는 종(種)의 개
체 수가 증가되길 원하신 게 아니라 세상에 인간 사회가 가득하길 기대하셨
다. 창조주는 한마디 말씀으로도 수많은 주거지에 수많은 사람들을 창조하
실 수도 있었지만 그렇게 하지 않으셨다. 사회를 발전시키고 세워 가는 것을
인류의 일로 삼게 하셨다.

둘째로, 하나님은 다른 피조물을 '다스리며' 더 나아가 '정복하라'는 명령
을 주셨다. 이건 무슨 뜻일까? 땅을 정복하라는 명령에는 폭력적인 의도가
눈곱만큼도 섞여 있지 않다. 하나님의 형상을 가진 존재로서 세상을 '다스린
다'는 건 청지기나 대리인 역할을 한다는 의미로 받아들여야 한다. 만물의
주인이신 하나님은 세상을 경작하는 책임을 인간에게 맡기셨다.

• 문화 명령

우리를 부르셔서 일을 맡기시다

● 오직 주께서 각 사람에게 나눠 주신 대로 하나님이 각 사람을 부르신 그대로 행하라 내가 모든 교회에서 이와 같이 명하노라   고린도전서 7:17

고린도전서 7장에서 바울은 서신을 읽는 독자들에게 일단 그리스도인이 되었으면 하나님이 기뻐하실 만한 삶을 살기 위해 지금껏 살아온 생활 방식, 곧 결혼 생활이나 일이나 사회적인 입장을 바꿀 필요는 없다고 권면했다.

바울은 종교적인 의미가 담긴 두 가지 용어('부르다', '주다')를 동원해서 일상적인 일을 설명한다. 그는 다른 본문에서도 하나님이 백성을 구원 관계 속으로 '부르시며' 영적인 은사를 '주셔서' 그리스도인의 공동체를 돌보고 세워 가게 하신다고 여러 차례 강조했다(롬 12:3; 고후 10:13). 그리스도인이라면 누구나 '주님이 나누어 주신 분수 그대로, 하나님이 부르신 처지 그대로' 살아가야 한다고 강조하는 대목에서도 그 두 단어를 사용했다. 그러나 이 경우에 바울은 교회 사역이 아니라 사회적이고 경제적인(이른바 세속적인) 일을 염두에 두고 하나님의 부르심과 위임을 말하고 있다.

의미는 분명하다. 하나님이 그리스도인들을 준비시켜서 그리스도의 몸을 세우게 하시는 것처럼, 거룩한 백성 모두에게 갖가지 달란트와 은사를 주셔서 인류 공동체를 건설하는 목표를 감당하게 하신다는 것이다.

• 소명

일을 '섬기는' 사람들

● 복음에는 하나님의 의가 나타나서 믿음으로 믿음에 이르게 하나니 기록된 바 오직 의인은 믿음으로 말미암아 살리라 함과 같으니라   로마서 1:17

종교 개혁가들의 으뜸가는 신학적 토대인, 오직 믿음으로만 구원을 얻는다는 칭의 교리야말로 그리스도인의 노동관 형성에 깊은 영향을 주었다.

마르틴 루터가 자신의 노력에 의해서가 아니라 오직 은혜로 구원을 받는다는 진리를 깨달았을 때, 그는 일의 의미를 포함해서 성경의 가르침 전체를 다시 돌아보게 되었다. 루터는 특히 두 가지 점에 주목했다. 우선, 종교적인 행위가 하나님 앞에서 특별한 지위를 차지하는 결정적 요소라면 교회 사역자들과 그 밖의 일을 하는 이들 사이에 늘 근본적인 차이가 존재할 것이다. 그러나 종교적인 행위가 하나님의 사랑을 얻는 데 터럭만큼도 영향을 주지 않는다면 다른 노동보다 조금도 우월하다고 볼 수 없다.

순전히 은혜를 통해 구원을 받는다는 복음은 일에 관해 또 다른 통찰을 준다. 옛 수도사들은 종교적인 행위로 구원을 받으려 애썼던 반면, 대다수 현대인들은 직업적인 성공에서 구원(자존감과 자부심)을 찾으려 한다. 그러다 보니 오로지 높은 보수와 지위를 보장하는 자리에 연연해하며 비뚤어진 방식으로 그런 일들을 '섬기게' 되었다. 그러나 복음은 일에 기대어 자신을 입증하고 정체성을 지키라는 압력에서 우리를 해방시켜 준다. 우리는 이미 인정을 받았고 안전해졌으므로 달리 애쓸 이유가 없기 때문이다. 아울러 복음은 단순노동을 우습게 여기는 태도와 고상해 보이는 일거리를 부러워하는 마음가짐을 버리게 한다. 이제 일은 어떤 일인지에 상관없이 인류를 값없이 구하신 하나님을, 그리고 더 나아가 이웃을 사랑하는 수단이 된다.

• 일

권력이라는 우상

● 무릇 자기를 높이는 자는 낮아지고 자기를 낮추는 자는 높아지리라 누가복음 14:11

　　라인홀드 니버는 20세기 중엽의 저명한 미국 신학자였다. 그에 따르면 모든 인간은 자신이 의존적 존재라는 무력감과 싸운다. 에덴동산의 첫 유혹도 하나님이 정해 주신 한계("…나무의 열매는 먹지 말라", 창 2:17)를 무시하고 "하나님과 같이"(창 3:5) 되어 운명에 대해 스스로 권력을 행사하라는 것이었다. 이 유혹에 굴한 결과로 이제 그것이 우리 본성의 일부가 되었다. 우리는 유한성을 받아들여 하나님께 의존하는 게 아니라, 여전히 내 인생은 내 권한임을 악착같이 확인하려 든다. 하지만 이는 환상일 뿐이다. 니버에 따르면, 이런 만인 보편적 불안에서 비롯되는 '권력의지'가 사회적, 정치적 관계를 지배한다.

　　어떤 문화든 하나님을 몰아내다시피 하면, 사람에 따라 섹스와 돈과 정치가 그 빈자리를 채우게 된다. 우리의 정치 담론이 갈수록 이념화되고 양극화되는 것도 그 때문이다. 작금의 악의적인 공공 담론을 초당파적 제휴가 부족한 탓으로 보는 이가 많지만, 그 뿌리는 그보다 훨씬 깊다. 니버가 가르쳤듯이, 그 근원은 태초로 거슬러 올라간다. 하나님으로부터 멀어진 우리가 총체적 무력감과 무방비 상태를 보충하려고 미친 듯이 애쓰기 때문이다. 이 모든 문제를 해결할 길은 하나님과의 관계를 치유하는 것뿐이다.

• 우상

권력욕과 두려움

● 느부갓네살이 다스린 지 이 년이 되는 해에 느부갓네살이 꿈을 꾸고 그로 말미암아 마음이 번민하여 잠을 이루지 못한지라 왕이 그의 꿈을 자기에게 알려 주도록 박수와 술객과 점쟁이와 갈대아 술사를 부르라 말하매 그들이 들어가서 왕의 앞에 선지라 다니엘 2:1-2

BC 6세기에 바벨론 제국은 앗수르(앗시리아)와 애굽을 뒤이어 세계의 지배국으로 부상했다. 바벨론은 곧 유다를 침략했고 예루살렘을 점령해 군관, 장인, 학자 등 이스라엘의 전문직 계층을 바벨론에 포로로 끌고 갔다. 결국 이미 알려져 있는 세상의 대부분이 바벨론의 왕이자 장군인 느부갓네살의 지배하에 들어갔다. 그런데 지상 최고의 권력자인 그가 불면증에 시달렸다.

어느 날 왕은 꿈속에 등장한 거대한 신상 때문에 몹시 괴로웠다. 어쩌면 그는 온 세상이 자신을 그런 존재로 여겨 주기를 원했을 것이다. 자신이 '세상에 우뚝 솟은 난공불락의 거인'이 되고 싶었을 것이다.[46] 문제는 그 신상의 "진흙의 발"(34절)을 돌이 부서뜨려서 신상이 결국 쓰러졌다는 것이다. 왕은 식은땀을 흘리며 깨어났다. 자신의 제국이 무너진다는 뜻인가? 누군가가 와서 자신의 은밀한 약점을 공격할 것인가?

권력욕이 강한 사람은 극심한 두려움과 불안에 시달리는 경우가 많다. 니버는 많은 이가 두려움과 불안 때문에 정치권력을 추구한다고 봤다.[47] 설령 권력을 얻으려는 이유가 두려움은 아니더라도 일단 권력을 얻고 나면 거의 언제나 두려움이 따라온다.

권력은 종종 두려움에서 태동해 다시 더 큰 두려움을 낳는다. 꿈 때문에 느부갓네살의 불안감이 표면으로 드러났고, 그 불안감이 느부갓네살은 지독히 불편했다. 권력을 가진 사람은 자신이 실제로는 얼마나 약하다고 느끼는지 인정하기 싫어한다.

• 권력

○ **Jun.**
19

성공도 하나님의 은혜

● 왕이여 그 해석은 이러하니이다 곧 지극히 높으신 이가 명령하신 것이 내 주 왕에게 미칠 것이라 왕이 사람에게서 쫓겨나서 들짐승과 함께 살며 소처럼 풀을 먹으며 하늘 이슬에 젖을 것이요 이와 같이 일곱 때를 지낼 것이라 그때에 지극히 높으신 이가 사람의 나라를 다스리시며 자기의 뜻대로 그것을 누구에게든지 주시는 줄을 아시리이다 다니엘 4:24-25

하나님은 느부갓네살이 터득해야 할 교훈을 가르치려 하신다. 하지만 그 꿈에는 희망이 들어 있다. 나무가 베어지되 그루터기는 땅에 남겨져 나중에 다시 자랄 것이다. 하나님의 목표는 응징이나 복수나 파멸이 아니라 징계다. 고통을 주시되 그 취지는 교정과 구속(救贖)이다.

그렇다면 하나님이 느부갓네살의 심중에 새겨 주시려던 교훈은 무엇인가? 바로 "지극히 높으신 이가 사람의 나라를 다스리시며 자기 뜻대로 그것을 누구에게든지 주시며 또 지극히 천한 자를 그 위에 세우신다"라는 사실이다(단 4:17). 누구든지 성공한 사람은 하나님의 과분한 은총을 받은 수혜자라는 뜻이다.

권력과 재물과 영향력의 위계에서 세상의 정상에 오른 이들도 사실은 '지극히 천한 자'일 뿐 여느 누구보다 나을 게 없다. 이것은 초보적인 복음이다. 즉 우리에게 있는 것은 다 은혜의 산물일 뿐 우리 '행위'나 노력의 산물이 아니다.

하나님은 이렇게 말씀하신 것과 같다. "느부갓네살, 너는 네 권력이 내 은혜로 주어진 것임을 알아야 한다. 그 사실을 안다면 너는 더 안정을 느끼고 느긋하면서도 더 겸손하고 정의로워질 것이다. 그러나 그 지위를 네 공로와 노력으로 얻었다고 생각한다면 너는 계속 두려움에 시달리고 잔인해질 것이다."

• 은혜

자만심을 버리고 새로워지다

Jun.

20

● 그때에 내 총명이 내게로 돌아왔고 또 내 나라의 영광에 대하여도 내 위엄과 광명이 내게로 돌아왔고 또 나의 모사들과 관원들이 내게 찾아오니 내가 내 나라에서 다시 세움을 받고 또 지극한 위세가 내게 더하였느니라 **다니엘 4:36**

    자만심은 죽음과 몰락과 인간성 상실로 이어진다. 그러나 자만심 때문에 비통한 마음이 들기보다 겸손해진다면, 자기 영광을 위해 살지 않고 하나님께로 돌아선다면, 그렇게 당신의 자만심이 죽으면 새로워질 수 있다. 결국, 완악한 마음을 버리고 부드러운 마음을 가진 온전한 인간이 될 수 있다.

    이와 비슷한 일이 느부갓네살에게 일어났다. 느부갓네살이 "하늘을 우러러" 하나님을 봤을 때, 그 결과는 정신이 돌아오는 것 그 이상이었다. "지극한 위세가 내게 더하였느니라"(36절). 여기 은혜의 깊은 원리가 있다. 그 궁극의 예를 예수님에게서 볼 수 있다. 우리는 속으로 '내가 하나님처럼 높아져 내 이름을 떨치리라'라고 말하지만 예수님은 '나는 저들을 위해 바닥까지 내려가리라'라고 말씀하셨다.

    예수님은 인간이 되어 우리 죄 때문에 십자가에서 죽으셨다(빌 2:5-8). 우리를 구원하려고 모든 권력을 잃고 섬기셨다. 그렇게 죽으셨으나 그 죽음이 구속과 부활로 이어졌다. 그러므로 당신도 한없이 연약해질 때 느부갓네살과 예수님처럼 "아버지 내 영혼을 아버지 손에 부탁하나이다"(눅 23:46)라고 고백한다면 그때 성장하고 변화하고 부활할 수 있다.

• 자만심

Jun. 21

우상 숭배보다 더 흔한 것은 없다

● 여호와여 신 중에 주와 같은 자가 누구니이까 주와 같이 거룩함으로 영광스러우며 찬송할 만한 위엄이 있으며 기이한 일을 행하는 자가 누구니이까 출애굽기 15:11

17세기 영국의 목사 데이비드 클락슨은 가짜 신에 대한 더없이 예리하고 포괄적인 설교를 기록으로 남겼다.[48] 우상 숭배에 대해 그는 "자기가 우상을 숭배한다고 인정할 사람은 별로 없겠지만 이보다 더 흔한 일은 없다"라고 말했다. 우리 영혼이 집이라고 가정한다면 "방마다 구석마다 우상이 세워져 있다"라고도 했다. 우리는 하나님의 지혜보다 자기의 지혜를, 하나님의 뜻보다 자기의 갈망을, 하나님의 영광보다 자기의 평판을 더 중시한다.

또 클락슨은 우리가 하나님보다 인간관계를 더 중요하게 여기는 경향이 있다고 했다. 그의 말처럼 사실 "많은 이가 자기 원수까지도 신으로 삼는데," 하나님 마음을 아프지 않게 해 드리려 애쓰기보다 "사람들 때문에 자신의 자유와 재산과 생명이 위태로워질까 봐 더 큰 근심과 불안과 당황과 염려에 빠질 때 그렇게 된다."[49] 과연 인간의 마음은 우상을 대량 생산하는 공장이다.

희망이라는 것이 있을까? 그렇다. 우상을 그냥 없앨 수는 없고 그 우상을 다른 것으로 대체해야 함을 이제부터 깨달으면 된다. 그냥 뿌리 뽑으려 하면 우상이 되살아나지만 다른 존재를 대신 들여놓으면 해결된다. 다른 존재란 누구일까? 물론 하나님이다. 하지만 여기서 말하는 것은 하나님의 존재를 믿는다는 막연한 신념이 아니다. 그런 신념은 웬만한 사람은 다 가지고 있지만 그들의 영혼에는 우상이 득실거린다. 우리에게 필요한 것은 하나님과 생생하게 만나는 것이다.

• 우상

연약할 때 받는 축복

● 야곱은 홀로 남았더니 어떤 사람이 날이 새도록 야곱과 씨름하다가 자기가 야곱을 이기지 못함을 보고 그가 야곱의 허벅지 관절을 치매 야곱의 허벅지 관절이 그 사람과 씨름할 때에 어긋났더라 그가 이르되 날이 새려 하니 나로 가게 하라 야곱이 이르되 당신이 내게 축복하지 아니하면 가게 하지 아니하겠나이다 창세기 32:24-26

하나님은 아브라함에게 약속하신 복이 "그리스도 예수 안에서 이방인에게 미치게 하고 또 우리로 하여금 믿음으로 말미암아 성령의 약속을 받게" 하셨다(갈 3:14). "성령의 약속"이란 무엇일까? 갈라디아서의 그다음 장에 바울은 "하나님이 그 아들의 영을 우리 마음 가운데 보내사 아빠 아버지라 부르게 하셨느니라"(갈 4:6)라고 썼다. "아빠"(abba)는 아람어로 '아버지'의 애칭이다. 부모의 사랑에 대한 어린아이의 당당한 믿음을 가리키는 단어다. 바울의 말은 우리가 복음을 믿으면 성령이 하나님의 사랑과 복을 우리 마음속에 실재하게 하신다는 뜻이다.

당신은 존재의 심연에서 하나님이 축복해 주시는 말씀을 들었는가? "너는 내 사랑하는 아들이라 내가 너를 기뻐하노라"(막 1:11)라는 말씀이 기쁨과 힘의 끝없는 원천인가? 당신에게 그렇게 말씀하시는 하나님을 성령으로 말미암아 느꼈는가? 야곱이 받은 것이 바로 그 복이다. 성령으로 말미암은 그 복이 이제 그리스도를 통해 우리 것이 되었다.

이것만이 우상 숭배를 퇴치하는 묘약이다. 이 복이 있어야만 우상이 필요 없어진다. 야곱처럼 우리도 대개 '온갖 엉뚱한 데서 복을 구하며' 살다가 뒤늦게야 이 복을 발견한다. 이를 발견하려면 대개 다리를 저는 연약함을 겪어야 한다. 하나님의 복을 많이 받은 수많은 이들이 다리를 절면서도 기뻐 춤추는 것도 이 때문이다.

• 하나님의 축복

<table>
<tr><td>

Jun.

23

</td><td>

가짜 신을 분별하라

</td></tr>
</table>

● 하나님을 알되 하나님을 영화롭게도 아니하며 감사하지도 아니하고… / 이는 그들이 하나님의
진리를 거짓 것으로 바꾸어 피조물을 조물주보다 더 경배하고 섬김이라… 로마서 1:21, 25

우리 마음이나 문화에 영향력을 미치는 가짜 신을 분별하지 못하면, 우리 마음이나 문화를 이해하는 것은 불가능하다. 사도 바울이 로마서 1장 21-25절에서 말했듯이 우상 숭배는 많은 죄 중의 하나가 아니라 인간 마음의 근본 문제다.

바울은 세상에 불행과 악을 초래하는 죄의 목록을 길게 나열하는데, 그 뿌리는 다 악착같이 "신을 만들려는" 인간의 충동이라는 토양에 있다.[50] 다시 말해서, 우리가 저지르는 모든 잘못의 원인은 언제나 우상 숭배다. 이것을 마르틴 루터보다 잘 간파한 사람은 없다. 그가 《마르틴 루터 대교리문답》 (*Large Catechism*, 1529)과 Treatise on Good Works(선행에 대한 논고)에 썼듯이 십계명은 우상 숭배를 금하는 계명으로 시작된다. 왜 이 계명이 가장 먼저 나올까? 루터에 따르면, 율법을 어기는 배후의 근본 동기가 우상 숭배라서 그렇다.[51] 제1계명을 지키지 않고는 다른 계명도 지킬 수 없다.

우리가 사람들을 사랑하지 못하고 약속을 지키지 못하고 이타적으로 살지 못하는 이유는 무엇인가? 물론 총괄적인 답은 '우리가 연약한 죄인이기 때문'이다. 그러나 각각의 상황에서 구체적인 답은, 뭔가가 있어야만 행복해질 수 있다고 생각하기 때문이다. 우리 마음에 하나님보다 그 뭔가가 '더 중요하기' 때문이다. 마음속에서 '하나님의 은혜와 호의'를 '사람의 인정, 평판, 남보다 높은 권력, 재정적 이익'보다 더 중요하고 가치 있게 여긴다면, 우리는 거짓말을 하지 않을 것이다. 변화의 비결은 각자의 심중에 있는 가짜 신을 파악해서 해체하는 것이다.

• 가짜 신

187

Jun. 24 — 죄를 미워하는 회개

- 그러므로 땅에 있는 지체를 죽이라 곧 음란과 부정과 사욕과 악한 정욕과 탐심이니 탐심은 우상 숭배니라 골로새서 3:5

기뻐하는 것과 회개하는 것은 함께 이루어져야 한다. 기쁨 없는 회개는 절망에 이르고, 회개 없는 기쁨은 얄팍해서 잠깐의 감동 외에 깊은 변화를 주지 못한다. 사실 우리를 위한 예수님의 희생적 사랑을 더없이 기뻐할 때 역설적으로 우리는 자신의 죄를 진정으로 깨달을 수 있다. 결과를 두려워해서 회개한다면 정말 죄를 슬퍼하는 게 아니라 자신을 딱하게 여기는 것일 뿐이다. 두려움에 기초한 회개("하나님께 혼나기 전에 내가 달라지는 게 낫다")는 사실 자기 연민이다. 두려움에 기초해서 회개하면 죄 자체를 미워할 줄 모르기 때문에 죄의 매혹적인 위력은 그대로 남는다. 우리는 자신의 유익을 위해 죄를 삼가는 법을 배울 뿐이다.

그러나 우리를 위한 하나님의 희생적 고난과 사랑을 기뻐하면, 즉 우리를 죄에서 구원하려고 예수님이 치르신 대가를 보게 되면, 죄 자체를 미워하게 된다. 예수님이 담당하셔야 했던 죗값이 보이기 때문이다. 우리에게 하나님의 무조건적 사랑을 가장 확증해 주는 것도 예수님의 희생적 죽음이고, 죄의 해악을 가장 깊이 깨우쳐 주는 것도 역시 그분의 죽음이다. 두려움에 기초한 회개는 우리 자신을 미워하게 만들지만, 기쁨에 기초한 회개는 죄를 미워하게 한다.

• 회개

Jun.
25

내 일을 잘하는 것이 곧 이웃 사랑

● 오직 주께서 각 사람에게 나눠 주신 대로 하나님이 각 사람을 부르신 그대로 행하라 내가 모든 교회에서 이와 같이 명하노라   고린도전서 7:17

일을 통해 이웃을 사랑하는 주요한 방법 가운데 하나는 '유능함'이다. 하나님이 일을 주신 목적이 인간 공동체를 섬기게 하는 데 있다면, 그 뜻을 받드는 으뜸가는 길은 주어진 과업을 끝낼 뿐만 아니라 제대로 해내는 것이다.

주일에 하는 사역과 평일에 하는 일을 어떻게 연결 지을 것인가? 어떻게 '세상에서 하나님과 더불어' 움직일 것인가? 일을 통해 하나님을 섬기고 있는지 확인하는 한 가지 방법은 그 일을 유능하게 해내고 있는가를 보는 것이다.

유나이티드에어라인 811편이 곤경에 빠졌을 당시, 기장인 크로닌은 승객들한테 꼭 필요한 중요한 은사, 즉 오랜 경험과 뛰어난 판단력을 갖추고 있었다. 재난을 당한 이들에게는 기장이 동료들과 얼마나 사이가 좋은지, 어떻게 다른 이들과 신앙을 나누는지 따위는 중요치 않다. 심각하게 타격을 입은 기체를 안전하게 조종하는 탁월한 능력을 갖춘 파일럿인지가 중요할 뿐이다. 우리는 일을 하면서 다양한 경로로 하나님과 접촉하게 된다. 그러나 현재 진행 중인 하나님의 창조 과정에 동참하는 게 그리스도인의 사명이라고 할 때, 그 사역을 떠받치는 기반은 '유능함'이 되어야 한다. 각자 가진 달란트를 최대한 노련하고 유능하게 사용해야 한다는 뜻이다.

남을 돕는 일이 아니더라도 모든 노동은 본질적으로 이웃을 사랑하는 행위다. 그리스도인은 직접 목회를 하거나 비영리 자선단체에 들어가지 않더라도 자신이 하는 일을 통해 이웃을 사랑할 수 있다.

• 유능함

죄로 오염된 '일'(work)

- 여자가 그 나무를 본즉 먹음직도 하고 보암직도 하고 지혜롭게 할 만큼 탐스럽기도 한 나무인지라 여자가 그 열매를 따 먹고 자기와 함께 있는 남편에게도 주매 그도 먹은지라   창세기 3:6

우리는 하나님이 얼마나 완벽하게 일을 설계하셨는지 보여 주는 성경적인 다채로운 관점을 살펴보았다. 하지만 이것은 우리가 현실에서 체감하는 상황과는 다르다. 알다시피, 이 세상은 깨지고 망가진 세계다. 질병과 죽음, 불의와 이기심, 자연재해와 혼돈이 판친다. 어쩌다 이렇게 됐는지, 그러면 어찌해야 하는지를 설명하려는 시도가 그동안 수없이 많았다. 성경이 제시하는 해석의 핵심은 '죄', 곧 인류가 창조주에게 반역했고 결국 하나님으로부터 멀어졌다는 개념이다. 아담과 하와가 죄에 빠진(이어서 온 인류를 오염시킨) 타락 사건은 지금까지 두고두고 재앙이 되었다.

세상의 구조 전체가 완전히 어그러졌지만, 그중에서도 '일'만큼 속속들이 그 파장에 노출된 영역도 없을 것이다. 성경에 따르면, 하나님은 일을 축복하셔서 한 사람 한 사람이 가진 은사와 자원이 온전한 세상에서 영광스럽게 쓰이도록 하셨지만 인간의 타락과 더불어 저주가 임했다. 하나님의 손에 의해 돌아가는 이 세상에 일은 여전히 존재하지만 죄 때문에 크게 오염된 상태다. 따라서 어떻게 죄가 일을 뒤틀어 놓았는지 알아야 그 파장에 대처하고 거기서 부분적으로나마 창조주께서 설계해 두신 만족을 되찾을 수 있다.

• 일

고통스러운 노동

Jun.

27

- 아담에게 이르시되 네가 네 아내의 말을 듣고 내가 네게 먹지 말라 한 나무의 열매를 먹었은 즉 땅은 너로 말미암아 저주를 받고 너는 네 평생에 수고하여야 그 소산을 먹으리라 창세기 3:17

    창세기 3장은 풍부한 신학을 내러티브의 틀에 담아낸 고대 문서다. 그러나 현대에도 적절하고 실제적인 삶의 지침을 주고 있다. 본문은 단도직입적으로 아픈 곳을 찌른다. 마치 "사랑과 일이라는 인생의 두 가지 중요한 책무를 다하는 게 극도로 힘든가? 이제 그 이유를 설명해 주겠다"라고 말하는 듯하다. 하나님은 사랑과 결혼의 고통과 일의 고통을 이 구절과 긴밀하게 연결하신다. 이제 출산과 경작은 고통스러운 노동으로 여겨진다. 신학자 W. R. 포레스터는 "영어의 'labor'('노동'과 '분만'이라는 뜻이 다 있음 - 옮긴이)나 'travail'('노고'와 '산통'이라는 뜻이 다 있음 - 옮긴이)처럼, 임신과 일에 똑같은 단어를 쓰는 언어권이 적지 않다"[52]라고 지적한다.

    기업들은 팀을 꾸리고 몇 달, 심지어 몇 년씩 맹렬하게 작업한 끝에 새로운 제품이나 사업을 '출산해서' 시장에 내놓지만 얼마 못 가 사라질 수도 있다. 축구 스타들은 때로 부상으로 평생 고생한다. 스티브 잡스처럼 똑똑한 기업인도 회사가 어려워지면 바로 쫓겨난다(잡스처럼 다시 모셔 가는 경우는 거의 없다). 잡초나 컴퓨터 바이러스나 부패 스캔들은 좀처럼 사라지지 않는다. 원자의 속성을 파헤친 연구는 원자폭탄이 태어나는 기초가 되었다. 다시 말해서, 일이란, 설사 열매가 있다 해도, 항상 고통스럽고 종종 유산하기도 하고 때로는 우리 목숨을 잃게도 한다.

• 일의 고통

가시덤불과 먹을거리

● 피조물이 허무한 데 굴복하는 것은 자기 뜻이 아니요 오직 굴복하게 하시는 이로 말미암음
이라 그 바라는 것은 피조물도 썩어짐의 종노릇한 데서 해방되어 하나님의 자녀들의 영광의
자유에 이르는 것이니라   로마서 8:20-21

　　행복해지려면 일이 필요하다. 피조물의 본성이 그러하기 때문이다. 하
나님은 세상을 풍요롭게 하는 데 이바지하게 하려고 우리에게 일을 주셨으
므로 우리는 자신이 성취할 수 있는 세계를 잠깐이나마 엿볼 수 있다. 하지
만 곧 죄에 빠지면서 일 또한 심각한 손상을 입었다. 우리는 일의 열매를 간
절히 바라지만 원하는 만큼 얻을 수 없으며 처절한 실패를 겪는 사례도 부지
기수다. 수많은 현대인이 이상주의와 냉소주의라는 두 극단에 치우치거나
심지어 양쪽을 수시로 오가기까지 하는 까닭이 여기에 있다.

　　이상주의는 속삭인다. "내 일을 통해 변화를 일으키고 영향을 끼치고 새
로운 것을 내놓고 세상에 정의를 실현해야지!" 반면에 냉소주의는 비아냥거
린다. "네가 일한들 뭐가 변하겠어? 쓸데없는 희망을 품어선 안 돼. 그저 먹
고살 수 있으면 그만이지. 너무 공들이지 말라고. 여건만 되면 당장이라도
집어치워!"

　　창세기 3장 18절은 땅에서 "가시덤불과 엉경퀴"가 돋는다는 데서 그치지
않고 "네가 먹을 것은 밭의 채소인즉"이라고 말한다. 가시덤불과 먹을거리
가 모두 예고되었다. 본래 의도된 만큼은 아니지만 일은 여전히 얼마쯤 열매
를 낳는다. 일은 좌절과 성취를 두루 담고 있으며 아름다움과 천재성을 언뜻
언뜻 드러내기도 한다. 아름다움과 천재성은 원래 노동의 지극히 통상적인
특징이었으며, 하나님의 은혜로, 새 하늘과 새 땅에서는 다시 그렇게 회복될
것이다.

• 일

하나님을 삶의 근거로 삼으라

● 이러므로 내가 사는 것을 미워하였노니 이는 해 아래에서 하는 일이 내게 괴로움이요 모두 다 헛되어 바람을 잡으려는 것이기 때문이로다 전도서 2:17

신약성경의 야고보서나 구약성경의 잠언 같은 책들은 이러저러하게 살라는 목회자의 조언을 듣는 느낌을 준다. 반면에 전도서를 읽노라면, 소크라테스 식의 까다로운 질문과 생소하고 기괴한 사례들을 동원해 가며 대화를 유도해서 스스로 진리를 발견하게 하려고 안간힘을 쓰는 철학 교수의 강의실에 앉아 있는 기분이 든다. 전도서의 철학자는 독자들을 밀어붙여서 인생의 토대를 살피게 하며 웬만하면 피하고 싶어 할 기본적인 질문들을 쏟아 낸다. "삶의 의미를 찾았는가? 목숨을 걸 만큼 가치 있는 일이 있는가? 세상은 왜 이처럼 엉망으로 돌아가는가? 어떻게 이 난국을 이겨 낼 것인가?"

철학자를 앞세운 전도서는 읽는 이들을 몰아세워 가며 하나님의 초월적인 독특성과 필요성을 납득시키려 노력한다. 이곳 세상에 속한 그 무엇도 의미 있는 삶의 근거가 될 수 없다. 일과 성공, 사랑과 쾌락, 또는 지혜와 지식을 삶의 이유로 삼는다면 존재가 불안정해지고 조그만 충격에도 쉬 부서질 것이다. 삶의 상황은 우리 삶의 토대를 늘 위협하며, 죽음은 필연적으로 저마다 소중히 여기는 자산을 깡그리 휩쓸어 가기 때문이다. 전도서는 은혜로우신 창조주 하나님을 추상적으로 믿는 것이 아니라 실존적으로 의지하는 자세야말로 흔들림 없고 목적이 분명한 인생의 전제조건이라고 소리를 높인다.

• 삶의 의미

일의 허무함

● 내가 해 아래에서 내가 한 모든 수고를 미워하였노니 이는 내 뒤를 이을 이에게 남겨 주게
되림이라 그 사람이 지혜자일지, 우매자일지야 누가 알랴마는 내가 해 아래에서 내 지혜를 다
하여 수고한 모든 결과를 그가 다 관리하리니 이것도 헛되도다 전도서 2:18-19

　누구나 일을 통해 영향을 미치고 싶어 한다. 자신이 이뤄 낸 성과를 개인
적으로 인정받거나, 제 분야에 뚜렷한 발자취를 남기거나, 세상을 좀 더 살
만한 곳으로 만드는 데 기여하길 바란다는 뜻이다. 부지런히 애써서 좀처럼
사라지지 않을 업적을 남겼다는 성취감만큼 가슴 벅찬 감정도 없을 것이다.
하지만 전도서의 철학자는 온갖 어려운 고비를 넘어 소망하던 일을 남김없
이 이뤄 낸 인물이 된다 할지라도, 영원히 값어치가 변하지 않는 열매는 애
당초 존재하지 않기에 모두 헛수고라고 단언한다.

　고되게 일해서 대단한 결실을 얻었다손 치더라도 시점이 조금 빠르고 늦
을 뿐, 언젠가는 퇴색해 역사 속으로 사라진다. 뒤를 이어 자리를 차지한 이
들, 또는 명분과 조직을 물려받은 후임자들은 선배의 흔적을 모조리 지워 버
릴지도 모른다. 물론, 오래도록 인류와 함께할 발명이나 혁신을 이뤄 내는
역사적 인물들이 있는 건 사실이지만 그런 인물들은 대단히 희귀하며 그렇
게 유명한 이들마저도 "영원하도록 기억함을 얻지 못"한다(전 2:16). '해 아래
있는' 존재와 업적은, 심지어 문명 그 자체까지도 끝내 잊히게 마련이며 그
영향력 또한 완전히 사라지는 법이다(전 1:3-11).

　한마디로, 일을 해서 큰 성공을 거두어도 '해 아래서' 사는 삶이라는 전제
가 사라지지 않는 한, 궁극적으로는 무의미하다.

• 성취감

7월
July

기도의 경이로운 능력을
믿으라

A Year with
Timothy Keller

한 줌의 평안

● 그러므로 나는 사람이 자기 일에 즐거워하는 것보다 더 나은 것이 없음을 보았나니 이는 그것이 그의 몫이기 때문이라 아, 그의 뒤에 일어날 일이 무엇인지를 보게 하려고 그를 도로 데리고 올 자가 누구이랴 전도서 3:22

　　일의 무의미함을 설파하는 전도자의 이야기 한복판을 두 가닥 강렬한 빛 줄기가 뚫고 지나간다. "자기 일에 즐거워하는 것보다 더 나은 것이 없음을 보았나니 이는 그것이 그의 몫이기 때문이라"(전 3:22). 그렇다. 일은 피할 수 없는 인간의 '몫'이며 거기서 얻는 만족이야말로 흡족한 삶의 필수 요건이다. 하지만 온갖 불리한 조건 속에서 어떻게 그런 충족감을 얻을 수 있을까? 해답은 전도서 3장 13절에 있다. "수고함으로 낙을 누리는 그것이 하나님의 선물인 줄도 또한 알았도다." 그렇다면 어떻게 이 선물을 지켜 나갈 것인가? 전도자는 슬그머니 힌트를 준다. "우매자는 팔짱을 끼고 있으면서 자기의 몸만 축내는도다 두 손에 가득하고 수고하며 바람을 잡는 것보다 한 손에만 가득하고 평온함이 더 나으니라"(전 4:5-6).

　　전도자는 두 가지 다른 길과 대조하면서 문자 그대로 '한 줌의 평안(한 손에만 가득한 평안)'을 선택하라고 권면한다. 그 밖에 다른 한쪽에는 '바람을 잡는' 수고 끝에 얻은 '두 줌의 부(두 손에 가득한 부)'(6절 후반부)가 있고, 또 다른 한편에는 아무런 노력도 하지 않는 어리석은 이들의 게으름이 만들어 낸 '빈손'(5절)이 있다. 전도자는 타락한 세상을 사는 동안 일에서 얻는 만족은 하나님의 놀라운 선물임을 인정하면서 그 은혜를 추구해야 할 책임이 우리에게 있음도 강조한다. 수고함 없이 누리는 평온함은 만족을 주지 못한다. 평온함이 없는 수고함도 마찬가지다. 수고함과 평온함은 둘 다 필요하다.

• 만족

영혼의 안식

● 수고하고 무거운 짐 진 자들아 다 내게로 오라 내가 너희를 쉬게 하리라 나는 마음이 온유하고 겸손하니 나의 멍에를 메고 내게 배우라 그리하면 너희 마음이 쉼을 얻으리니 이는 내 멍에는 쉽고 내 짐은 가벼움이라 하시니라 마태복음 11:28-30

수고함과 평온함의 균형을 어떻게 잡을 수 있느냐 하는 문제는 성경이 다루는 주요 문제다. 우선, 우리는 돈과 권력을 우상으로 만드는 성향이 있음을 인식하고 되새겨야 한다. "내가 또 본즉 사람이 모든 수고와 모든 재주로 말미암아 이웃에게 시기를 받으니 이것도 헛되어 바람을 잡는 것이로다"(전 4:4). 둘째로, 돈을 덜 버는 한이 있더라도('적게 소유하고 편안히 지내는 것') 관계를 정상적으로 유지해야 한다. "어떤 사람은 아들도 없고 형제도 없이 홀로 있으나"(전 4:8).

그러나 우리는 전도서의 한계를 넘어서는 무언가를 추구할 필요가 있다. 신약성경은 우리가 그토록 소망하는 평온함의 궁극적인 근원이 예수님이라는 사실을 여실히 보여 준다. 참다운 안식을 주실 수 있는 분은 십자가에서 인류의 짐을 대신 지신 그리스도뿐이다(마 11:28-30). 예수님의 복음을 떠나서는, 이웃을 섬기거나 일을 잘 해내는 데서 오는 기쁨을 누리기 위해서가 아니라 출세하고 이름을 낼 심산으로 수고를 거듭할 수밖에 없다.

• 헛된 수고

세상에 대한 기독교의 관점

- 그런즉 너희가 먹든지 마시든지 무엇을 하든지 다 하나님의 영광을 위하여 하라 고린도전서 10:31

기독교 세계관은 창조(계획), 타락(문제), 구원과 회복(해결책)으로 압축할 수 있다.

온 세상은 선하다. 하나님은 만물을 선하게 만드셨다. 본질적으로 악한 부분은 없다. 그 무엇도 애초부터 악을 품고 있었던 건 아니다. 《반지의 제왕》3부작에서 악의 정점에 있는 존재를 설명하면서 톨킨이 썼던 표현을 빌리자면, 태초에는 "사우론도 그렇지는 않았다." 선하고 아름다운 '창조의 속성'은 어디에나 있다.

온 세상은 죄에 빠져 있다. 이편이 저쪽보다 덜하다거나 더하다고 할 것이 없다. 예를 들어, 감정과 열정은 믿을 수 없고 이성은 신뢰가 간다? 육신은 나쁘고 영혼은 선하다? 하루하루 먹고사는 일상 세계는 세속적이고 영적인 영역은 선하다? 어느 것도 참말이 아니다. 하지만 기독교 세계관을 제외한 그 밖의 세계관들은 무언가를 악당으로, 심하게는 악마로 만들어 죄의 역할을 대체하게 하려고 이런 식의 논리를 채택하고 있다.

온 세상은 구원받고 회복될 것이다. 예수님은 영혼과 육신, 이성과 감정, 인간과 자연을 모두 구속하신다. '구제 불능' 딱지를 붙일 수 있는 대상은 세상 어디에도 없다.

• 기독교 세계관

복음이 주는 소망

● 무슨 일을 하든지 마음을 다하여 주께 하듯 하고 사람에게 하듯 하지 말라 이는 기업의 상을 주께 받을 줄 아나니 너희는 주 그리스도를 섬기느니라 골로새서 3:23-24

창조주께서는 세상을 선하게 지으셨지만 그 세상은 죄악으로 말미암아 망가지고 말았다. 그러나 하나님은 예수 그리스도를 통해 자신을 내주는 엄청난 값을 치르고 세상을 구원하셨다. 그리고 언젠가 다시 임하셔서 모든 피조물을 새롭게 하시고, 온갖 고통과 죽음을 끝내시고, 절대적인 평안과 정의와 기쁨을 온 땅 위에 영원토록 회복시키실 것이다. 이것이 바로 복음이고 이 복음은 참되다. 이 복음의 세계관에 담긴 광대한 의미는 모든 것에, 특히 우리의 일에 영향을 준다.

내 친구인 빌 커츠가 교육 행정가로 첫발을 디뎠을 때부터 실감한 게 있다. 세상이 어떻게 돌아가야 하고, 어떻게 정상 궤도에서 벗어나게 되었으며, 어떤 소망이 기다리는지를 설명하는 복음이 빈민가에 있는 학교에서 학생들을 가르치는 일에 더 큰 비전을 품게 한다는 점이다. 복음이 학교가 직면한 문제를 더 포괄적으로 볼 수 있게 하고 구원에 대한 소망을 준다는 사실을 깨달은 빌은 최선의 정책을 폈지만 그걸 우상화하지는 않았다.

복음에 학교 공동체의 틀을 잡아 주는 힘이 있음을 인정하고 줄곧 전인적 접근 방식을 고수하던 빌은 2004년에 덴버에 다양한 학생들을 교육하기 위한 고등학교를 설립했다. 성과는 놀라웠다. 이 학교 과정을 마친 학생들은 말 그대로 모두 다 4년제 대학에 들어갔다. 이 첫 번째 학교는 덴버 지역의 여섯 개 최고 학교 네트워크로 성장했다.

• 복음

안식의 힘

● 안식일을 기억하여 거룩하게 지키라 / 이는 엿새 동안에 나 여호와가 하늘과 땅과 바다와 그 가운데 모든 것을 만들고 일곱째 날에 쉬었음이라 그러므로 나 여호와가 안식일을 복되게 하여 그날을 거룩하게 하였느니라 출애굽기 20:8, 11

"나 여호와가 … 일곱째 날에 쉬었음이라." 이 말씀은 실제 무슨 뜻일까? 창조주께서 세상을 지으신 뒤에 쉬셨으므로, 우리도 정해진 시간 동안 일을 끝낸 뒤에는 반드시 쉬어야 한다. 이러한 일과 쉼의 리듬은 그리스도인만이 아니라 피조 세계에 속한 모든 이들에게 해당된다. 너무 많이, 또는 너무 적게 일하는 건 자연의 질서를 침해하고 결국 탈을 일으킨다. 안식은 하나님의 창조 사역과 인간의 창조 행위의 아름다운 속성을 즐기고 높이는 길이다. 그러므로 노동과 안식의 질서를 망가뜨리면 당사자는 물론 주위 삶에도 혼돈이 생긴다.

신명기 5장은 안식일 준수를 하나님의 구속 사역과 대비한다. "너는 기억하라 네가 애굽 땅에서 종이 되었더니 네 하나님 여호와가 강한 손과 편 팔로 거기서 너를 인도하여 내었나니 그러므로 네 하나님 여호와가 네게 명령하여 안식일을 지키라 하느니라"(신 5:15). 하나님은 안식일을 종살이에서 풀려난 사건을 재현하는 날로 그려 보이신다. 인간 대접을 받지 못하고, 바로가 만든 벽돌 생산 시스템의 일부로 취급받던 그분의 백성을 하나님이 어떻게 건져 내셨는지를 떠올리게 하는 대목이다.

안식일을 지키라는 명령에 순종할 수 없다면, 누구든 노예 신세. 개중에는 자진해서 노예가 되는 이들까지 있다. 안식일 준수 습관을 들일 능력을 갖추지 못하면, 자신의 마음, 물질주의에 물든 현대 문화, 노동력을 착취하는 조직, 아니면 이 모든 것들이 당신을 착취할 것이다. 그러므로 안식일은 일종의 해방 선언이다.

• 해방 선언

모든 선한 노력

● 그러므로 내 사랑하는 형제들아 견실하며 흔들리지 말고 항상 주의 일에 더욱 힘쓰는 자들이 되라 이는 너희 수고가 주 안에서 헛되지 않은 줄 앎이라 고린도전서 15:58

다들 무언가 성취하기를 꿈꾸지만 한편으로는 그걸 온전히 이룰 힘이 없음을 깨닫는다. 누구나 세상에서 잊히기보다 성공해서 영향력 있는 삶을 살기 원한다. 하지만 그럴 수 있느냐 없느냐를 가름하는 건 인간의 몫이 아니다. 땅 위의 삶이 전부라면, 아무리 발버둥 쳐도 언젠가 태양이 소멸될 때 남김없이 타 버릴 테고 아무도 이제까지 일어났던 일을 기억하지 못할 것이다. 모두가 잊힐 수밖에 없다. 우리가 세상에 얼마나 큰 영향을 주었든, 얼마나 땀 흘리며 애썼든, 그야말로 '제로'(zero)가 돼 버릴 것이다.

하나님이 계시지 않는다면 그것은 당연한 귀결이다. 그러나 성경의 하나님이 존재하신다면 현재의 삶 근원에, 그리고 그 너머에 참다운 실재가 있는 것이 분명하다. 이생에서 끝나는 것이 아니므로, 주님의 부르심에 답하기 위해 애쓰는 선한 수고는 지극히 단순하고 사소한 것일지라도 하나하나가 영원무궁한 가치를 갖는다. 그게 바로 기독교 신앙이 주는 약속이다.

여러분의 경우는 어떠한가? 예를 들어, 젊은 당신이 도시를 설계한다고 치자. 당신은 도시를 건설할 생각에 흥분하고 실제로 도시를 어떻게 건설할지 비전을 품는다. 하지만 평생 노력해도 당신이 상상했던 설계도의 아주 작은 부분밖에 만들지 못해 깊은 좌절에 빠질지도 모른다. 그러나 신랑을 위하여 단장한 신부같이 내려올 하늘나라의 도성, 새 예루살렘이 있다(계 21-22장).

• 수고의 가치

도시의 유익을 추구하다

● 너희는 내가 사로잡혀 가게 한 그 성읍의 평안을 구하고 그를 위하여 여호와께 기도하라 이는 그 성읍이 평안함으로 너희도 평안할 것임이라 예레미야 29:7

리디머교회는 지난 10년 동안 총체적인 사역에 집중하면서 직장인들에게 신앙과 일을 통합하도록 돕는 제자 훈련 프로그램을 진행해 왔다. 그동안 리디머 공동체는 하나님이 머물게 하신 도시가 '평안하고 번영하도록'(렘 29:7, 새번역) 뒷받침하는 방식으로 교인들이 문화의 전 영역을 살아 내도록 적극적으로 지원해 왔다.

예루살렘에 있던 예레미야가 바벨론으로 끌려간 이스라엘 장로와 제사장들, 백성에게 보낸 편지는 우리 사역의 목적과 방향을 설정하는 데 주요한 영향을 미쳤다. 첫째로, 예레미야의 서신은 이스라엘을 유배지로 보내신 주체가 하나님이심을 분명히 한다. 거대 도시에 살면서 시험에 직면하고 스트레스가 많은 업무를 요구받을 때, 내가 하나님이 정하고 보내신 자리에 있다는 확신, 한마디로 하나님의 주권을 기억하는 건 든든한 자원이 된다. 둘째로, 하나님은 "그 성읍이 평안함으로 너희도 평안할 것"이라면서 백성에게 바벨론의 평안과 번영을 구하라고 하신다. 리디머 성도들은 이 도시, 직업과 직장, 이웃을 사랑하라는 하나님의 명령을 받은 소수집단이라는 의식을 가지고 있다.

또한 리디머는 복음이 우리 마음과 우리 지역사회와 이 세상의 모든 것을 변화시킨다는 약속에 깊이 헌신함으로써 형성되어 왔다. 아브라함 카이퍼의 말을 빌려서 말하면 이렇다. "만물의 주권자이신 그리스도가 '내 것!'이라고 외치지 않으시는 영역은 인간 세계 어디에도 존재하지 않는다."[53]

• 도시 사역

장벽을 뛰어넘은 대화

Jul.

8

● 사마리아 여자 한 사람이 물을 길으러 왔으매 예수께서 물을 좀 달라 하시니 / 사마리아 여자가 이르되 당신은 유대인으로서 어찌하여 사마리아 여자인 나에게 물을 달라 하나이까 하니 이는 유대인이 사마리아인과 상종하지 아니함이러라 요한복음 4:7, 9

이 이야기에서 눈에 띄는 첫 번째 특징은 예수님이 과감히 나서서 대화를 시작하셨다는 것이다. 예수님과 여인이 대화를 나누는 모습은 지금 우리에게는 이상해 보이지 않지만, 사실은 매우 이상한 일이다. 보다시피 여자는 예수님이 자기에게 말을 거셨다는 사실만으로도 충격을 받는다. 유대인과 사마리아인은 철천지원수였기 때문이다. 유대인은 사마리아인을 열등한 인종이자 이단자로 취급했다. 이에 더하여 유대인 남자가 낯선 여자에게 공개적인 장소에서 말을 거는 것은 수치스러운 일이었다.

게다가 여인은 정오에 물을 길러 왔다. 많은 성경학자가 말하듯, 평소에 여자들은 그 시간에 물을 길러 다니지 않았다. 보통은 아침 일찍 덥지 않을 때 와서 집안일에 종일 필요한 물을 길어 갔다. 그런데 이 여자는 왜 대낮에 혼자 나온 것일까? 그녀는 자기 동네에서도 도덕적으로 정죄받는 사람, 완전히 따돌림받는 사람이었기 때문이다.

그래서 예수님이 그녀와 대화하기 시작하셨다는 것은 인종 장벽, 문화 장벽, 성별 장벽, 도덕 장벽 등 둘 사이에 존재할 수 있는 거의 모든 중요한 장벽을 일부러 뛰어넘었다는 의미다. 당대의 인습에 따르면 경건한 유대 남자였던 예수님은 이 여자와 일절 상종해서는 안 되었다. 그런데 그분은 개의치 않으셨다. 그것이 얼마나 과감한 시도인지 알겠는가? 예수님은 그녀와 소통하시기 위해 인간이 만든 모든 경계선을 넘으셨다. 그래서 그녀는 놀랐고, 우리 역시 놀라야 한다.

• 경계선

203

진정한 만족

● 예수께서 대답하여 이르시되 네가 만일 하나님의 선물과 또 네게 물 좀 달라 하는 이가 누구인 줄 알았더라면 네가 그에게 구하였을 것이요 그가 생수를 네게 주었으리라 요한복음 4:10

이 만남의 두 번째 흥미로운 점은 예수님이 마음을 열고 그녀를 따뜻이 대하면서도 그녀의 잘못을 지적하신다는 것이다. 예수님의 화법은 부드럽고도 절묘하다.

예수님은 무슨 말씀을 하고 계신가? '생수'란 은유적 표현으로 예수님이 곧이어 설명하신 '영생'을 뜻한다. 우리는 이 비유를 잘 이해하지 못할 수도 있다. 현재 우리는 마실 물을 어디서나 쉽게 구할 수 있다. 우리는 진짜 갈증(목마름)에 대해 잘 모르지만, 사막에 맞닿은 건조한 지역에 살던 이들은 갈증이 어떤 것인지 잘 알았다. 인체 대부분이 물이기 때문에 사람은 갈증이 심해지면 고통스럽다. 정말 목이 말랐던 상태에서 물을 맛보면 그보다 더 만족스러운 경험이 없다.

결국 예수님은 이 소외된 여인에게 무슨 말씀을 하시는 것인가? "네 몸에 물이 필요한 만큼이나 네 영혼에 기본적이고 꼭 필요한 것을 내가 네게 줄 것이다. 이것이 없다면, 너는 완전히 잃어버린 바 된 존재다."

그런데 생수의 메타포는 그보다 더 깊은 의미가 있다. 예수님은 자신이 주시는 물은 생명을 살리는 정도가 아니라 영혼을 만족시킨다고 말씀하신다. "내 물을 받으면 네 속에서 영생하도록 솟아나는 샘물이 되리라." 이는 영혼의 깊은 만족에 관한 말씀이다. 이 신기한 만족과 충족은 외부 환경에 의해 결정되지 않는다. 당신에게 묻는다. 무엇이 당신을 행복하게 하는가? 무엇으로 삶의 만족을 얻는가?

• 생수

생수를 찾아서

● 여자가 이르되 주여 그런 물을 내게 주사 목마르지도 않고 또 여기 물 길으러 오지도 않게 하옵소서 이르시되 가서 네 남편을 불러 오라 여자가 대답하여 이르되 나는 남편이 없나이다 예수께서 이르시되 네가 남편이 없다 하는 말이 옳도다 너에게 남편 다섯이 있었고 지금 있는 자도 네 남편이 아니니 네 말이 참되도다 요한복음 4:15-18

　　자신이 얼마나 목마른 상태인지 흔히 무시하는 이유는 꿈을 성취할 수 있을 것이라고 믿기 때문이다. 그렇게 믿으면, 우리는 예수님을 그냥 지나치기 쉽다. 하지만 이 우물가의 여인은 그런 환상이 없었다. 그래서 여인은 즉시 예수님께 "그 생수가 무엇인가요? 제게 주시겠습니까?"라고 말한다. 그러자 예수님은 "가서 네 남편을 불러 오라"라며 말머리를 돌리신다.

　　예수님은 지금 무엇을 하고 계신가? 오랫동안 성적으로 부정한 생활을 한 이 여자야말로 전통적 의미의 '죄인'에 딱 들어맞는다. 그래서 그녀에게 모욕감을 주시려는 것인가? 그렇지 않다. 그럴 거라면 애초에 사회적 위신의 장벽을 뛰어넘어 이처럼 그녀와 온유하게 대화하지 않으셨을 것이다.

　　생수를 권하시던 예수님이 왜 갑자기 그녀의 남성 편력으로 화제를 바꾸시는가? 그에 대한 답은 화제가 바뀐 게 아니라는 것이다. 예수님이 팔꿈치로 슬쩍 찌르듯 그녀에게 하신 말씀은 이것이다. "내가 주는 이 생수의 본질을 알려면 먼저 네가 그동안 그것을 어떻게 얻으려 했는지를 알아야 한다. 너는 그것을 남자들에게서 얻으려 했지만 소용이 없었다. 남자에 대한 욕구가 너를 산 채로 삼키고 있다면, 앞으로도 늘 똑같을 것이다."

• 갈증

거듭나야 한다

● 그런데 바리새인 중에 니고데모라 하는 사람이 있으니 유대인의 지도자라 그가 밤에 예수께 와서 이르되 랍비여 우리가 당신은 하나님께로부터 오신 선생인 줄 아나이다 … 예수께서 대답하여 이르시되 진실로 진실로 네게 이르노니 사람이 거듭나지 아니하면 하나님의 나라를 볼 수 없느니라 요한복음 3:1-3

이제 이 소외된 여자와 만나시기 직전에 예수님이 다른 사람을 만나셨던 일로 넘어가 보자. 요한복음 3장에서 예수님은 아주 중요한 사람을 만나신다. 그는 바리새인으로서 종교 지도자이자 공회 의원인 니고데모다.

예수님이 우물가 여인을 대하시던 방식과는 거의 정반대로 그를 대하고 계심이 보이는가? 예수님은 여인과의 대화를 부드럽게 시작하셨고 열린 자세로 그녀를 놀라게 하셨으며 점차 그녀의 영적 욕구를 지적하셨다. 그런데 이 내부자를 대하실 때는 강경하고 직선적이다. 니고데모는 처음부터 예를 갖추었다. "랍비여, 당신에 대해 놀라운 말을 많이 들었습니다. 사람들은 당신이 하나님께 받으신 지혜로 충만하다고 말합니다." 그런데 예수님은 "너는 거듭나야 한다"라며 그에게 도전하신다. 평생 유대교의 엄격한 전통을 따라 하나님을 예배한 니고데모는 이 난데없는 선언에 기분이 상했을 것이다.

예수님은 소외된 사람을 대하실 때와는 다른 은유를 이 내부자에게 사용하신다. 그의 삶에 만족이 없음을 지적하신 게 아니라("내가 너에게 생수를 줄 수 있다") 교만한 자기만족을 지적하신다("너는 거듭나야 한다"). 세상에 태어나기 위해 그가 해야 했던 일이 무엇이냐고 예수님은 물으신 것이다. 열심히 노력해서 출생의 특권을 얻어냈던가? 자기가 빈틈없이 계획해서 태어났던가? 천만의 말씀이다. 우리는 무엇을 얻어 내거나 공을 세워서 태어난 게 아니다. 생명은 값없는 선물이다. 새로 태어남도 마찬가지다. 구원은 은혜다. 어떤 도덕적 노력으로도 구원을 얻어 내거나 구원받을 공로를 쌓을 수 없다.

• 복음

종교적인 죄

● 니고데모가 이르되 사람이 늙으면 어떻게 날 수 있사옵나이까 두 번째 모태에 들어갔다가 날 수 있사옵나이까 예수께서 대답하시되 진실로 진실로 네게 이르노니 사람이 물과 성령으로 나지 아니하면 하나님의 나라에 들어갈 수 없느니라 요한복음 3:4-5

　니고데모 같은 사람에게 예수님이 하신 말씀은 심히 놀랍다. 예수님은 그의 영적 실상이 뒷골목 포주나 매춘부와 같다고 말씀하신 것이다. 한쪽에는 도덕성과 신앙에서 흠잡을 데 없는 니고데모가 있고, 다른 한쪽에는 노숙인이나 마약 중독자가 있다. 이들은 모두 하나님이 보시기에는 똑같이 길을 잃은 존재들이다. 양쪽 다 처음부터 시작해야 한다. 양쪽 다 거듭나야 한다. 양쪽 다 영원한 영적 생명이 필요하다. 그렇지 않으면 무언가가 그들을 산 채로 삼킬 것이다. 게다가 그 생명은 값없는 선물이라야 한다.

　예수님은 어떻게 감히 이런 말씀을 하실 수 있는가? 누구보다도 예수님은 죄에 대해 깊이 아시기 때문이다.

　죄란 하나님이 아닌 다른 데서 구원을 얻으려는 행위다. 자기가 자신의 구주와 주님인 양 하나님 자리에 서는 것이다. 이것이 성경이 정의하는 죄이며 십계명의 제1계명이 금지하는 것이다. 우물가의 여인처럼 도덕 규율을 어기고 쾌락과 행복을 추구하는 것도 그중 하나다. 섹스나 돈이나 권력이 일종의 구원으로 둔갑한다.

　하지만 스스로 자신의 구주와 주님이 되는 종교적인 방법도 있다. 마치 당신의 착한 삶과 도덕적 공로 때문에 하나님이 당신에게 복을 주시고 당신의 기도대로 응답하셔야만 한다는 식의 행세가 그렇다.

• 도덕성

유일하고 진정한 구주

● 육으로 난 것은 육이요 영으로 난 것은 영이니 내가 네게 거듭나야 하겠다 하는 말을 놀랍게 여기지 말라 요한복음 3:6-7

니고데모와 사마리아 여인은 똑같이 은혜가 필요한 죄인이다. 우리도 그들처럼 은혜가 필요하다. 우리는 자신의 구주와 주님이 되어 하나님을 채무자로 만들거나 적어도 우주의 저울을 자기 쪽에 유리하게 기울이려 한다. 이 모두를 예수님은 죄라 칭하신다. 예수님은 우리에게 생수가 필요하고 그 생수를 얻으려면 거듭나야 한다고 말씀하신다. 우리는 회개하고, 자신의 부족함을 인정하고, 예수님을 의지하여 하나님께 자신을 받아 달라고 기도하고, 회심해야 한다.

만약 신이 존재한다면 당신의 모든 것은 신에게서 왔다. 하나님이 계신다면 당신은 훌륭한 도덕 생활을 할 뿐 아니라 그 이상을 하나님께 드릴 의무가 있다. 하나님은 마땅히 당신 삶의 중심이 되셔야 한다. 당신이 착한 사람일지라도 하나님을 하나님으로 인정하지 않는다면 니고데모나 사마리아 여인처럼 유죄다. 스스로 자신의 구주와 주님이 되었기 때문이다.

해법은 무엇인가? 잘못된 구원과 가짜 구주를 그만 의지해야 한다. 직업이나 배우자나 돈이나 도덕성 위에 삶을 세운다면 그것이 무너지는 순간 당신은 모든 희망이 사라진다. 왜 그런가? 예수 그리스도 이외에 당신이 세운 구주(우상)는 본래 구주가 아니기 때문이다. 우리가 우상으로 삼은 것은 대부분 실패를 용납하지 않는다. 우리가 실패하는 순간 자기혐오와 수치심으로 우리를 벌할 뿐이다. 우리에게 참된 만족을 주고, 우리가 배신해도 용서를 베푸시는 구주는 예수님뿐이다.

• 삶의 중심

예수의 목마름

- 여자가 물동이를 버려두고 동네로 들어가서 사람들에게 이르되 내가 행한 모든 일을 내게 말한 사람을 와서 보라 이는 그리스도가 아니냐 하니 요한복음 4:28-29

요한복음 4장에서 사마리아 여인은 동네 사람들에게 자기가 찾은 '생수'를 소개한다. 메시아를 만났다고 증언하며 그들도 가서 그분을 만나라고 초대한다.

그 여인은 어떻게 구원을 얻었는가? 분명히 말하지만, 예수님이 목마르셨기 때문이다. 목마르지 않으셨다면 우물에 가지 않으셨을 테고, 그 여인은 예수님께 생수를 얻지 못했을 것이다. 그런데 예수님은 왜 목마르셨을까? 그것은 천지를 지으신 성자 하나님이 영광을 버리고 피곤하고 목마를 수밖에 없는 연약한 인간의 모습으로 이 세상에 오셨기 때문이다. 즉, 그 여인이 생수를 얻은 것은 예수 그리스도가 "내가 목마르다"라고 하셨기 때문이다. 예수님이 요한복음에서 "내가 목마르다"라고 말씀하신 일은 이번이 마지막이 아니다. 십자가에서 운명하시기 직전에도 "내가 목마르다"라고 말씀하셨는데 그 의미는 육체의 목마름 이상이었다.

십자가의 예수님은 죄인인 우리 몫의 형벌을 당하시느라 아버지와의 관계를 잃으셨다. 예수 그리스도가 십자가에서 우주적 갈증을 겪으셨기 때문에 당신과 나의 영적 갈증이 채워질 수 있다. 그분이 죽으셨기에 우리는 거듭날 수 있었다. 그런데 놀랍게도 그분은 그 일을 즐거이 하셨다. 그리스도가 하신 일과 그 이유를 알면 우리 마음은 우리를 노예로 삼는 것들에서 벗어나 예수님께로 방향을 돌이키고 그분을 예배하게 된다. 그것이 복음이다.

• 십자가

기쁨에 이르는 길, 기도

● 항상 기뻐하라 쉬지 말고 기도하라 범사에 감사하라 이것이 그리스도 예수 안에서 너희를 향하신 하나님의 뜻이니라 데살로니가전서 5:16-18

　　기도란 하나님과의 대화인 동시에 하나님과의 만남이다. 대화와 만남이라는 개념은 기도의 의미를 분명히 할 뿐 아니라 기도 생활에 깊이를 더하는 수단을 제공한다. 찬양, 고백, 감사, 간구로 이어지는 전통적인 형태의 기도는 심오한 경험일 뿐 아니라 구체적 실천이기도 하다. 우리는 하나님의 영광을 찬양하며 경외감에 사로잡히고, 하나님의 은혜 가운데 친밀한 관계를 의식하고, 주님의 도우심을 구하며 씨름해야 한다. 이 모두가 하나님의 임재라는 영적 현실로 이끄는 요소들이다. 그렇다면 기도는 경외감과 친밀감, 투쟁과 현실이다. 기도할 때마다 이 모든 일이 일어나는 것은 아니지만, 이 모든 일이 우리 인생 여정 내내 드려야 할 기도의 주된 요소라는 점은 분명하다.

　　하나님과의 개인적인 교제를 추구하는 것, 사람들의 마음과 이 세상에 하나님 나라가 확장되기를 추구하는 것, 이 둘은 서로 어긋나서는 안 된다. 두 가지가 함께 이루어질 때, 교제는 침묵 가운데 신비로운 깨달음을 얻는 체험으로만 머물지 않고, 우리의 간구 역시 '중언부언'(마 6:7)해서 하나님의 은혜를 억지로 얻기 위한 수단으로 전락하지 않을 것이다.

　　J. I. 패커와 캐롤린 나이스트롬이 쓴 기도에 관한 책에는 이 모든 내용을 멋지게 함축하는 부제가 붙어 있다. "의무를 지나 기쁨에 이르는 길 찾기." 기도란 그런 여정이다.

• 대화

하나님께 매달리다

- 너희는 다시 무서워하는 종의 영을 받지 아니하고 양자의 영을 받았으므로 우리가 아빠 아버지라고 부르짖느니라 성령이 친히 우리의 영과 더불어 우리가 하나님의 자녀인 것을 증언하시나니 로마서 8:15-16

나는 인생 후반부에 들어서야 기도가 무엇인지 제대로 알았다. 기도 말고는 달리 도리가 없었다.

1999년 가을, 시편을 연구하는 성경 공부 모임을 이끌고 있었다. 그때는 기도에 관한 성경의 명령과 약속을 수박 겉핥기식으로 더듬는 것만 같았다. 그때 9·11사태가 터졌고 암울한 기운이 뉴욕을 짓눌렀다. 온 도시가 마치 그러기로 약속한 것처럼 임상적 우울증에 빠져들었다. 우리 집에 드리운 그림자는 유난히 짙었다. 아내 캐시는 크론병 증세와 씨름하고 있었고, 나도 갑상선암 진단을 받았다.

총체적 난국에 빠져 있던 어느 날, 아내는 나와 함께 해야 할 일이 있다고 말했다. 아내는 매일 밤 함께 기도하자고 말했다. '매일 밤' 말이다. 캐시는 이런 예까지 들었다.

"불치병 선고를 받았다고 생각해 봐요. 의사가 약을 주면서 날마다 잠자리에 들기 전에 한 알씩 먹어야 하고 그 약을 거르면 몇 시간 안에 죽는다고 경고했어요. 그렇다면, 약 먹기를 잊을 수 있을까요? 아닐 거예요. 목숨이 달린 일이니 잊을 리가 없죠. 약을 안 먹는 일도 없을 테고요. 우리 부부가 함께 하나님께 매달리지 않으면 지금 당면한 일을 감당할 수가 없어요. 그러니 기도해야만 해요. 기도하기를 잊는다는 건 있을 수 없는 일이에요."

• 매일 기도

211

성령의 증언

● 모든 기도와 간구를 하되 항상 성령 안에서 기도하고 이를 위하여 깨어 구하기를 항상 힘쓰며 여러 성도를 위하여 구하라 에베소서 6:18

  성령님은 하나님의 사랑을 보증해 주신다. 성령님은 우리가 위대하신 하나님을 사랑이 넘치는 아버지로 믿고 다가가 부르짖게 한다. 또한 우리 영과 나란히 동행하면서 더 많은 직접적인 증거를 보여 주신다.

  처음에 나는 20세기 중엽 영국의 유명한 설교가이자 저술가인 마틴 로이드 존스 목사의 설교를 읽으면서 에베소서 6장 18절에 사로잡혔다. 바울은 하나님의 실재에 관한 깊은 경험을 쓰고 있다는 게 로이드 존스 목사의 주장이었다.[54] 하나님 안에 있는 확고한 사랑을 이처럼 확신한다는 것은 '비할 데 없이 신비로운' 일이다. 이러한 점에서 에베소서 6장 18절은 어느 신약학자의 말처럼 '말로 다 형언할 수 없는 신앙 체험'을 설명하는 것이다.

  로이드 존스의 주해를 읽은 뒤로 마르틴 루터나 장 칼뱅은 물론이고 17세기 영국 신학자 존 오웬과 18세기 미국 철학자이자 신학자인 조나단 에드워즈의 글을 비롯해 신학교 때 읽었던 작품들도 되짚어 보았다. 진리와 성령, 교리와 체험 가운데 어느 한쪽을 선택하길 요구하는 경우는 없었다.

  예전 세대에서 탁월한 신학자로 꼽히는 존 오웬은 그 점에서 큰 도움이 된다. 존 오웬은 복음을 주제로 설교하면서 교리적인 토대를 다지는 데 공을 들였다. 다른 한편으로는 청중에게 간곡하게 권유했다. "마음에서 진정으로 … 복음의 능력을 체험하십시오. 그렇지 않으면 여러분의 고백은 효력을 잃고 말 것입니다."[55] 복음의 능력을 맛보는 경험은 기도를 통해서만 일어날 수 있다. 그리스도인들이 모인 집회에서 공개적으로 기도하든, 개인적으로 묵상하며 간구하든 이는 마찬가지다.

• 복음의 능력

이성적 신비주의

● 예수를 너희가 보지 못하였으나 사랑하는도다 이제도 보지 못하나 믿고 말할 수 없는 영광스러운 즐거움으로 기뻐하니 베드로전서 1:8

스코틀랜드 신학자인 존 머리(John Murray)는 기도에 관해 더없이 유익한 깨달음을 주었다.

> 언제나 어디에나 계신 지극히 높으신 구세주와 연합하며 교제하는 삶을 사는 신앙생활에는 … **이성적인 신비주의**(intelligent mysticism)가 빠질 수 없다는 걸 알아야 한다. … 하나님은 그분의 백성과 교통하며, 거룩한 백성은 하나님을 의식적으로 사랑하며 그분과 교감한다. … 참다운 신앙생활은 금속처럼 차가운 계약 관계가 아니다. 사랑하고 교통하는 열정과 온기가 있어야 한다. 하나님과 나누는 교감이야말로 신앙의 정수이자 정점이기 때문이다.**56**

존 머리는 서정적인 구절을 남긴 인물이 아니다. 그러나 '신비주의'라든지, 우리를 위해 돌아가셨고 또 영원히 살아 계신 분과 나누는 '교감'을 거론할 때마다, 그는 한 가지 전제를 가정한다. 그리스도인은 주님과 실감 나는 사랑의 관계를 맺을 것이며 인간의 이해를 뛰어넘어 개인적으로 하나님을 알고 경험할 수 있다는 전제다.

우리는 진리와 교리에 기반한 기독교적 삶을 선택하거나 영적인 권능과 체험이 차고 넘치는 삶을 선택하라고 요구받지 않는다. 그 두 가지는 늘 함께한다. 나는 신학을 버리고 '한 차원 높고 깊은' 체험을 찾아가라는 부르심을 받지 않았다. 나는 내 신학을 삶으로 경험하게 도와주시길 성령님께 구해야 했다.

· 교감

213

기도를 배우다

● 기도를 계속하고 기도에 감사함으로 깨어 있으라　골로새서 4:2

　　여름에 갑상선암 수술을 무사히 마치고 나는 개인 경건 생활에 변화를 주었다. 첫째, 몇 달에 걸쳐 시편을 통독하면서 한 편 한 편을 읽고 요약했다. 그 덕분에 규칙적으로 시편 말씀에 기대어 기도하는 습관이 들기 시작했고 1년에 몇 차례씩 모든 시편을 다 읽을 수 있었다. 둘째, 성경을 읽은 다음, 기도로 넘어가기 전에 묵상하는 시간을 가졌다. 셋째, 아침에만 기도하지 않고 아침과 저녁에 모두 기도하는 데 온 힘을 기울였다. 넷째, 더 큰 기대를 품고 기도하기 시작했다.

　　결과가 나타나기까지 다소 시간이 걸렸지만, 두 해 남짓 꾸준히 실천하자 조금씩 돌파구가 열렸다. 그 후로 여러 기복이 있었지만 그리스도 안에서 단맛과 쓴맛을 다 보고 나니, 살아 있는 기도의 비밀을 새로운 시각으로 뚜렷이 볼 수 있었다. 내 마음과 이 세상에는 하나님의 사랑을 만끽하는 평온한 경험뿐 아니라 악을 밟아 이기신 주님을 바라보기 위한 힘겨운 씨름도 있다는 것을 말이다.

　　기도는 참다운 자기 인식으로 들어가는 유일한 통로다. 마음의 변화, 다시 말해 사랑을 다시 조율하고 조정하는 주요 도구다. 하나님이 자녀들을 위해 마련하신, 상상을 초월할 만큼 놀라운 선물을 수없이 베푸시기 위한 방편이다. 우리가 간절히 원하는 것을 안전하게 공급하시는 파이프라인이다. 하나님을 알고 마침내 하나님을 하나님으로 섬기게 하는 길이기도 하다. 기도는 우리가 살아가면서 무슨 일을 해야 하고 어떤 사람이 되어야 하는지 빠짐없이 알려 주는 만능열쇠다.

　　우리는 기도하는 법을 배워야 한다. 우리는 그래야 한다.

• 돌파구

하나님을 더 알아가다

● 우리 주 예수 그리스도의 하나님, 영광의 아버지께서 지혜와 계시의 영을 너희에게 주사 하
  나님을 알게 하시고 에베소서 1:17

　바울이 쓴 글을 다 살펴봐도 신앙의 동지들을 위해 기도할 때 그들의 상
황을 바꿔 달라고 호소하는 대목이 없는 것은 주목할 만하다. 당시 그리스도
인들은 수많은 위험과 고초를 겪으며 살고 있었다. 그들은 박해, 병에 걸려
죽을 위험, 막강한 권력자들의 탄압, 사랑하는 가족과의 이별에 직면했다.
오늘날과는 비교도 할 수 없을 만큼 그들은 열악한 상황에 있었다.

　하지만 바울의 기도에는 너그러운 황제를 세워 달라고 하거나 약탈하고
다니는 군사들에게서 지켜 달라는 건 물론이고 다음 끼니를 위한 식량을 구
하는 내용조차 없다. 바울은 요즘 그리스도인이라면 기도 제목에 올려놓고
요청했을 법한 일을 구하지 않았다.

　그런 기도를 하는 게 그릇된 행위란 뜻일까? 천만의 말씀이다. 예수님이
친히 '일용할 양식'과 '악에서 구해 주시길' 기도하라고 가르치셨음을 바울도
알고 있었다. 디모데전서 2장에서 바울은 성도들에게 평화를 위해, 선량한
정부를 위해, 도움이 필요한 세상 모든 이들을 위해 기도하라고 권면한다.
그는 예수님과 달리 보편적인 기도 모델을 제시하지는 않는다. 그는 하나님
이 동료 그리스도인들에게 주실 수 있는 더없이 소중한 것이라고 믿었던 그
것을 달라고 기도했다.

　그것은 무엇일까? 바로 '하나님을 더 잘 아는 것'이다.

• 중보기도

우리 마음의 눈을 열어 주소서

● 너희 마음의 눈을 밝히사 그의 부르심의 소망이 무엇이며 성도 안에서 그 기업의 영광의 풍성함이 무엇이며 에베소서 1:18

성경에서 마음은 인간의 자아 전체를 통제하는 센터다. 인간의 감정과 사고와 행동을 좌우하는 핵심적인 헌신, 깊은 사랑, 근본적인 소망이 한데 모인 저장 창고와도 같다. 특정한 진리로 마음의 눈을 밝힌다는 건 그 진리가 우리를 단단히 사로잡아 전인격을 변화시킨다는 뜻이다. 다시 말해, 하나님이 거룩하신 분임을 안다 해도, 마음의 눈이 밝아져서 그 진리를 깨달아야 비로소 인지적 이해를 넘어 정서적으로도 하나님의 거룩하심을 경이롭고 아름답게 받아들이고, 하나님을 노엽게 하거나 가벼이 여기지 않게 된다.

에베소서 3장 18절에서 바울은 그리스도를 믿는 이들이 받을 과거와 현재와 미래의 은혜를 '파악할 힘'을 성령님이 주시길 바란다고 한다. 그리스도인이라면 머리로는 당연히 그 은혜를 알고 있겠지만, 바울의 기도는 그 수준을 뛰어넘어 하나님의 임재는 물론 하나님과 더불어 사는 삶의 실체를 한층 생생하게 인식하길 간구한다.

바울은 그리스도인이 얻어야 할 결정적인 응답은 환경의 변화보다 하나님을 온전히 아는 지식이라고 말한다. 하나님의 실재를 강렬하게 감지하지 못한다면 좋은 환경은 지나친 자신감과 영적인 무관심으로 이어질 수 있다. 내심 '요긴한 게 다 수중에 있는데 굳이 하나님을 찾을 필요가 있을까?'라고 판단할 수 있다는 말이다. 반면에 '밝아진 마음'이 없으면 낙담에 빠질 수도 있다. 하나님의 사랑이 막연하고 추상적인 개념에 머물기 때문이다. 어떤 상황에서도 흔들림 없이 삶을 마주하기 위해서는 주님을 잘 아는 게 중요하다.

• 하나님의 실재

Jul. 22

성공 뒤에 시련이 오고

● 예수께서 세례를 받으시고 곧 물에서 올라오실새 하늘이 열리고 하나님의 성령이 비둘기같이 내려 자기 위에 임하심을 보시더니 하늘로부터 소리가 있어 말씀하시되 이는 내 사랑하는 아들이요 내 기뻐하는 자라 하시니라 그때에 예수께서 성령에게 이끌리어 마귀에게 시험을 받으러 광야로 가사 마태복음 3:16-4:1

　　예수님의 생애에 있었던 사건 중에서 사복음서에 모두 언급된 일은 십자가 사건을 제외하면 세례뿐이다. 예수님의 세례가 매우 중요하기 때문일 것이다. 그런데 시험 장면이 자세히 기록된 마태복음을 보면 세례와 시험이 "그때에"라는 한 단어로 긴밀하게 연결된다. 하나님은 "이는 내 사랑하는 아들이요 내 기뻐하는 자라"라는 확신의 말씀을 주셨다. "그때에" 예수님은 성령께 이끌려 마귀에게 시험을 받기 위해 광야로 가신다. 이 말씀에서 '그때에'(then)는 '그래서'(therefore)와 같다. 큰 복과 성공 뒤에 시련과 유혹이 찾아왔다.

　　만약 당신이 흔들림 없이 하나님께 대한 믿음을 지킨다면? 만약 당신의 삶이 하나님을 온전히 기쁘시게 한다면? 그렇다면, 분명히 하나님이 당신을 보호해 주시고, 당신의 거룩함과 지혜가 당신을 지켜 주고, 당신의 삶은 늘 형통할 것이다. 맞는가?

　　틀렸다. 여기 그런 사람이 있다. 성부 하나님은 예수님의 삶이 하나님을 온전히 기쁘시게 한다고 방금 말씀하셨다. 성령 하나님도 예수님 위에 임하여 그분을 인도하셨다. 예수님은 하나님의 사랑과 인정과 능력을 받으셨다. 그런데 그때 마귀에게 시험을 받으신다. 순서는 이렇다. 하나님의 사랑과 능력에 뒤이어 악과 유혹과 광야와 처참한 굶주림과 목마름이 따라온다. 마태는 이렇게 말하는 것 같다. "자, 시련과 환난을 면할 사람은 아무도 없다. 오히려 이는 하나님을 지극히 사랑하는 이들에게 흔히 있는 일들이다. 우리를 성숙하게 빚으시려는 하나님의 신비롭고 선한 계획의 일부이기 때문이다."

· 고난

네가 하나님의 아들이어든

● 시험하는 자가 예수께 나아와서 이르되 네가 만일 하나님의 아들이어든 명하여 이 돌들로 떡덩이가 되게 하라 예수께서 대답하여 이르시되 기록되었으되 사람이 떡으로만 살 것이 아니요 하나님의 입으로부터 나오는 모든 말씀으로 살 것이라 하였느니라 하시니 마태복음 4:3-4

마귀는 거듭 "네가 만일 하나님의 아들이어든"이라고 말한다. 이는 사탄이 주로 공격하는 방식이며 우리에게도 마찬가지다. 하나님이 방금 예수님께 "내 사랑하는 아들"이라고 확언하셨는데도 사탄은 즉각 그 부분을 치고 들어온다. 하나님이 예수님을 사랑하고 능력을 주신다는 증거를 하나님께 받아 내라고 예수님을 부추긴다. 사탄은 예수님이 하나님의 전폭적 수용과 무조건적 부성애를 의심하기 원한다.

그렇다면 사탄은 우리를 어떤 식으로 공격할 것인가? 우선 우리로 하여금 예수님이 하나님의 아들이며 세상의 구주이심을 믿지 못하게 하려 한다. 예수님이 세례 받으실 때 하나님이 하늘에서 하신 말씀을 잘 보라(마 3:17). "이는 내 사랑하는 아들이요." 이는 시편 2편에 기록된 구절로, 시편 2편은 장차 하나님이 보내실 메시아가 왕으로 와서 세상의 모든 반역과 악을 진압하신다는 노래다. 이어서 하나님은 "내 기뻐하는 자라"라고 하신다. 이 말씀은 고난당하는 종을 기술한 이사야 53장에서 인용한 것으로, 이사야의 말대로 이 신비의 인물은 장차 백성의 허물 때문에 고난당하고 죽으실 것이다.

예수님은 말씀과 삶의 모범으로 우리에게 어떻게 살아야 하는지 보여 주신 선한 인간만도 아니고, 모든 악을 일망타진하러 오신 하늘의 왕만도 아니다. 악은 우리 안에 박혀 있다. 예수님이 모든 악을 끝장내기 위해 오셨다면 우리도 끝장내셔야 한다. 그러나 왕이신 그분은 보좌 대신 십자가로 향하신다.

• 시험

성경에 이렇게 기록되어 있으니

● 이에 마귀가 예수를 거룩한 성으로 데려다가 성전 꼭대기에 세우고 이르되 네가 만일 하나님의 아들이든 뛰어내리라 기록되었으되 그가 너를 위하여 그의 사자들을 명하시리니 그들이 손으로 너를 받들어 발이 돌에 부딪치지 않게 하리로다 하였느니라 예수께서 이르시되 또 기록되었으되 주 너의 하나님을 시험하지 말라 하였느니라 하시니 마태복음 4:5-7

　　예수님은 마귀에게 공격당하실 때 성경을 이용하셨다. 사탄은 우리가 진리를 깨닫지 못하게 막기도 하지만 우리 마음속 믿음도 허물려고 한다. 성경에 따르면, 마음은 감정의 자리일 뿐 아니라 근본적 헌신과 희망과 신뢰의 원천이기도 하다. 마음에서 사고와 감정과 행동이 흘러나온다. 마음이 신뢰하는 것을 사고는 정당화하고 감정은 갈망하고 의지는 수행한다. 당신이 사랑과 은혜의 하나님께 머리로 동의하는 것까지는 사탄도 개의치 않는다. 우리가 무엇을 해야만 합당하고 사랑스럽고 소중한 사람이 될 수 있다고 믿게 만들 수만 있다면 사탄은 만족한다.

　　이제 당신에게 묻겠다. 하나님의 아들 예수님도 해박한 성경 지식을 머리와 마음에 담아 두지 않고는 세상의 악한 세력에 맞서지 않으셨다. 그렇다면 우리가 어찌 다른 방식으로 삶에 맞서겠는가? 물론 이는 많은 시간과 노력이 필요한 일이다. 성경을 충분히 알려면 예배, 매일 성경 읽기, 묵상과 암송, 찬송, 설교나 강의 듣기 등이 필요하다. 그러다 사탄의 공격을 당할 때, 곧 죄를 지으라거나 낙심하라거나 그냥 다 포기해 버리라고 사탄이 유혹할 때면, 우리는 말씀을 우리 중심으로 가지고 와서 그 말씀과 약속을 굳게 붙들고 그리스도의 말씀이 우리 속에 풍성히 거하게 해야 한다(골 3:16). 그것은 실전과도 같을 것이다.

• 성경

불같은 시험을 통과하려면

● 마귀가 또 그를 데리고 지극히 높은 산으로 가서 천하만국과 그 영광을 보여 이르되 만일 내게 엎드려 경배하면 이 모든 것을 네게 주리라 이에 예수께서 말씀하시되 사탄아 물러가라 기록되었으되 주 너의 하나님께 경배하고 다만 그를 섬기라 하였느니라 이에 마귀는 예수를 떠나고 천사들이 나아와서 수종드니라 마태복음 4:8-11

　　예수님처럼, 우리도 사탄의 일을 무너뜨리려 할 때, 마음속에서만 사탄과 싸우는 게 아니라 바깥세상에서도 싸운다. 다른 사람이 그리스도를 믿도록 돕거나, 긍휼과 섬김의 행위로 가난한 이웃을 사랑할 때, 우리는 그 지점에서 사탄과 싸우고 있다.

　　이 영적 전쟁에서 이기려면 필요한 자원이 하나 더 있다. 바로 예수님 그분이다. 예수님은 우리의 위대한 대제사장이시다(히 4:14). 제사장이 조언자이며 치유자였듯이, 예수님도 능히 "우리의 연약함을 동정"하시며 "긍휼하심과 때를 따라 돕는 은혜"를 베푸신다(히 4:15-16). 왜 그럴까? 예수님은 "모든 일에 우리와 똑같이 시험을 받으신 이로되 죄는 없으시"기 때문이다(히 4:15).

　　예수님은 인간으로서 모든 것을 겪어 보셨기에 우리가 안팎에서 악의 현실에 대면하여 싸우도록 우리 곁에서 도우신다. 그러므로 마음속에서 사탄의 거짓말과 싸우거나 세상에서 사탄의 활동과 싸울 때, 주님의 말씀뿐만 아니라 말씀의 주님께도 의지해야 한다. 우리에게는 완벽한 성경만 주어진 것이 아니다. 예수님이 우리와 함께하신다. 예수님은 우리가 상상할 수도 없이 치열한 불같은 시험을 통과하셨다. 우리의 구원을 위해 행하신 일이다. 예수님의 깊은 공감과 애정 어린 능력으로 무장했으니 이제 우리도 예수님 곁에서 이 모든 것을 헤쳐 나갈 수 있다.

• 돕는 은혜

우리의 변호사, 성령님

● 내가 아버지께 구하겠으니 그가 또 다른 보혜사를 너희에게 주사 영원토록 너희와 함께 있
게 하리니 그는 진리의 영이라 세상은 능히 그를 받지 못하나니 이는 그를 보지도 못하고 알
지도 못함이라 그러나 너희는 그를 아나니 그는 너희와 함께 거하심이요 또 너희 속에 계시
겠음이라 요한복음 14:16-17

　　예수님은 몇 가지 놀라운 말씀을 하신다. 제자들에게 하나님의 영에 대
해 가르치시는데, 구약을 읽은 사람들은 하나님의 영이 성부 하나님께로부
터 나와서 세상에 운행하는 힘이라고 알고 있었다. 그런데 예수님은 사람들
이 비범하다고 여길 만한 방식으로 성령에 대해 말씀하신다.

　　우선 예수님은 성령이 단지 힘이 아니라 인격체라고 말씀하신다. 이 인
격체는 어떤 존재인가? 예수님은 그분을 "또 다른 보혜사"라고 부르신다. 역
본마다 다른데, 옛 흠정역(KJV)은 '위로자'(Comforter)라고 하고, '조력자'(Helper)나
'상담자'(Counselor)로 옮긴 역본도 있다. 우리는 보통 상담자를 떠올리면 치료
를 목적으로 하는 상담자, 곧 정신과 의사를 생각하기 쉽다. 그러나 성령에
대해서는 '법률 상담자', 즉 변호사를 생각하면 의미가 더 잘 살아난다. 변호
사는 당연히 당신 편이고 당신에게 공감한다. 하지만 그는 당신을 위로하기
위해서만 존재하지 않는다. 당신의 변호사가 당신에게 힘들고 까다로운 요
구를 할 수도 있는데, 그것은 언제나 당신의 사건 해결을 돕고 당신의 대의
를 지지하기 위한 것이다. 변호사는 당신에게 말할 뿐 아니라, 당신을 대신
해서 권력자들에게 말하기도 한다.

• 보혜사

첫 번째 대언자, 예수님

● ⋯ 만일 누가 죄를 범하여도 아버지 앞에서 우리에게 대언자가 있으니 곧 의로우신 예수 그리스도시라 그는 우리 죄를 위한 화목 제물이니⋯ 요한일서 2:1-2

우리는 예수님이 요한복음 14장에서 성령을 또 다른 보혜사 혹은 대언자라고 칭하신 것에 주목해야 한다. 그러면 첫 번째 대언자는 누구인가? 신약에서 이 본문 외에 '파라클레테'(paraklete, 대언자)라는 단어가 쓰인 곳은 요한일서 2장 1절뿐이다. 즉 예수님이 첫 번째 대언자이시고 성령이 두 번째 대언자시다.

예수님은 아버지 앞에서 우리를 위해 자비를 구하시는 게 아니다. 물론 하나님이 그리스도를 보내 우리를 위해 죽게 하심은 무한한 자비로 행하신 일이지만, 그 자비는 이미 베풀어졌으므로 예수님이 구하실 필요가 없다.

변호사가 의뢰인의 무죄를 얻어내는 최선책은 법정의 동정심을 유발하는 게 아니라 의뢰인의 무죄를 법으로 입증하는 것이다. 정직하고 소신 있게 "법이 이러하니 내 의뢰인은 무죄 판결을 받아야 합니다"라고 말할 수 있어야 한다. 법정 분위기를 의지하지 말고 법 자체에 근거한 논리를 제시해야 한다. 예수님은 그런 논리를 제시하신다. "아버지, 내 백성이 죄를 범하였고 죄의 삯은 사망이나 제가 그 죗값을 치렀습니다. 여기 죽음의 표시인 내 피를 보십시오. 십자가에서 내가 죄의 형벌을 다 당했으니, 같은 죄를 두 번 벌하심은 의롭지 못합니다. 그래서 저는 그들을 위해 자비가 아니라 정의를 구합니다."

• 대언자

두 번째 대언자, 성령님

Jul.

28

● 보혜사 곧 아버지께서 내 이름으로 보내실 성령 그가 너희에게 모든 것을 가르치고 내가 너희에게 말한 모든 것을 생각나게 하리라 평안을 너희에게 끼치노니 곧 나의 평안을 너희에게 주노라 내가 너희에게 주는 것은 세상이 주는 것과 같지 아니하니라 너희는 마음에 근심하지도 말고 두려워하지도 말라 요한복음 14:26-27

놀랍게도 예수님이 당신의 대언자시라면 이제 하나님의 법은 완전히 당신 편이다. 예수님을 믿고 진심으로 "아버지, 예수님이 이루신 일로 인해 저를 받아 주세요"라고 기도하면, 예수님이 십자가에서 이루신 일이 당신의 계좌에 전가된다. 이제 당신은 하나님의 법에 따라 무죄 선고를 받는다. 그래서 요한은 예수님을 우리의 대언자이자 "의로우신" 분이라 칭한다. 이 말은 당신이 그리스도인이라면 하나님이 당신을 보실 때 "그리스도 안에서" 보신다는 뜻이다. 당신 홀로 있으면 당신은 죄인이지만, 예수 안에 있으면 당신도 온전하고 옳고 아름답고 의롭다. 대언자이신 예수님과 당신은 연합되어 있다.

첫 대언자의 직무는 하나님 아버지께 "내가 이룬 일을 보시고 이제 그들을 내 안에서 받아 주소서"라고 대변하신 일이다. 그렇다면 예수님이 그들에게 보내 주시겠다고 약속하신 또 다른 대언자, 곧 성령의 직무는 무엇인가?

첫 대언자는 당신을 위해 하나님께 말씀하셨지만, 두 번째 대언자는 당신을 위해 당신에게 말씀하신다. 고별 설교 내내 예수님이 밝히셨듯이, 성령의 직무는 예수님이 우리를 위해 행하신 모든 일, 그러나 사도들이 미처 깨닫지 못했던 모든 일을 "가르치고 생각나게" 하심으로써 구원 사역에 대한 그분의 모든 가르침을 사도들에게 깨우쳐 주시는 것이다. 성령은 그들의 손만 잡아 주거나 힘만 주시는 게 아니라 삶을 변화시키는 깊은 진리를 가르치실 것이다.

• 성령

온전한 기도

● 또 너희는 기도할 때에 외식하는 자와 같이 하지 말라 그들은 사람에게 보이려고 회당과 큰 거리 어귀에 서서 기도하기를 좋아하느니라 … 너는 기도할 때에 네 골방에 들어가 문을 닫고 은밀한 중에 계신 네 아버지께 기도하라 은밀한 중에 보시는 네 아버지께서 갚으시리라 마태복음 6:5-6

　영적인 성실함을 정확하게 진단하려면 은밀한 개인 기도 생활을 보면 된다고 예수님은 말씀하신다. 많은 사람이 문화적·사회적 기대에 맞추려고, 또는 어려운 형편으로 인한 걱정 때문에 기도하곤 한다. 그러나 아버지 하나님과 참으로 살아 움직이는 관계를 맺고 있는 이들은 외부의 압박이 없어도 기도하고자 하는 욕구가 내면에서 끓어 넘치는 법이다. 그들은 사회적·경험적 보상이 없어도 영적으로 메말랐다 싶으면 기도부터 시작한다.

　내면생활에 우선순위를 둔다는 말이 개인주의적인 삶을 의미하지는 않는다. 성경에서 말하는 하나님을 더 잘 알아가는 일은 혼자 힘으로 해낼 수 없다. 교회 공동체에 속해야 하고, 혼자 기도할 뿐 아니라 공동 예배에도 참석해야 하고, 고요히 묵상도 하고 성경 공부에도 참여해야 한다. 하나님을 알아가는 다양한 방식이 있지만 그 핵심은 공적인, 그리고 사적인 기도다.

　내 친구인 잭 밀러 목사는 누군가의 기도를 들어 보면 그가 하나님과 어떤 관계를 맺고 있는지 잘 알 수 있다고 했다. "그 사람이 하나님과 정말 대화하고 있는지 알 수 있지."

　잭의 말처럼, 풍성한 사적인 기도 생활을 하지 않아도 공적으로는 현란하고 신학적으로 건전하고 진지한 기도를 드리는 일이 얼마든지 가능하다. 그러나 하나님을 향해서 드리는 기도가 아니라 하나님과 더불어 대화하는 상황에서 어김없이 나타나는 특징만은 흉내 낼 수 없다. 개인적인 기도와 공적인 기도는 함께 깊이를 더해 가게 마련이다.

• 대화

영적 공허감과 기도

● 오늘도 이렇게 처절하게 탄식할 수밖에 없다니! 내가 받는 이 고통에는 아랑곳없이, 그분이 무거운 손으로 여전히 나를 억누르시는구나! 아, 그분이 계신 곳을 알 수만 있다면, 그분의 보좌까지 내가 이를 수만 있다면, 욥기 23:2-3, 새번역

대단하면서도 쉬운 일이란 없다. 기도가 어렵다는 사실을 인정하는 게 도리어 힘이 될 수도 있다. 이 문제로 씨름하고 있다면, 당신만 그런 것은 아니다.

19세기 신학자 오스틴 펠프스가 기도에 관해 쓴 책 The Still Hour(조용한 시간)은 첫 장 '하나님의 부재, 기도 속에서'로 시작하고, 욥기 23장 3절 "아, 그분이 계신 곳을 알 수만 있다면!"을 인용한다. 펠프스는 "'하나님의 부재'를 인식하는 일은 신앙생활에서 일상적으로 경험하는 일"이라고 전제한다. "형식을 갖춘 예배를 성실히 드려도, 눈에 보이지는 않지만 교제할 때 큰 기쁨을 주는 친구로서 하나님의 임재를 느끼는 경우는 간헐적"[57]이라는 것이다.

펠프스는 기도할 때 메마른 느낌이 드는 이유를 열거하고, 하나님이 곁에 계시지 않는 것 같은 느낌을 견뎌 내는 방법을 설명한다. 기도하기로 마음먹은 이들이 처음 맞닥뜨리는 건 자신의 영적 공허감이다. 이는 중요한 깨달음이다. 현대인은 공허한 상태에 너무 익숙해서, 기도를 시작하기 전까지는 그 공허함을 의식하지도 못한다. 기도의 위대함과 기도에 관한 약속에 대해 성경을 읽고 다른 사람들의 이야기를 듣고 나서야, 그들은 공허함을 실감하기 시작한다. 그러면 이내 외로움과 배고픔이 느껴진다. 그것은 하나님과 깊은 교제를 나누는 중요한 첫걸음이지만, 갈피를 못 잡고 헤매는 단계이기도 하다. 그러나 기도할 때 하나님을 추구하는 노력은 결국 열매를 맺는다. 하나님은 우리가 이렇게 예배하기를 원하시고(요 4:23), 기도는 무한히 풍요롭고 경이롭기 때문이다.

• 하나님의 부재

하나님을 아는 일

● 우리가 지금은 거울로 보는 것같이 희미하나 그때에는 얼굴과 얼굴을 대하여 볼 것이요 지금은 내가 부분적으로 아나 그때에는 주께서 나를 아신 것같이 내가 온전히 알리라   고린도전서 13:12

인간의 대화는 상당 부분, 아니 대부분 피상적인 편이다. 사람들은 자신을 노출하지 않은 채 정보를 주고받을 수 있다. 하지만 어떤 대화는 더 깊이 들어가고, 그러면 대화하고 있던 두 사람은 정보를 이야기할 뿐만 아니라 자신의 참모습까지 드러내고 있다고 서로 느낀다. 그러면 그 대화는 인격적인 만남이 되고, 서로 진정으로 연결된다.

성경은 하나님과 우리가 관계 맺는 일을 '아는 일, 그리고 알려지는 일'로 설명한다(갈 4:9; 고전 13:12). 그 일의 목적은 생각을 나눌 뿐 아니라 자기 자신을 나누는 것이다. 의사소통은 양방향으로 이루어지는 인격적 드러냄이며, 이는 말 그대로 '역동적 경험'을 만들어 낼 수 있다. J. I. 패커는《하나님을 아는 지식》에 이렇게 썼다.

> 하나님을 아는 일은 인격적인 교제의 문제다. … 하나님을 안다는 건 그분에 관해 아는 데 그치지 않는다. 하나님이 자신을 열어 보이고 우리를 교제의 대상으로 삼아 주시는 일이다. … 친구들끼리는 말과 행동을 통해 서로에게 마음을 연다. … 하나님을 안다는 건 지적이고 의지적일 뿐만 아니라 감정적인 관계이기도 하다. 그것이 아니라면 인격적인 존재들 사이에 깊은 관계가 형성될 수 없다.[58]

기도란 하나님이 거룩한 말씀과 은혜로 시작하신 대화를 끊임없이 이어가서 우리가 마침내 주님과 온전히 만나게 되는 일이다.

• 인격적 교제

8월
August

나를 살리려
죽음의 나무에 달리신 예수

A Year with
Timothy Keller

예수의 이름으로

● 너희가 내 이름으로 무엇을 구하든지 내가 행하리니 이는 아버지로 하여금 아들로 말미암아 영광을 받으시게 하려 함이라 내 이름으로 무엇이든지 내게 구하면 내가 행하리라 요한복음 14:13-14

예수님은 제자들에게 항상 예수님 자신의 이름으로 기도해야 한다고 가르치셨다(요 15:16; 16:23-24). "예수님의 이름으로 기도한다는 건 … 그분만이 하나님께 다가가는 유일한 방법이며 … 창조주와 소통하는 외길임을 인정하고 간구한다는 뜻이다."[59]

이는 본질적으로 자격과 접근권의 문제다. 내가 대학원에 다니던 시절, 강연을 마치고 나오는 유명 강사에게 조마조마한 마음으로 다가가던 기억이 난다. 그 강사는 수많은 학생과 의례적인 인사를 주고받고 있었지만 정신은 딴 데 가 있는 것처럼 보였다. 하지만 내가 그 강사의 친구 한 분을 알고 있어서 그 이름을 대자 그는 단박에 내게 관심을 보이며 따뜻하고 자상하게 내 말을 받아 주었다. 내 이름이 아니라 우리 둘 다 알고 있는 지인의 이름을 내세운 덕에 환대를 받을 수 있었다. 우리가 하늘 아버지께 어떻게 다가가야 하는지 어렴풋이 보여 주는 실마리가 여기에 있다.

우리가 그리스도를 알고 있기에, 다시 말해 '그리스도 안에' 있기에 우리가 기도할 때마다 하나님은 우리에게 사랑과 관심을 쏟아부으신다.

• 기도

예수님이 가르치신 기도

● 예수께서 한 곳에서 기도하시고 마치시매 제자 중 하나가 여짜오되 주여 요한이 자기 제자들에게 기도를 가르친 것과 같이 우리에게도 가르쳐 주옵소서   누가복음 11:1

당신이 철길 옆에 사는 지인을 난생처음 찾아갔다고 생각해 보자. 한가하게 앉아서 대화를 나누는데 갑자기 기차가 굉음을 내며 쏜살같이 지나간다. 앉은 자리에서 고작 몇 미터 떨어진 곳을 기차가 지나가는 바람에 당신은 기겁해서 소리친다. "저게 도대체 뭐지?" 하지만 집주인인 친구는 되묻는다. "무슨 일인데?" 당신은 다급하게 대꾸한다. "저 소리 말이야! 난 뭐가 벽을 뚫고 들어오는 줄 알았어." 친구는 그제야 태평스럽게 설명한다. "아, 저거? 그냥 기차야. 난 이제 익숙해져서 기차가 가는지 오는지 신경도 안 써." 당신은 말문이 막힌다. "아니, 어떻게 그럴 수가 있지?" 그러나 얼마든지 그럴 수 있다.

주기도문도 마찬가지다. 온 세상은 신령한 체험을 갈구하고, 예수님은 몇 마디 말을 주셔서 그것을 도구로 삼게 하신다. 이를테면 주님은 이렇게 말씀하시는 셈이다. "온 우주를 다스리시는 하늘 아버지와 날마다 마주 앉아 그분 앞에 마음을 다 쏟아 놓고 그분이 귀 기울여 들으시고 사랑해 주시는 경험을 하고 싶은가?" 물론 우리는 "네, 그렇습니다"라고 대답한다.

예수님은 말씀하신다. "그 답은 주기도문 속에 모두 들어 있다." 우리는 무슨 뜻인지 알 수 없다는 듯 반문한다. "어디에 … 들어 있다고요?" 우리는 주기도문이 너무 익숙해서 거기엔 신경도 쓰지 않았기 때문이다. 하지만 그리스도인에게 필요한 것은 예수님이 가르치신 기도 안에 다 있다.

• 주기도문

아버지 하나님의 사랑을 신뢰하다

● 하늘에 계신 우리 아버지여 마태복음 6:9b

어떻게 하면 '지나친 익숙함'이라는 치명적 위험을 피할 수 있을까? 오랜 세월 성찰하고 훈련하면서 주기도문을 깊이 파헤친 세 명의 위대한 멘토, 곧 아우구스티누스, 루터, 칼뱅의 말을 들어 보는 것도 좋은 방법이다. 그들은 주기도문이 어떤 뜻이라고 생각했을까?

"하늘에 계신 우리 아버지"는 사실상 간구가 아니고, 부르는 말이다. 칼뱅은 하나님을 '아버지'라고 부르는 행위는 '예수님의 이름으로' 기도하는 것과 다름없다고 설명한다. "그리스도 안에서 은혜의 자녀로 입양되지 않는 한, 누가 감히 하나님 아들의 영광을 주장할 수 있겠는가?"[60] 루터도 이 구절은 하나님과 곧장 이야기를 나누려는 의도가 아니라 우리가 기도로 들어가기 전에 자신의 처지를 되새기고 그리스도 안에서 갖게 된 위치를 자각하려는 부름말이라고 보았다. "하나님은 엄중한 심판을 받아 마땅한 우리에게 … 그분을 아버지로 여기고 또 그렇게 부르라고 가르쳐 주셨습니다"[61]라고 고백하는 것이다.

그러므로 "아버지 하나님의 사랑을 의지하고 평안을 누리는 믿음을 마음에 심어 주시길" 구하는 것으로 기도를 시작해야 한다. 칼뱅 역시 "한없이 다정한 '아버지'라는 이름으로 인해 하나님은 우리를 모든 불신에서 벗어나게 하신다"라고 말했다.

• 하나님 아버지

하나님의 거룩하신 이름을 경외하다

● 이름이 거룩히 여김을 받으시오며 마태복음 6:9c

현대 영어권 사람들은 이 첫 번째 간구를 이해하기 어려울지 모른다. '거룩히 여김을 받다'라는 동사가 요즘 거의 쓰이지 않고 세속화된 사회에서는 '거룩함'이란 개념 자체가 낯설기 때문이다. 루터가 지적했듯 논리적인 문제도 발목을 잡는다. "하나님의 이름이 거룩하게 되기를 구한다는 건, 무얼 기도한다는 얘긴가? 주님의 이름은 이미 거룩하지 않은가?" 곧바로 루터는 하나님의 이름이 거룩하다는 데는 재론의 여지가 없지만 "하나님의 이름을 사용하는 우리의 마음가짐이 항상 거룩한 건 아니다"[62]라는 답을 달았다. 그리고 세례를 받은 그리스도인이라면 누구나 하나님의 이름을 지녔다는 사실을 지적한다. 우리는 존귀한 이름을 품은 존재로서 선하고 거룩하신 하나님을 대표하므로, 그 호칭에 누를 끼치지 않도록, 선하고 거룩해질 수 있도록 힘을 달라고 꾸준히 기도해야 한다는 것이다.

하나님이 "우리 가운데 영광을 받으신 것처럼 열방 가운데서 영화롭게 되시기를"[63] 소원하는 아우구스티누스의 기도에 깊이 공감하면서도 루터는 이 기도에서 두 번째 의미를 찾았다. 곧, 하나님께 대한 믿음이 온 세상에 두루 퍼지고, 그리스도인들이 그리스도를 닮은, 한마디로 거룩한 삶을 살아서 주님을 드높여 드리고 더 많은 이들이 하나님께 영광을 돌리며 그분의 이름을 부르게 되길 요청하는 의미로 받아들였다.

칼뱅은 이에 동의하면서 생각 하나를 덧붙였다. "우리가 은혜를 짓밟아 하나님의 영광을 조금이라도 가린다면, 그보다 가당찮은 짓이 어디 있겠는가?" 하나님의 이름을 거룩하게 한다는 것은 그저 착하게 사는 차원을 넘어 하나님께 깊이 감사하는 기쁜 마음을 품고, 하나님의 아름다움에 경이감을 품는다는 뜻이다.

• 하나님의 이름

정의와 평화가 있는 미래를 갈망하다

Aug. 5

● 나라가 임하시오며 마태복음 6:10a

아우구스티누스는 지금도 하나님은 변함없이 세상을 통치하시지만, 한 사코 눈을 뜨지 않으려는 이에게는 사방이 암흑천지인 것처럼, 사람이 하나님의 통치를 거부하는 것도 가능하다고 말한다.[64] 사실, 인간의 모든 문제의 원인이 여기에 있다. 인간은 창조주를 섬기도록 지음받았기 때문에, 마땅히 주님이 계셔야 할 자리에 다른 것을 두고 섬기면 영적, 심리적, 문화적, 심지어 물질적인 문제들이 줄을 잇게 마련이다. 그러므로 우리에게 하나님 나라가 '임해야' 한다.

칼뱅은 하나님 나라가 임하는 데는 두 가지 경로가 있다고 보았다. 하나는 "정욕을 바로잡아 주시는 성령님"이고, 다른 하나는 "우리의 생각을 빚어 주는 하나님의 말씀"이다.[65] 이것은 '주권'과 관련한 간구다. 왕이신 하나님이 우리의 감정과 욕구, 사상과 헌신을 비롯한 삶의 모든 영역에 왕권을 행사해 주시길 구하는 것이다. 이는 토머스 크랜머의 기도를 떠올리게 한다. "우리가 주님이 약속하신 것을 얻게 하시고, 주님이 명령하신 것을 우리가 사랑하게 하소서." 하나님이 우리를 온전히 다스려 주셔서 우리 안에 온 마음을 다해 기쁨으로 순종하고자 하는 생각이 가득하길 구하는 것이다.

루터는 여기에 외면적이고 미래적인 관점을 덧댔다. 이 세상에서는 하나님의 통치가 부분적으로 드러날 뿐이지만, 장차 다가올 하나님 나라에서는 그 통치가 완전하게 실현될 것이다. 온갖 고통과 상처, 가난과 죽음은 사라진다. 그러므로 "나라가 임하시오며"라는 기도는 "정의와 평화가 흘러넘치는 미래의 삶을 갈망하는" 간구다. "앞으로 임할 하나님 나라는 하나님이 우리 가운데 시작하신 나라의 완결과 완성이기를" 구하는 것이다.[66]

• 하나님 나라

하나님의 완전하신 뜻에 복종하다

Aug. 6

● 뜻이 하늘에서 이루어진 것같이 땅에서도 이루어지이다 마태복음 6:10b

　　루터는 세 번째 간구의 의미를 생생하고 직설적으로 설명한다. "우리에게 은혜를 주셔서 온갖 질병과 가난, 수치와 고통, 역경을 기꺼이 견디며, 그 가운데서 주님의 거룩한 뜻이 우리의 뜻을 십자가에 못 박고 있음을 알게 하소서."**67** 우리는 이처럼 담대하게 말하기를 주저할 수도 있다. 하지만 주기도문 첫 구절이 갖는 중요성만은 분별할 수 있다. 하나님이 우리 아버지이심을 깊이 확신하지 않는다면, 감히 "뜻이 이루어지이다"라고 기도할 수 없다. 어린아이에게 아버지는 종종 속을 알 수 없는 존재다. 네 살배기 아이는 이것도 저것도 하지 말라는 아버지의 갖가지 금지 명령을 납득하지 못하지만, 그저 아버지를 믿는다. 하나님을 아버지로 신뢰하고 의지할 때만, 우리는 인내하고 감사하며 어려움을 견딜 은혜를 구할 수 있다.

　　하나님이 정말 믿을 만한 분인지 어떻게 아느냐고 묻는 이들이 있다. 하지만 예수님 자신이 겟세마네 동산에서 누구도 당한 적 없는 참담한 처지에 몰렸을 때 주기도문의 이 부분을 고백하셨다는 사실이 답이 될 수 있다. 예수님은 자신의 욕구를 좇는 대신 아버지의 뜻에 따랐고 결국 우리를 구원하셨다. 이것이 하나님을 신뢰할 수 있는 이유다.

　　지금까지 주기도문에 담긴 첫 세 가지 간구를 살펴보았다. 아우구스티누스, 루터, 칼뱅은 이 세 가지 간구가 초반에 배치된 사실이 갖는 중요성에 주목했다. 기도의 도입부는 모두 하나님께 초점을 맞추고 있다. 이쯤 되면 주기도문의 절반을 지나왔고 우리의 시각도 하나님의 위대하심을 바라보는 쪽으로 재구성되고 명확해졌으니, 이제 우리와 세상의 필요를 돌아볼 수 있다.

• 하나님 뜻

공급하심과 정의를 구하다

● 오늘 우리에게 일용할 양식을 주시옵고   마태복음 6:11

우리는 초반에 하나님을 우리의 참다운 양식이요 부요함이요 행복으로 인정해서 세 가지 간구를 드렸기 때문에, 이제 예수님은 우리의 필요를 채우기 위한 '기도 제목'을 이 새로운 마음의 틀에 맞춰 정리하라고 하신다.

아우구스티누스는 온전한 기도란 우리가 너무 가난해서 하나님의 이름을 욕되게 하지도 않고, 너무 부유해서 하나님을 잊어버리지도 않게 "오직 필요한 양식으로 나를 먹이시옵소서"라는 잠언 30장 8절처럼 되어야 한다고 믿는다. [68]

칼뱅은 일용할 양식에 관해 언급하며 "하나님의 영광을 떠나지 말고 … 오직 하나님의 영광을 위한 방편이 되는 것을 구하라"[69]라고 강조하며 아우구스티누스와 같은 입장을 취했다. 그리스도인들은 긍정적인 응답을 기대하며 자기 필요를 들고 하나님 앞에 나오지만, 먼저 주님 한 분만으로 만족하며 그분만을 신뢰하는 마음가짐이 전제되어야 한다.

루터는 이 기도에 사회적인 차원을 더했다. 누구나 일용할 양식을 얻으려면 경제가 활성화되어야 하고, 취업률이 높아야 하고, 정의로운 사회가 구현되어야 한다고 보았다. 그러므로 "우리(이 땅에 사는 모든 이들)에게 일용한 양식을 주시옵고"는 사업과 거래, 노동 시장에서 '가난한 이들을 짓밟고 하루 끼닛거리를 앗아 가는 악의적인 착취'에 대적하는 기도다. 루터는 불의한 짓을 하는 이들을 향해 이 기도의 힘을 역설하며 경고를 보낸다. "그들에게 교회가 중보하고 있음을 똑똑히 알려 주고 … 주기도문의 이 간구가 그들에게 불리하게 작용하지 않도록 그들을 주의시켜야 한다."[70] 루터에게는 일용할 양식을 위한 기도가 번영과 공정한 사회 질서를 갈구하는 간구였다.

• 양식

은혜를 받고 은혜를 베풀다

● 우리가 우리에게 죄지은 자를 사하여 준 것같이 우리 죄를 사하여 주시옵고 마태복음 6:12

다섯 번째 간구는 우리와 하나님, 그리고 우리와 다른 사람의 관계를 모두 아우른다. 오랜 세월에 걸쳐 죄와 용서의 문제를 두고 치열한 씨름을 벌인 루터는 날마다 기도하며 하나님의 용서를 구하라고 목소리를 높인다.

> 누구든 스스로 의롭다 여기고 남을 멸시하는 이가 있으면 … 이 간구와 마주서서 자신을 살피게 하라. 자신이 남보다 나을 게 없으며, 누구라도 하나님의 임재 안에서 머리를 조아릴 수밖에 없고 겸손이라는 낮은 문을 지나 용서의 기쁨 가운데로 들어가야 함을 깨달을 것이다.[71]

아울러 루터는 이 간구를 영적 실상에 대한 테스트로 여겼다. 고백과 회개가 참을 수 없을 정도로 모욕적인 것이라고 여겨진다면, 그것은 "마음이 하나님 앞에 바로 서 있지 않으며 … 복음을 확신하지 않는다는 뜻이다." 꼬박꼬박 죄를 뉘우치고 고백하는데도 삶에서 확신과 기쁨이 커지지 않는다면, 은혜로 구원을 받는다는 신앙의 본질을 제대로 이해하지 못한 까닭이다.

예수님은 우리와 하나님의 관계를 우리와 다른 이들과의 관계에 관련지어 판단하신다. 이는 두 방향으로 작용한다. 자신의 죄를 깨닫지 못하고 하나님께 용서를 구하지 않는다는 것은 누군가에게서 부당한 대우를 받았을 때 상대를 용서하거나 그의 유익을 구하지 않는다는 뜻이다. 따라서 해소되지 않은 쓰라린 상처는 하나님과 올바른 관계에 있지 않다는 신호다. 또한, 원한을 그대로 품고 있다면, 우리는 다른 사람을 용서하지 않으면서 자신의 죄는 하나님께 용서받기를 구하는 위선자임을 직시해야 한다.

• 용서

유혹을 이기고 주님을 신뢰하다

● 우리를 시험에 들게 하지 마시옵고   마태복음 6:13a

　아우구스티누스는 이 간구를 두고 중요한 구분을 한다. "이는 시험을 받지 말아야 한다는 게 아니라 시험에 끌려들어가선 안 된다는 기도다."[72] 실험하고 검증한다는 의미의 '시험'은 불가피할 뿐만 아니라 바람직하기까지 하다. 성경은 고난과 환난을 심령의 숱한 불순물을 '태워 없애서' 더 건강한 자기 인식과 겸손, 참을성과 믿음, 사랑을 갖게 하는 도가니로 풀이한다.

　하지만 예수님이 말씀하신 "시험에 들지 않게"(마 26:41)는 죄에 굴복할 가능성이란 개념을 염두에 둔 표현이다. 칼뱅은 '오른편'과 '왼편', 두 범주로 나누어 시험을 열거한다. 오른편에서 오는 시험은 '부, 권력, 명예' 따위로 우리에게는 하나님이 필요 없다고 생각하는 죄에 빠지게 몰아가는 유혹이다. 왼편에서 오는 시험은 '가난, 수치, 멸시, 고통'처럼 우리를 절망하게 하고, 소망을 완전히 잃어버리게 하고, 분노에 차서 하나님에게서 등을 돌리게 만드는 시험이다.[73]

　번영과 역경은 모두 쓰라린 시험이 될 수 있으며, 주님을 향한 신뢰를 버리고 자기 자신에게 몰두하거나 다른 무언가를 소유하고자 하는 '과도한 욕구'에 집중하며 살도록 유혹하는 요소들을 제각기 가지고 있다.[74]

• 시험

악에 대한 하나님의 승리를 구하다

● 다만 악에서 구하시옵소서 (나라와 권세와 영광이 아버지께 영원히 있사옵나이다 아멘)
마태복음 6:13b

칼뱅은 이 구절을 "우리를 시험에 들게 하지 마시옵고"와 한데 묶어 여섯 번째이자 마지막 간구로 취급했다. 그러나 아우구스티누스와 루터는 "악에서 구하시옵소서"를 별도로 보고 일곱 번째 기도로 여겼다. 원문은 "악마(사탄)에게서 구하시옵소서"로도 번역할 수 있다. 루터는 이를 두고 "악한 나라에서 뿜어 나오는 구체적인 폐해 … 가난, 수치, 죽음 … 한마디로 우리를 위협하는 모든 것에 맞서는 기도"라고 썼다.[75] 아우구스티누스는 내면에 잔존하는 악에서 구해 주시길 간청하는 게 여섯 번째 간구라면, 일곱 번째는 외부의 악, 곧 세상의 사악한 세력, 특히 호시탐탐 우리를 해칠 기회를 노리는 적들로부터 보호해 주시길 구하는 기도라고 해석했다.[76]

마지막으로, 마무리 찬양에 해당하는 구절이 있다. "나라와 권세와 영광이 영원히 있사옵나이다, 아멘!" 아우구스티누스는 이 부분을 언급하지 않는다. 초기 성경 문서나 라틴어로 번역된 불가타성경에는 없는 구절이기 때문이다. 루터도 이 구절을 다루지 않는다. 반면에 칼뱅은 "라틴어판에 없는" 구절임을 알면서도 "이 구절이 여기에 있는 게 지극히 타당하므로 제외하지 말아야 한다"라고 믿었다. 그리스도인은 결핍과 역경, 한계 따위에 깊이 들어가지만 마침내 하나님이 온전히 채워 주신다는 진리로 되돌아오게 마련이다. 세상의 그 무엇도 나라와 권세와 영광을 사랑 많으신 하늘 아버지의 손에서 낚아챌 수 없음을 기억하면 우리 마음은 '평온한 안식'에 도착할 수 있다.

• 찬양

서로 함께 기도하라

- 서로 불러 이르되 거룩하다 거룩하다 거룩하다 만군의 여호와여 그의 영광이 온 땅에 충만
하도다 하더라 이사야 6:3

예수님이 가르쳐 주신 기도가 복수형으로 주어졌다는 사실은 잊지 말아야 할 중요한 점이다. 그러므로 기도는 오롯이 개인적인 일이 아니다. 예배든 비공식적인 자리든, 함께 모여 힘닿는 데까지 다른 이들과 더불어 기도하는 게 바람직하다. 어째서 그런가? 하나님이 시작하신 대화를 이어 가는 데 기도의 본질이 있고 하나님을 더 잘 아는 게 그 목적이라면, 공동체 안에서 함께 간구하는 형태가 가장 효과적일 수밖에 없다.

C. S. 루이스는 개인을 이해하기 위해서는 공동체가 필요하다고 주장한다. 자신의 교우 관계를 되짚어 보면, 한 친구가 가진 인성의 일부는 다른 친구와의 상호 작용을 통해서만 드러나더라는 것이다. 두 번째 친구가 없으면, 첫 번째 친구의 보이지 않던 일면을 영원히 놓치게 된다. "혼자 힘으로 한 인간을 총체적으로 확인할 수 있을 만큼 나는 대단한 존재가 아니다. 그의 모든 모습을 드러내려면 나 자신의 빛 외에 또 다른 빛들이 필요하다."[77] 평범한 한 인간을 알기 위해서도 공동체가 필요하다면, 예수님을 알기 위해서라면 더 그렇지 않겠는가? 동료들과 함께 기도하면, 미처 알지 못했던 예수님의 다양한 면을 보고 들을 수 있다.

C. S. 루이스는 이사야 6장에서 천사들이 서로 "거룩하다, 거룩하다, 거룩하다!"라고 외쳤던 까닭이 여기에 있다고 본다. 천사들은 하나님의 영광을 제각기 한 면씩 목격하고 동료들과 공유했다는 것이다. 주님을 아는 것이 집단적이고 누적되고 가중되는 일이라면, 기도와 찬양 역시 공동 작업이 되어야 한다. "우리가 하늘의 양식을 더 많이 나눌수록, 우리 모두 더 풍성히 갖게 된다."[78]

• 공동체

가르침과 권면

- 하나님이 말씀하시기를 말세에 내가 내 영을 모든 육체에 부어 주리니 너희의 자녀들은 예언할 것이요 너희의 젊은이들은 환상을 보고 너희의 늙은이들은 꿈을 꾸리라   사도행전 2:17

　호주 신학자 피터 애덤은 우리가 "설교"라고 부르는 것, 즉 주일날 한자리에 모인 회중을 향해 선포하는 공적인 대중 연설은 성경이 "말씀 사역"(ministry of the Word; 행 6:2, 4[NIV])이라고 표현한 일의 한 형태일 뿐이라고 주장한다.[79]

　오순절 성령 강림 현장에서 베드로는 "하나님이 그분의 영을 모든 사람에게 부으실 것이니, 너희 자녀들은 예언할 것이다"라는 선지자 요엘의 말을 인용했다(행 2:17). *Theological Dictionary of the New Testament*(신약 신학 사전)에서 게르하르트 프리드리히는 영어 신약성경에 "preaching"(전도, 복음 전파, 설교) 혹은 "proclaiming"(복음 전파, 선포)으로 번역된 헬라어 단어가 최소 33가지라고 밝힌다. 애덤이 조사한 바로는, 이 단어 전부가 대중 연설 행위를 지칭하지는 않는다.[80] 예를 들어, 사도행전 8장 4절은 사도들 말고도 수많은 그리스도인이 여기저기 다니며 메시아를 선포했다고 기록한다. 이 말은 모든 신자가 청중 앞에 일어서서 설교했다는 의미가 아니다. 브리스길라와 아굴라는 아볼로를 집에 데려와 그리스도의 말씀을 설명해 주었다(행 18:26).

　바울은 모든 신자에게 그리스도의 말씀이 그들 속에 풍성히 거하게 하고, 모든 지혜로 서로 가르치며 권면하라고 당부한다(골 3:16). 모든 그리스도인이 '가르침'(디다스칼리아, didaskalia; 가르침을 뜻하는 일반적 헬라어)과 '권면'(누쎄테오, noutheteo; 삶의 변화를 촉구하는 강한 조언을 뜻하는 일반적 헬라어)을 통해 성경의 교훈을 다른 이들에게 전할 수 있어야 한다는 말이다. 이는 주로 일대일 대화에서 이루어지며, 비공식적이지만 신중하게 이루어져야 한다.

　• 말씀 사역

주께서 마음을 열어 주시다

● 안식일에 우리가 기도할 곳이 있을까 하여 문 밖 강가에 나가 거기 앉아서 모인 여자들에게 말하는데 두아디라 시에 있는 자색 옷감 장사로서 하나님을 섬기는 루디아라 하는 한 여자가 말을 듣고 있을 때 주께서 그 마음을 열어 바울의 말을 따르게 하신지라 사도행전 16:13-14

사도행전 16장에는 바울이 빌립보에서 교회를 개척하는 기사가 있다. 그때 바울은 여성들에게 복음을 제시했는데, 그중 한 사람이었던 루디아가 그리스도를 믿게 되었다. 주께서 그 마음을 열어 바울의 말을 따르게 하셨기 때문이다. 모든 사람이 같은 설교를 들었지만, 루디아만 완전히 변화되었다. 이 대목을 읽으면서, 하나님은 오직 현장에서 전해진 메시지를 통해서만 역사하시고, 그전에 바울이 이 메시지를 공식화할 때는 하나님이 그를 돕지 않으셨다고 생각하면 안 된다.

어쨌든 그럼에도 이 본문에서 알 수 있는 내용은, 설교가 각 사람에게 다른 영향력을 미치는 이유는 하나님의 영의 역사 때문이라는 것이다. 바울이 설교 행위를 일컬어 청중에게 "말로만 … 아니라 또한 능력과 성령과 큰 확신으로"(살전 1:5) 복음이 이르는 것이라고 설명할 때, 아마도 그는 루디아를 염두에 두었을 것이다.

나는 나쁜 설교와 좋은 설교의 차이는 대체로 설교자 때문이라고 선불리 단정했다. 설교자의 은사와 기술, 특정 메시지에 대한 설교자의 준비 상태가 나쁜 설교와 좋은 설교를 가른다고 말이다.

그런데 나쁜 설교문과 좋은 설교문의 차이는 대체로 설교자의 책임이지만, 좋은 설교와 위대한 설교의 차이는 설교자와 더불어 청중의 마음에 역사하시는 성령의 역사에 달려 있다. 빌립보서의 메시지는 바울에게서 나왔지만, 듣는 이들을 향한 설교의 효력은 성령으로부터 나왔다.

• 성령의 역사

십자가에 못 박히신 예수만

● 형제들아 내가 너희에게 나아가 하나님의 증거를 전할 때에 말과 지혜의 아름다운 것으로 아니하였나니 내가 너희 중에서 예수 그리스도와 그가 십자가에 못 박히신 것 외에는 아무 것도 알지 아니하기로 작정하였음이라 고린도전서 2:1-2

바울이 편지를 쓸 당시, 설교할 수 있는 성경이라곤 우리가 지금 구약이라고 부르는 게 전부였다. 그런데 구약 본문을 설교하면서도 바울은 예수 외에는 아무것도 알지 아니했다고 말한다. 구약 어디에도 예수님의 이름이 명시적으로 드러나지 않는데 말이다. 이것이 어떻게 가능했을까? 바울은 모든 성경이 궁극적으로 예수님과 그분의 구원을 가리킨다고 이해했다. 모든 선지자, 제사장, 왕이 '궁극적인 선지자, 제사장, 왕'을 향해 빛을 비춘다는 것이다. 성경을 '남김없이 온전히' 전한다는 것은 곧 그리스도를 성경 메시지의 중심 주제와 본질로 설교하는 것이었다.

바울에게는 항상 하나의 주제만 있었으니, 바로 예수다. 성경 어디를 펼치더라도, 예수가 중심 주제다. 심지어 주제의 구성 요소도 설교자인 우리에게 완전히 일임된 것은 아니다. 설교자는 예수에 관해 성경 본문 자체가 말하는 주제들과 요지들을 제시해야 한다. 다시 말해, 설교자는 '스스로를 예수에게 제한시켜야' 한다. 설교자로서 내 40년 경험으로 얘기하건대, 그렇다고 해서 이 한 분 개인의 이야기를 앵무새처럼 반복할 필요는 없다. 그분의 이야기는 온 우주 역사와 인류 전체의 역사를 포괄하는 것이요, 우리 각자의 인생 줄거리에 대한 유일한 해명이기 때문이다.

바울은 어떤 본문을 설교하든 예외 없이 예수에 관해 설교했고, 그것도 단지 귀감이 되는 존재가 아니라 구주로 선포했다. "그리스도 ⋯ 예수는 ⋯ 우리에게 지혜와 의로움과 거룩함과 구원함이 되셨으니"(고전 1:30).

• 성경의 주제

각 문화에 맞춰 설교하기

- 유대인은 표적을 구하고 헬라인은 지혜를 찾으나 우리는 십자가에 못 박힌 그리스도를 전하니 유대인에게는 거리끼는 것이요 이방인에게는 미련한 것이로되 오직 부르심을 받은 자들에게는 유대인이나 헬라인이나 그리스도는 하나님의 능력이요 하나님의 지혜니라   고린도전서 1:22-24

　　바울은 헬라 문화와 유대 문화 내러티브의 차이점을 지혜롭게 요약한다. 각 사회는 그 안에 속한 구성원의 정체성과 전제를 형성하는 세계관이나 세계관적 역사, 즉 "문화 내러티브"를 가지고 있다. 헬라인이 철학과 예술과 지적인 성취를 중시했다면, 유대인은 능력과 실질적인 기술을 중시했다.

　　바울은 이러한 두 문화 내러티브에 예수의 십자가를 가지고 도전한다. 고도의 사고나 철학이 아니라 십자가에 못 박힌 구원자를 통해 나온 구원은 헬라인이 숭상하는 지혜에 반하는 것이었다. 즉 그건 미련한 것이었다. 또한 능력이나 로마를 압도하는 구원자가 아니라 십자가에 못 박힌 구주로부터 나온 구원은 유대인들이 중시하는 힘에 반하는 것이었다. 그것은 약함이었다.

　　바울은 각 문화의 핵심 열망을 분석하고 거기에 맞게 메시지를 조율한다. 바울은 헬라 청중에게 말한다. "지혜를 원하는 여러분, 십자가를 보십시오. 십자가는 하나님이 의로운 분이면서 '동시에' 믿는 자들을 의롭게 하시는 분이 되게 하지 않았습니까!" 유대 청중을 향해서는 이렇게 말했다. "능력을 원하는 여러분, 십자가를 보십시오. 십자가가 하나님으로 하여금 우리의 가장 강력한 적인 죄와 죄책, 죽음 자체를 물리치실 수 있게 하지 않았습니까? 우리를 멸망시키지 않고도 말이죠. 이것이야말로 궁극적인 힘이 아닙니까!"

　　바울처럼 우리도 사람들의 문화적 열망을 매개로 그들을 초대하고 사로잡음으로써, 마침내 그들이 진정한 지혜와 의로움, 참된 능력과 아름다움이신 그리스도께 나아오도록 초청해야 한다.

• 내러티브

성령의 능력으로 그리스도를 설교하다

● 내 말과 내 전도함이 설득력 있는 지혜의 말로 하지 아니하고 다만 성령의 나타나심과 능력으로 하여 너희 믿음이 사람의 지혜에 있지 아니하고 다만 하나님의 능력에 있게 하려 하였노라 고린도전서 2:4-5

19세기 영국 설교자 찰스 스펄전은 가끔 불평하기를, 어떤 설교는 "매우 지적이고 … 세련되고 장엄하기까지 한데" 온통 도덕적 진리와 윤리적 실천, 영감이 풍성한 개념으로 가득할 뿐 "그리스도에 관해서는 단 한마디도 없다"라고 했다. 그의 평가는 막달라 마리아의 말을 연상시킨다. "그들이 나의 주님을 데려가 어디다 두었는지 모르겠다. 나는 그리스도에 대해 아무것도 듣지 못했다!"[81] 그가 옳다. 예수를 설교하지 않은 채, 단지 '이야기 속 도덕률'이나 영원한 원리, 혹은 좋은 충고만 설교한다면, 사람들은 진정으로 하나님 말씀을 이해하거나 사랑하거나 순종하지 못할 것이다.

그래서 우리에겐 두 가지 과업이 있다. 설교를 통해, 우리는 하나님의 진리의 말씀을 섬기고 사랑해야 하고, 또 한편으로는 우리 앞에 있는 사람들을 섬기고 사랑해야 한다. 매시간 성경 본문을 선명하게 설교하고 매시간 복음을 설교함으로써, 우리는 말씀을 섬긴다. 또한 우리는 문화와 마음을 향해 설교(preach)함으로써 사람들에게 다가가야 한다(reach).

그때 하나님만이 하시는 일이 있다. 하나님은 "성령의 나타나심과 능력"(고전 2:4)으로 듣는 이들이 말씀을 깨닫도록 해 주신다.

어떻게 이런 일이 가능할까? 우리가 그리스도를 설교할 때 이 모든 일이 일어난다. 성경 본문을 진실하게 설교하고, 매시간 복음을 설교하며, 문화를 지혜롭게 다루고, 사람들의 마음에 다가가며, 이 땅에서 성령의 사역에 협력할 때 말이다. 모든 성경 본문에서 우리가 그리스도를 풍성하게 설교할 때 그 일은 현실이 된다.

• 설교

하나님 말씀에 대한 확신

Aug.
17

- 여호와께서 그의 손을 내밀어 내 입에 대시며 여호와께서 내게 이르시되 보라 내가 내 말을 네 입에 두었노라 보라 내가 오늘 너를 여러 나라와 여러 왕국 위에 세워 네가 그것들을 뽑고 파괴하며 파멸하고 넘어뜨리며 건설하고 심게 하였느니라 하시니라 예레미야 1:9-10

    성경이 진리임을 일반적으로 아는 것뿐만 아니라, 성경에서 하나님의 말씀은 그분의 행위와 동일하다는 것을 아는 게 중요하다. 하나님이 "빛이 있으라"(창 1:3)라고 말씀하실 때, 빛이 있었다. 하나님이 누군가를 새 이름으로 부르실 때, 그것은 자동적으로 그 사람을 새롭게 만들었다(창 17:5). 성경은 하나님이 말씀하시고 뒤이어 행동하셨다거나, 이름을 부르시고는 뒤이어 새롭게 만드셨다고 말하지 않고, 하나님의 말씀과 행동은 같은 것이었다고 말한다. 그분의 말씀은 곧 그분의 행동이요, 그분의 신적인 능력이다.[82]

    그런데 오늘날 우리는 선지자도 아니고 예수님의 발아래 앉았던 사도들도 아닌데, 어떻게 하나님의 동적인(active) 말씀을 들을 수 있을까? 선지자들의 입에 담긴 하나님의 말씀은(렘 1:9-10), 오늘날 우리가 그것을 읽을 때도 '여전히' 우리를 향한 하나님의 말씀이다(렘 36:1-32). 워드(Ward)는 설교자가 이것을 인식하는 게 매우 중요하다고 말한다. "성령을 통해 계속되는 하나님의 역동적인 행동"은 "성경의 언어와 의미에 최우선적으로 연관되어" 있다.[83] 다른 말로, 우리가 성경 언어의 의미를 드러낼 때, 하나님은 우리 삶에 강력하게 역사하신다. 성경은 단지 정보가 아니다. 성경은 살아 있고 활력이 있다(히 4:12). 언어 형태로 된 하나님의 능력이다.

• 성경 언어

Aug. 18

성경은 한 가지 이야기

● 이르시되 미련하고 선지자들이 말한 모든 것을 마음에 더디 믿는 자들이여 그리스도가 이런 고난을 받고 자기의 영광에 들어가야 할 것이 아니냐 하시고 이에 모세와 모든 선지자의 글로 시작하여 모든 성경에 쓴 바 자기에 관한 것을 자세히 설명하시니라 누가복음 24:25-27

우리가 매번 그리스도를 설교할 때에만 비로소 전체 성경이 어떻게 서로 맞아 들어가는지를 보여 줄 수 있다. 예수님이 엠마오로 가는 길에서 두 제자를 만났을 때, 그들은 메시아가 십자가에 달렸다는 이유로 실의에 빠져 있었다. 예수님은 나중에 다락방에서 사도들과 다른 제자들에게도 나타나셔서 같은 것을 설명해 주셨는데, 바로 예수님 자신이 "모세의 율법과 선지자의 글과 시편"(눅 24:44) 이해의 열쇠라는 가르침이었다. 예수님은 제자들이 혼란스러워 하는 이유가, 구약이 예수님과 그분의 구원에 관한 것임을 알지 못하기 때문이라고 질책하셨다.

사도인 성경 저자들은 히브리 성경 해석에서 다분히 '그리스도 중심적'이다. 그들은 가끔 시편을 그리스도의 말로 인용하는데, 말하는 이가 메시아적 인물임이 선명하게 드러나는 '메시아적' 혹은 '군주적' 시들만 그렇게 보는 게 아니다.

예를 들어, 히브리서 10장 5-6절은 시편 40편 6-8절을 "주(그리스도)께서 세상에 임하실 때" 하신 말씀으로 인용한다. 그런데 시편 40편에서는, 말하는 이가 예수님이나 어떤 메시아적 인물이라는 뉘앙스를 전혀 발견할 수 없다. 왜 히브리서 기자는 시편 40편이 예수님에 관한 것이라고 단정하는 것일까? 이유인즉, 예수님이 누가복음 24장에서 제자들에게 하신 말씀을 알았기 때문이다. 모든 성경이 사실은 예수님에 관한 것이라는 말씀 말이다. 성경은 결국에는, 예수 그리스도 안에서 절정에 이르는 단일한 이야기다.

• 구약에 나타난 그리스도

Aug. 19 언약 역사의 성취

● 너희를 내 백성으로 삼고 나는 너희의 하나님이 되리니 나는 애굽 사람의 무거운 짐 밑에서 너희를 빼낸 너희의 하나님 여호와인 줄 너희가 알지라 **출애굽기 6:7**

사사기에서 역대하까지 역사서에서 지속적으로 제기되는 중심 질문 가운데 하나는 언약의 본질에 관한 것이다. "백성들의 지속적인 실패, 다시 말해 언약의 약속에 준하여 살고 하나님을 섬기는 일에 백성들이 지속적으로 넘어지는 것을 고려했을 때, 언약은 조건적인가 아니면 무조건적인가?" 하나님은 조건적이라고 말씀하실까("너희가 언약을 깨뜨렸으니, 나도 너희를 끊어내고 저주하고 영원히 내던져 버릴 것이다"), 아니면 그분은 무조건적이라고 말씀하실까("비록 너희가 나를 버렸지만, 나는 결코 너희를 완전히 버리지 않을 것이다. 나는 너희와 함께 할 것이다"). 이 신비는 역사의 드라마를 이끌고 가는 주요 긴장 가운데 하나다. "하나님의 백성이 하나님을 버렸다고 해서, 하나님도 그들을 버리실 것인가?"

단순하게 대답했다가는 우리가 알고 있는 하나님에 대한 어떤 부분을 타협하는 결과를 낳게 될 것이다. 하나님의 거룩함이 그분의 사랑을 위해 길을 터 주어 하나님이 우리 죄를 간과할 것인가, 아니면 하나님의 거룩함과 공의가 그분의 사랑을 압도해서 신적 심판의 망치를 내리칠 것인가. 어느 쪽이든 그분 스스로 계시해 온 만큼 진정한 사랑의 하나님도, 또 그만큼 진정한 거룩함의 하나님도 아닌 듯하다. 이 팽팽한 긴장이 보이는가?

이때 예수님이 등장하시고, "나의 하나님 나의 하나님 어찌하여 나를 버리셨나이까" 하고 울부짖을 때, 우리는 그 답을 발견한다. 하나님과 그분 백성 사이의 언약은 조건적인가, 무조건적인가? 양쪽 다 맞다. 예수님이 오셔서 조건을 성취하셨고, 그래서 하나님은 우리를 무조건적으로 사랑하실 수 있었다.

• 사랑과 공의

참되고 더 나은 리더

● 또한 모세는 장래에 말할 것을 증언하기 위하여 하나님의 온 집에서 종으로서 신실하였고 그리스도는 하나님의 집을 맡은 아들로서 그와 같이 하셨으니 … 히브리서 3:5-6

성경의 모든 주요 인물은 궁극적 리더이신 그리스도를 예표한다.

동산의 시험을 통과하시고 자신의 순종을 우리에게 전가해 주신 예수님은, 아담보다 더 나은 진정한 아담이시다(고전 15장).

평안함과 익숙함을 떠나라는 하나님의 부르심에 응답하여, 하나님의 새로운 백성의 창조를 향해 '갈 바를 알지 못하는' 공허 속으로 뛰어드신 예수님은, 아브라함보다 더 나은 진정한 아브라함이시다.

그저 아버지 손에 의해 산에서 바쳐진 게 아니라 우리 모두를 위해 진실로 희생 제물이 되신 예수님은, 이삭보다 더 나은 진정한 이삭이시다. 하나님이 아브라함에게 말씀하셨다. "네가 네 아들, 네가 사랑하는 네 독자까지도 내게 아끼지 아니하였으니 내가 이제야 네가 나를 사랑하는 줄을 아노라." 이제 우리는 하나님께 이렇게 말할 수 있다. "하나님이 하나님의 아들, 하나님이 사랑하시는 하나님의 외아들까지도 우리에게 아끼지 아니하셨으니 우리가 이제야 하나님이 우리를 사랑하시는 줄 알겠습니다."

하나님과 씨름해 우리가 마땅히 맞아야 할 공의의 매를 친히 감당하시고, 우리에게는 그저 일깨우고 연단시키는 은혜의 상처만을 남겨 주신 예수님은, 야곱보다 더 나은 진정한 야곱이시다.

자신을 배신하고 팔아넘긴 자들을 용서하시고 새로운 힘을 사용해 그들을 구원하신 예수님은, 요셉보다 더 나은 진정한 요셉이시다.

백성과 하나님 사이에 서서 간극을 메우시고 새로운 언약을 중재하신 예수님은, 모세보다 더 나은 진정한 모세시다(히 3장).

하나님의 공의의 막대기에 맞으시고 우리에게 사막에서 물을 내어 주시는 예수님은, 모세의 반석보다 더 나은 진정한 반석이시다.

• 예표

<table>
<tr><td>

Aug.

21

</td><td>

참되고 더 나은 요나

</td></tr>
</table>

- 요나가 밤낮 사흘 동안 큰 물고기 뱃속에 있었던 것같이 인자도 밤낮 사흘 동안 땅 속에 있으리라 마태복음 12:40

    마가복음 4장 말미에 예수님이 폭풍을 잠잠케 하시고는 제자들을 꾸짖으시는 장면이 나온다. "너희가 어찌 믿음이 없느냐"(막 4:40). 이 본문은 무심코 도덕적인 방식으로 설교하기 쉽다. 믿음으로 일해야 하고, 어려움이 닥쳤을 때 하나님을 신뢰해야 한다는 교훈만 이끌어 낼 가능성이 크다. 그것은 기껏해야 폭풍 가운데 믿음을 가지고 견뎌야 한다는, '어떻게 해야 한다'는 방법을 제시하는 식의 설교가 될 것이다. 그러나 이것으로는 복음을 아주 선명하게 보여 주지 못한다.

    마가는 마가복음 4장에서 의도적으로 요나 에피소드를 상기시킨다. 마태복음 12장 41절에서 말씀하시듯, 예수님은 우리를 위해 영원한 공의의 궁극적인 깊은 바다로 던져지신, 궁극적인 요나이시다. 요나는 자신의 죄 때문에 배 밖으로 던져졌지만, 예수님은 '우리의' 죄를 위해 궁극적인 폭풍 속으로 던져지신다. 예수님이 폭풍에서 제자들을 구원하실 수 있었던 것은, 그분이 궁극적인 폭풍으로 던져지셨기 때문이다.

    "혹시 여러분의 삶에도 폭풍이 닥쳐왔습니까? 기도했지만 하나님이 잠들어 계신 듯 느끼셨나요? 그분은 잠들어 계신 게 아닙니다. 어떻게 알 수 있을까요? 그분은 궁극적인 폭풍을 대면하셨고 우리를 위해, 우리 대신 담당해 주셨습니다. 이로써 우리는 그분이 작은 폭풍 가운데서라면 더더욱 우리를 결코 버리지 않으실 것임을 깨달을 수 있습니다. 우리를 위해 그런 일을 해 주신 분을 어찌 신뢰하지 않을 수 있겠습니까?"

• 폭풍

참되고 더 나은 생명나무

● 의인의 열매는 생명나무라 지혜로운 자는 사람을 얻느니라 잠언 11:30

　　성경은 생명나무로 시작하고 생명나무로 끝난다. 태초에 우리는 생명나무를 잃어버렸다. 우리는 낙원을 상실했다. 종국에 우리는 예수님의 사역을 통해 하나님의 도성 한가운데 솟아 있는 생명나무를 되찾는다. 이 나무는 우리 안에 역사하는 썩음과 죽음을 거스르는, 영원한 생명과 생기를 대표한다.

　　이 나무가 성경에서 단 한 번 다른 곳에 등장하는데, 잠언서다. 거기서 생명나무는 지혜 자체. 지혜의 성장은 하나님을 아는 지식과 우리 자신을 아는 지식, 경건한 성품과 관계의 성장으로 이해된다. 우리는 이것을 영적으로 성장하는 것 또는 성령의 '열매'를 맺는 것이라고 부른다. 잠언은 어떤 의미에서, 이 나무로부터 먹으며 영적 성장을 경험하는 것이 가능하다고 말한다. 그리고 신약은 그 방법을 우리에게 보여 준다. 성령이 믿음으로 우리를 그리스도께 연합시키시고, 그때 비로소 '생명이 우리 안에 역사한다.'

　　갈라디아서 3장 13절은 예수님이 십자가에 달리셨을 때, 그분이 '나무에 달린 자', 즉 저주받은 자였음을 상기시킨다. 조지 허버트는 〈희생〉(The Sacrifice)이라는 시에서 예수님이 십자가에서 말씀하시는 장면을 묘사할 때 이것을 생생하게 그린다. "지나가는 모든 자여, 주목하여 보라. 인류가 열매를 훔쳤다. 그래서 이제 내가 나무로 올라가야 한다. 모두를 위한, 오직 나만 제외하고 모두를 위한 생명나무로. 그 누가 이런 고통을 겪었단 말인가?" 예수님이 말씀하시는 게 무엇인가? 예수님이 죽음의 나무를 취하셨기 때문에, 우리가 생명나무를 품을 수 있다는 말이다. 허버트는 더욱 예리하게 말했다. "예수님은 십자가를 우리를 위한 생명나무로 바꾸셨다. 무한한 대가를 떠안으면서 말이다."

· 죽음의 나무

참되고 더 나은 다윗

Aug.
23

● 다윗이 블레셋 사람에게 이르되 너는 칼과 창과 단창으로 내게 나아오거니와 나는 만군의 여호와의 이름 곧 네가 모욕하는 이스라엘 군대의 하나님의 이름으로 네게 나아가노라
사무엘상 17:45

다윗과 골리앗 내러티브가 우리에게 의미하는 바는 무엇일까? 다윗과 골리앗 이야기를 기본적으로 내게 주시는 모범 사례로 읽는다면, 그땐 말 그대로 나에 대한 이야기가 된다. '나' 스스로 내 삶의 거인들과 싸울 믿음과 용기를 창출해야 한다. 그러나 성경을 주님과 그분의 구원에 대한 이야기로 받는다면, 다윗과 골리앗 본문을 바로 그 빛 가운데 읽는다면, 거기서 많은 진실이 드러난다. 이 성경 단락의 요지는 이스라엘 백성이 스스로 거인과 맞설 수 '없다'라는 것이다. 그들에겐 대리자가 필요했다. 강한 사람이 아니라 연약한 사람으로 보이는 대리자 말이다. 그리고 하나님은 그 구원자의 연약함을 도구 삼아 골리앗을 물리치신다. 다윗은 연약함으로 승리하고, 그의 승리는 그의 백성에게 전가된다. 그의 승리 안에서 그들이 승리한다.

어떻게 이 이야기 안에서 예수님을 발견하지 못할 수 있겠는가? 예수님은 궁극적인 거인(죄와 죽음)과 상대하면서, 자신의 생명을 잃을 위험을 감수한 것만이 아니라 실제로 그분의 생명을 값으로 치르셨다. 예수님은 그분의 연약함으로 승리하셨고, 이제 그분의 승리가 우리의 승리가 된다. 그분의 승리가 우리에게 전가된다. 예수님이 나를 '위해' 실재하는 거인들과 싸우셨음을 내가 알기 전까지, 나는 내 삶의 일상적인 거인들(고통, 좌절, 실패, 비난, 역경)과 싸울 용기를 품지 못할 것이다. 하나님이 나를 버리시지 않는다는 깊은 확신 없이, 어떻게 실패의 거인과 싸울 수 있겠는가? 나는 더 이상 실패를 두려워하지 않는다. 진짜 다윗인 예수님 안에서 내가 승리했기 때문이다.

• 거인과의 싸움

참되고 더 나은 이스라엘

● 이스라엘이 어렸을 때에 내가 사랑하여 내 아들을 애굽에서 불러냈거늘   호세아 11:1

하나님의 백성이 형성되는 역사의 모든 주요한 사건은 그리스도를 가리킨다.

모든 사람은 예수님을 통해 창조되었다(요 1장). 그래서 이 창조 이야기 자체는 훗날 그리스도 안에 이루어질 새 창조를 가리킨다. 예수님은 광야에서 시험과 시련을 통과하셨다. 그래서 인류의 타락 이야기는 훗날 그리스도의 적극적인 순종과 시련의 성공적인 통과를 가리킨다. 출애굽 이야기는 훗날 예수님이 그분의 죽음으로 그분의 백성을 위해 행하신 진정한 출애굽을 가리킨다(눅 9:31). 예수님은 그들을 단지 경제적이고 정치적인 속박이 아니라, 그분의 죽음과 부활을 통해 죄와 죽음의 속박에서 구해 내셨다. 광야에서의 방황과 바벨론 유수는 훗날 예수님의 '집 없음'과 떠도는 삶, 광야 시험, 희생양으로 성문 밖에 버려지시는 절정을 가리킨다. 궁극의 추방을 당하심으로써 그분은 하나님의 의를 완전하게 성취하셨다.

예수님은 문자 그대로 진짜 이스라엘, 그 "씨"(the seed)이시다(갈 3:16-17). 그분은 언약에 신실하신 유일한 분이시며, 한 명의 '남은 자'이다. 그분은 언약의 모든 규정을 성취하시고, 모든 믿는 자를 위한 언약의 축복을 획득하신다. 호세아서에서 하나님은 이스라엘의 출애굽에 대해 이야기할 때, "내가 … 내 아들을 애굽에서 불러냈거늘"(호 11:1)이라고 하신다. 하나님은 이스라엘을 "내 아들"이라고 부르신다. 그런데 마태는 이 구절을 예수님을 가리키는 것으로 인용한다(마 2:15). 예수님이 진정한 이스라엘이시기 때문이다.

• 언약

참되고 더 복되신 분

● 심령이 가난한 자는 복이 있나니 천국이 그들의 것임이요 애통하는 자는 복이 있나니 그들이 위로를 받을 것임이요 마태복음 5:3-4

산상수훈의 팔복을 보라(마 5:1-10). 만일 우리가 심령을 겸손하게 한다면, 만일 우리 죄에 대해 애통해한다면, 그때 비로소 진정 그분의 제자들이 된다는 식으로 팔복에 대해 설교한다면, 그 설교는 단순한 도덕적인 권면으로 전락하기 쉽다. "이렇게 되어라. 열심히 노력해라. 그러면 여러분은 예수님의 제자가 될 것이다." 그러나 이 팔복의 말씀 역시 예수님을 묘사하고 있다.

왜 우리가 왕처럼 부요할 수 있을까? '그분'이 영적으로, 철저히 가난해지셨기 때문이다. 왜 우리가 위로를 받을 수 있을까? 오직 그분이 애통하셨기 때문에, 그분이 슬픔을 가누지 못할 만큼 우시고 결국 어둠 가운데 죽으셨기 때문이다. 왜 우리가 언젠가 하나님을 볼 수 있는 것일까? 예수 그리스도께서 "안색 하나 변하지 않고 부싯돌처럼"(추호의 흔들림 없이 단호하게) 예루살렘으로 올라가셔서 우리를 위해 죽으셨기 때문이다(눅 9:51). 당신과 내가 하나님을 볼 수 있는 것은, 십자가에서 예수님이 하나님을 볼 수 없으셨기 때문이다.

예수 그리스도가 '당신을 위해' 심령이 가난해지심을 볼 때, 당신은 하나님 앞에 심령이 가난해지고, 그래서 '나는 주님의 은혜가 필요합니다' 하고 말할 수 있게 된다. 그리고 그 자리에 이르면 당신도 채움을 얻고, 긍휼히 여기게 된다. 화평하게 하는 자가 되고, 기도 안에서 하나님을 발견하며, 하나님을 직접 뵈올 날을 기다리게 된다(요일 3:1-3). 이렇게 팔복은 우리가 생각하는 것보다 훨씬 더 많이 예수님을 가리킨다.

• 팔복

행동이 마음을 빚는다

● 사악한 자의 길에 들어가지 말며 악인의 길로 다니지 말지어다 그의 길을 피하고 지나가지
말며 돌이켜 떠나갈지어다 그들은 악을 행하지 못하면 자지 못하며 사람을 넘어뜨리지 못하
면 잠이 오지 아니하며 잠언 4:14-16

   길은 늘 우리를 어딘가로 데려간다. 인생이 길에 비유됨은 모든 행동이
우리를 어딘가로 데려가기 때문이다. 즉 행동이 우리를 변화시켜 그 행동을
반복하기가 쉬워진다. 결국은 잔인하고 이기적인 행동도 아주 자연스러워
져 그렇게 행하지 않고는 잠도 못 자게 된다. "생각을 심으면 행동을 거두고,
행동을 심으면 습관을 거두고, 습관을 심으면 성품을 거두고, 성품을 심으면
운명을 거둔다."[84]
   현대인은 감정이 행동을 결정짓는다고 생각한다. 사랑의 감정이 없다면
사랑의 행위는 위선이라는 것이다. 그러나 잠언에서는 행동이 감정을 빚는
다고 말한다. 그러므로 상대에게 사랑이 느껴지지 않는다고 가만히 있어서
는 안 된다. 사랑의 행동을 하라. 그러면 대개 감정도 따라온다. 원수를 사랑
하라는 예수님의 말씀(마 5:43-48)은 따뜻한 감정을 지어내라는 뜻이 아니다.
희생을 감수해서라도 원수를 이롭게 하라는 말씀이다. 그러므로 사랑의 행
동을 시작하라. 그 길에 들어서라. 그러면 마음도 변화된다.
   당신 주위에 사랑하기 힘든 사람을 한 명 떠올려 보라. 이제부터 그 사람
을 더 잘 사랑하기 위해 할 수 있는 구체적인 행동은 무엇인가?

• 행동의 변화

내 최악의 모습을 보게 되다

● 의인의 길은 돋는 햇살 같아서 크게 빛나 한낮의 광명에 이르거니와 악인의 길은 어둠 같아
서 그가 걸려 넘어져도 그것이 무엇인지 깨닫지 못하느니라   잠언 4:18-19

    사랑의 길과 이기적인 길은 종착점만 아니라 과정도 다르다. 전자는 점
점 환해지지만, 후자는 어두워진다. 어둠은 자기기만이 점점 심해진다는 뜻
이다. 우리는 이렇게 말한다. "나는 교만한 게 아니라 자신감이 있을 뿐이
다. 마찰을 일으키는 게 아니라 직선적일 뿐이다. 욕심이 많은 게 아니라 사
업 감각이 예리할 뿐이다." 자아의 길을 따를수록 이런 부정(否定)이 더 생활
화되어, 결국 삶이 무너져도 자기가 무엇에 걸려 넘어졌는지조차 모른다. 자
기기만이 우리가 범할 수 있는 최악의 오류는 아니지만, 온갖 최악의 행위가
거기서 비롯된다. 현재 내 삶을 가장 망가뜨리고 있는 죄는 내가 보지 못하
는 죄다.

    반면에 은혜에서 자라 가는 사람(벧후 3:18)은 크게 빛나는 길로 다닌다. 하
나님과 자신에 대해 여태 부정하던 내용을 점점 더 많이 깨닫게 된다. 왜 그
럴까? 복음으로 하나님의 사랑을 철저히 확신하기에 우리는 자신의 최악의
모습을 인정할 수 있다. 그 사랑의 기초는 우리 행위가 아니라 그리스도가
이루신 일이므로, 이제 자신의 잘못을 인정해도 안전하다.

    두세 명의 가까운 친구에게 이렇게 물어보라. "남들 눈에는 보이는데 나
는 잘 보지 못하는 내 성격 결함이 뭔지 알려 줘."

• 자기기만

마음이 행동을 빚는다

● 모든 지킬 만한 것 중에 더욱 네 마음을 지키라 생명의 근원이 이에서 남이니라 구부러진 말을 네 입에서 버리며 비뚤어진 말을 네 입술에서 멀리하라 네 눈은 바로 보며 네 눈꺼풀은 네 앞을 곧게 살펴 네 발이 행할 길을 평탄하게 하며 네 모든 길을 든든히 하라 잠언 4:23-26

성경에서 마음은 주로 감정의 자리가 아니다. 이성의 자리인 머리와 대비되는 개념이 아니다. 마음은 가장 깊은 신뢰와 헌신과 사랑의 자리이며, 생명의 근원이다. 마음이 가장 사랑하고 신뢰하는 것을 지성은 합리적이라 여기고, 감정은 탐스럽게 여기며, 의지는 행동이 가능하다고 여긴다.

마음을 어떻게 지킬 것인가? 중앙 통제소는 결국 마음이지만 본문에 암시되어 있듯이 우리의 말과 눈과 발이 마음에 영향을 미칠 수 있다. 대상을 자꾸 탐스럽게 바라보면 그것이 상상을 통해 마음을 사로잡을 수 있다(여호수아 7장의 아간도 보물을 보다가 탐이 나서 결국 훔쳤다). 상대에게 극언을 하면 마음까지 독해질 수 있다. 지혜 쪽으로 마음을 지키는 최선의 길은 예배다. 예배할 때는 입과 머리와 상상과 몸이 다 하나님께로 향한다.

지금 마음을 지키지 못하고 있는 부분이 있는가? 마음을 하나님과 멀어지게 하는 무언가를 보거나 그런 행동을 하고 있는가?

• 마음 지킴

자기 마음을 믿지 말라

● 사람의 행위가 자기 보기에는 모두 깨끗하여도 여호와는 심령을 감찰하시느니라   잠언 16:2

　자신의 동기가 결코 완전히 깨끗하지 않음을 모르는 사람은 자신을 모르는 것이다. 자신의 동기가 늘 선해 보여도 감찰하시는 주님께는 그렇지 않다. 이는 우리의 결정과 관계에 지대한 영향을 미친다. 늘 스스로 진실하고 깨끗하다고 자신하는 사람은 충동적으로 속단하곤 한다. 어떤 대안은 아주 무시하면서 다른 개념에는 끈덕지게 집착한다.

　자기 마음을 의지하지 않을 때, 두 가지 상반된 과오를 면할 수 있다. 첫 번째 과오는 우리 양심이 너무 느슨해지는 것이다. "내가 자책할 아무것도 깨닫지 못하나 이로 말미암아 의롭다 함을 얻지 못하노라"(고전 4:4). 자신의 감정 대신 하나님의 말씀을 따르라. 성경에서 잘못이라고 했으면 잘못이다. 두 번째 과오는 우리 마음이 자신에게 너무 엄할 수 있다는 것이다. "우리 마음이 혹 우리를 책망할 일이 있어도 하나님은 우리 마음보다 크시고"(요일 3:20). 자기감정 대신 복음을 따르라. 우리가 사랑받음은 우리 마음과 삶이 완전해서가 아니라 그리스도 덕분이다. 하나님의 말씀이 우리를 든든히 세워 주지 않으면(행 20:32) 우리는 불필요한 죄책감에 빠지거나 자신이 깨끗하다는 착각에 빠진다.

　이 두 과오 가운데 당신이 더 빠지기 쉬운 쪽은 무엇인가? 어떤 조치를 취할 수 있겠는가?

・동기

의인은 하나도 없다

● 내가 내 마음을 정하게 하였다 내 죄를 깨끗하게 하였다 할 자가 누구냐   잠언 20:9

잠언은 인간 스스로 노력해서 선해질 수 있다고 말하는 듯 보인다. 그러나 책의 중요한 대목마다 지혜가 은혜의 선물임이 환기된다. 이번 본문도 그중 하나다. 아무도 스스로 선해질 수 없다. "의인은 없나니 하나도 없으며"(롬 3:10). "주께서 죄악을 지켜보실진대 주여 누가 서리이까"(시 130:3). 이 진리는 어떻게 우리를 지혜롭게 하는가?

첫째, 이는 모든 사람이 잃은 바 된 존재라는 뜻이다. 정하고 깨끗하다는 말은 하나님 앞에 받아들여질 만하다는 뜻인데, 그런 사람은 아무도 없다. 위에 인용한 시편 말씀처럼, 아무도 하나님 앞에 설 수 없다. 그래서 지혜로운 사람은 세상을 '착한 사람'과 '나쁜 사람'으로 가르지 않는다. 도덕적인 사람이나 부도덕한 사람이나 방식만 다를 뿐 하나님과 분리되어 있기는 마찬가지다. 둘째, 하나님이 은혜로 구원해 주셔야 한다는 뜻이다. 그래서 지혜로운 사람이 의롭게 살려고 열심히 애쓰는 동기는 그리스도 안에서 값없이 받은 구원이 감사하고 기뻐서다. 구원받을 자격을 얻어내기 위해 의를 추구해야 한다면 이는 감당 못할 고역스러운 동기다. 지혜로운 사람은 거기서 벗어난다.

당신은 세상을 '선한' 부류와 '악한' 부류로 나누는 경향이 있는가? 이는 죄에 대한 건전한 교리에 어떻게 어긋나는가?

• 지혜

죄를 자백하다

● 자기의 죄를 숨기는 자는 형통하지 못하나 죄를 자복하고 버리는 자는 불쌍히 여김을 받으리라 잠언 28:13

우리가 죄를 덮으려 하면 하나님이 그 죄를 드러내신다. 우리가 죄를 드러내면 하나님이 불쌍히 여겨 그 죄를 덮어 주신다. 우리는 어떻게 남에게 죄를 숨기는가? 거짓말을 한다. 책임을 전가하며 변명한다. 상관하지 말라며 자신이 잘한 일을 내세운다. 의도가 선했다거나 행동 자체가 나쁘지는 않았다고 합리화한다.

우리는 자신에게도 죄를 숨긴다. 어떻게든 정당화한다. 말로만 인정할 뿐 죄를 버리지 않는다. 하지만 온갖 핑계에도 불구하고 속으로는 자신이 죄인임을 안다. 자신에게 무언가 심각한 문제가 있음을 안다. 이는 우리 심리 생활에 심한 불균형을 초래하고, 거기서 식생활 장애, 불안, 약물 남용, 과로, 분노 등 많은 병폐가 파생된다. 인정받으려는 욕구에 떠밀려 잘못된 관계를 유지하거나 심지어 계속 학대를 감수하기도 한다. 해답은 무엇인가? "만일 우리가 우리 죄를 자백하면 … 아버지 앞에서 우리에게 대언자가 있으니 곧 의로우신 예수 그리스도시라 그는 우리 죄를 위한 화목 제물이니"(요일 1:9-2:2).

당신이 남에게나 자신에게나 죄를 숨기는 대표적인 수법은 무엇인가?

• 죄 은폐

9월
September

장벽을 넘어서는
하나님의 긍휼

A Year with
Timothy Keller

명철한 마음

● 명철한 자의 마음은 지식을 요구하고 미련한 자의 입은 미련한 것을 즐기느니라　잠언 15:14

　　미련한 자는 입만 살아서 늘 미련함을 뿜어낸다. 그러나 지혜로운 사람은 마음을 중시하므로 모든 새로운 경험을 통해 마음이 더 명철해진다.

　　애거사 크리스티의 추리 소설을 극화한 텔레비전 프로그램을 보면, 런던 경찰국의 은퇴 경감은 의심 많은 친구에게 미스 마플(Miss Marple)이 영국 최고의 범죄학자임을 이렇게 설명한다. "겉보기에는 그냥 수더분하고 조용한 노처녀지만 머릿속으로 인간의 악을 속속들이 간파하고 있다네. 그것도 아주 일상적으로 말일세. 평생을 세인트 메리 미드라는 작은 시골 마을에 산 사람치고는 대단한 일이지! 세상을 그 마을과 그곳의 일상생활이라는 프리즘을 통해서만 아는데도, 워낙 마을을 훤히 꿰고 있다 보니 세상을 다 아는 것 같거든." 최고의 지혜이신 예수님처럼, 그녀도 사람을 사랑했지만 인간의 본성을 믿지는 않았다(요 2:23-25). 지혜의 비밀은 우리의 평범한 경험 속에 숨어 있다. 그 경험에서 배울 줄만 안다면 말이다. 하나님께 명철한 마음이 자라게 도와 달라고 기도하라.[85]

　　지난 한 해 동안 당신이 하나님의 도우심 덕분에 더 명철해진 분야나 방식은 무엇인가?

• 지혜의 비밀

마음을 보시는 하나님

● 네 보물 있는 그곳에는 네 마음도 있느니라 마태복음 6:21

　현대 독자들은 성경을 읽을 때 '마음'이라는 단어를 만날 때마다 거의 오해를 한다. 현대적인 틀로 그 단어를 읽은 나머지, 마음이 감정을 의미한다고 결론짓는다. 성경은 자주 마음의 '생각'이나 마음의 '행동'을 이야기하는데, 이는 현대적인 마음 개념과는 많이 다르다. 마음에 관한 고대 헬라인의 이해도 성경의 이해와는 많이 달랐다. '덕'(virtue)은 그들에게 육체를 다스리는 영과 관련된 것이었다. 말하자면 이성과 의지를 가리켰는데, 다루기 힘든 육신의 열정을 제압하는 이성과 의지를 일컬었다. 오늘날 우리도 정신(mind)과 느낌(feelings)을 서로 대립적인 것이라고 이해하지만, 고대의 생각과 비교하면 근본적으로 차이가 있다. 우리는 '진정한' 자아는 이성적인 사고가 아니라 감정이라고 생각한다.

　마음에 대한 성경적인 입장을 말하라면, 앞서 말한 것들에는 해당 사항이 없다. 성경에서 마음(heart)은 정신(mind)과 의지(will)와 감정(emotions), 이 모든 것이 거하는 자리다. 창세기 6장 5절은 인류에 대해 "그의 마음으로 생각하는 모든 계획이 항상 악할 뿐"이라고 말한다. 한 주석가는 이렇게 말한다. "'레브'(Leb; 마음을 뜻하는 히브리어)는 성경 인류학에서 사람의 인격의 중심으로서, 거기서 의지와 생각이 나온다. 그것은 영어 단어가 지칭하는 것처럼 단지 감정의 원천에 불과한 것이 아니다."[86]

　성경은 하나님이 겉모양이 아니라 무엇보다 마음을 보신다고 말한다(삼상 16:7; 고전 4:5; 렘 17:10).

• 인격의 중심

생각과 마음의 변화를 이끄는 진리

● 모든 지킬 만한 것 중에 더욱 네 마음을 지키라 생명의 근원이 이에서 남이니라 잠언 4:23

그게 무엇이든 마음의 신뢰와 사랑을 사로잡는 것이 그 사람의 느낌과 행동도 제어한다. 마음이 가장 원하는 그것을, 정신은 합리적이라고 생각하고, 감정은 가치 있다고 생각하며, 의지는 가능하다고 판단한다. 따라서 설교에 있어 가장 중요한 것은, 마음을 움직여서 하나님 외에 다른 무언가를 더 신뢰하거나 사랑하지 못하도록 막는 것이다. 결국 사랑의 순서가 그 사람을 만든다. 그들이 최고로 사랑하고, 그다음으로 사랑하고, 덜 사랑하고, 가장 덜 사랑하는 것의 순서 말이다. 우리 모습을 결정함에 있어, 우리가 정신적으로 동의하는 어떤 믿음보다 오히려 이것이 더 근본적이다. 우리의 사랑이야말로 우리가 실제로 무얼 믿고 있는지를 보여 준다. 설령, 말로는 다른 걸 믿는다고 해도 결국 드러나게 마련이다. 따라서 사람들이 진정으로 변화된다는 건, 단지 그들의 생각이 변하는 게 아니라 그들이 가장 사랑하는 것이 변하는 것이다. 그러한 변화가 일어나려면 '반드시' 우리 생각이 변해야 하고, 그 뒤에는 훨씬 큰 변화가 수반된다.

따라서 설교의 목적은 단지 진리를 선명하게 전해서 정신이 충분히 이해하게 하는 데 그칠 수 없다. 더 나아가서 진리가 마음을 사로잡아 실재가 되게 해야 한다. 변화는 단지 정신에 새로운 주장을 던짐으로써 일어나는 게 아니라, 듣는 이의 상상력에 새 아름다움을 공급할 때 일어난다.

• 사랑

그리스도의 사랑을 알기를

● 믿음으로 말미암아 그리스도께서 너희 마음에 계시게 하시옵고 너희가 사랑 가운데서 뿌리가 박히고 터가 굳어져서 능히 모든 성도와 함께 지식에 넘치는 그리스도의 사랑을 알고 …
에베소서 3:17-19

오래전 나는 첫 목회지에서 10대 소녀를 만났다. 열여섯 살 정도 되는 소녀였는데, 무슨 일인지 살아갈 용기를 잃은 채 우울감에 빠져 있었다. 나로선 열심히 용기를 불어넣어 주려고 애를 썼는데, 그러던 와중에 일종의 계시적인 순간을 맞이했다. 하루는 그 아이가 이렇게 말했다. "예, 저는 예수님이 저를 사랑하신다는 걸 알아요. 그분이 저를 구원하셨고, 장차 천국으로 인도하실 것도 알아요. 그렇지만 학교에선 남자애들이 나한테는 눈길조차 주지 않는 판국에, 그런 게 다 무슨 소용이에요?"

그 소녀는 그리스도인이 되는 데 필요한 이 모든 진리를 '안다'라고 말했다. 그렇지만 근사한 남자아이들의 관심이 그리스도의 사랑보다 자기한테 더 위로가 되고, 더 힘을 주고, 삶의 기쁨과 자기가치에도 더 근본적이었던 것이다. 물론 이건 10대 소녀가 보이는 지극히 정상적인 반응이다. 그럼에도 불구하고 이것은 우리 마음이 어떻게 작동하는지를 보여 주는 일종의 계시적인 사건이다. 소녀의 마음에는 친구들의 사랑이 실제적이었고 그리스도의 사랑은 추상적인 개념이었던 것이다.

에베소서 3장에서 바울은 성도들을 위해 기도하면서 "믿음으로 말미암아 그리스도께서 너희 마음에 계시게 하시옵고 … 지식에 넘치는 그리스도의 사랑을 알고 … "(17-19절)라고 간구한다. 그리스도인들이 이미 알고 있지만, 실제로는 알지 못하는 것이 많다. 부분적으로는 알지만 마음으로 완전히 붙잡지 못한 채, 단지 상상으로만 그것들을 통해 자신들이 내면에서부터 완전히 변화되었다고 생각하며 사는 것들 말이다.

• 실제적 사랑

마음을 찌르는 설교

● 여호와께서 나단을 다윗에게 보내시니 그가 다윗에게 가서 그에게 이르되 한 성읍에 두 사람이 있는데 한 사람은 부하고 한 사람은 가난하니 그 부한 사람은 양과 소가 심히 많으나 가난한 사람은 아무것도 없고 자기가 사서 기르는 작은 암양 새끼 한 마리뿐이라… 사무엘하 12:1-3

사무엘하 11장에서 다윗은 밧세바와 불륜을 저지르고, 그녀의 남편인 우리야를 전쟁터에서 살인교사하고는, 결국 그녀와 결혼한다. 분명히 모종의 양심의 가책을 느꼈겠지만, 다윗은 이리저리 자기 행동을 스스로에게 합리화한다. 12장에서 선지자 나단이 왕을 찾아오고, 그의 죄에 관해 지적한다. 그런데 선지자는 처음부터 대놓고 그를 다그치진 않는다.

나단은 왕에게 많은 소유를 가진 부자와 오직 어린양 한 마리만 가진 가난한 사람의 이야기를 들려준다. "가난한 사람은 … 작은 암양 새끼 한 마리뿐이라 그 암양 새끼는 그와 그의 자식과 함께 자라며 그가 먹는 것을 먹으며 그의 잔으로 마시며 그의 품에 누우므로 그에게는 딸처럼 되었거늘"(삼하 12:3). 이야기가 이어진다. 나단은 그 부자가 잔치를 베풀면서 손님을 대접하기 위해 자신이 가진 풍성한 가축 중에서 음식을 준비하지 않고, 그 가난한 사람의 양을 빼앗아 그걸 가지고 손님을 대접했다고 설명한다. 이야기를 들은 다윗이 "분노로 불타서"(5절, NIV) 말하기를, "그가 불쌍히 여기지 아니하고 이런 일을 행하였으니" 그 사람은 마땅히 죽어야 한다고 소리친다(삼하 12:5-6).

다윗의 머리는 합리화로 가득하다. 자기가 저지른 불의에 눈감고 있다. 이에 나단은 다윗을 이끌고 (그의 상상을 통해) 다른 사람의 경험 속으로 들어간다. 거기서 다윗은 불의의 실체를 있는 그대로 직시하고 분노한다. 그것이 다윗의 마음을 찌르고, 그는 결국 회개에 이른다.

• 회개

판타지 속에 숨겨진 진리

● 하나님이 모든 것을 지으시되 때를 따라 아름답게 하셨고 또 사람들에게는 영원을 사모하는 마음을 주셨느니라 그러나 하나님이 하시는 일의 시종을 사람으로 측량할 수 없게 하셨도다
전도서 3:11

마음에 닿게 설교하고자 한다면, 놀라움을 불러일으킬 필요도 있다. 톨킨은 그의 유명한 에세이 〈On Fairy Stories〉(꾸며 낸 이야기에 관하여)에서, 인간의 마음 안에는 사실주의 소설로는 만족할 수 없는, 사그라지지 않는 깊은 열망이 있다고 주장한다. 동화와 과학소설, 그와 유사한 판타지 문학에는 이런 인물들이 등장한다.

• 시간의 한계를 완전히 넘어선 인물
• 죽음에서 벗어난 인물
• 인간이 아닌 존재와 연결된 인물
• 완전한 사랑을 발견하고는 결코 거기서 떠나지 않는 인물
• 결국에는 악을 무찌르고 승리하는 인물

이러한 조건을 갖춘 이야기들이 앞으로도 지속적인 관심을 끌리라는 건 거의 의심의 여지가 없다. 그런데 왜 그럴까? 이 이야기들이 깊이 공명되는 이유는 그것이 우리 삶의 기저를 흐르는 실재를 증언하기 때문이라고 톨킨은 분석했다. 설령 지적으로는 하나님이 있다든가 혹은 사후의 삶이 있다는 걸 믿지 않더라도, 마음은 (기독교적 관점에서) 이러한 것들이 다소간 우리 삶의 특징을 대변하고 있음을 감지한다. 사람들이 이런 이야기에 깊이 빠져드는 이유는, 우리에겐 창조/타락/구속/회복이라는 성경의 얼개에 대한 직관이 있기 때문이다.

• 기독교 세계관

복음의 좋은 이야기

● 오직 자기의 뜻과 영원 전부터 그리스도 예수 안에서 우리에게 주신 은혜대로 하심이라 이
제는 우리 구주 그리스도 예수의 나타나심으로 말미암아 나타났으니 그는 사망을 폐하시고
복음으로써 생명과 썩지 아니할 것을 드러내신지라 디모데후서 1:9b-10

영어 단어 'gospel'(복음)은 중세 영단어인 'Godspell'에서 나왔는데, 이 단어
는 두 개의 고대 영단어 'good'(좋은)과 'spell'(이야기)에서 파생되었다. 이야기는
마음과 상상을 사로잡고 우리에게 깊은 즐거움을 준다. 예수 그리스도의 복
음은 'the Goodspell'(바로 그 좋은 이야기)이다. 그것은 큰 즐거움을 주는 이야기,
주문을 거는 이야기, 사랑을 만드는 모든 이야기가 가리키는 '바로 그' 이야기
다. '바로 그' 이야기는 모든 열망을 만족시키면서 역사적으로도 '진실'이다.

예수 그리스도가 진실로 죽은 자 가운데서 부활하셨다면, 그분이 진실로
하나님의 아들이고 우리가 그분을 믿는다면, 우리가 가장 절박하게 염원하
는 그 모든 것 실재이며 장차 현실로 나타날 것이다. 우리는 시간과 죽음에
서 벗어날 것이다. 우리는 사랑을 알고 결코 헤어지지 않을 것이며, 심지어
우리는 인간이 아닌 다른 존재와도 교제할 것이고, 악이 영원히 물러나는 것
을 보게 될 것이다. 판타지 문학, 특히 최고의 완성도를 가진 작품들을 통해,
우리는 우리의 깊은 욕망이 쌀쌀맞게 거절당하는 이 땅의 삶으로부터 일시
적이나마 벗어남을 경험할 수 있다. 그러나 복음이 진실이라면(물론 복음은 진
실이다) 이 모든 열망은 현실로 성취될 것이다.

• 역사적 진실

그리스도의 위대함을 설교하라

● 내가 여호와께 바라는 한 가지 일 그것을 구하리니 곧 내가 내 평생에 여호와의 집에 살면서 여호와의 아름다움을 바라보며 그의 성전에서 사모하는 그것이라 시편 27:4

서브텍스트(subtext)는 우리 메시지 저변에 흐르는 메시지다. 그것은 그 메시지가 의도한 진정한(의식적인 혹은 무의식적인) 의미로서, 단어의 표면적인 의미보다 깊다.

설교할 때 서브텍스트의 첫 번째 유형은 "우리 정말 대단하지 않아요?"다. 이 서브텍스트의 주된 목표는 그룹에 대한 자기강화(self-reinforcement)를 공급하는 것이다. 두 번째 유형은 "나 정말 대단하지 않아요?"다. 설교자가 원하는 것은 그저 자신의 설교 기술을 과시하고 교회의 생산성을 촉진하는 것이다. 세 번째 유형은 "이 진리 정말 대단하지 않아요?"다. 목표는 듣는 이들의 지식을 키워서 그들이 바람직한 방식으로 살 수 있도록 하는 데 있다.

마지막 유형은 "그리스도가 정말 위대하시지 않아요?"다. 이는 모든 서브텍스트 가운데 가장 복잡하고 완전하며, 가장 많은 기술을 요한다. 정보 전달, 상상력 사로잡기, 심지어 행동의 변화를 이루는 것 이상으로, 우리 마음이 가장 깊은 애착을 보이는 대상을 바꾼다는 원대한 목표를 겨냥한다. 메시지는 이러하다. "그리스도가 얼마나 위대한 분인지, 당신이 생각한 것보다 얼마나 더 경이로운 분인지를 보세요! 당신의 모든 문제가 결국 이 진실을 직시하지 못한 데서 온 것임을 깨닫지 못하겠나요?"

기술만으로는 이 바르고 진실한 서브텍스트를 전달할 길이 없다. 그것은 오직 설교자의 영적인 삶으로부터 나온다. 설교를 준비하기보다 설교자의 삶을 더욱 힘써 준비하라.

• 서브텍스트

내 마음 직시하기

● 물에 비치면 얼굴이 서로 같은 것같이 사람의 마음도 서로 비치느니라 잠언 27:19

물에 얼굴이 비치듯이 사람의 마음도 서로 비친다. 그런데 누구의 마음과 삶을 두고 하는 말일까? 내 마음속이 어떤지 알려면 지나온 삶을 돌아봐야 한다는 말일까? 아우구스티누스가 《참회록》(Confessions)에서 했던 것처럼 말이다. 아니면 남을 앎으로써 내 마음도 파악할 수 있다는 뜻일까? 예컨대 자기 결혼 생활의 문제가 무엇인지 알려면 부부 관계에서 어려움을 겪는 친구를 상담하며 돕는 것보다 더 좋은 방법은 없다.

이 잠언의 중의성이 의도적이라 볼 만한 충분한 이유가 있다. 참으로 지혜롭게 자아를 알려면 두 방법을 다 써야 한다. 내성적인 사람은 본래 자기 삶을 성찰하는 성향이 강하고, 외향적인 사람은 남의 삶에 개입하는 편이다. 하지만 자신을 알려면 양쪽 방식이 다 필요하다. 내성적인 사람은 더 밖으로 나가야 하고, 외향적인 사람은 홀로 생각하는 시간을 더 가져야 한다.

당신은 내성적인 편인가, 외향적인 편인가? 평소에 잘 쓰지 않던 지혜의 방식을 지금부터 어떻게 활용할 수 있겠는가?

• 나를 알기

겉과 속이 다를 수 있다

● 온유한 입술에 악한 마음은 낮은 은을 입힌 토기니라 원수는 입술로는 꾸미고 속으로는 속임을 품나니 그 말이 좋을지라도 믿지 말 것은 그 마음에 일곱 가지 가증한 것이 있음이니라 잠언 26:23-25

잠언 26장 23절 비유에서 말하는 그릇은 보기에는 순은 같지만 사실은 순도가 낮은 은을 입힌 하찮은 토기에 불과하다. 겉과 속을 구별하는 일은 성경의 지혜에서 매우 중요하다. 조지 맥도널드의 동화 《공주와 커디》(The Princess and Curdie)의 주인공은 비상한 능력이 있다. 상대의 손만 만져 보면 내면의 진짜 성품을 파악할 수 있다. 그가 악수하는 미녀나 미남의 손이 맹금의 발톱일 수도 있고, 괴물의 손을 잡았는데 마음씨 고운 아이의 손가락일 수도 있다. 물론 이 능력 덕분에 그는 승리한다.

경건한 지혜가 자랄수록 세상을 이기는 능력도 커진다. "지혜로운 사람은 위선의 가면을 꿰뚫어 보고 섣부르게 신뢰하지 않는다. 거짓말쟁이를 액면 그대로 받아들이지 않는다."[87] 자화자찬, 가짜 뉴스, 이성의 실종 등이 판치는 이 시대 문화 속에서 지혜롭게 살아가려면 선의 탈을 쓴 악을 분간하는 능력이 더없이 중요하다.

당신이 남의 성품과 의도를 심각하게 잘못 짚었던 때를 떠올려 보라. 상대의 겉으로 드러난 매력 때문이었을 수도 있다. 똑같은 실수를 반복할 소지가 얼마나 되는가?

• 위선

마음을 분별하는 능력

● 사람의 마음에 있는 모략은 깊은 물 같으니라 그럴지라도 명철한 사람은 그것을 길어 내느니라 잠언 20:5

　　무언가 숨기고 싶을 때 좋은 방법은 그것을 깊은 물속에 던지는 것이다. 인간의 마음속 동기도 깊은 물속에 숨긴듯 잘 보이지 않을 수 있다. 그러나 "상대가 숨기려 할 때에도 지혜로운 사람은 그 흉중을 표면에 드러나게 할 수 있다."[88] 지혜로운 사람은 능히 자신과 타인의 동기를 분별한다는 말이다. 누구나 자신이 고상한 동기로 진실을 말한다고 생각하겠지만, 사실은 정서 불안이나 적개심에 이끌린 것일 수 있다. 아무리 내 편이라고 힘주어 말하는 사람도 사실은 나를 자신의 목적에 이용하는 것일 수 있다.

　　물론 자칫 지나친 의심 내지 편집증에 빠지거나(잠 28:1) 무자비해질 가능성도 있다(고전 13:7). 이 또한 잘못된 결정을 낳기는 무턱대고 믿는 순진함 못지않다. 명철함은 하나님의 선물이다(잠 2:6; 9:10). 마음을 분별하는 이 능력을 기술로 볼 게 아니라 모든 심령을 밑바닥까지 감찰하시는 분(잠 16:2)이 주시는 은사로 보는 게 좋다. 시시콜콜한 징후를 찾아내 "거짓을 탐지하려" 하지 말라. 명철해지려면 지혜가 자라야 하고 그와 함께 자기 자신을 잘 알아야 한다. "나 자신의 마음이" 다른 누구의 도움도 필요 없이 "불경한 부류의 악을 내게 보여 준다"(시 36:1).[89]

　　당신은 얼마나 속기 쉬운 사람인가?

• 마음 감찰

갈망의 덫에 걸리다

● 악인에게는 그의 두려워하는 것이 임하거니와 의인은 그 원하는 것이 이루어지느니라 / 정직한 자의 공의는 자기를 건지려니와 사악한 자는 자기의 악에 잡히리라 / 지식 없는 소원은 선하지 못하고 발이 급한 사람은 잘못 가느니라 잠언 10:24, 11:6, 19:2

'마음'은 단지 감정이 아니라 가장 깊은 신뢰와 사랑의 자리다. 오늘날 사회는 가장 강한 감정이 곧 '진짜 자아'라면서 그 감정을 표출해야 한다고 주장한다. 그러나 지혜는 우리가 갈망의 덫에 잡힐 수 있음을 아는 것이다. 욕구는 외부의 영향도 받는다. 현대 소비자본주의는 재화를 축적하려는 갈망을 유발한다. 우리는 재물이 지위와 정체감을 가져다주리라 생각한다. 어린 시절에 그릇되게 양육된 사람은 인정과 사랑을 과도히 갈망한 나머지, 학대당하면서도 그 관계를 유지하거나 일중독에 빠질 수 있다.

지혜로운 사람은 자신의 욕구를 무조건 받아들이지도 않고, 욕구를 이루려고 내달리지도 않는다. 오히려 아우구스티누스의 조언대로 진리의 지식으로 욕구의 우선순위를 바로잡는다. 예컨대 일중독자의 문제는 일을 너무 사랑하는 게 아니라 일에 비해 하나님을 너무 적게 사랑하는 것이다. 의인이 갈망하는 대상은 궁극적으로 하나님이다. 그분의 얼굴을 바라보는 일이다. "나는 … 주의 얼굴을 뵈오리니 … 주의 형상으로 만족하리이다"(시 17:15). 하나님과의 관계를 가꾸어 그분을 더 깊이 갈망해야만 다른 많은 갈망의 덫에 걸리지 않는다.

하나님을 첫자리에서 몰아내는 당신의 '과도한' 사랑 내지 갈망의 대상은 무엇인가?

• 마음의 첫자리

271

Sept. 13

하나님을 갈망하라

- 소원을 성취하면 마음에 달아도 미련한 자는 악에서 떠나기를 싫어하느니라 / 네 마음으로 죄인의 형통을 부러워하지 말고 항상 여호와를 경외하라 정녕히 네 장래가 있겠고 네 소망이 끊어지지 아니하리라 잠언 13:19, 23:17-18

영혼도 욕구가 있다. 만족을 줄 만한 좋은 것에 이끌린다. 하나님 외에 그 무엇도 삶의 절대 필수가 되어서는 안 되건만, 우리는 다른 모든 낙을 그렇게 둔갑시킬 위험이 있다. "아무리 좋은 것이라도 거기에 마음을 두면 판단력이 약해진다. 이제 무슨 수를 써서라도 그것을 가져야만 함은 그 자체의 가치 때문이 아니라 스스로 그렇게 정했기 때문이다."[90]

어떻게 하면 하나님을 다른 모든 것보다 더 갈망할 수 있을까? 플라톤은 생각이 행동을 낳는다고 말했고, 아리스토텔레스는 행동이 생각을 빚는다고 가르쳤다. 잠언에 보면 양쪽 다 맞다. 잠언 23장 17-18절을 묵상해 보라. 우선 머리를 써서 생각하라. 결국 영원히 남을 것은 무엇인가? (네 장래가 있겠고.) 또 기도와 예배로 마음을 하나님께 두라. 그래서 믿는 데서 그치지 말고 그분 앞에서 외경과 경이를 경험하라(여호와를 경외하라). 나아가서 의지적으로 순종하라. 죄인의 형통을 부러워하지(본받지) 말라. 이렇게 하면 욕구의 우선순위가 바로잡힌다.

이런 전략 중 어느 것을 이번 주에 구체적으로 시행하겠는가?

• 영혼의 욕구

272

누구처럼 되고 싶은가

● 너는 악인의 형통함을 부러워하지 말며 그와 함께 있으려고 하지도 말지어다 그들의 마음은 강포를 품고 그들의 입술은 재앙을 말함이니라 잠언 24:1-2

    사회학자들은 자주 어울려 지내거나 크게 존경하는 대상의 생각에 사람들이 쉽게 물들기 마련이라고 진단한다. 잔인하고 강포한 자와 함께 있거나 (잠 24:2) 오만한 자들의 자리에 앉으면(시 1:1) 자신도 그들처럼 된다. 거만하고 잔인한 사람을 부러워하기 쉬운 이유는 그들이 무자비한 방식을 쓰지만 대개 성공하기 때문이다.

    오늘날 우리는 자유로운 선택으로 각자의 정체성을 만들 수 있다고 믿는다. 전통적 가치와 도덕의 제약을 버리면서 이를 "자아에 충실한" 행위라 생각할 수 있다. 하지만 사실은 새로운 집단에서 정해 주는 정체성을 받아들일 뿐이다. "개인의 정체성 문제는 가정과 교회와 학교와 회사에서부터 결국 나라와 정부에 이르기까지 언제나 집단의 문제였다. 우리는 집단이 내놓는 길을 걷는다."[91]

    당신이 요즘 주로 그 사람과 어울리는 이유는 무엇인가? 그 사람처럼 되고 싶은 갈망이 그런 선택에 영향을 미쳤는가?

• 정체성

타인의 인정에 목마른가

● 사람을 두려워하면 올무에 걸리게 되거니와 여호와를 의지하는 자는 안전하리라   잠언
29:25

욕구의 우선순위를 하나님 쪽으로 바로잡으려면 현재 우리 마음이 어디에 바쳐져 있는지를 파악해야 한다. 하나님의 자리를 대신하는 네 가지 대표적 대용품을 살펴보려 한다. 우선 타인의 인정이다. 사람을 두려워하면 그게 올무가 된다. 하나님보다 사람에게서 자존감과 가치를 얻으려 하면 불안의 덫에 걸린다. 지나치게 남의 비위를 맞춰야 한다. 상대방에게 착취당해도 그 관계를 끊지 못한다. 비판을 받아들일 줄 모른다. 비겁하게도 남의 잘못을 지적할 수 없다. 걸핏하면 감정이 상한다. 받아들여지려는 욕구 때문에 과잉 충성에 빠지기 쉽다.

사람을 두려워하면 각종 비참한 결과가 따른다. 예컨대 부모는 자녀를 두려워해 훈육하지 못하고, 직원은 회사의 부패상을 지적하지 못한다. 마땅히 우리는 사람보다 하나님께 순종해야 한다(행 5:29). 하나님과의 깊은 사랑의 관계만이 사람을 두려워하는 마음을 몰아낸다(요일 4:18). 그제야 우리는 "주는 나를 돕는 이시니 내가 무서워하지 아니하겠노라 사람이 내게 어찌하리요"(히 13:6)라고 고백할 수 있다.

당신에게 하나님의 인정보다 사실상 더 중요한 것은 누구의 인정인가?

• 인정 중독

요나서에서 만나는 하나님

● 여호와의 말씀이 아밋대의 아들 요나에게 임하니라 이르시되 요나 1:1

기독교 가정에서 자란 사람들이 그렇듯이 나도 어릴 때부터 요나 이야기를 자주 들으며 자랐다. 하지만 성경을 가르치는 목사로서 이 짧은 책 때문에 몇 차례나 당혹감과 경이감을 맛보았다.

요나서의 이야기 전개에만 주목하는 독자는 이 책이 단순한 우화이고 커다란 물고기가 나오는 대목은 현실성 떨어지는 극의 정점이라고 생각하기 십상이다. 하지만 신중한 독자들은 이 책이 절묘하고 정교하게 짜인 문학 작품임을 알아본다.

요나서는 4장에 걸쳐 두 사건을 이야기한다. 1장과 2장에서 요나는 하나님의 명령을 받지만 그 명령에 순종하지 않는다. 3장과 4장에서 그는 다시 명령을 받고 수행한다. 두 이야기는 거의 완전한 평행 구조로 제시되어 있다.

주의 깊게 짜인 요나서의 구조는 저자의 메시지에 담긴 여러 미묘한 측면을 드러낸다. 요나서의 두 사건 모두 독실한 신자인 요나가 민족적, 종교적으로 자신과 다른 사람들을 어떻게 바라보고, 그들과 어떻게 어울리는지를 보여 준다. 요나서는 하나님이 기독교 공동체 너머의 사회와 사람들을 사랑하신다는 것과, 다른 민족에 대한 멸시와 해로운 민족주의를 반대하신다는 것을 알려 준다. 그리고 우리의 삶과 마음에서 작용하는 우상 숭배의 미묘하고 피할 수 없는 힘에도 불구하고 세상에서 '사명을 감당'하는 법에 대하여 많은 통찰을 제시한다. 이러한 통찰력을 얻게 되면 세상에서 분쟁 조정자, 화평하게 하는 자, 화해의 중재자가 될 수 있다. 지금은 그런 사람들이 절실히 필요한 시대이다.

• 화해의 중재자

방탕한 선지자

● 너는 일어나 저 큰 성읍 니느웨로 가서 그것을 향하여 외치라 그 악독이 내 앞에 상달되었음이니라 하시니라 요나 1:2

　　요나가 원한 것은 자신이 만들어 낸 신이다. 그는 니느웨 사람들처럼 사악하고 못된 민족은 벌을 받기 원했다. 그리고 자신과 자신의 민족 같은 착한 사람들에게는 복을 주는 신을 원했다. 그런데 요나의 가짜 신이 아니라 진짜 하나님이 자꾸만 나타나시자 그는 분노하고 절망한다. 그의 눈에 하나님은 진짜 수수께끼다. 요나는 그런 폭력과 악행을 저지른 사람들에게 어떻게 자비와 용서를 베푸실 수 있느냐고 하나님께 따지듯 묻는다. 어떻게 하나님이 자비로운 동시에 정의로울 수 있을까?

　　요나서는 이 질문에 대답하지 않는다. 하지만 요나서의 가르침에 힘입어 우리는 하나님이 스스로를 궁극의 '요나'라고 부르신 분(마 12:41)을 통해 어떻게 세상을 구원하셔서 자신도 의로우시고 믿는 자들을 의롭다고 하실지(롬 3:26) 내다보게 된다. 이 복음을 온전히 파악할 때 비로소 우리는 니느웨 사람들 같은 잔인한 착취자나 요나 같은 바리새인 신자가 되는 것을 피하고 성령으로 변화받아 그리스도를 닮은 사람이 될 수 있을 것이다.

　　요나서를 연구한 많은 학자들은 요나서 전반부에서 요나가 예수님의 유명한 비유(눅 15:11-24)에 등장하는, 아버지를 떠나 달아난 '탕자'의 역할을 한다는 데 주목했다. 하지만 요나서의 후반부에서 요나는 '형'(눅 15:25-32)의 모습과 같다. 탕자의 형은 아버지에게 순종하지만, 아버지가 회개하는 죄인들에게 은혜를 베풀자 아버지를 나무란다. 예수님의 비유는 아버지가 바리새인 같은 아들에게 던지는 질문으로 끝나고, 요나서는 하나님이 바리새인 같은 선지자 요나에게 던지시는 질문으로 끝난다.

• 탕자 비유

하나님으로부터 도망친 선지자

● 그러나 요나가 여호와의 얼굴을 피하려고 일어나 다시스로 도망하려 하여 욥바로 내려갔더니 마침 다시스로 가는 배를 만난지라 여호와의 얼굴을 피하여 그들과 함께 다시스로 가려고 배삯을 주고 배에 올랐더라 요나 1:3

요나는 하나님이 말씀하신 것과 정반대로 행했다. 동쪽으로 가라는 부름을 받고 서쪽으로 향했다. 육로로 가라는 지시를 받고 바다로 갔다. 큰 도시로 보냄을 받았는데 세상 끝으로 가는 배를 탔다. 왜 그렇게 했을까?

하나님은 니느웨를 저 '큰' 도시라고 부르시는데, 실제로 니느웨는 정말 큰 도시였다. 니느웨는 군사 문화의 중심지였다. 그곳 주민들이 요나 같은 이방 사람의 말에 귀를 기울였을까? 가령, 1941년에 유대인 랍비가 베를린 거리에 서서 나치 독일을 향해 회개를 촉구했다면 그는 목숨을 부지했을까? 성공의 전망은 찾아볼 수 없었을 테고 그는 죽임을 당했을 가능성이 높다.

요나의 눈에는 이 사명이 신학적으로 전혀 타당해 보이지 않았을 것이다. 이스라엘은 하나님이 택하시고 사랑하신 백성이요, 하나님은 그들을 통해 세상에서 그분의 뜻을 이루고 계신 것이 아닌가? 니느웨는 주님을 거역하는 악한 공동체가 아닌가? 앗수르는 당대 기준으로 보더라도 유달리 폭력적이고 억압적이지 않은가?

요나는 자신의 임무를 이해할 수 없었다. 그런데 자신에게 그 일을 맡기신 그분은 더 이해할 수 없었다. 요나는 하나님의 명령을 정당화할 어떤 합당한 근거도 찾을 수 없었다. 그런 근거는 존재하지 않는다는 결론을 내렸다. 그는 하나님의 선하심, 지혜, 정의를 의심했다.

우리 모두 비슷한 경험이 있다. 이런 일이 벌어질 때 우리는 결정을 내려야 한다. 무엇이 최선인지 하나님이 아실까, 아니면 우리가 알까?

• 하나님의 속성

하나님을 피해 달아나다

● 유대인이라 불리는 네가 율법을 의지하며 하나님을 자랑하며 율법의 교훈을 받아 하나님의
  뜻을 알고 지극히 선한 것을 분간하며   로마서 2:17-18

요나는 하나님을 피해 달아났다. 요나서 전체를 보면, 인간이 하나님을 피해 달아나는 데는 두 가지 전략이 있음을 알 수 있다. 바울은 이것을 로마서 1-3장에서 요약한다. 부도덕해지고 종교를 떠나는 방식으로 하나님으로부터 달아날 수 있다는 것은 다들 아는 사실이다. 하지만 바울은 대단히 종교적이고 도덕적인 사람이 됨으로써 하나님을 피하는 것도 가능하다고 말한다.

하나님을 피해 달아나는 이 두 가지 방식에 대한 복음서의 고전적 사례를 누가복음 15장 두 아들 비유에서도 찾을 수 있다. 요나는 '동생'처럼 굴다가 나중에는 '형'처럼 행동한다. 요나서의 첫 두 장에서 그는 하나님께 불순종하고 그분을 피해 달아나지만 결국 회개하고 하나님의 은혜를 구한다. 집을 떠났다가 회개하고 돌아온 동생과 같다.

마지막 두 장에서 요나는 니느웨에 가서 말씀을 전하라는 하나님의 명령에 순종한다. 하지만 두 경우 모두 요나는 상황을 통제하려 했다. 하나님이 니느웨 사람들의 회개를 받아 주셨을 때, 요나는 누가복음 15장의 형처럼 죄인들에게 은혜와 긍휼을 베푸신 하나님께 발끈하며 독선적 분노를 터뜨린다.

여기서 요나는 하나님의 자비라는 신비와 직면하게 된다. 이것은 신학적 문제인 동시에 마음의 문제이기도 하다. 요나가 자신의 죄를 의식하고 온전히 하나님의 자비에 의지하여 사는 존재임을 깨닫지 않는 한, 그는 하나님이 어떻게 악한 사람들에게 자비를 베푸시면서 여전히 정의롭고 신실하실 수 있는지 결코 이해하지 못할 것이다.

• 하나님의 자비

불순종이 초래한 폭풍

● 여호와께서 큰 바람을 바다 위에 내리시매 바다 가운데에 큰 폭풍이 일어나 배가 거의 깨지게 된지라 요나 1:4

당혹스러운 소식은 하나님께 불순종하는 모든 행위에 폭풍이 임한다는 것이다. 이것은 구약성경의 지혜 문학, 그중에서도 잠언의 큰 테마 중 하나이다. 여기서 우리는 주의해야 한다. 우리 삶에 일어나는 모든 어려운 일이 특정한 죄의 형벌이라고 생각해서는 안 된다. 욥기는 착한 사람들의 삶은 잘되는 것이 당연하고 삶에 문제가 생기면 본인 탓이 분명하다는 통상적 믿음을 일관되게 반박한다. 성경은 모든 어려움이 죄의 결과라고 말하지 않는다. 하지만 모든 죄는 분명히 어려움을 초래한다고 성경은 분명히 가르친다.

몸을 함부로 하면서 건강을 유지하기를 바랄 수는 없다. 사람들을 무심하게 대하면서 우정을 기대할 수는 없다. 자신의 이기적 관심사를 공공선보다 우선시하면서 사회가 제대로 돌아가기를 바랄 수는 없다. 무슨 일이든 우리가 그 설계와 목적을 위반하면, 즉 우리 몸, 인간관계, 사회에 대해 죄를 지으면, 그것들이 우리에게 반격을 가한다. 그로 인한 결과가 따라오게 되어 있다.

하나님의 율법을 위반하는 것은 그분의 설계를 위반하는 일이다. 하나님은 그분을 알고 섬기고 사랑하도록 우리를 만드셨기 때문이다. 성경은 하나님이 죄를 벌하신다고 말할 뿐 아니라("무릇 마음이 교만한 자를 여호와께서 미워하시나니 … 벌을 면하지 못하리라"[잠 16:5]) 죄 자체가 우리를 벌한다는 말도 한다("악인의 폭력은 자신을 멸망으로 이끄니, 그가 바르게 살기를 거부하기 때문이다"[잠 21:7, 새번역]). 둘 모두 사실이다. 모든 죄에는 폭풍이 따른다.

• 죄의 결과

폭풍 속에서 깨닫는 진실

● 무릇 징계가 당시에는 즐거워 보이지 않고 슬퍼 보이나 후에 그로 말미암아 연단받은 자들은 의와 평강의 열매를 맺느니라　히브리서 12:11

　　죄에 늘 폭풍이 따른다는 것이 당혹스러운 소식이라면, 위안이 되는 소식도 있다. 요나에게 폭풍은 죄의 결과였지만, 그곳에는 뱃사람도 함께 있었다. 많은 경우 삶의 폭풍은 특정한 죄의 결과가 아니라, 타락하고 문제 많은 세상에서 사는 사람에게 불가피하게 따라오는 결과에 해당한다. "사람은 고생을 위하여 났으니 불꽃이 위로 날아가는 것 같으니라"(욥 5:7)라는 말도 있듯이, 세상에는 파괴적 폭풍이 가득하다. 그러나 이제 살펴보겠지만, 이 폭풍은 뱃사람들 탓이 아니었고 그들은 폭풍 덕분에 참되신 하나님에 대한 진실한 믿음에 이르게 된다. 요나는 하나님의 은혜를 새로운 방식으로 이해하는 여행을 시작한다. 삶에서 만나는 폭풍이 우리 잘못의 결과이든 아니든, 그리스도인들은 하나님이 폭풍을 통해 유익을 주신다는 약속을 받았다(롬 8:28).

　　성경은 모든 어려움이 죄의 결과라고 말하지 않는다. 하지만 그리스도인들에게는 모든 어려움이 마음을 지배하는 죄의 위력을 줄이는 데 도움이 될 수 있다고 분명히 가르친다. 폭풍은 우리를 일깨워, 폭풍 없이는 결코 볼 수 없었을 진실을 깨닫게 할 수 있다. 다른 식으로는 생겨날 수 없는 믿음, 소망, 사랑, 인내, 겸손, 절제가 폭풍 때문에 우리 안에 생겨날 수 있다. 큰 폭풍에 떠밀려 하나님께로 나아가는 바람에 그리스도를 믿고 영생을 얻게 되었다고 증언하는 사람들이 수없이 많다.

· 고난의 유익

모든 사람의 하나님

● …그러나 요나는 배 밑층에 내려가서 누워 깊이 잠이 든지라 선장이 그에게 가서 이르되 자는 자여 어찌함이냐 일어나서 네 하나님께 구하라 혹시 하나님이 우리를 생각하사 망하지 아니하게 하시리라 하니라 요나 1:5-6

뱃사람들은 위기에 처해 있다. 그들은 자신들의 기술과 종교적 자원을 사용했지만 역부족이었다. 그들은 요나의 도움 없이는 구원받을 수 없음을 감지했다. 그러나 요나는 도움이 될 만한 어떤 일도 하지 않는다. 그래서 이교도 선장이 하나님의 거룩한 선지자를 꾸짖는, 잊을 수 없는 장면이 연출된다.

신자와 비신자 할 것 없이 우리 모두는 "한 배를 타고 있다"(요나의 경우만큼 이 오래된 말이 딱 들어맞는 경우도 없다). 범죄, 건강 악화, 물 부족, 실업이 한 공동체를 덮치면, 경제 질서나 사회 질서가 무너지면, 모두가 한 배를 타게 된다. 한동안 요나는 이 뱃사람들과 '이웃'이 되었고 한 사람을 위협하는 폭풍은 공동체 전체를 위협했다. 요나가 달아난 것은 이방인들의 유익을 위해 일하고 싶지 않았기 때문이다. 그는 신자들의 이익을 위해서만 살고 싶었다. 그러나 하나님은 여기서 자신을 모든 사람의 하나님으로 드러내 보이시고, 요나는 자신이 신앙 공동체의 일원일 뿐 아니라 온 인류 공동체의 일원임을 인정해야 할 상황에 처한다.

이것은 '신자들은 비신자들을 돕는 편이 낫다. 안 그러면 신자들도 잘 지낼 수 없을 것'이라는 실용적인 주장에 그치지 않는다. 성경은 인류가 하나님의 형상이라는 공통의 모습으로 창조되었기에 하나님께 무한히 소중한 존재라고 말한다(창 9:6; 약 3:9). 예수님은 산상설교에서 세상이 신자들의 선행을 보고 하나님께 영광을 돌릴 것이라고 말씀하셨다(마 5:16). 우리가 제대로 살지 않으면 세상은 우리 주님이 누구신지 보지 못할 것이다. 어느 책의 제목처럼 우리는 '지켜보는 세상 앞에 선 교회'이다.[92]

• 교회의 사명

일반 은총에 힘입다

● 온갖 좋은 은사와 온전한 선물이 다 위로부터 빛들의 아버지께로부터 내려오나니 그는 변함
도 없으시고 회전하는 그림자도 없으시니라 야고보서 1:17

　요나와 한 배에 타고 있던 이교도 뱃사람들은 신학자들이 '일반 은총'이
라 불렀던 것을 생생하게 보여 준다. 일반 은총 교리는 하나님이 민족이나
종교적 신념과 무관하게 인류 전반에 걸쳐 지혜와 도덕적 통찰, 선과 아름다
움의 선물을 내리신다고 가르친다.

　이 말은 모든 선하고 뛰어난 예술적 표현, 농사법, 효율적인 통치, 과학
발전이 하나님이 인류에게 주시는 선물이라는 뜻이다. 이 모두가 자격 없는
이들에게 베푸시는 하나님의 자비와 은혜의 선물이다. 이 모두는 '일반'적인
것이기도 하다. 즉, 하나님이 모두에게 나누어 주시는 것이다.

　일반 은총이 요나의 얼굴을 향하고 있었다. 요나 본인은 소위 '특별 은총'
의 수혜자였다. 인간의 이성이나 지혜가 아무리 대단하다 해도 그것만으론
얻을 수 없는 하나님의 뜻에 대한 계시, 즉 하나님의 말씀을 받은 사람이었
다. 요나는 여호와 하나님을 따르는 사람이었다. 그렇다면 어떻게 이교도들
이 요나보다 더 나을 수가 있었을까? 일반 은총에 힘입은 비신자들은 믿음이
없으면서도 종종 신자들보다 더 의롭게 행동한다. 반면에 신자들은 남아 있
는 죄에 휘둘린 나머지, 하나님에 대한 올바른 믿음이 있다면 가질 법한 모
습에 전혀 미치지 못하는 행실을 종종 보인다. 그렇다면 그리스도인들은 기
독교 신앙이 없는 이들을 겸손히 대하고 존중할 줄 알아야 한다. 비신자들에
게 배울 것이 많음을 알고 모든 사람의 수고에 감사해야 한다. 요나는 이 사
실을 어렵게 배우고 있는 중이다.

• 비신자를 존중함

당신은 누구의 것인가

● …제비가 요나에게 뽑힌지라 무리가 그에게 이르되 청하건대 이 재앙이 누구 때문에 우리에 게 임하였는가 말하라 네 생업이 무엇이며 네가 어디서 왔으며 네 나라가 어디며 어느 민족 에 속하였느냐 하니   요나 1:7-8

요나에게 던진 뱃사람들의 질문은 그들이 인간의 정체성을 구성하는 요소를 잘 이해하고 있음을 보여 준다. 목적, 장소, 민족에 대해 묻는 것은 "당신은 누구인가?"를 묻는 통찰력 있는 방식이다.

뱃사람들은 근대 서구 문화권에서 그렇듯 요나의 자기표현을 유도하기 위해 이런 질문을 던진 것이 아니다. 그들의 절박한 목표는 요나 때문에 노하신 하나님이 누구신지 이해하고 앞으로 어떻게 해야 할지 알아내는 것이었다. 고대에는 모든 민족, 장소, 직업마다 고유의 신 또는 신들이 있었다. 뱃사람들은 요나가 어떤 신을 성나게 했는지 알아내기 위해 "네 신의 이름이 무엇이냐?"라고 물을 필요가 없었다. 요나가 누구인지 묻는 것으로 충분했기 때문이다. 그들은 인간의 정체성을 구성하는 요소들이 그가 숭배하는 대상과 떼려야 뗄 수 없이 이어져 있다고 보았다. '내가 누구인가'와 '무엇을 섬기는가'는 동전의 양면에 불과하다. 그것은 인간 정체성의 가장 근본적인 층위이다.

뱃사람들은 사람의 정체성이 그가 구원을 기대하며 바라는 대상, 궁극적 충성을 바치는 대상에 항상 좌우된다는 사실을 알고 있었다. "당신은 누구인가?"라는 질문은 곧 "당신은 누구의 것인가?"라고 묻는 것이다. 자신이 누구인지 아는 것은 무엇에다 자신을 맡겼는지, 무엇이 자신을 지배하는지, 무엇을 자신이 근본적으로 신뢰하는지 아는 것이다.

• 섬김의 대상

누구도 배제하지 않는 복음

● 그가 대답하되 나는 히브리 사람이요 바다와 육지를 지으신 하늘의 하나님 여호와를 경외하는 자로라 하고   요나 1:9

민족을 묻는 질문은 뱃사람들의 맨 마지막 질문이었지만 요나는 그 질문에 먼저 답한다. "나는 히브리 사람이요." 말을 아끼던 그가 민족을 자기 정체성의 가장 의미심장한 부분으로 내세운 것은 큰 의미가 있다.

요나의 자아상에서 민족이 신앙보다 더 근본적이라면, 니느웨에 회개를 촉구하는 일에 그가 그토록 반대했던 이유가 설명된다. 이렇게 영적으로 얄팍한 정체성을 가진 사람에게는 다른 민족에게 하나님을 믿으라고 촉구하는 그림이 매력적으로 보이지 않을 것이다. 요나에게 하나님과의 관계는 그의 민족만큼 중요하지 않았다. 그렇기 때문에 민족에 대한 충성과 하나님의 말씀에 대한 충성이 충돌하는 듯한 상황에서 요나는 민족 편을 들었고 하나님의 사랑과 메시지를 새로운 사회로 전하는 일을 거부했다.

요나가 하는 일을 누군가는 타자화(othering)라고 불렀다. 사람들을 '타자'로 분류하는 것은 그들이 나와 다른 부분에 초점을 맞추고, 그들의 이상함에 초점을 맞추고, 그런 특성들로 그들을 제한해서 그들을 비인간화하는 것이다. 그렇게 되면 우리는 "그 사람들이 어떤지 알잖아"라고 말할 수 있게 되고 그들과 관계를 맺을 필요가 없어진다. 그리고 그들을 여러 방식으로 배제할수 있게 된다. 그들을 그저 무시하거나, 우리의 신념과 관행에 맞추도록 강요하거나, 특정한 가난한 동네에 살도록 요구하거나, 아무 이유 없이 쫓아내는 것이다. 이제 독자들은 요나가 그토록 거북해하는 하나님의 자비가 그에게 절실히 필요하다는 사실이 보이기 시작할 것이다. 하나님의 은혜의 능력 아래서 그의 정체성이 변해야 한다. 우리의 정체성도 마찬가지다.

• 타자화

연민과 책임감

● 바다가 점점 흉용한지라 … 그가 대답하되 나를 들어 바다에 던지라 그리하면 바다가 너희를 위하여 잔잔하리라 너희가 이 큰 폭풍을 만난 것이 나 때문인 줄을 내가 아노라 하니라
요나 1:11-12

요나는 왜 이런 말을 한 것일까? 회개의 뜻일까? "나는 하나님께 지은 죄로 인해 죽어 마땅합니다. 나를 죽이십시오"라고 말하는 것일까? 아니면 정반대일까? "하나님께 순종하여 니느웨에 가느니 차라리 죽겠습니다. 날 죽이십시오"라는 뜻일까? 그는 하나님께 순복하는 것일까, 반역하는 것일까?

대답은 그 중간 어디쯤일 것이다. 그런 위험과 위기의 순간에 요나가 그렇게 대답한 동기와 의도가 보통 사람보다 더 정돈되고 일관성이 있으리라고 생각할 이유는 없다. 그가 하나님을 전혀 언급하지 않는 것에 주목하라. 그의 관심은 다른 곳에 있다. 그는 자신을 바다에 던지면 "바다가 당신들을 위하여 잔잔해질 거요. 분명히 말하지만 바로 나 때문에 당신들에게 이 큰 폭풍이 닥친 거요"라고 말한다. 요나는 상황에 책임을 지기 시작하는데, 그것은 그가 하나님을 바라보았기 때문에 생긴 변화가 아니다. 뱃사람들을 바라보면서 생겨난 변화일 뿐이다. 하지만 이것은 매우 의미심장하다.

종종 영적으로 정신을 차리는 첫걸음은 자신이 아니라 다른 사람(누구라도 좋다)을 생각하기 시작하는 것이다. 요나는 이렇게 말하고 있는 것이다. "당신들은 나 때문에 죽을 수도 있소. 내가 당신들을 대신해 죽어야 마땅하오. 하나님은 바로 나에게 화가 나신 거요. 나를 바다에 던지시오."

요나의 연민은 인간의 원초적 직관 중 하나, 즉 진정한 원형적 사랑은 대속적 특성을 갖고 있다는 직관을 그의 마음속에 불러일으킨다. 참된 사랑은 어떤 희생을 치르더라도 사랑하는 대상의 필요를 채워 주려 한다. 삶을 변화시키는 모든 사랑은 모종의 대속적 희생이다.

• 대속

Sept. 27

사납던 바다가 잔잔해지다

● 무리가 여호와께 부르짖어 이르되 여호와여 구하고 구하오니 이 사람의 생명 때문에 우리를 멸망시키지 마옵소서 무죄한 피를 우리에게 돌리지 마옵소서 주 여호와께서는 주의 뜻대로 행하심이니이다 하고 요나를 들어 바다에 던지매 바다가 뛰노는 것이 곧 그친지라 그 사람들이 여호와를 크게 두려워하여 여호와께 제물을 드리고 서원을 하였더라   요나 1:14-16

　요나가 바닷속에 들어가는 순간, 전기불이 꺼지듯 폭풍이 갑자기 멈추었다. 성경에는 바다가 "사납게 분노하기를 그쳤다"(15절, ESV)라고 나온다. 이 것을 시적 의인화와 수사적 표현 정도로 볼 사람도 있겠다. 하지만 과연 그 것이 전부일까? 폭풍의 '분노'는 반항하는 선지자를 향한 하나님의 분노를 제 대로 표현한 것이고, 선지자가 풍파 속에 던져진 순간 분노도 누그러졌다.

　요나의 희생은 예수님의 희생을 이해할 수 있는 그림과도 같다. 예수님 의 희생은 '화목제물'(롬 3:25; 히 2:17; 요일 2:2; 4:10)이라 불리는데, 이 단어는 그리 스도가 우리를 대신하시고 우리가 받아 마땅한 형벌을 받으심으로써 우리의 죄와 악에 대한 하나님의 진노를 담당하셨다는 뜻이다. 현대인들은 정의를 열정적으로 추구하다 보면 의분이 따라온다는 데 널리 동의한다. 그러면서 도 성난 하나님의 개념은 많은 경우 불쾌하게 여긴다.

　요나서를 독립적인 이야기로 읽으면 바로 이 점 때문에 성경의 하나님이 화를 잘 내시고 복수심에 불타는 존재라는 인상을 받을 수 있다. 그러나 요 나서 전체 이야기만 보더라도, 하나님은 요나가 받아 마땅한 벌을 다 내리시 지 않는다. 예수님은 지상에 오신 사람인 동시에 하나님이시다. 성경은 하나 님을 보복하시는 존재가 아니라, 친히 오셔서 스스로 벌을 담당하시는 너무 나 자비로운 분으로 그리고 있다.

• 하나님의 분노

은혜로부터 달아나다

● 여호와께서 이미 큰 물고기를 예비하사 요나를 삼키게 하셨으므로 요나가 밤낮 삼 일을 물고기 뱃속에 있으니라 요나가 물고기 뱃속에서 그의 하나님 여호와께 기도하여 요나 1:17-2:1

지난 일을 돌아보면 우리가 인생에서 배운 가장 중요한 교훈들은 하나님의 잔인한 자비가 가져다준 결과임을 또렷이 알 수 있다. 그런 일들은 당시에는 힘들거나 심지어 고통스러운 사건들이었지만 나중에는 그로 인해 우리가 미리 내다볼 수 없었던 큰 유익을 얻었다.

큰 물고기는 그런 잔인한 자비의 완벽한 사례다. 우선, 물고기는 요나를 삼켜서 그의 생명을 구했다. 반면, 요나는 여전히 물속 감옥에 갇혀 있다. 도움과 희망에서 멀리 떨어진 세상의 밑바닥, '산의 뿌리'로 여전히 가라앉고 있다. 지금은 살아 있지만 얼마나 오래 버틸 수 있을까? 하나님이 또 다른 구원 행위를 허락하지 않으시면 그것은 일시적으로 한숨 돌린 상황에 불과하다.

요나가 물에서든 믿음에서든 마침내 올라오려면 먼저 한계에 이르러야 했다. 올라가는 방법은 다름 아니라 내려가는 것이었다. 하나님 은혜의 가장 큰 신비를 배우는 곳은 흔히 밑바닥이다.

그러나 요나의 변화의 출발점은 단지 바닥에 있는 상태가 아니라 바닥에서 드린 기도에 있다. 요나는 기도하기 시작하고 이 기도의 절정에서 헤세드를 말한다(욘 2:8). 헤세드는 흔히 '인자'(한결같은 사랑)나 '은혜'로 번역되는 성경의 핵심 단어이고, 하나님의 언약 사랑을 가리킨다. 요나는 기도가 다 끝날 때가 되어서야 거기, 즉 하나님의 은혜를 선포하는 자리에 이르고, 그제야 산 자들의 땅으로 다시 풀려난다.

• 헤세드

속죄소로 나아가는 은혜

Sept.
29

● 내가 말하기를 내가 주의 목전에서 쫓겨났을지라도 다시 주의 성전을 바라보겠다 하였나이
  다 요나 2:4

하나님의 은혜를 제대로 이해하여 변화를 받기 위해 파악해야 할 진리는
하나님이 베푸시는 구원이 얼마나 값비싼지 아는 것이다. 요나는 기도할 때
그저 하늘만 바라보는 것이 아니라 '주의 성전을'(4절) 바라보고 '주의 성전'(7
절)에 이른다고 두 번씩이나 말한다. 이 말의 의미는 무엇인가?

요나는 하나님이 성전의 속죄소(the mercy seat)에서 우리에게 말씀하시기로
약속하셨다는 것을 알았다(출 25:22). 속죄소는 십계명의 돌판이 든 언약궤를
덮는 정금판이다. 대속죄일에 제사장은 백성의 죄를 위해 속죄소 위에다 속
죄제물의 피를 뿌렸다(레 16:14-15).

놀라운 그림이다! 성전은 거룩한 하나님, 십계명으로 표현된 그분의 완
전한 도덕적 의로움이 거하는 곳이다. 십계명은 이제껏 어떤 인간도 지키지
못했고 지킬 수도 없다. 우리는 하나님께 어떻게 나아가야 할까? 하나님의
율법이 우리를 정죄하지는 않을까? 물론 그럴 것이다. 그러나 십계명 위에
있는 속죄소에 뿌려진 속죄제물의 피가 십계명의 정죄로부터 우리를 지켜
준다. 다른 누군가의 죽음이 우리의 용서를 보장할 때만 우리는 하나님과 대
화를 나눌 수 있다.

요나는 물론이고 당시의 어떤 이스라엘 사람도 이 모든 의미를 이해하지
못했지만, 예수님의 복음에 대한 그림으로 이보다 더 나은 것은 상상할 수
없다. 황소와 염소의 피가 아니라 예수 그리스도의 희생 제사로만 속죄의 효
력이 발휘된다는 사실은 이로부터 몇 세기가 지난 후에야 드러나게 된다(히
10:4-10).

• 그리스도의 희생

정의를 행하고 심판을 전하며

● 요나가 여호와의 말씀대로 일어나서 니느웨로 가니라 니느웨는 사흘 동안 걸을 만큼 하나님 앞에 큰 성읍이더라 요나가 그 성읍에 들어가서 하루 동안 다니며 외쳐 이르되 사십 일이 지나면 니느웨가 무너지리라 하였더니 요나 3:3-4

　현대 신자들은 복음 전도를 할 것이 아니라 요나를 본받아 도시에서 사회사업을 해야 한다고 결론을 내리는 이들이 있다. 하지만 요나는 니느웨로 가서 말없이 사회사업을 한 것이 아니다. 그는 하나님의 심판이 닥칠 거라고 하나님의 이름으로 크게 설교했다. 사회 정의를 위한 일에 큰 관심을 갖는 이들이 하나님의 뜻을 행하지 않는 이들에게 심판을 선언하시는 성경의 하나님에 대해서는 분연히 일어나 분명하게 말하지 않는 경우가 흔하다. 반면, 공개적으로 회개를 강력히 설교하는 이들은 압제받는 이들을 위해 정의를 요구하는 사람으로는 잘 알려져 있지 않다.

　그렇지만 이 본문은 우리에게 두 가지 다 행하라고 격려한다. 여기서 하나님은 선지자를 통해 사회개혁을 추구하신다. 니느웨의 착취적이고 폭력적인 행위를 바꾸려고 하시는 것이다. 하지만 죄를 벌하실 하나님의 진노를 도시가 들어야 한다는 것도 알려 주신다. 사회적 불의에 맞서 싸우는 일과 하나님께 회개하도록 사람들을 부르는 일은 신학적으로 맞물려 있다.

　마틴 루터 킹 박사는 위대한 연설 '나에게는 꿈이 있습니다'에서 현대 세속적 개인주의에 호소하지 않았다. 그는 "모두가 인생에서 자신의 의미와 도덕적 진리를 자유롭게 규정해야 합니다"라고 말하지 않았다. 그 대신에, 그는 성경을 인용하며 자신이 속한 사회를 향해 "[하나님의] 정의를 물같이, 공의를 마르지 않는 강같이 흐르게" 하자고 촉구했다(암 5:24).

• 복음 선포

10월
October

삶의 모든 영역에서 누리는
부활 생명

A Year with
Timothy Keller

심판을 보류시킨 회개

- 니느웨 사람들이 하나님을 믿고 금식을 선포하고 높고 낮은 자를 막론하고 굵은베 옷을 입은지라 그 일이 니느웨 왕에게 들리매 왕이 보좌에서 일어나 왕복을 벗고 굵은베 옷을 입고 재 위에 앉으니라 요나 3:5-6

니느웨 사람들은 요나를 비웃지 않았고 폭행하지도 않았다. 요나에게는 충격적인 일이었다. 오히려 도시 전체가 반응했다. 뜻밖에도, 강력하고 폭력적인 도성 니느웨 사람들이 회개의 표시로 모두 굵은베 옷을 입었다. "높고 낮은 자를 막론하고"(5절), 어떻게 이런 일이 일어날 수 있었을까?

본문에 요약된 요나의 메시지만 보면 노골적인 협박이지만(욘 3:4), 많은 이들은 요나가 하나님에 대해 더 많은 정보를 제공했을 것이라고 추론하는 것이 합리적이라고 말한다. 이를테면, 니느웨 사람들은 하나님이 자신들의 기도를 들으실 거라는 소망을 품고 하나님께로 돌이켰다. 이것을 보면 최소한 그들은 하나님의 용서를 받을 가망이 있는지 요나에게 물어봤을 것 같다.

그렇지만 성경은 하나님이 니느웨 사람들을 회심시켜 구원을 가져다주는 언약의 관계를 맺기 위해 요나를 보내셨다고 말하지 않는다. 요나는 그들의 악, 폭력적 행위, 그리고 돌이켜 변화하지 않으면 불가피하게 찾아올 결과에 대해 경고했을 뿐이다.

성경의 나머지 부분을 보면 사회적 행동을 바꾸는 것으로는 구원에 충분하지 않고, 믿음과 속죄 제사 없이는 하나님이 최종적으로 용서하실 수 없다(참고. 민 14:18; 히 9:22)는 것을 알 수 있다. 그럼에도 니느웨를 향한 하나님의 반응은 시사하는 바가 있다. 니느웨 사람들은 우상들과 우상에게 하는 제사를 버리지 않지만, 자비하신 하나님은 니느웨 성을 파괴하겠다고 하셨던 위협을 철회하셨다. 그리고 사회 개혁을 위한 그 도시의 의도와 노력에 반응하여 일정 기간 호의를 베푸신다.

• 호의

요나의 불같은 분노

● 요나가 매우 싫어하고 성내며 여호와께 기도하여 이르되 여호와여 내가 고국에 있을 때에 이러하겠다고 말씀하지 아니하였나이까 … 여호와여 원하건대 이제 내 생명을 거두어 가소서 사는 것보다 죽는 것이 내게 나음이니이다 하니 요나 4:1-3

우리는 요나서가 3장에서 "그리고 요나는 기뻐하며 자기 땅으로 돌아갔다"라는 문장과 함께 의기양양한 분위기에서 막을 내릴 것으로 기대하게 된다. 그러나 사건은 예기치 못한 국면을 맞는다. 요나는 평생 만난 이들 중 가장 거친 청중에게 말씀을 전하고 그들 중 마지막 한 사람까지 적극적 반응을 보였는데 왜 불같이 격분하여 어찌할 바를 모를까?

선교사 요나는 니느웨 사람들이 회개의 첫걸음을 내디딘 것을 기뻐했어야 한다. 일반적으로 하나님을 온전히 믿는 일은 요나와 같은 배에 있던 뱃사람들의 경우와는 달리 하룻밤 새 이루어지지 않는다. 니느웨 사람들이 회개할 의향을 보여 주었으니, 요나는 그들에게 이 새로운 신의 성품 및 그분과의 언약적 관계가 무엇을 의미하는지 가르쳐서 회개의 여정을 이어 가도록 도울 준비를 해야 했다. 그러나 요나는 그들이 하나님께로 움직이기 시작한 것만 보고도 격분했다. 니느웨 성으로 되돌아가 가르치고 설교하는 대신, 그는 하나님이 그곳을 심판하시기를 바라며 성 바깥에 머물렀다(욘 4:5).

그리스도인들이 다른 민족과 종족의 유익 또는 구원보다 자신의 이익과 안전에 더 관심을 가진다면, 요나와 같은 죄를 짓고 있는 것이다. 인류의 유익이나 세상에서 하나님 나라가 진척되는 것보다 자기 나라의 경제적·군사적 번영을 더 중요하게 여긴다면, 요나와 같은 죄를 짓고 있는 것이다. 그들의 정체성은 구원받은 죄인이자 하나님의 자녀라는 데 있지 않고 그들의 민족과 국적에 뿌리내리고 있다.

• 선교

가짜 신을 사랑하다

● 여호와께서 이르시되 네가 성내는 것이 옳으냐 하시니라 요나 4:4

마음에 하나님보다 더 중요한 것이 있는 한, 우리는 요나처럼 허약하고 독선적인 사람이 될 수밖에 없다. 무엇이 되었든 그로 인해 교만해지고 그것을 갖지 못한 이들을 깔보게 될 것이다. 두려움과 불안이 생겨날 것이다. 우리 행복의 토대가 위협을 받는 상황이 되면, 분노와 불안과 절망에 휩싸여 어쩔 줄 모르게 될 것이다.

하나님의 은혜로 우리 마음의 근저에 도달한다는 것은 좋아 보이는 것을 우상과 자력 구원의 수단으로 삼는 모든 방법을 인식하는 일이다. 또한 이로 인하여 사실은 우리가 온전히 하나님의 은혜로 사는 존재임을 마침내 인정하는 것이다. 그러면 우리는 하나님으로부터 무언가를 얻기 위해서가 아니라, 하나님을 위해, 하나님 때문에, 그저 하나님의 하나님 되심으로 인해, 하나님을 알고 하나님을 기뻐하고 하나님을 닮아 가는 기쁨 때문에 하나님을 섬기게 될 것이다. 우리가 하나님의 은혜로 마음의 근저에 이를 때, 그 은혜가 우리의 독선과 두려움을 서서히, 그러나 확실하게 뽑아내기 시작한다.

하나님은 한 가지 질문으로 요나를 점잖게 나무라신다. "네가 성내는 것이 옳으냐?" 화내는 것은 잘못이 아니다. 사랑하는 그 무엇이 위협받거나 해를 입을 때 화를 내는 것은 적절한 반응이다. 그러나 '그런' 분노, 즉 독선과 두려움에서 나온 과도한 분노는 요나가 가짜 신을 사랑하고 있다는 증거다. 그는 자기 민족과 나라에 과도하게 몰두하고 있다. 요나가 하나님의 은혜 안에 거하는 무한한 평화를 맛보려면, 하나님이 그의 우상 숭배를 다루셔야 했다.

• 자기 의

오래 참으시는 하나님

Oct.

4

- …요나가 박넝쿨로 말미암아 크게 기뻐하였더니 하나님이 벌레를 예비하사 이튿날 새벽에 그 박넝쿨을 갉아먹게 하시매 시드니라 / 하나님이 요나에게 이르시되 네가 이 박넝쿨로 말미암아 성내는 것이 어찌 옳으냐 하시니… 요나 4:6-7, 9

요나는 물고기 배 속에서 회심 경험을 한 듯 보인다. 그는 하나님의 은혜를 붙잡았고 하나님의 말씀을 겁 없이 전하라는 명령에 순종했다. 그러나 그 모든 것은 잊었다. 배은망덕한 종처럼 요나는 하나님께 용서받고도 다른 이들을 용서하기를 거부한다(참고. 마 18:21-35).

이 모든 상황에도 불구하고 하나님은 요나에게 오래 참으신다. 요나는 하나님께 화를 내고 반대하던 원래 모습으로 돌아간다. 하지만 이번에 하나님은 격렬한 폭풍을 보내는 대신에 요나와 부드러운 대화를 시작하신다. 하나님은 심리치료사가 건넬 법한 질문을 던지신다. "네가 성내는 것이 옳으냐?"(욘 4:4)

이것은 겸손에 대한 가르침이자 강한 위로다. 우리는 종종 사람들에게 이런 인상을 심어 준다. "회심 후에는 모든 것이 장밋빛이고 더 이상 어떤 문제도 없으며 우리의 뜻은 하나님의 뜻과 자동적으로 일치한다. … 하나님의 요구를 행하는 것은 어렵지 않고 달콤하다."

그러나 "바울은 자기 안에서 두 사람('옛 사람'과 '새사람')이 싸운다고 말하고, 요나도 그것을 보여 준다. … 우리는 여전히 죄인이다"(참고. 갈 5:17; 엡 4:22-24). 물론 이것을 핑계로 나쁜 행동을 정당화할 수는 없지만, "하나님이 (인간 마음을) 총체적으로 아시고 … 그러면서도 하나님의 사랑과 오래 참음에는 다함이 없어 반항하는 자녀의 손을 계속 잡으신다"는 사실을 아는 데서 깊은 위로를 받을 수 있다. [93]

• 인간의 반항

눈물 흘리시는 하나님

● 여호와께서 이르시되 네가 수고도 아니하였고 재배도 아니하였고 하룻밤에 났다가 하룻밤에 말라 버린 이 박넝쿨을 아꼈거든 하물며 이 큰 성읍 니느웨에는 좌우를 분변하지 못하는 자가 십이만여 명이요 가축도 많이 있나니 내가 어찌 아끼지 아니하겠느냐 하시니라 요나 4:10-11

10절과 11절의 '아끼다'에 해당하는 단어는 누구 또는 무엇으로 인해 슬퍼하고 마음이 부서져 우는 것을 뜻한다.[94] 하나님은 이렇게 말씀하신다. "너는 박넝쿨 때문에 슬퍼하지만 나는 사람들을 '긍휼히' 여긴다."

하나님이 스스로에게 이런 단어를 쓰신 것은 보통 일이 아니다. 이것은 애착의 표현이다. 하나님은 니느웨의 악과 길 잃은 상태를 슬퍼하신다. 누군가를 사랑하게 되면, 그가 행복할 때면 나도 행복하고 그의 괴로움은 내 것이 된다. 애착하면 고통에 취약해지지만, 하나님은 이 본문뿐만 아니라 다른 여러 본문에서도 이렇게 말씀하신다(참고. 사 63:9). 창세기 6장 6절에 따르면 하나님이 땅의 악을 내려다보셨을 때 "그분의 마음에 고통이 가득했다."

우리는 많은 것이 필요하고, 그 필요를 채워 주는 많은 것에 정서적인 애착을 갖게 된다. 하지만 하나님께는 필요한 것이 없다. 하나님은 자기 안에서 더없이 완전히 행복하시고, 우리가 필요하지 않으시다. 그렇다면 하나님은 어떻게 우리에게 애착을 갖게 되신 것인가?

유일한 답변은 무한하시고 전능하시며 자족하시는 신적 존재가 자발적으로 사랑하신다는 것이다. 성경의 다른 책에서 하나님은 악과 죄로 빠져드는 이스라엘의 모습을 보시고 그분의 마음이 속에서 뒤집힌다고 말씀하신다. "에브라임이여 내가 어찌 너를 놓겠느냐 이스라엘이여 내가 어찌 너를 버리겠느냐 … 내 마음이 내 속에서 돌이키어 나의 긍휼이 온전히 불붙듯 하도다"(호 11:8).

• 하나님의 고통

사람이 되어서 우신 하나님

● 가까이 오사 성을 보시고 우시며 이르시되 너도 오늘 평화에 관한 일을 알았더라면 좋을 뻔 하였거니와 지금 네 눈에 숨겨졌도다 / … 이는 네가 보살핌 받는 날을 알지 못함을 인함이니라 하시니라 누가복음 19:41-42, 44

신약성경에 어느 정도 익숙한 사람이라면 요나서의 너그러운 하나님을 보며 예수님을 떠올리지 않을 수 없다. 하나님은 요나에게 이렇게 말씀하신다. "나는 이 도시 때문에 울고 슬퍼한다. 너는 왜 그렇게 하지 않느냐? 네가 나의 선지자라면, 너에게는 왜 나의 긍휼이 없느냐?" 요나는 그 도시 때문에 울지 않았지만, 참된 선지자이신 예수님은 달랐다.

예수님은 생애 마지막 주에 나귀를 타고 예루살렘으로 들어가셨다. 예수님은 성의 지도자들과 군중의 손에 고난을 당할 줄 아셨지만, 요나처럼 분노에 차거나 자기연민에 빠지지 않으셨다. 예수님은 도성을 보시고 우셨다.

십자가 위에서 예수님은 이렇게 외치셨다. "아버지, 저들을 사하여 주옵소서. 자기들이 하는 것을 알지 못함이니이다"(눅 23:34). 예수님은 이렇게 말씀하고 계신다. "아버지, 저들은 저를 고문하고 죽이고 있습니다. 저를 부인하고 배반했습니다. 그러나 저들 중 누구도, 심지어 바리새인들조차도 자신들이 하는 일을 온전히 이해하지는 못합니다." 우리는 예수님의 이런 마음을 경이롭게 바라볼 뿐이다.

예수님은 우리를 위해 울기만 하신 것이 아니라 우리를 위해 죽으셨다. 요나는 도시가 망하는 것을 지켜보려고 도시 밖으로 나갔지만, 예수 그리스도는 십자가에서 죽으심으로 도시의 구원을 성취하기 위해 도시 밖으로 나가셨다.

• 긍휼

새로운 영적 생명

● 우리 주 예수 그리스도의 아버지 하나님을 찬송하리로다 그의 많으신 긍휼대로 예수 그리스
도를 죽은 자 가운데서 부활하게 하심으로 말미암아 우리를 거듭나게 하사 산 소망이 있게
하시며 베드로전서 1:3

　삶은 여정이요, 그 여정의 기초는 하나님을 찾고 아는 데 있다. 인간에게
일어날 수 있는 가장 근본적인 변화는 성경이 말하는 거듭남(요 3:1-8), 즉 "새
로운 피조물"이 되는 것이다(고후 5:17). 물론 이는 살면서 어느 때에나 벌어질
수 있는 일이지만, 대개 우리가 그리스도를 믿게 되는 결정적인 계기는 삶에
서 지각변동이 일어나는 시기에 찾아온다. 우리 부부가 45년간 사역하면서
보니, 특히 인생의 큰 전환기에 많은 사람이 열린 마음으로 하나님과의 관계
를 탐색했다.

　기독교 신앙에서는 모든 사람이 두 번 태어나야 한다고 가르친다. 처음
날 때는 자연계에 태어나지만, 찰스 웨슬리가 노래한 것처럼 예수님이 친히
말씀하신 '거듭남'(요 3:3)을 통해서는 하나님 나라에 태어나 새로운 영적 생명
을 받는다. 우리가 처음 세상에 태어남은 하나님이 우리를 창조하셨기 때문
이고, 영적으로 다시 태어남은 그분이 우리를 구속하셨기 때문이다. 이렇게
주님은 양쪽 출생 모두의 주인이시다.

　하나님께 생명을 받아 인간으로 태어난다는 것은 어떤 의미인가? 가정
과 교회는 신생아에게 어떤 책임을 져야 하는가? 첫 출생으로 맺어진 우리
자녀를 어떻게 하면 두 번째 출생(거듭남)에 이르도록 도울 수 있을까?

• 거듭남

경이롭고 두려운 피조물

● 주께서 내 내장을 지으시며 나의 모태에서 나를 만드셨나이다 내가 주께 감사하옴은 나를 지으심이 심히 기묘하심이라 주께서 하시는 일이 기이함을 내 영혼이 잘 아나이다 시편 139:13-14

　우리를 지으심이 "심히 (두렵고도, NIV) 기묘하심이라"라는 표현이 자못 흥미롭다. 세상에 태어나는 모든 아기는 경이로우면서도 동시에 두려운 피조물이다. 갓난아기를 바라보노라면 누구나 어느 정도 두렵고 떨릴 수밖에 없다. 이 새 생명은 창조주의 형상대로 지음받아 특유의 재능과 소명을 안고 태어났으며, 그 일생을 역사의 주인께서 계획해 두셨기 때문이다. 아이를 보며 가장 경이로움과 두려움을 크게 느껴야 할 사람은 바로 아이의 부모다.

　출산 후 병원에서 첫째를 집에 데려오던 날 아내는 아이를 꼭 끌어안고 울었다. 아내의 말마따나 산후에 분비되는 호르몬 탓도 있었을 것이다. 하지만 한편 이 작디작은 아이가 장차 타락한 인류의 일원으로서 떠안아야 할 운명이 떠올라서이기도 했다. 물론 "그를 위하여 정한 날이 주의 책에 다 기록되어" 있다. 하지만 그 책에는 아이가 살면서 겪어야 할 실망과 상처와 실패와 고통과 상실 그리고 결국은 죽음까지도 들어 있음을 아내는 알았다. 이 모두는 아무리 힘써 아이를 보호하려 해도 피할 수 없는 현실이다. 아내는 세상에서 가장 경이로운 존재를 양육해야 한다는 그 책임 앞에 말 그대로 떨었다. 그렇게 생각하니 나도 떨렸다.

• 태어남

대물림되는 은혜

● 할례할 팔 일이 되매 그 이름을 예수라 하니 곧 잉태하기 전에 천사가 일컬은 바러라 모세의
법대로 정결예식의 날이 차매 아기를 데리고 예루살렘에 올라가니 누가복음 2:21-22

자녀가 기쁨이긴 해도 그에 비례해 부모로서 느끼는 책임감 또한 어마어
마할 수 있다. 그래서 기독교 교회 성례 가운데 유아 세례가 있다. 그리스도
인이라고 다 유아 세례를 시행하지는 않지만 대다수는 어떤 식으로든 자녀
를 공적으로 하나님께 드린다.

부모가 세례를 통해 아이를 하나님께 드린다 해서 어린 자녀가 자동으로
구원받는 것은 아니다. 새 생명을 무(無)에서 창조하지 않으시고 남녀 사이
의 연합을 통해 지으시는 하나님은 대개 두 번째 출생도 첫 번째 출생과 비
슷하게 사랑의 관계를 통해 그리고 대부분의 경우에 가정을 통해 이루신다.

죄는 대물림되는 경향이 있어서 부모와 조부모의 약점이 우리에게도 나
타난다. 그런 특성을 우리 쪽에서 싫어해서 온 힘을 다해 피하려 해도 말이
다. 하지만 은혜도 대물림되는 경향이 있어서 사랑받고 믿음과 은혜의 좋은
본을 보며 자란 자녀는 스스로도 그런 것들을 추구한다.

세례로 아이가 구원받지는 못한다 해도 우리는 하나님이 이런 서약에 응
답하여 하늘의 은혜와 힘을 주시리라 믿는다. 우리 하나님은 약속을 존중하
시는 언약의 하나님이시다(시 56:12-13).

• 유아 세례

마음의 칼을 감당하다

● …이는 이스라엘 중 많은 사람을 패하거나 흥하게 하며 비방을 받는 표적이 되기 위하여 세움을 받았고 또 칼이 네 마음을 찌르듯 하리니 이는 여러 사람의 마음의 생각을 드러내려 함이니라 하더라 누가복음 2:34-35

시므온의 말처럼 장차 예수님은 세상에 화평을 주시는 만큼이나 분쟁도 유발하신다. 자신이 하나님의 아들이라는 그분의 주장은 많은 사람에게 구원과 안식을 가져다주지만, 다른 사람들은 이를 배격하기에 그분으로 인해 사람들은 서로 분열한다. 특히 마리아는 어머니로서 아들의 위대함을 보는 더없이 큰 기쁨뿐 아니라 체포되어 고문당하고 죽는 아들을 목격하는 애끊는 슬픔도 같이 겪는다. 물론 예수님이 부활하신 뒤에는 아들이 당한 일이 모든 인류를 구원하기 위한 것이었음을 분명히 깨닫는다. 하지만 그때까지는 그녀의 경험도 세상의 모든 어머니, 모든 부모의 경험과 크게 다를 바 없다. 기쁨이 칼을 품고 있다.

어떤 의미에서 모든 사랑하는 관계에는 "마음의 칼"이 따라온다. 참으로 사랑하면 당신의 마음이 상대와 하나로 묶이기 때문이다. 그 결과 둘의 행복도 하나로 묶이므로 상대가 행복하지 못하면 당신도 온전히 행복할 수 없다.

그러니 많은 현대인이 출산을 포기할 만도 하다. 하지만 마리아와 요셉이 부모로서 고생하지 않았다면 예수님이 세상에 복을 주실 수 없었듯이, 우리도 마음의 칼을 받아들이지 않고는 자녀의 새 생명으로 세상을 복되게 할 수 없다. 그러므로 자기연민과 염려에 빠질 게 아니라 기도로 그 칼을 감당해야 한다(빌 4:6). 아울러 우리에게 구원의 복을 베푸시려고 예수님이 실제로 못과 가시에 찔리시며 십자가에 달리시는 등 상상을 초월하는 대가를 치르셨음도 알아야 한다.

• 부모의 고통

Oct.

11

하나님께로부터 난 우리

● 영접하는 자 곧 그 이름을 믿는 자들에게는 하나님의 자녀가 되는 권세를 주셨으니 이는 혈통으로나 육정으로나 사람의 뜻으로 나지 아니하고 오직 하나님께로부터 난 자들이니라 요한복음 1:12-13

"하나님께로부터 난" 사람은 이름이나 정체성의 근거가 더는 혈통이나 육정에 있지 않다. "혈통"이 전통 문화에서 신분이나 가문을 뜻한다면 "육정"은 현대 능력주의의 성취와 행위에 해당한다. 이와 달리 하나님께로부터 나면 그분의 자녀가 되는 "권세"와 특권을 받는다. 이 새로운 자아상과 자존감의 근거는 우리와 동화하신 하나님의 부성애에 있으며, 이 모두는 우리의 행위로 얻어지는 것이 아니라 그리스도께서 이루신 일을 통해 가능해졌다. 거듭날 때 우리는 바로 그분의 가족이 된다.

복음은 우리가 자아를 새롭고, 유일하고, 변혁적인 방식으로 보게 한다. 복음에 따르면 우리는 완전히 길을 잃고 하나님을 기쁘시게 할 수 없어 예수님이 우리를 위해 죽으셔야 했는데, 예수님은 우리를 지극히 사랑하시기에 기꺼이 그 죽음을 받아들이셨다. 십자가에서 우리 죄가 그분께 전가되었다. 우리의 인생 이력에 걸맞은 당연한 결과를 그분이 당하셨다. 그래서 그분을 믿으면 그분의 의가 우리에게 전가된다. 그분의 인생 이력에 걸맞은 당연한 결과를 우리가 받는다(고후 5:21). 이제 하나님은 "그리스도 안에서" 우리를 사랑하신다. 마치 그리스도께서 하신 모든 일을 우리가 한 것처럼 보신다. 하나님은 그 아들을 사랑하심"같이" 우리를 사랑하신다(요 17:23). 이것이 우리의 정체성과 의미와 자아상의 가장 근본적인 기초가 된다. 우리의 나머지 모든 면은 중요도가 낮아질 뿐 없어지지는 않는다.

• 그리스도 안에서

301

예수님이 이루신 아름다운 일

● 여자가 해산하게 되면 그때가 이르렀으므로 근심하나 아기를 낳으면 세상에 사람 난 기쁨으로 말미암아 그 고통을 다시 기억하지 아니하느니라　요한복음 16:21

회심하려면 내 힘으로 구원을 얻어 내려는 온갖 방안으로부터 돌아서서 회개해야 한다. 하지만 거기서 그치지 말고 믿음으로 예수님께 나아가 그분이 이루신 아름다운 일을 보아야 한다. 하나님의 은혜를 두루뭉술하게 믿는 것만으로는 부족하다. 예수 그리스도께서 이루신 일을 특정하여 믿어야 한다.

자신의 죽음을 말씀하시던 예수님이 왜 갑자기 여자의 산통을 거론하시는가? 또 고통스러운 출산의 순간을 왜 "그때"라 표현하시는가? 요한복음을 공부해 본 사람은 알겠지만 예수님은 십자가 죽음을 친히 예고하실 때마다 이를 자신의 "때"라 칭하신다.

예수님이 하시려는 말씀이 무엇인지 알겠는가? "처음 세상에 태어날 때는 어머니가 목숨을 걸었기에 너희가 육의 생명을 얻었지만, 두 번째 날 때는 내가 목숨을 버렸기에 너희가 영의 영생을 얻는다." 요한복음 16장 본문을 계속 보면 예수님의 은유가 한층 놀라워진다. 그분은 말 못할 고통을 겪은 산모도 아기를 보는 순간 기뻐서 어쩔 줄 모른다고 말씀하셨다. 당당히 이렇게 고백하신 셈이다. "인간이 경험하는 출산의 기쁨도 너희를 바라보는 내 기쁨에 비하면 희미한 그림자에 불과하다. 내가 모든 고난과 고문과 죽음을 기꺼이 당한 것은 너희를 구원하고 사랑하는 기쁨이 더 크기 때문이다." 이 사실을 깨닫고 믿고 그 안에 안식하지 않는 한 당신은 거듭날 수 없다.

• 사랑의 기쁨

은혜 안에서 성장하라

● 오직 우리 주 곧 구주 예수 그리스도의 은혜와 그를 아는 지식에서 자라 가라 영광이 이제와
영원한 날까지 그에게 있을지어다 베드로후서 3:18

은혜 안에서 자라 가라는 성경의 권고는 "덕을 기르라"는 말과는 사뭇 다르다. 많은 사람이, 신약이 대체로 모든 사람에게 명하는 바가 그저 예수님의 윤리대로 살라는 정도라고 생각한다. 예수님이 사랑과 자비와 정의를 실천하셨으므로 우리도 다 그분처럼 살면 세상이 더 좋아진다는 식이다.

그 취지야 십분 존중하지만 성경 기자들이 그 정도로 고지식하고 어리석지는 않다. 그리스도처럼 살라는 말은 인간에게 불가능한 요구다. 우리의 본성에 철저히 어긋나는 생활 방식이므로 우리의 의지적 행위로는 이룰 수 없다. 그리스도인이 그리스도를 닮아야 한다는 성경의 명령에는 그들이 이미 거듭나서 신성한 성품에 참여하고 있다는 전제가 깔려 있다. "네 이웃을 네 자신같이 사랑하라"라는 신약 기자들의 말은 "네 이웃을 네 자신같이 사랑할 수 있도록 내면에 그 새로운 성품을 양육하라"라는 뜻이다. 일단 태어나야 성장도 가능하다. 몸이 자라려면 몸이 태어나야 하듯이 영이 자라려면 영이 태어나야 한다.

당신이 그리스도인인데 삶에 근본적 변화가 없다면 변명의 여지가 없다. 당신은 변화를 포기한 부분이 있는가? 일상에 뿌리내린 나쁜 습관과 관행을 방치하는 데 익숙해졌는가? 심중에 잘못된 태도와 두려움과 원망이 있는데도 적당히 타협하는가? 생명과 경건에 속한 "모든 것"이 당신에게 주어져 있다(벧후 1:3). 이제 얼마든지 은혜 안에서 성장할 수 있다.

• 신성한 성품

우리를 위해 만들어진 결혼

● 예수께서 대답하여 이르시되 사람을 지으신 이가 본래 그들을 남자와 여자로 지으시고 말씀
하시기를 그러므로 사람이 그 부모를 떠나서 아내에게 합하여 그 둘이 한 몸이 될지니라 하
신 것을 읽지 못하였느냐 마태복음 19:4-5

창세기에 보면 하나님은 인류를 창조하실 때부터 결혼을 만드셨다. 물론
이것을 성인이라면 모두 반드시 결혼해야 한다는 가르침으로 이해해서는 안
된다. 예수님도 이 땅에서 독신으로 사셨다. 그분이 바람직한 인간상의 훌륭
한 귀감이신 만큼, 우리는 일부 문화처럼 꼭 결혼해야만 인간성이 온전히 실
현된다고 주장할 수 없다. 그렇다고 해서 서구 문화처럼 결혼은 신석기 시대
에 재산권을 보호할 목적으로 생겨났을 뿐이므로 이제는 마음대로 개조하거
나 폐기해도 된다고 보아서도 안 된다.

웬델 베리는 성관계를 부부간에 즐기든 혼외에서 찾든 그것은 "철저히
사적인 결정"이라는 현대 사상을 지적하며 이렇게 이의를 제기했다. "남녀
간 성적 결합은 '일신상의 일'이 아니며 그럴 수도 없다. 부부간의 사적인 문
제만도 아니다. 흔히 있는 반드시 필요하고 소중하면서도 불안정한 다른 힘
과 마찬가지로 섹스도 모든 사람의 일이다."[95] 혼외 관계에서 나누는 정사는
사생아를 낳고, 종종 질병을 퍼뜨리며, 타인을 인격체가 아닌 쾌락의 도구로
대하게 만든다. 이 모두가 사회 환경에 지대한 영향을 미치며, 그런 환경은
다시 모든 사람에게 영향을 미친다. 결혼에 관한 당신의 선택은 결국 사적인
결정이 아니라 주변 모든 사람에게 영향을 미친다.

결혼은 우리를 위해 만들어졌고 인류는 결혼하도록 지음받았다.

• 결혼

자신을 전부 내주는 관계

● 음행을 피하라 사람이 범하는 죄마다 몸 밖에 있거니와 음행하는 자는 자기 몸에 죄를 범하느니라 너희 몸은 너희가 하나님께로부터 받은 바 너희 가운데 계신 성령의 전인 줄을 알지 못하느냐 너희는 너희 자신의 것이 아니라 고린도전서 6:18-19

처음부터 기독교는 혁신적 성 관념을 세상에 들여놓았다. 성교는 쌍방적 헌신의 한 단면, 즉 고유의 희열과 위력을 지닌 불가분의 한 요소에 불과하다. 나를 제대로 알지도 못하는 사람이 내게 사랑과 존경을 보낸다면 그때 느끼는 만족감은 상대적으로 작다. 상대가 나를 잘 아는데 나를 사랑하지 않고 거부한다면 이는 최악의 악몽이다. 그런데 내가 존경하는 누군가가 내 약한 모습까지 다 알고도 나를 온전히 받아들이고 사랑한다면? 그럴 때 우리는 최고로 만족감을 느끼게 된다.

결혼이라는 틀 안에서 부부는 독립성을 잃고 취약해지며 서로 의존하게 된다. 적당히 거리를 둔 채 한시적이고 잠정적인 거래 관계처럼 배우자를 대할 수 없다. 부부는 정서적, 육체적, 법적, 경제적으로 서로에게 자신을 전부 내준다.

초기 그리스도인들의 경이로운 성 윤리에 따르면, 성교는 그런 전폭적 헌신의 상징이자 수단이며, 따라서 다른 목적으로 쓰여서는 안 된다. 성관계를 맺는 이유가 딴 데 있다면 이는 그것을 한참 오해한 처사다. 몸을 허락하려면 남녀 간에 평생의 혼인 언약을 함으로써 서로에게 자신의 삶 전체를 열어 보여야 한다. 그런 상황에서만 성교는 본연의 의도대로 충만한 연합 행위가 된다.

• 성 윤리

결혼이 위험한 이유

● 아담이 이르되 이는 내 뼈 중의 뼈요 살 중의 살이라 이것을 남자에게서 취하였은즉 여자라 부르리라 하니라 창세기 2:23

하와를 본 아담은 시를 읊는다. 이는 성경에 나오는 최초의 시로, 대다수 역본에 이 부분은 들여쓰기를 해서 운문 형태로 인쇄하고 있다. 아내를 보는 순간 남자의 입에서 노래가 절로 나온 것이다.

아담이 이 말을 한 곳이 낙원임을 잊지 말라. 이 낙원에서 그는 하나님과 완전한 관계를 맺고 있었다. 그런데도 배우자와 짝지어지는 일이 워낙 그의 심연에까지 파고드는 일이다 보니, 아담에게서 예술적 표현의 찬사가 터져 나온다. 여기 우리가 한평생 결혼 생활에 성공하려면 반드시 알아야 할 중요한 사실이 있다.

행복한 결혼은 당신의 마음을 하나님에게서 배우자에게로 돌려놓을 위험성이 높다. 하나님이 아니라 배우자에게서 사랑과 안전과 기쁨을 찾는 것이다. 그렇게 되기 쉬운 이유는 결혼이 그만큼 위대하기 때문이다. 위대하다 보니 자칫 인생 최고의 것으로 둔갑하기 쉽다.

그렇다고 배우자나 배우자 될 사람을 덜 사랑하려 해서는 안 된다. 그 대신 하나님을 더 사랑해야 한다. C. S. 루이스는 어떤 인간을 "너무 많이" 사랑한다는 건 불가능할 것이라고 말한다. 하나님을 사랑하는 것에 비해서 인간을 훨씬 많이 사랑할 수는 있다. 무질서를 초래하는 것은 하나님을 향한 너무 작은 사랑이지 인간을 향한 후한 사랑이 아니다. 하나님과 참되고 실존적인 사랑의 관계를 맺지 않는다면, 결혼은 우리를 망칠 것이다.[96]

• 하나님을 더 사랑

우리의 신랑 되신 하나님

● 마치 청년이 처녀와 결혼함같이 네 아들들이 너를 취하겠고 신랑이 신부를 기뻐함같이 네 하나님이 너를 기뻐하시리라 이사야 62:5

창세기 2장 18절에 "여호와 하나님이 이르시되 사람이 혼자 사는 것이 좋지 아니하니"라고 되어 있다. 이 말씀은 뜻밖이다. 아직 죄가 없던 낙원에서 아담은 왜 외롭고 불행하단 말인가? 하나님과의 관계가 완전한데 어떻게 외로울 수 있는가?

가능한 답은 하나뿐이다. 하나님이 아담에게 그분 외에 다른 사람도 필요하게 하셨다. 물론 우리 심령에 하나님의 사랑이 최고로 필요하지 않다는 말이 아니다. 당연히 하나님이 첫째다. 다만 하나님은 우리를 인간의 사랑도 꼭 필요한 존재로 설계하셨다.

이것이 하나님으로서 얼마나 겸손하고 이타적인 행위인지 생각해 보라. 인간을 지으시되 그분만이 아니라 많은 대인 관계(타인의 자아와 마음)도 필요하게 하셨으니 말이다. 따라서 하나님이 인간을 지으신 목적이 그분 스스로 외롭지 않기 위해서라든지 사랑할 대상을 바라서라든지(자식을 낳는 부모처럼) 예배자가 필요해서라는 식의 논리는 명백히 허위다.

그러나 이조차도 하나님이 구약 후반부에 보여 주신 겸손과 희생적 사랑에 비하면 아무것도 아니다. 즉 하나님은 이사야와 예레미야와 호세아 같은 선지자들을 통해 "나는 신랑이고, 내 백성 너희는 신부다"라고 거듭 말씀하신다.

"신랑" 은유는 당신을 완전히 만족시켜 줄 연인이자 배우자가 오직 하나님뿐이라는 뜻이다. 그분이 궁극의 "배필"이시다.

• 이타적인 행위

가장 인내하는 배우자

- 여호와께서 내게 이르시되 이스라엘 자손이 다른 신을 섬기고 건포도 과자를 즐길지라도 여호와가 그들을 사랑하나니 너는 또 가서 타인의 사랑을 받아 음녀가 된 그 여자를 사랑하라 하시기로 호세아 3:1

"신랑" 은유에는 하나님이 세상 누구보다도 가장 인내하며 오래 참으시는 배우자라는 뜻도 있다. '자기 백성의 남편 되신 하나님'은 성경 전체를 관통하는 주제다. 물론 구약에서 하나님은 이스라엘의 남편으로 자처하신다. 그런데 이스라엘은 계속 다른 신들을 숭배했고, 이는 영적 간음죄로 표현된다. 예레미야 2-3장과 에스겔 16장에 이 "불행한 결혼"이 생생히 묘사되어 있으나, 이 주제에 대한 가장 유명한 해설은 호세아서에 있다. 하나님은 "이 나라가 여호와를 떠나 크게 음란함이니라"(호 1:2)라며 선지자에게 고멜과 결혼하라고 명하시는데, 고멜도 장차 호세아를 떠나 외도를 일삼을 "음란한 여자"다. 그리고 그 일이 실제로 벌어졌다. 고멜은 다른 남자들을 찾아다닌다.

호세아서에서 암시된 내용이 신약에서는 더 크게 다뤄진다. 하나님은 자기 백성의 연인이자 배우자시다. 그런데 우리는 그분께 최악의 배우자가 되었다. 그분이야말로 가장 오래도록 최악의 결혼 생활을 하고 계신다. 우리 마음은 그분을 등지고 우상에게로 향하기 일쑤다. 우리는 지독히 형편없는 배우자였으나 그분은 우리를 버리지 않으셨다.

하나님은 세상에 오셔서 십자가 죽음이라는 대가를 치르시고 우리를 죄와 온갖 굴레로부터 구해 내셨다.

• 영적 간음

큰 날에 맛볼 충만한 기쁨

● 그러므로 내 형제들아 너희도 그리스도의 몸으로 말미암아 율법에 대하여 죽임을 당하였으니 이는 다른 이 곧 죽은 자 가운데서 살아나신 이에게 가서 우리가 하나님을 위하여 열매를 맺게 하려 함이라 로마서 7:4

로마서 7장에서 사도 바울은 그리스도인을 한때 "율법"과 결혼했던 여자에 비유한다. 자신의 행위로 구원을 얻어 내려 했다는 말이다. 하나님의 도덕법을 종교적으로 준수했을 수도 있고, 재물이나 성공이나 무슨 대의를 추구했을 수도 있다. 그런데 그리스도를 믿는 순간 우리는 "죽은 자 가운데서 살아나신 이"와 결혼했으며, 이는 "우리가 하나님을 위하여 열매를 맺게 하려 함"이다(롬 7:4). 이는 대담한 은유다. 아내가 남편의 품에 안김으로써 그 몸을 통해 자녀가 세상에 태어나듯이 우리도 예수님의 품에 안기면 열매를 맺는다. 우리 자신의 삶도 변화되고(갈 5:22-23) 또 우리가 행하는 선한 행동을 보고 다른 사람들의 삶도 변화된다(골 1:6, 10).

성경에 나와 있듯이 지금 우리는 배우자이신 예수님을 믿음으로만 알 뿐 직접 보지는 못한다(고후 5:7). 이 땅에서 경험하는 예수님의 사랑은 언제나 부분적일 수밖에 없다. 그러나 그분을 실제로 대면하여 볼 그때에는 그 사랑으로 우리가 변화되어 우리의 존재가 완전히 실현된다(요일 3:2-3).

예수님이 우리의 남편이요 신랑이시라는 이 모든 성경 본문은 어떤 의미인가? 적어도 이런 뜻이다. 부부간의 잠자리는 장차 올 완전한 세계에서 누릴 사랑의 희열을 가리켜 보이는 예고편이다. 천국에서 우리가 그분을 대면하여 알 때에는 그분과는 물론이고 그분을 사랑하는 다른 모든 사람과도 사랑으로 연합한다. 그 큰 날에 맛볼 충만한 즐거움과 솟구치는 기쁨과 무한한 안전에 비하면 남녀 간에 이루어지는 가장 황홀한 성교조차도 그림자에 불과하다.

• 연합

309

역사의 종말에 있을 혼인 잔치

● 우리가 즐거워하고 크게 기뻐하며 그에게 영광을 돌리세 어린양의 혼인 기약이 이르렀고 그의 아내가 자신을 준비하였으므로 **요한계시록 19:7**

바울의 관점대로 루터가 말했듯이 어떤 의미에서 우리는 이미 그리스도와 결혼했다. 그러나 다른 의미에서는 아직 결혼이 아니라 그분과 약혼한 상태에 더 가깝다. 요한계시록에 보면 "어린양의 혼인"은 장차 있을 일이며 그날 우리는 예수님과 결혼한다(계 19:7). 그 성대한 결혼식 날에 우리는 그분의 품에 안길 것이며, 이 성혼을 통해서만 마침내 우리 삶의 모든 것이 제자리를 찾는다.

의미심장하게도 성경은 창세기의 결혼으로 시작하고, 그 결혼의 목적은 세상을 하나님의 자녀들로 충만하게 하는 것이다. 그러나 아담과 하와가 하나님을 등짐으로써 첫 결혼은 목적을 이루지 못했다. 성경 맨 끝으로 가 보면, 교회가 "하나님께로부터 하늘에서 내려오니 그 준비한 것이 신부가 남편을 위해 단장한 것 같다"라고 했다(계 21:2). 의심의 여지 없이 창세기의 재현이다. 다시금 하나님이 신부를 남편에게로 이끌어 오시는데, 이번에는 예수님이 신랑이시고 우리가 신부다. 첫 결혼 때는 아내에게 도움이 필요할 때 아담이 나서서 돕지 않았다. 그러나 역사의 종말에 어린양의 혼인 잔치가 있을 텐데, 이 결혼의 목적도 세상을 하나님의 자녀들로 충만하게 하는 것이다. 첫 결혼은 실패했으나 이 결혼은 성공한다. 인류 역사의 첫 남편과 달리 두 번째 남편이신 예수 그리스도는 실패하지 않으시기 때문이다. 진정한 아담이신 그분은 배우자인 두 번째 하와, 곧 교회를 결코 저버리지 않으신다.

· 교회

희망을 잃은 세상

● 너희는 그를 죽은 자 가운데서 살리시고 영광을 주신 하나님을 그리스도로 말미암아 믿는
자니 너희 믿음과 소망이 하나님께 있게 하셨느니라 **베드로전서 1:21**

첫 몇 세기에 기독교가 놀랍도록 부상한 이유 가운데 하나는, 수많은 전
염병이 로마 세계의 도시를 초토화하던 암흑 속에서도 희망의 원천을 제공
했기 때문이다.

이 모든 희망의 구심점이 되는 중대한 사건이 하나 있으니 바로 예수 그
리스도의 죽음과 부활이다. 희망을 잃은 세상에 기독교가 주는 것이 바로 그
것이다.

베드로의 편지를 받은 그리스도인들은 이미 여러 가지 시험으로 말미암
아 근심했고 이제 "불 시험"까지 당하고 있었다(벧전 1:6; 4:12). 그런 그들에게
베드로는 하나님이 "예수 그리스도를 죽은 자 가운데서 부활하게 하심으로
말미암아 우리를 거듭나게 하사 산 소망(living hope)이 있게 하시며 / 너희 믿음
과 소망이 하나님께 있게 하셨느니라"라고 상기시킨다(벧전 1:3, 21). 부활이 사
실이기에, 우리의 앞날에 희망이 있다는 근거는 과학 발전이나 사회 진보가
아니라 하나님이다. 이는 단지 지적인 신념이 아니라 베드로의 말대로 "산
소망(희망)"이다. 신약성경에 따르면 성령께서 '거듭나게 하심으로써'(the new
birth) 그리스도인 안에 영적 새 생명을 주시는데, 그 생명이 가진 필수 요소가
바로 희망이다. 그래서 예수님의 부활을 믿으면 영혼 깊은 곳에 그 희망이
심긴다. 우리의 존재 속으로 희망이 녹아들어 이제 우리는 어떤 상황에도 능
히 맞설 수 있다.

• 부활 소망

부활의 권능을 알다

● 내가 그리스도와 그 부활의 권능과 그 고난에 참여함을 알고자 하여 그의 죽으심을 본받아 어떻게 해서든지 죽은 자 가운데서 부활에 이르려 하노니 **빌립보서 3:10-11**

　부활절을 제외하고 부활을 자세히 논하는 설교를 들었던 때를 떠올려 보라면, 대부분은 잘 생각나지 않을 것이다. 주류 개신교 강단에서는 부활을 대개 막연한 개념으로만 다룬다. 어떻게든 선이 악을 이길 것이라는 상징으로 받아들인다. 복음주의 교회에서 부활을 전할 때는, 부활의 사실성을 장황하게 논증하는 설교가 주를 이룬다. 하지만 예수님의 부활에 관한 객관적 사실을 아는 것은 바울의 말대로 "그[분의] 부활의 권능"(빌 3:10)을 아는 것과는 전혀 다른 문제다. 후자는 직접 체험함으로써 인격적으로 안다는 뜻인데, 놀랍게도 여태 교회가 이 부분에서 우리에게 가르쳐 준 내용은 많지 않다.

　샘 올베리는 많은 그리스도인이 부활을 믿고 부활절마다 그 믿음을 고백하지만, "남은 한 해 동안 사실상 그것을 도로 서랍에 처박아 둔다"라면서 이는 "부활로 무엇을 어찌해야 할지 모르기" 때문이라고 진단했다.[97] "예수는 … 또한 우리를 의롭다 하시기 위하여 살아나셨느니라"(롬 4:25) 같은 구절들에서 보듯이, 예수님의 죽음만이 아니라 그분의 부활도 우리를 구원한다. 그런데 대다수 그리스도인은 "복음"을 제시하면서 구원받는 법을 설명할 때, 온통 십자가 이야기만 하고 부활은 곁다리로 덧붙이거나 아예 생략해 버린다.

• 구원

부활, 새롭게 하는 능력

● 그러나 이제 그리스도께서 죽은 자 가운데서 다시 살아나사 잠자는 자들의 첫 열매가 되셨
도다 고린도전서 15:20

　　예수님의 부활은 신기한 마술이 아니라 침입(invasion)이다. 우리를 구원한
사건, 십자가에서 부활로 이어지는 그 사건은 이미 지금부터 성령의 능력으
로 그리스도인의 삶을 속속들이 재창조한다.

　　십자가와 부활은 함께(반드시 함께 있을 때에만) 미래의 새로운 창조 세계를
우리의 현재 속에 들여놓는다. 덕분에 우리는 온 세상을 새롭게 하시고 치유
하시는 하나님의 전능하신 능력을 지금 누릴 수 있다. 그리스도께서 십자가
에서 우리의 죗값을 치르실 때 성전의 휘장이 위에서부터 아래로 찢어졌다
(마 27:51). 그때까지 이 휘장은 인류가 하나님의 거룩하신 임재로부터 분리되
어 있음을 상징했다. 그런데 태초에 이 땅을 낙원이 되게 하셨던 그 임재가
이제 그리스도의 죽음 덕분에 우리에게 임할 수 있게 되었고, 그리스도의 부
활 덕분에 우리에게 실제로 임한다.

　　부활하신 그리스도는 우리에게 성령을 보내시고, 그리스도와 성령은 둘
다 "첫 열매"요(롬 8:23; 고전 15:20-23) "보증"이시다(엡 1:13-14; 고후 1:22; 5:5). 즉 장차
사망이 멸망하고 물질세계가 새롭게 재창조될 사건에 대한 계약금이자 첫
납입금이다. 새롭게 하는 미래의 이 능력이 아직 여기에는 부분적으로밖에
없지만, 그래도 실존하는 실재이며 현재의 세상 속으로 들어왔다.

• 재창조

삶의 방식을 바꾸는 부활

- 그의 힘의 위력으로 역사하심을 따라 믿는 우리에게 … 그의 능력이 그리스도 안에서 역사하사 죽은 자들 가운데서 다시 살리시고 하늘에서 자기의 오른편에 앉히사 **에베소서 1:19-20**

예수님을 죽은 자 가운데서 다시 살리신 하나님의 "힘의 위력"이 이제 우리 안에 있다(엡 1:19-20). 그래서 우리는 "새로 지으심을 받아" 미래의 "빛" 가운데 살아가야 한다(갈 6:15; 롬 13:11-14). 즉 미래에 누릴 부활한 삶을 현재의 생활 방식에 접목해야 한다. 예수님이 부활하셨기에 우리의 모든 것이 달라진다. 사람을 대하는 방식, 재물과 권력을 보는 관점, 직장에서 일하는 태도, 성(性)과 인종과 정의에 대한 이해와 실천 등이 모두 변한다.

또한 십자가와 부활은 함께(반드시 함께 있을 때에만) 우리에게 그리스도인으로서 지금 "새로운 피조물답게 살아갈" 기본 골격 내지 틀을 제시한다. 십자가와 부활은 대반전이다. 그리스도는 약함을 통해 우리를 구원하신다. 권력을 내려놓고 패하신 듯 보이지만 사실은 승리하신다. 권력을 잃어 약하심에도 불구하고가 아니라, 약하시기에 그 무력함을 통해 승리하신다. 이 대반전은 "하나의 역동"이 되어 삶의 모든 영역 곧 "생활 리듬, 윤리, 세계관, 세상을 살아가는 방식에까지 확장된다."[98] 죽음과 부활이라는 이 원리대로 살면 인간의 삶이 지금 여기서부터 새로워진다. 부분적일 수밖에 없지만 그래도 실재다. 새로운 창조 세계는 "이미 그러나 아직"의 실존인데, 이는 맹신과 냉소를 둘 다 배격한다. 이상주의와 패배주의를 둘 다 날려 버린다.

• 생활 방식

부활이 없다면

- 그리스도께서 만일 다시 살아나지 못하셨으면 우리가 전파하는 것도 헛것이요 또 너희 믿음도 헛것이며 **고린도전서 15:14**

우리 죄에 대한 예수님의 죽음과 부활이 역사 속에 실제로 벌어졌기에 모든 것이 달라졌다. 그야말로 모든 것이다.

바울은 고린도전서 15장 14절에 "그리스도께서 만일 다시 살아나지 못하셨으면 우리가 전파하는 것도 헛것이요"라고 했다. "헛것"의 헬라어 '케노스'는 '능력이 없다'는 뜻이다. 바울의 말인즉, "불의에 맞서 싸워야 한다"든지 "불안 속에서도 희망을 잃지 말아야 한다"는 등의 윤리적 권면은 아무리 옳은 말일지라도 무력하다는 것이다. 예수님이 역사 속에서 부활하지 못하셨다면 말이다. 그분이 부활하셨기에 우리에게는 선을 위해 힘쓸 이유가 얼마든지 있으며 실제로 그렇게 살 내면의 능력까지 받았다. 하지만 그분이 부활하지 못하셨다면, 고대 철학자들과 현대 과학자들이 공히 말하듯이 세상은 결국 불타 없어질 것이다. 살아남아 그것을 슬퍼할 사람도 없을 것이고, 누가 무엇을 하든 결국 아무것도 달라지지 않을 것이다.

이제 자유주의 기독교는 신자 수가 급감했지만, 그럼에도 대중 매체에서는 아직 인기가 높다. 대중 매체는 자유주의 기독교만을 신앙의 생존 가능한 버전으로 본다. 그러나 초자연이 배제된 비역사적 신앙은 아무런 힘이 없다. 그것은 처음에도 삶과 세상을 변화시키지 못했고, 지금도 마찬가지다.

• 역사적 사실

부활의 증거

● 바울이 이르되 베스도 각하여 내가 미친 것이 아니요 참되고 온전한 말을 하나이다 왕께서
는 이 일을 아시기로 내가 왕께 담대히 말하노니 이 일에 하나라도 아시지 못함이 없는 줄
믿나이다 이 일은 한쪽 구석에서 행한 것이 아니니이다 사도행전 26:25-26

사도행전 26장을 보면, 바울은 아그립바왕과 로마 총독 베스도 앞에서
발언한다. 그가 그리스도의 죽음과 부활에 대해 말하자 베스도가 말을 끊고
"네 많은 학문이 너를 미치게 한다"(행 26:24)라고 외쳤다. 이에 맞서 바울이 내
놓은 답변은 정중하면서도 놀랍도록 확신에 차 있다.

바울은 자신의 부활 신앙이 "온전"하다고(NIV는 합리적이라는 의미의 'reasonable'
을 썼다. ─ 편집자) 했는데, 이는 신중한 이성적 사고를 가리키는 단어다. 그의
말은 단지 주장이 아니라 논증이었다. 바울은 아그립바가 예수님의 죽음, 빈
무덤, 목격자들이 보고한 부활 등 관련된 모든 사실을 안다는 말도 자신 있
게 한다. 모두 "한쪽 구석에서 행한 것"이 아니기 때문이다. 이것은 공공연한
지식이었고, 따라서 바울의 말을 든든히 떠받쳐 주었다.

예수님의 부활에 대한 논증을 바울은 크게 두 가지로 요약하여 제시한
다. 첫째로, 무덤이 비어 있었다. 이 요약된 복음은 예수님이 죽으셨다는 말
로 끝나지 않고 "장사 지낸 바 되셨다가"(고전 15:4)라고 이어진다. 다음 사실
을 강조하기 위해서가 아니라면 동어 반복이 될 뻔했다. 즉 부활은 "영적인"
사건이 아니었다. 시신은 사라졌고 무덤은 비어 있었다. 예수님의 부활을 인
정하지 않는 사람들까지 포함해서 대다수 학자가 빈 무덤만은 사실로 받아
들인다. 두 번째 주된 논증은 다양한 정황에서 수많은 사람이 부활하신 예수
님을 보았다고 증언한 점이다. 예수님은 자신을 딱 한 번만 보이시지도, 연
출 가능한 외딴 곳에만 몇 차례 나타나시지도 않았다.

• 빈 무덤

부활, 완전히 낯선 개념

● 그날에 그들 중 둘이 … 엠마오라 하는 마을로 가면서 이 모든 된 일을 서로 이야기하더라 그들이 서로 이야기하며 문의할 때에 예수께서 가까이 이르러 그들과 동행하시나 그들의 눈이 가리어져서 그인 줄 알아보지 못하거늘 누가복음 24:13-16

　기포드 강연에서 존 폴킹혼은 첫 목격자들이 부활하신 예수님을 알아보지 못한 것이 신기하다고 말했다. 그의 말마따나 그 시대 사람들이(우리 시대도 마찬가지지만) 부활한 사람의 이야기를 지어내려 했다면, 환생한 인간에 대한 두 종류의 전설을 바탕으로 상대를 "눈부신 천상의 존재 아니면 소생한 시신"으로 그려 냈을 것이다.[99] N. T. 라이트도 이에 동의한다. 유대교 묵시 전통의 이야기들에 등장하는 인물들은 "눈부신 빛이나 찬란한 광채 가운데 또는 구름에 둘러싸여" 나타난다. 다니엘 12장 2-3절에 보면 인간이 종말에 부활할 때는 "궁창의 빛과 같이 빛날 것"이다. 사울왕과 대화하는 죽은 선지자 사무엘은 사무엘상 28장에서 그야말로 "영"으로 나타난다(13절). 복음서 기자 중에서 유대인들이 만일 이야기를 지어내 예수님의 부활을 가르치려 했다면, 당연히 이상의 기사에 근거해 예수님을 너무 밝아서 바라볼 수 없는 존재나 무서운 유령으로 묘사했을 것이다. 그런데 부활하신 예수님은 지극히 평범한 모습으로, "인간 중의 인간으로" 나타나셨다.[100]
　예수님은 유령이나 눈부신 영도 아니었고, 그분의 몸은 다시 살아난 통상적 인체가 아니었다. 유대교와 그리스-로마의 문헌과 전설에는 그런 것이 전무해, 복음서 기자들이 본뜨고 말고 할 것도 없었다. 이것은 전혀 새로운 범주의 개념이었고, 이전의 모든 종교나 문화의 상상을 모조리 초월하는 것이었다. 몸과 영에 대한 완전히 새로운 사고방식이었다.

• 새로운 범주

부활을 증명할 수 있을까

● 그 모든 일을 근원부터 자세히 미루어 살핀 나도 데오빌로 각하에게 차례대로 써 보내는 것이 좋은 줄 알았노니 이는 각하가 알고 있는 바를 더 확실하게 하려 함이로라   누가복음 1:3-4

　예수 그리스도의 부활이 실제로 일어난 일임을 합리적 의심의 여지 없이 증명하는 일이 가능할까? N. T.라이트를 비롯해 많은 사람이 지적했듯이, 지난 역사에서 일어난 어떤 사건도 실험실에서 무언가를 실험하듯이 경험적으로 증명하기는 어렵다. 정복자 윌리엄이 1066년에 잉글랜드를 침공한 사건을, 어떤 화합물이 일정한 온도에서 액화되는 현상을 증명하듯 할 수는 없다. 그러나 이런 차이를 전제하더라도, 역사 속의 사건이 실제로 벌어졌음을 안다는 말은 여전히 가능하다. 역사적 증거가 그만큼 충분하다면 말이다.

　이것이 의미하는 바는 이렇다. 한편으로, 인간의 이성만을 이용해서 예수님의 부활을 믿으라고 강요할 수는 없다. 웬만한 역사적 사건에는 다 지적인 회의의 여지가 있다. 다른 한편으로, 그리스도의 부활을 믿는 신앙은 결코 맹신이 아니다. 이 신앙은 역사에 엄청난 족적을 남겼다.

　우리의 도덕적 가치관, 인간 본성에 대한 신념, 물리적 우주가 저절로 생겨났는지 아니면 하나님의 피조물인지에 대한 견해 등 실재에 대한 모든 기본 가정은 이성과 증거와 믿음이 어우러진 결과다. 예컨대 존엄성과 인권이 만인에게 평등함을 우리가 알 수 있는가? 물론 그렇게 믿을 만한 증거는 많지만, 그래도 인권을 과학적으로 증명하여 회의론자에게 억지로 받아들이게 할 수는 없다. 마찬가지로 예수님의 부활이 실제로 있었던 일임을 우리가 알 수 있는가? 필시 사실일 거라고 합리적 근거에 입각하여 인정하게 된다 해도, 그리스도인이 되려면 여전히 믿음을 발휘해야 한다.

• 믿음

은혜로 가능한 믿음

● 나는 사도 중에 가장 작은 자라 나는 하나님의 교회를 박해하였으므로 사도라 칭함받기를
감당하지 못할 자니라 그러나 내가 나 된 것은 하나님의 은혜로 된 것이니 내게 주신 그의
은혜가 헛되지 아니하여 내가 모든 사도보다 더 많이 수고하였으나 내가 한 것이 아니요 오
직 나와 함께하신 하나님의 은혜로라   고린도전서 15:9-10

　　예수님의 부활을 믿고 안 믿고는 결코 지적인 과정만이 전부가 아니다.
우리는 컴퓨터가 아니라 살과 피로 된 인간이다. 따라서 예수님의 부활에 반
응할 때도 논리로만 하지 않고 평생의 희망과 두려움과 기존의 신념을 두루
반영한다. 결국 자신에게 하나님의 은혜가 필요함을 깨닫지 않는 한 우리는
결코 그분의 부활을 받아들일 수 없다.

　　바울을 완전히 딴사람이 되게 한 것은 무엇일까? 그는 고린도전서 15장
9-10절에서 세 번이나 은혜라는 단어를 썼다. 이전에 사울이라는 이름으로
알려졌던 그는 자신에게 자비와 용서 따위는 필요치 않다고 생각했다. 진리
와 하나님을 향한 열정이라면 누구보다도 뜨겁다고 자부했다(빌 3:6). 그런데
이제 낮아져서 자신의 결함과 부족함을 보고 하나님의 용서가 필요함을 깨
닫고 나자, 그동안 배척했던 여러 주장과 진리에 그의 마음이 열렸다.

　　이 시대 사람들도 그리스도인이 되기 전에는 자신이 진지하게 진리를 추
구하는 사람인 줄로 안다. 스스로 꽤 착한 사람이라 여긴다. 그러나 대다수
그리스도인이 바울처럼 자신의 삶을 돌아보며 깨닫듯이, 우리는 결코 진리
를 진지하게 추구한 적이 없다. 삶을 자신이 주관하고 싶어 자신의 욕망에
맞는 진리와 신을 원했을 뿐이다. 그런데도 하나님은 우리를 찾아오셔서 만
나 주셨고, 우리 눈이 가려져 정당한 근거도 없이 그분을 불신하고 있음을
은혜로 깨우쳐 주셨다.

• 은혜

미래로부터 오는 희망

● 이르시되 때가 찼고 하나님의 나라가 가까이 왔으니 회개하고 복음을 믿으라 하시더라
마가복음 1:15

대개 그리스도인은 십자가만이 우리를 죄에서 구원한다고 믿어 왔다. 그렇게 생각하면 부활은 예수님이 하나님의 아들이심을 증명해 주는 놀라운 기적으로만 보일 뿐 그 이상은 아니다. 나는 대학생 시절에 그리스도인이 되었는데, 돌아보면 나 역시 똑같이 배웠다. 그래서 부활의 역사적 증거를 즐거이 논증하면서도 부활이 지금 내 일상생활에 영향을 미친다고는 생각하지 못했다.

처음 신앙의 길에 들어섰을 때 진작 배웠어야 할 내용을 나는 사역을 준비하러 신학교에 들어가서야 배웠다. 부활을 통해 하나님의 능력이 기적적으로 드러난 것은 사실이다. 그러나 우리는 부활을 세상의 자연 질서가 잠시 중단된 것이 아니라, 오히려 하나님이 본래 의도하신 상태로 회복되기 시작한 사건으로 보아야 한다. 인류가 하나님을 떠난 뒤로 죄와 악과 무질서와 질병과 고난과 죽음이 인간계와 자연계를 지배해 왔다. 그러나 예수님은 죽은 자 가운데서 다시 살아나심으로써 장차 권능으로 임할 하나님 나라의 첫 단계를 세상에 출범시키셨다. 만물을 회복하고 치유하기 위해서였다.

예수님의 부활 덕분에 그리스도인에게는 미래를 위한 희망만이 아니라 미래로부터 오는 희망까지도 주어졌다.

• 회복

오직 믿음으로 살리라

● 복음에는 하나님의 의가 나타나서 믿음으로 믿음에 이르게 하나니 기록된 바 오직 의인은 믿음으로 말미암아 살리라 함과 같으니라 로마서 1:17

　당신이 만일 예수님은 위대한 스승이며 그분의 윤리 규정대로 사는 사람을 도와주시고 기도에 응답하신다고 믿는다면, 당신은 아직 그리스도인이 아니다. 그것은 일반 신념이지 구원의 믿음이 아니기 때문이다. 진정한 기독교 신앙은 예수님이 그분의 죽음과 부활을 통해 우리를 구원하시기에 우리가 순전히 은혜로만 받아들여질 수 있음을 믿는다. 그것이 복음이다.

　마르틴 루터는 수사였고 성경 학도이자 스승이었는데도 자신이 회심한 경험을 이렇게 술회했다.

　　(복음에는) 하나님의 의가 나타나 있다(롬 1:17). 나는 '하나님의 의'라는 말이 싫었다. 나는 흠잡을 데 없는 수사로 살면서도 하나님 앞에 양심이 극도로 불안한 죄인으로 느껴졌다. 내가 만족하는 수준에 하나님도 만족하실지 자신이 없었다. 알고 보니, 하나님의 의란 곧 의인이 하나님의 선물인 믿음으로 살아가는 기준이다. 비로소 내가 완전히 거듭났고 열린 문으로 낙원에 들어와 있음을 느꼈다.[101]

　믿음은 하나님의 선물이다. 믿음은 사고와 증거에 입각하되 하나님의 기적적 개입으로 활성화된다. 믿음의 기초는 예수님이 우리에게 필요한 것을 다 이루셨기에 우리가 하나님의 가족으로 입양되어 받아들여질 수 있음을 철저히 깨닫는 데 있다. 이 모두가 순전히 은혜다. 그렇다면 우리는 그저 이 변화에 만족한 채 눌러앉아 그 사랑을 알고만 있으면 되는가? 아니다. 남은 평생 그 인자한 사랑을 맛보고 경험하며 그로 인해 빚어져야 한다.

• 하나님의 선물

11월
November

무한히 용서하고
화해를 청할 수 있다면

A Year with
Timothy Keller

한도가 없는 용서

● 그때에 베드로가 나아와 이르되 주여 형제가 내게 죄를 범하면 몇 번이나 용서하여 주리이까 일곱 번까지 하오리이까 예수께서 이르시되 네게 이르노니 일곱 번뿐 아니라 일곱 번을 일흔 번까지라도 할지니라   마태복음 18:21-22

주기도문 자체에 딸린 유일한 추가 설명은 마태복음 6장 14-15절인데, 거기서 예수님은 우리가 다른 사람을 용서하지 않으면 하나님도 우리를 용서하지 않으신다고 힘주어 말씀하신다.

하나님께 받는 용서와 다른 사람에게 베푸는 용서가 서로 맞물려 있다는 예수님의 말씀에 제자들은 충격을 받았다. 베드로의 질문에는 파렴치한 가해자가 예수님의 명령을 악용해 남에게 죄를 짓고도 책임을 면할 수 있다는 우려가 담겨 있다. 그래서 베드로는 선을 긋는다. "주여 형제가 내게 죄를 범하면 몇 번이나 용서하여 주리이까 일곱 번까지 하오리이까." 베드로는 이 제안이 너그럽다고 생각했을 것이다. 탈무드(b. Yoma 86b-87a)에도 동일인을 딱 세 번만 용서해야 한다고 가르치기 때문이다.[102]

그러나 예수님은 용서에 한도를 정하는 것을 용납하지 않으신다. 오히려 "일곱 번뿐 아니라 일곱 번을 일흔 번까지라도" 용서해야 한다는 선언으로 우리를 깜짝 놀라게 하신다. 그분이 쓰신 단어가 일흔일곱 번으로 번역될 때도 있다. 하지만 정확한 횟수에 초점을 맞추면 예수님의 본뜻을 놓친다. 성경에서 숫자 7은 완전함을 상징하므로 이 말씀의 의미는 다음과 같다.

예수님의 진술은 산수가 아니라 과장법이다. 숫자가 77인지 490인지를 따지는 이들은 … 요점을 놓친 것이다. … 용서에 정해진 한도는 없다. 이미 베푼 용서의 횟수를 세는 것은 무의미하다. 베드로의 질문은 오해에서 비롯됐다. 아직 용서의 횟수를 세고 있는 사람은 … 용서하지 않은 것이다.[103]

• 용서의 횟수

받아들이기 어려운 용서

● 그러므로 천국은 그 종들과 결산하려 하던 어떤 임금과 같으니 결산할 때에 만 달란트 빚진 자 하나를 데려오매 갚을 것이 없는지라 주인이 명하여 그 몸과 아내와 자식들과 모든 소유를 다 팔아 갚게 하라 하니 마태복음 18:23-25

이 종은 왕에게 1만 달란트를 빚졌다. 모든 학자가 지적하듯이 이 현실성 없는 금액은 저자의 특별한 의도가 담긴 설정이다. 1달란트는 당시 평범한 노동자가 하루도 빠짐없이 일했을 경우 대략 20년치 임금에 해당되는 액수이니, 오늘날 기준으로 환산하면 임금 노동자의 평균 연봉을 4만 달러라고 잡았을 때 1만 달란트는 무려 80억 달러에 달하는 빚이다. 이 이야기는 당연히 허구지만, 여기서 예수님의 의중을 놓쳐서는 안 된다. 예수님은 왜 상상을 초월하는 액수를 제시하셨을까?

용서는 우선 받아들이기가 어렵다. 종의 엄청난 빚은 우리가 하나님께 진 빚이 너무 커서 결코 갚을 수 없음을 말해 준다. 우리는 어느 모로 보나 하나님께 용서받을 자격이 없으므로 그분의 용서는 완전히 거저일 수밖에 없다. 왕에게 빚을 갚겠다던 종의 딱한 다짐은 선행으로 천국을 얻어 내려는 노력만큼이나 현실성이 없다. 하나님께 "저를 용서해 주시면 매주 교회에 나가겠습니다. 더 열심히 노력해서 더 착한 사람이 되겠습니다!"라고 아뢰는 것은 "매달 5달러씩 보내서 80억 달러를 갚겠습니다"라는 말만큼이나 부질 없다. 동료를 용서하지 않은 종처럼 '나 자신을 미워하고 비하하며 굽실거리면 용서받을 자격이 생기겠지'라고 생각하는 것도 무의미하다. 아무리 자책해도 우리가 끼친 피해는 없어지지 않는다. 우리의 소망은 오직 하나님의 놀랍고 값없는 은혜와 용서뿐이다.

• 값없는 은혜

종의 간청과 왕의 탕감

● 그 종이 엎드려 절하며 이르되 내게 참으소서 다 갚으리이다 하거늘 그 종의 주인이 불쌍히
여겨 놓아 보내며 그 빚을 탕감하여 주었더니 마태복음 18:26-27

종은 왕에게 "내게 참으소서 다 갚으리이다"라고 간청한다. 엎드린 자세
는 절박한 감정을 표현한다. 그만큼 자신의 잘못을 진심으로 슬퍼한다는 뜻
이다. "갚으리이다"라는 말은 뉘우침의 표현일 뿐 아니라 배상하겠다는 다짐
이다. 하지만 종이 아무리 열심히 애써도 왕과 나라가 잃은 돈을 결코 되돌
려 놓을 수는 없다.

이에 왕은 "놓아 보내며 그 빚을 탕감하여" 주었다. 그를 책임과 의무에
서 벗어나게 해 준 것이다. "참으소서"라는 종의 탄원에 용서의 대가가 암시
되어 있다. 이 헬라어 '마크로뒤메오'(makrothumeo)를 직역하면 '천천히 끓거나
녹는다'는 뜻이며, 고대 영어에서는 '오래 참다'(long-suffering)로 번역되었다. 인
내란 고난에 굴하지 않고 고난을 견디는 능력이다. 누군가의 빚을 탕감해 주
려면 그 빚을 자신이 부담해야 한다. 친구가 당신의 자동차를 빌려 가서 난
폭 운전으로 박살 냈는데 재정적으로 보상할 능력이 없다고 하자. 당신이 그
를 용서하더라도 그 잘못의 대가는 공중으로 증발하지 않는다. 당신은 돈을
구해 새 차를 사거나 자동차 없이 살아야 한다. 어느 쪽이든 용서한다는 것
은 잘못의 대가가 가해자 쪽에서 당신에게로 넘어온다는 뜻이다. 그 대가를
당신이 감당해야 한다.

용서는 우리에게만 어려운 게 아니다. 이 점은 신중하고 경건하게 말해
야겠지만, 하나님도 용서라는 장애물에 부딪치신다. 성경 전체에 나오는 그
내용을 이 비유가 가리켜 보인다. 하나님의 용서에 뒤따르는 비범한 희생이
이 이야기에 직접 언급되지는 않아도 암시되어 있다.

• 용서의 대가

용서받은 자의 새로운 죄

● 그 종이 나가서 자기에게 백 데나리온 빚진 동료 한 사람을 만나 붙들어 목을 잡고 이르되 빚을 갚으라 하매 그 동료가 엎드려 간구하여 이르되 나에게 참아 주소서 갚으리이다 하되 허락하지 아니하고 이에 가서 그가 빚을 갚도록 옥에 가두거늘 마태복음 18:28-30

　다음 장면을 보면 용서받은 종이 다른 종을 만난다. 그의 동료가 그에게 진 빚은 그가 왕에게 진 빚에 비하면 푼돈에 불과하다. 그런데 용서받은 종은 동료를 붙들어 목을 잡는다. 이때 동료의 반응은 용서받은 종이 왕에게 보인 반응과 똑같다. 똑같이 탄원한다. 하지만 용서받은 종은 자신의 동료가 당장 돈을 내놓지 않자 그를 감옥에 가둔다.

　용서는 베풀기도 어렵다. 이 비유의 가장 충격적인 대목은 용서받은 종이 다른 사람을 대하는 매몰찬 태도일 것이다. 어째서 그는 왕의 자비를 입고도 마음이 유순하게 변화되지 않았던 걸까? 이야기를 듣는 우리에게는 그 부조화가 선명하게 보인다. 하지만 삶의 매 순간을 오직 하나님의 자비로 살아가는 우리도 날마다 친절과 자비와 관용과 은혜와 용서를 베풀지는 않는다. 그래서 이 이야기는 화살이 되어 우리 마음을 똑바로 겨눈다.

• 매몰찬 태도

용서의 세 가지 차원

● 그 동료들이 그것을 보고 몹시 딱하게 여겨 주인에게 가서 그 일을 다 알리니 이에 주인이 그를 불러다가 말하되 악한 종아 네가 빌기에 내가 네 빚을 전부 탕감하여 주었거늘 내가 너를 불쌍히 여김과 같이 너도 네 동료를 불쌍히 여김이 마땅하지 아니하냐 하고   마태복음 18:31-33

왕의 말에 핵심 개념이 들어 있다. "내가 너를 불쌍히 여김과 같이 너도 네 동료를 불쌍히 여김이 마땅하지 아니하냐." 인간의 용서는 하나님의 용서에 의존한다.

다시 말하자면 기독교의 용서에는 기본적으로 세 가지 차원이 있다. 첫째로 수직적 차원은 하나님이 우리에게 베푸시는 용서다. 둘째로 내면적 차원은 우리가 가해자에게 베푸는 용서다. 셋째로 수평적 차원은 우리가 가해자에게 내미는 화해의 손길이다. 수평적 차원의 용서는 내면적 차원에서 비롯되고, 내면적 차원의 용서는 수직적 차원에 근거한다.

누군가를 용서할 때 우리는 의식적으로 그 근거를 하나님께 받은 용서에 두어야 한다. 왕의 용서를 받았으니 그 종도 용서하는 사람이 되었어야 한다. 왜 그러지 못했을까? 답은 종의 진정한 회개라는 연결 고리가 빠져 있었기 때문이다. 종이 표출했던 격한 감정과 슬픔은 알고 보니 진정한 참회라기보다는 자기 연민이었다. 그가 회개하지 않았기에 수직적 차원의 용서가 수평적 차원으로 연결되지 못했다.

• 진정한 회개

용서하는 데 실패하는 우리

● 너희가 각각 마음으로부터 형제를 용서하지 아니하면 나의 하늘 아버지께서도 너희에게 이와 같이 하시리라 **마태복음 18:35**

아마도 이 비유의 가장 근본적인 교훈은 인간의 용서가 하나님께 받은 용서에 기초해야 한다는 점일 것이다. 어떤 이들은 35절, "너희가 … 용서하지 아니하면 나의 하늘 아버지께서도 너희에게 이와 같이 하시리라"를 피상적으로 읽고, 예수님의 이 말씀을 우리가 먼저 다른 사람을 용서해야 하나님의 용서도 얻어 낼 수 있다는 뜻으로 해석해 왔다. 그러나 이 비유의 서사는 그런 해석에 전혀 들어맞지 않는다. 왕이 먼저 용서를 베풀었다. 왕에게 받은 용서가 종이 동료를 용서하는 기초이자 동기가 되었어야 한다는 말이 분명 그다음에 나온다. 예수님의 이 마지막 문장은 하나님의 자비로 말미암아 우리 마음이 변화되어, 그분이 우리를 용서하셨듯이 우리도 용서할 수 있어야 한다는 뜻이다. 다른 사람을 용서하지 않는다면 이는 우리가 참으로 회개해 하나님께 용서받은 게 아니라는 증거다.

이 비유는 용서하는 데 실패한 이야기를 들려준다. 인간의 이야기가 대개 그렇기 때문이다. 하나님의 용서가 인간의 용서로 이어지는 것을 인간의 죄가 끊임없이 막는다. 용서에 대한 예수님의 다른 유명한 비유인 탕자 비유를 봐도, 아버지의 행동이 불러오는 것은 사랑과 관용이 아니라 반감과 논란이다.

하나님의 구원을 참으로 깨닫고 받아들였다면 우리는 비유 속의 종과 달리 변화될 수밖에 없다. 하나님의 자비를 받고 나면 우리도 반드시 자비로워지기 마련이다. 그렇지 않다면 분명 하나님의 자비를 참으로 깨닫거나 받아들이지 않은 것이다.

• 자비

이미 '완불'된 죗값

● 또 범죄와 육체의 무할례로 죽었던 너희를 하나님이 그와 함께 살리시고 우리의 모든 죄를 사하시고 우리를 거스르고 불리하게 하는 법조문으로 쓴 증서를 지우시고 제하여 버리사 십자가에 못 박으시고 _골로새서 2:13-14_

백화점에서 어떤 제품을 구입했다 하자. 그런데 계산을 마치고 잠시 뒤 백화점을 나서려는데 보안 직원이 막아서면서 그 제품의 결제 여부를 묻는다면 어떻게 해야 할까? 영수증을 꺼내 보이며 "여기 값을 다 치렀다는 증거가 있습니다"라고 말하면 된다. 그러면 자유로이 나갈 수 있다. 예수님의 부활을 통해 하나님은 역사 전체와 당신의 삶 전체에 '완불'이라는 도장을 찍으셨다. 죗값을 이미 치렀음을 그분의 부활이 보증한다.

바울은 "그리스도께서 다시 살아나신 일이 없으면 … 너희가 여전히 죄 가운데 있을 것이요"라고 말했다(고전 15:17). 그리스도께서 다시 살아나셨기에 우리가 "죄 가운데" 있지 않다는 뜻이다. 오히려 바울이 여러 편지에 수없이 더 말했듯이 당신은 그리스도 안에 있다. 당신의 죄는 해결되었고 아버지께서 '예수님을 사랑하심같이' 당신을 사랑하신다(요 17:23). 아버지는 당신을 보배로운 존재로 보신다.

과거에 당신이 어떤 사람이었고 어떻게 살았는지는 중요하지 않다. 바울을 생각해 보라. 그의 과거는 어떠했던가? 그의 기억 속에는 스데반처럼 죽어 가던(행 7장) 무죄한 사람들의 절규와 얼굴 표정이 남아 있었다. 당신의 과거에도 그런 것이 있는가? 설령 있다 해도 하나님의 은혜에는 상대가 안 된다. 그래서 바울은 예수님의 부활을 서술하다 말고 일순간 "내가 나 된 것은 [오직] 하나님의 은혜로 된 것"이라는 새로운 진리로 비약했던 것이다(고전 15:10).

• 부활의 보증

모든 성전을 종식시킨 참된 성전

● 예수께서 대답하여 이르시되 너희가 이 성전을 헐라 내가 사흘 동안에 일으키리라 유대인들이 이르되 이 성전은 사십육 년 동안에 지었거늘 네가 삼 일 동안에 일으키겠느냐 하더라 그러나 예수는 성전 된 자기 육체를 가리켜 말씀하신 것이라 요한복음 2:19-21

당연히 예수님의 제자들조차도 그분의 말씀을 알아듣지 못했다. 예수님의 말씀은 자신이 죽은 자 가운데서 부활하여 사람이 하나님을 만날 수 있는 새로운 성전이 되시겠다는 뜻이었다. 이전의 성막과 성전이 처음부터 쭉 자신을 가리켜 보였다고 선포하신 셈이다.

부활할 자신의 육체가 참된 성전이라는 예수님의 말씀은 다음과 같은 의미다. "세상의 모든 성전에서는 제사장들이 너희와 하나님 사이의 간극을 이으려고 제사를 드리고 의식을 거행한다. 그러나 내가 곧 제물이니 이로써 모든 제사는 종식되고, 내가 곧 제사장이니 이제 너희에게는 제사장들이 필요없다. 내가 칼을 통과하여(창 3:24) 지상에 천국을 가져왔다. 나는 간극을 이어 하나님의 영광에 이르게 하는 다리 정도가 아니라 하나님의 영광 자체이기 때문이다." 물론 이런 식으로 말한 사람은 역사상 아무도 없다. 타 종교 창시자들은 많은 성전을 지었으나 예수님은 모든 성전을 종식시키는 성전 자체시다.

마태복음 27장 51절에 보면 예수님이 운명하시던 순간 성전에 있던 휘장이 위에서 아래로 찢어져 둘이 되었다. 마치 두 손으로 위에서 힘껏 찢은 것처럼 말이다. 예수님은 죽으실 때 옛 성전을 허무셨고 부활하실 때 새 성전을 지으셨다. 과거에는 하나님의 임재가 휘장 뒤에 거하여 범접할 수 없었으나 이제는 누구나 그 쉐키나 영광을 직접 보고 누릴 수 있다. 성령으로 말미암아 우리가 부활하신 그리스도와 믿음으로 연합하면 그렇게 된다.

• 성전 자체

이 세상과 완전히 반대인 나라

● 인자가 온 것은 섬김을 받으려 함이 아니라 도리어 섬기려 하고 자기 목숨을 많은 사람의 대속물로 주려 함이니라   마가복음 10:45

세상은 메시아가 단번에 올 줄로 알았다. 그러나 예수님이 공표하신 메시아는 두 번 오신다. 여기에 전혀 예상하지 못한 요소가 개입된다. 두 번 오시는 메시아가 처음에는 약하게 오신다는 것이다. 그래서 두 단계로 이루어지는 그 나라는 세상의 관점에서 보면 '거꾸로 된 나라'다. 왕이 오시는 방식부터가 세상의 가치관을 뒤엎는다. 그분은 강자로 오셔서 위세를 떨치시는 것이 아니라 약자로 오셔서 섬기다가 우리를 위한 대속물로 죽으신다.

여기에 세 가지 중대한 의미가 함축되어 있다. 첫째로, 이는 우리가 그 나라에 들어가는 방식도 똑같이 거꾸로라는 뜻이다. 타 종교와 달리 우리는 혼신의 힘을 다해 삶에 덕을 쌓아 구원을 얻어 내는 것이 아니라, 연약한 모습으로 회개하여 구원을 받아들인다. 둘째로, 이는 우리가 그 나라에서 살고 자라고 섬기는 방식도 권력을 취하는 것이 아니라 예수님을 따라 권력을 내려놓고 용서하고 희생하고 섬기는 것이라는 뜻이다. 끝으로, 온 세상을 보는 우리의 눈이 달라진다. 우리는 유능하고 자신만만하고 성공한 사람을 떠받들지 않는다. 비굴하게 부자와 식자와 능력자의 비위를 맞추지도 않는다(약 2:1-7). 오히려 우리는 소외된 사람을 일으켜 세운다.

높은 사람은 낮아지고 낮은 사람은 높아지는 것이 하나님의 경륜이다. 그래서 한나는 "용사의 활은 꺾이고 넘어진 자는 힘으로 띠를 띠도다"(삼상 2:4)라고 노래했다. 올라가 권력을 취하려는 사람은 어느새 내려가고 있을 뿐이고, 겸손히 내려가는 사람은 어느새 높아져 있다(눅 14:7-10). "무릇 자기를 높이는 자는 낮아지고 자기를 낮추는 자는 높아지리라"(눅 14:11).

• 하나님의 경륜

과거의 왕이며 미래의 왕

● 그 옷과 그 다리에 이름을 쓴 것이 있으니 만왕의 왕이요 만주의 주라 하였더라   요한계시
록 19:16

아서왕의 무덤에는 "여기 과거와 미래의 왕 아서가 잠들다"라는 문구가
새겨져 있다. 카멜롯에 '한때나마 태평성대'를 이루었던 이 성군이 언젠가는
다시 돌아와 모든 일을 바로잡으리라는 예고인 셈이다. 이런 전설이 이상한
것은, 정작 역사 속 왕들의 실제 기록은 끔찍하기 때문이다. 그것은 폭정과
노예제도의 기록이다. 과거의 왕국은 거의 다 무너지고 민주 국가들이 들어
섰는데, 이런 운동의 배후에 다분히 그리스도인들이 있었다.

참된 왕에 대한 이런 전설은 여전히 시장성이 엄청나다. 그래서 해마다
그런 오래된 이야기나 내러티브에 기초한 블록버스터 영화가 쏟아져 나온
다. 인간의 마음속 깊은 곳에는 누군가를 왕으로 삼으려는 갈망이 있다. 성
경은 우리가 왕을 섬기고 흠모하도록 지음받았음을 알고 있으나 그것을 억
누른다고 말한다. 성경에 따르면 한때 왕이 계셨으며, 그 왕의 아름다움과
사랑과 긍휼과 능력과 지혜는 찬란하게 빛나는 해와도 같았다.

여기 기쁜 소식이 있다. 장차 정말로 다시 오셔서 왕좌에 앉으실 왕이 계
시다. 그때 모든 슬픔은 사라지고 마침내 우리는 그분을 대면하여 볼 것이
다. 그런데 "이 적통의 왕은 이미 오셨다. 변장하고 오셨다고 말할 수 있으리
라." 어둠의 세력에 맞서 "위대한 침투 작전에 동참하라고 지금 그분이 우리
를 부르고 계신다."[104] 우리는 자유로울 뿐 아니라 과거와 미래의 왕을 섬기
는 자유의 투사다.

• 메시아

Nov.
11

구원으로 이끄는 역전승

● 모세가 광야에서 뱀을 든 것같이 인자도 들려야 하리니 이는 그를 믿는 자마다 영생을 얻게
 하려 하심이니라 요한복음 3:14-15

 하나님은 왜 자꾸만 덜 강한 부류를 택해 그들의 무력함과 고난을 통해
구원을 이룰까? 이런 이야기가 감동적인 이유는 외면당하던 여자나 업신
여김을 당하던 남자의 역전승을 누구나 좋아하기 때문이다. 예수님이 빈민
과 소외층과 나환자와 세리를 사랑하신 이야기가 고무적인 까닭은 현대인이
정의를 중시하기 때문이다. 그러나 이런 성경 기사가 단지 우리에게 감화를
끼치기 위해 존재한다고 생각한다면 큰 오산이다. 사실 그것은 우리를 그리
스도께로 회심시키기 위해 기록되었다(고전 10:1-4, 11). 이 모든 작은 반전은 우
리에게 궁극적 대반전인 성자 하나님의 죽음과 부활을 가리켜 보인다.

 예수께서 자신의 도성에 왕으로 당당히 입성하시자 그분을 따르던 무리
는 그분이 왕좌로 높이 들리실 것을 예상했다(요 12:12-13). 그러나 승리의 입
성 직후에 그분은 자신이 땅에서 들리기는 하는데 죽기 위해서라고 말씀하
셨다(요 12:32-33). 왕좌 대신 십자가 위에 올라가신다는 것이다.

 예수님은 뱀이 장대에 들린 것같이 자신도 십자가에 들려야 한다고 말씀
하신 것이다. 그런 의미에서 바울은 고린도후서 5장 21절에 그분을 하나님
이 '죄로 삼으셨다'고 했고, 갈라디아서 3장 13절에는 그리스도께서 "우리를
위하여 저주를 받은 바 되사" 우리를 속량하셨다고 썼다. 십자가에서 하나님
은 죄로 인한 죽음의 저주를 바꾸어 우리의 복이 되게 하셨다.

• 대반전

그리스도와의 연합

● 우리가 보고 들은 바를 너희에게도 전함은 너희로 우리와 사귐이 있게 하려 함이니 우리의
사귐은 아버지와 그의 아들 예수 그리스도와 더불어 누림이라 **요한일서 1:3**

마르틴 루터의 유명한 말처럼, 우리가 그리스도를 믿어 구원받는 그 믿음
은 "신부가 신랑과 연합하듯 영혼을 그리스도와 연합시킨다." 결혼은 법과 사
랑 둘 다에 기초한 관계다. 기독교는 입양이나 결혼처럼 신분과 연합이다. 당
신의 성취를 통해 얻어 내는 보상이 아니다. 이 관계의 생명적 측면을 이해
하려면, 영국의 대각성 운동 기간에 존 웨슬리와 찰스 웨슬리 형제를 필두로
지도자들이 던진 질문을 생각해 보라. 소그룹 지도자용 지침서에 보면, 다음
질문을 매주 던지게 되어 있다.[105]

° 이번 주에 당신의 마음에 하나님이 얼마나 실감되었는가? 하나님의 용서
와 아버지 사랑에 대한 당신의 확신과 신뢰는 얼마나 분명하고 생생한가?

° 특별히 하나님을 즐거워하는 때가 당신에게 있는가? 삶에서 그분의 임
재가 정말 느껴지는가? 당신에게 사랑을 베푸시는 그분이 느껴지는가?

° 그동안 성경이 당신에게 살아 역사했는가?

° 당신에게 아주 귀하게 느껴지고 힘이 되는 성경의 약속은 무엇인가?

° 말씀을 통해 하나님이 당신에게 무언가를 도전하시거나 당신을 부르고
계신가? 어떤 식으로 하시는가?

살아 계신 하나님과의 살아 있는 관계는 막연한 신을 믿는 것과는 다른
데, 이런 질문은 그들이 양쪽을 구별하는 데 도움이 되었다. 그리스도의 은
혜에 기초한 관계에서는 실제로 지식과 사랑의 교류가 이루어진다. 그래서
하나님이 당신을 도전하고 위로하고 부르고 가르치고 이끄실 수 있다.

• 하나님과의 관계

이 땅에서 천국을 살다

● 또 함께 일으키사 그리스도 예수 안에서 함께 하늘에 앉히시니 에베소서 2:6

이 진술은 그리스도인이 될 때 일어나는 변화가 얼마나 심오한지를 보여 준다. 이는 개과천선 차원이 아니며 새로운 종교 단체에 가입하는 것만도 아니다. 그리스도인이 되면 땅에서 하늘로 옮겨진다. 내세의 능력과 성령으로 말미암아 예수님과 연합된다. "새로 태어나는 거듭남을 통해 우리는 주 예수 그리스도와 하나가 되어, 그분의 삶을 공유하고 그분에게서 오는 모든 복에 참여한다."[106]

이 영적 부활은 예수 그리스도께서 우리를 구원하려고 죽으시고 부활하셨음을 우리가 믿을 때에 이루어진다. 그런데 이 객관적 진리와 미래의 원리를 바탕으로, 천국의 삶이 지금 우리 안에 들어와 우리에게 주관적 영향을 미친다. 우리가 미래에 처할 최종 상태를 이미 지금부터 맛보기로 경험하는 것이다. 즉 우리는 자유롭게 변화되어 그리스도를 닮아 가고, 마음속에 하나님의 실재와 영광과 사랑을 느끼며, 그리스도 안의 형제자매들로 더불어 새로운 사랑의 연대를 이룬다.

영적 부활이란 우리가 이 땅에 있으면서도 어떤 의미에서 하늘에 산다는 뜻이다. 현재 속에서 미래를 산다는 뜻이다.

• 천국의 삶

모세오경에 나타난 용서

● 너희는 이같이 요셉에게 이르라 네 형들이 네게 악을 행하였을지라도 이제 바라건대 그들의 허물과 죄를 용서하라 하셨나니 당신 아버지의 하나님의 종들인 우리 죄를 이제 용서하소서 하매 요셉이 그들이 그에게 하는 말을 들을 때에 울었더라 **창세기 50:17**

성경 전체에서 용서가 처음 명시된 곳은 창세기의 요셉 이야기다. 요셉을 노예로 팔았던 형들은 그에게 용서를 구한다(창 50:17). 여기에 쓰인 히브리어 '나사'(nasah)는 죄를 멀리 보내고 용서한 사람이 가해자에게 더는 그 죄를 묻지 않는다는 뜻이다. 명확하게 "용서합니다"라고 말하지는 않지만, 요셉은 복수하지 않는다. 그리고 형들을 돌보겠다고 약속하는데(창 50:21), 이는 용서의 매우 중요한 요소다.

창세기를 벗어나면 용서의 개념이 더 자주 언급된다. 모세는 백성을 위해 하나님께 용서해 달라고 기도로 간구하고 용서받는다(출 32:32; 34:9; 민 14:19-20). 가장 확실한 예는 성막의 예배 제도 전체가 하나님이 용서를 베푸시려 제정되었다는 것이다. 동물 제사도 죄 사함을 위한 것이다(레 4:20, 26, 31, 35; 5:10, 13, 16, 18; 민 15:25, 26, 28). 성막을 대신할 성전을 건축한 솔로몬은 하나님께 이 성전을 통해 백성의 기도를 들으시고 그들을 용서해 달라고 기도한다. 솔로몬의 기도와 그가 이해한 성전의 개념에 용서라는 주제가 분명하게 드러난다(왕상 8:30, 34, 36, 39, 50; 대하 6:21, 25, 27, 30, 39). 이렇듯 구약의 모든 예배의 핵심에 용서가 있다. 용서가 없다면 하나님과의 관계도 있을 수 없다.

• 예배의 핵심

시편에 나타난 용서

- 여호와여 내가 깊은 곳에서 주께 부르짖었나이다 주여 내 소리를 들으시며 나의 부르짖는 소리에 귀를 기울이소서 여호와여 주께서 죄악을 지켜보실진대 주여 누가 서리이까 그러나 사유하심이 주께 있음은 주를 경외하게 하심이니이다   시편 130:1-4

이 기도는 용서가 모든 사람에게 필요하다는 사실을 가르쳐 준다. 시편 기자는 주께서 "죄악을 지켜보실진대", 즉 우리의 죄와 악을 다 기억하실진 대 "누가 서리이까"라고 반어적으로 여쭙는다. 물론 답은 아무도 서지 못한 다는 것이다. 또 이 시는 용서의 난점을 가르쳐 준다. 용서가 어려운 이유는 죄가 기록(책임이나 의무의 잔재)을 남기기 때문이다. 그래서 시편 기자는 우리 죄가 하나님께도 기록을 남겨 우리가 심판 날에 "죗값을 치러야" 한다고 말 한다. 그때 우리는 모두 유죄로 판결 나 구원을 잃을 것이다. 누적된 죗값의 상환 만기일이 되어 모두 멸망할 것이다.

이 시는 하나님의 용서가 확실한 사실임을 가르쳐 준다. 시편 기자는 '사 유하심이 주께 혹 있을까 함은'이라 하지 않고 "사유하심이 주께 있음은"이 라고 말한다. "죄의 기록이 모든 사람을 정죄하겠으나 그래도 주께서 용서할 길을 내십니다"라는 말과 같다. 그런데 이 사실이 그에게는 경이롭기만 하 다! 하나님의 용서가 이해할 수 없는 충격으로 다가온 것이다. 하나님이 어 떻게 속량을 이루시는지가 시편 기자에게는 완전히 수수께끼다. 하지만 십 자가에서 죽으신 그리스도를 아는 우리에게는 그렇지 않다(롬 3:25-26).

• 확실한 용서

선지서에 나타난 용서

● 나 곧 나는 나를 위하여 네 허물을 도말하는 자니 네 죄를 기억하지 아니하리라   이사야 43:25

   선지서의 주된 임무는 언약에 불충실한 그 백성에게 임할 혹독한 결과를 알리는 것이었다. 그럼에도 불구하고 하나님은 여전히 그 백성을 용서하시며 이 형벌을 통해 오히려 더 큰 구원의 길을 닦으실 것이다. 자기 백성을 향한 사랑을 잊으실 수 없기 때문이다(호 11:8). 백성 중 남은 자들이 회개하고(사 4:3; 6:13; 7:3 이하) 믿음으로 살 것이다(합 2:4; 사 7:9; 28:16; 30:15). 하나님은 그들과 새 언약을 맺어 모든 죄를 용서하고 새 마음과 새 영을 주실 것이며, 그리하여 마침내 그들이 변화되어 사랑과 순종으로 하나님과 동행할 것이다(렘 24:7; 31:31 이하; 32:37 이하; 겔 11:19 이하; 36:24 이하).

   이 모든 일이 어떻게 이루어질까? 이 미래를 우리에게 가장 많이 말해 주는 선지자는 이사야다. 그 일은 왕이면서(사 11장) 고난당하는 종이신(사 52:13-53:12) 메시아를 통해 이루어진다. 이 종은 이스라엘에게만 구원을 베푸시는 게 아니라 이방인까지 불러들이신다(사 42:1). 우리 죄는 기억되지 않을 것이다(사 43:25). 그분이 세우실 새 하늘과 새 땅, 곧 새 예루살렘에서 모든 민족이 용서받을 것이다(사 33:24).

   이스라엘의 죄와 임박한 심판을 알리도록 부름받은 선지자들이 그와 동시에 하나님의 은혜와 자비도 한없이 감동적으로 말할 수밖에 없었으니, 이보다 더 놀라운 사실은 없다. 요약하자면 선지서의 메시지는 인간이 아무리 악하게 반항하더라도 기어이 우리에게 임하는 하나님의 용서를 결국 막을 수 없다는 것이다.

• 아무튼 용서

복음서에 나타난 용서

● 이 아이여 네가 지극히 높으신 이의 선지자라 일컬음을 받고 주 앞에 앞서 가서 그 길을 준비하여 주의 백성에게 그 죄 사함으로 말미암는 구원을 알게 하리니 누가복음 1:76-77

복음서는 시작부터 메시지의 초점이 이미 용서에 있다. 마태복음 1장 21절에서 요셉에게 주어진 약속은 메시아가 오셔서 자기 백성을 죄에서 구원하신다는 것이고, 누가복음 1장 77절에서는 그리스도께서 우리에게 "죄 사함으로 말미암는 구원을 알게" 하신다는 약속이 사가랴에게 주어졌다. 예수님의 길을 예비한 세례 요한도 "죄 사함을 받게 하는 회개의 세례"를 전파했다(막 1:4).

예수님도 친히 이 땅에 오셔서 전파하고 가르치실 때, 우리가 하나님의 용서를 알 수 있고 그 결과로 우리 역시 가해자를 용서할 수 있다고 거듭 선포하셨다. 그것이 주기도문의 핵심이다. "우리가 우리에게 죄지은 자를 사하여 준 것같이 우리 죄를 사하여 주시옵고"(마 6:12).

예수님은 "… 너희가 사람의 잘못을 용서하지 아니하면 너희 아버지께서도 너희 잘못을 용서하지 아니하시리라"라고 덧붙이셨다(마 6:14-15). 언뜻 보기와는 달리, 이 말씀은 우리가 남을 용서해야 그 대가로 또는 그에 근거해 하나님께 용서받을 수 있다는 뜻이 아니다. 용서하지 않은 종의 비유에도 하나님께 받는 용서가 우리가 다른 사람을 용서하는 근거(동기와 원동력)라고 분명히 나와 있다(마 18:23-35).

예수님은 죄를 용서하실 때 하나님의 아들이라는 자신의 신성을 밝히셨을 뿐 아니라, 용서가 삶을 변화시킨다는 사실도 증언하셨다. 한 여자를 용서하실 때 예수님은 다음과 같이 말씀하셨다. "그의 많은 죄가 사하여졌도다 이는 그의 사랑함이 많음이라 사함을 받은 일이 적은 자는 적게 사랑하느니라"(눅 7:47).

• 삶의 변화

십자가 죽음, 용서의 근거

● 이것은 죄 사함을 얻게 하려고 많은 사람을 위하여 흘리는 바 나의 피 곧 언약의 피니라
마태복음 26:28

복음서는 죄 사함의 선포로 시작되고 끝난다. 무엇보다 의미심장한 장면은 예수님이 죽음을 앞두고 교회에 성만찬이라는 성례를 제정해 주시는 모습이다.

구약성경에서 제기된 모든 의문이 드디어 여기서 풀린다. 특히 출애굽기 34장 7절에 하나님이 모세에게 자신을 계시하실 때 "죄를 용서하리라 그러나 벌을 면제하지는 아니하고"라고 말씀하신 뒤로 늘 해결되지 않은 의문이었다. 어떻게 그것이 가능할까? 용서란 곧 벌을 면제한다는 뜻이 아닌가? 어떻게 그분은 모든 죄를 벌하면서도 우리를 용서하실 수 있을까?

죽으시기 전날 밤 예수님은 우리에게 모든 수수께끼의 답을 주셨다. 용서의 객관적 근거는 십자가에 달리신 예수 그리스도의 속죄의 죽음이다. "흘리는 바 나의 피"로 상징되는 그분의 죽음 덕분에 우리는 용서받을 수 있다. 바울은 그것을 이렇게 요약했다. "…우리의 모든 죄를 사하시고 우리를 거스르고 불리하게 하는 법조문으로 쓴 증서를 지우시고 제하여 버리사 십자가에 못 박으시고"(골 2:13-14).

이를 누구보다도 명확히 말한 사람은 히브리서 기자일 것이다. "제사장마다 매일 서서 섬기며 자주 같은 제사를 드리되 이 제사는 언제나 죄를 없게 하지 못하거니와 오직 그리스도는 죄를 위하여 한 영원한 제사를 드리시고 하나님 우편에 앉으사"(히 10:11-12).

요컨대 십자가에서 예수님은 가장 지혜롭고 경이롭고 영화로운 방식으로 하나님의 정의와 사랑을 둘 다 충족시키셨다.

• 정의와 사랑

사랑과 진노의 하나님

● 하나님이 세상을 이처럼 사랑하사 독생자를 주셨으니 이는 그를 믿는 자마다 멸망하지 않고 영생을 얻게 하려 하심이라 … 그를 믿는 자는 심판을 받지 아니하는 것이요 믿지 아니하는 자는 하나님의 독생자의 이름을 믿지 아니하므로 벌써 심판을 받은 것이니라 **요한복음 3:16-18**

현대인은 정죄하시는 진노의 하나님이라는 개념을 어려워하지만, 성경에는 이렇게 정죄에 대한 구절과 사랑에 대한 가장 유명한 구절이 나란히 배치되어 있다. 다시 말해서 성경은 하나님의 사랑과 분노를 결코 대립 개념으로 보지 않는다. 사실 성경에서 그분의 이 양면은 긴장 관계도 아닐 뿐더러, 오히려 서로 떨어져서는 무의미하며 실제로 서로를 굳건하게 한다.

사랑이신 하나님이 또한 격노하신다. 어떤 날은 사랑하다가 어떤 날은 진노하는 이중인격이라는 뜻이 아니다. 그분의 진노와 사랑이 서로 조화되는 이유는 우리와 달리 그분의 진노와 사랑은 둘 다 완전히 거룩하고 선하기 때문이다.

성경에 언급된 하나님의 모든 진노를 보면서 우리는 본능적으로 그분의 분노도 우리와 같을 거라 생각하고 몸을 사린다. 그러나 우리와 달리 하나님의 분노는 상처 입은 자존심이 아니다. 하나님은 자신이 사랑하시는 것들, 즉 그분의 영광과 우리의 행복을 위해 지으신 창조세계와 인류를 해치는 악에만 노하신다.

하나님은 단순히 사랑의 하나님이 아니며, 진노의 하나님만도 아니다. 둘 다이시다. 당신의 하나님관에 양쪽의 개념이 모두 포함돼 있지 않다면 현실에 대한 당신의 전반적인 인식, 특히 용서를 보는 관점이 왜곡될 수밖에 없다.

• 하나님의 속성

하나님의 사랑과 진노가 만나는 곳

● 이 예수를 하나님이 그의 피로써 믿음으로 말미암는 화목제물로 세우셨으니 이는 하나님께서 길이 참으시는 중에 전에 지은 죄를 간과하심으로 자기의 의로우심을 나타내려 하심이니 로마서 3:25

하나님은 참으로 사랑과 진노의 하나님이시며, 그분의 실체가 가장 크게 드러난 곳은 십자가다. 바로 사랑과 진노 사이의 긴장이 여러 면에서 성경 전체의 줄거리를 이끈다. 그런데 해법은 단순히 그리스도가 죽으셨다는 것이 아니라, 삼위일체 하나님의 제2의 위격이신 그분이 자원해서 우리 대신 죽으셨다는 것이다. 이 교리의 대표적 약술이 존 스토트의 《그리스도의 십자가》에 더할 나위 없이 간단명료하게 나와 있다.

그러므로 대신한다는 개념이 죄와 구원, 둘 다의 핵심이라 할 수 있다. 죄의 본질은 인간이 하나님을 대신한 것이고, 구원의 본질은 하나님이 인간을 대신하신 것이다. 인간은 감히 하나님께 맞서 그분께만 합당한 자리로 올라섰고, 하나님은 인간을 위해 희생해서 우리에게만 합당한 자리로 내려오셨다. 인간은 하나님의 특권을 찬탈했고, 하나님은 인간의 형벌을 받으셨다.[107]

바울도 "하나님이 그의 피로써 … 자기도 의로우시며 또한 예수 믿는 자를 의롭다 하려 하심이라"라고 했다(롬 3:25-26). 의로우신 그분이 또한 용서하신다. 바울은 이것을 묵상할 때면 찬송이 터져 나오곤 했다. "깊도다 하나님의 지혜와 지식의 풍성함이여, 그의 판단은 헤아리지 못할 것이며 그의 길은 찾지 못할 것이로다 / 이는 만물이 주에게서 나오고 주로 말미암고 주에게로 돌아감이라…"(롬 11:33, 36).

• 십자가

이해타산 없이 베풀다

● 잔치를 베풀거든 차라리 가난한 자들과 몸 불편한 자들과 저는 자들과 맹인들을 청하라 그리하면 그들이 갚을 것이 없으므로 네게 복이 되리니 이는 의인들의 부활 시에 네가 갚음을 받겠음이라 하시더라 누가복음 14:13-14

이기적인 거래가 오가는 사회관계는 예부터 세상의 기초였고 현재까지도 그러하건만, 여기서 예수님은 그것을 완전히 배격하신다. 이 결론이 없었다면, 높은 자리에 앉지 말라는 그분의 권고를 자칫 곡해할 수도 있었다. 표시 나지 않게 세상 방식을 따르라는 뜻으로 말이다. "아주 겸손히 행동하고 결코 출세하려는 것처럼 보이지 말라. 그게 바로 출세의 지름길이다"라는 개념으로 말이다.

그런데 누가복음 14장 12-14절에 예수님은 명하시기를, 결코 우리의 앞길을 터 줄 수도, 우리를 저택으로 초대할 수도, 많은 고객과 거래처를 연결해 줄 수도 없는 사람들을 적극적으로 섬기고 그들의 친구가 되라고 하셨다. 그리스도인이 이렇게 완전히 다르게 살아야 할 이유는 바로 부활 때문이다! "그들이 갚을 것이 없으므로 … 의인들의 부활 시에 네가 갚음을 받겠음이라"(눅 14:14). 마침내 부활하여 새 세상에서 누릴 영광과 부요와 복과 사랑은 한없이 더 커서, 현세에 당신이 의를 위해 희생하는 모든 것을 보상하고도 남는다.

예수님이 14절에 덧붙이셨듯이 형편이 어려운 이들에게 이해타산 없이 베푸는 사람은 하나님의 "복"을 누린다. 복을 받기 위해 베풀라는 말씀은 아니다. 남에게 퍼 주되 전혀 보답을 바라지 않고, 이미 주실 만큼 다 주신 하나님을 향한 기쁨의 반응으로 베푸는 사람만이 복을 받는다는 말씀이다.

• 하나님의 보상

장벽과 편견을 없애다

● 너희가 다 믿음으로 말미암아 그리스도 예수 안에서 하나님의 아들이 되었으니 누구든지 그리스도와 합하기 위하여 세례를 받은 자는 그리스도로 옷 입었느니라 너희는 유대인이나 헬라인이나 종이나 자유인이나 남자나 여자나 다 그리스도 예수 안에서 하나이니라   **갈라디아서 3:26-28**

갈라디아서에서 바울은 그리스도인에게 그분의 부활(칭의 교리는 말할 것도 없고)에 합당하게 살라고 촉구했다. 그러면 인종 간, 민족 간에 존재하는 세상의 높은 장벽과 편견이 사라진다.

기독교가 도래하기 전에는 누구나 "태어날 때부터 자신의 신이 정해져 있었다." 민족, 도시, 지역, 동업 조합, 대단위 영유지마다 자체적 신이 있었기 때문이다. 종교는 문화의 연장(延長)에 불과했다. 특정 지역에서 특정 민족으로 태어난 사람은 해당 신을 숭배함으로써 그 공동체의 일원이 되었다.

그런데 그리스도인은 하나님이 한 분뿐이며 인종, 민족, 계층, 국적, 직업 등 인간의 모든 신분과 무관하게 누구나 그분을 예배해야 한다고 믿었다. 여기에 함축된 도발적 의미는, 하나님을 믿는 신앙은 당신의 소속 민족과 무관한 정도가 아니라 당신의 정체성의 근간을 이룬다는 것이다. 그래서 다른 그리스도인과의 유대감이 소속 인종 내부의 유대감보다 깊었고, 그 결과로 최초의 다인종 다민족 신앙 공동체가 탄생했다.

현대 그리스도인들이 인정해야 할 것이 있다. 인종 간의 이해와 치유와 연합을 가능하게 해 줄 이런 비범한 자원이 많은 부분 사장되고 있다는 것이다. 새사람(엡 4:22-24)의 기초는 우리의 인종과 문화와 성취가 아니라 그리스도의 사랑과 그분이 이루신 일이지만, 우리 쪽에서 이 새사람을 입어야 한다. 그래야만 인종 간의 "원수 된" 본성을 극복할 수 있다(엡 2:14).

• 다민족 신앙 공동체

지혜와 정의의 공동체

● 우리 하나님 여호와께서 우리가 그에게 기도할 때마다 우리에게 가까이하심과 같이 그 신이 가까이함을 얻은 큰 나라가 어디 있느냐 오늘 내가 너희에게 선포하는 이 율법과 같이 그 규례와 법도가 공의로운 큰 나라가 어디 있느냐 **신명기 4:7-8**

하나님의 목적 가운데 하나는 그분의 백성이 이스라엘 주변에 사는 "여러 민족" 앞에서, 즉 믿지 않는 세상을 향해 증인 공동체가 되는 것이었다. 그분의 율법에 순종하는 민족은 그저 도덕적인 개개인의 집합이 아니라 하나의 반문화요 대안 사회였다.

여기 성경에 보면, 이 백성이 율법에 순종하면 문화적 우월감에 젖어 있던 주변 여러 민족이 다음과 같은 결론에 이른다고 했다. 그들이 자기네 법에서 찾으려 했으나 실현할 수 없었던 지혜와 정의를 이스라엘은 찾아냈다고 말이다. 그들은 이스라엘 사회가 지혜롭고 정의로운 이유도 알게 되는데, 바로 그들의 신들이 그들에게 가까운 것보다 여호와께서 이스라엘에게 더 가까우시기 때문이다.

요컨대 율법을 제대로 지키고 수행하면 결국 전도하는 효과를 낳는다. 특히 예루살렘은 열방에 하나님의 지혜와 정의를 드러내는 도시 공동체가 되어야 했다. '온 세계가 즐거워하는 성'(시 48:2)으로 매력을 풍겨야 했다.

예루살렘 시민들이 하나님께 순종하면 그 도성은 전도하는 증인이 된다. 지상의 예루살렘에서 이루어지는 공동체 생활은 새 예루살렘, 즉 종말에 하나님이 땅에 세우실 도성(계 21-22장)의 완전한 평화와 정의를 나타내 보여야 했다. 이것은 구약의 사상으로 그칠까? 천만의 말이다. 예수님도 제자들에게 "산 위에 있는 도시"처럼 "세상의 빛"이 되어야 한다고 말씀하셨다(마 5:14, ESV).

• 세상의 빛

눈에 보이지 않는 것을 보다

● 그러므로 우리가 낙심하지 아니하노니 우리의 겉사람은 낡아지나 우리의 속사람은 날로 새로워지도다 우리가 잠시 받는 환난의 경한 것이 지극히 크고 영원한 영광의 중한 것을 우리에게 이루게 함이니 **고린도후서 4:16-17**

　　바울은 겉으로는 몸이 늙고 '낡아졌지만' 속으로는 날마다 새로워지고 강해졌는데, 이것은 특히 환난을 거치면서 이루어진 일이다. 고린도후서 11장 23-29절에 바울이 열거한 내용을 보면 그가 환난을 꽤 겪었음을 알 수 있다. 그중에 투옥과 적어도 다섯 차례의 공개 태형과 구타도 있었다. 그런데 무한히 알차고 영원한 영광에 비하면 이 모두는 "잠시 받는 … 경한 것"에 불과했다. 그 영광이 자신을 위해 예비되어 있음을 바울은 알았다.

　　바울이 고난 중에도 결코 낙심하지 않은 데는 두 가지 이유가 있다. 하나는 고난이 그를 새로워지게 했기 때문이다. 고난 덕분에 그는 더욱 그리스도를 닮아 가 하나님에게서 기쁨을, 그분의 사랑에서 평안을, 그분의 부르심에서 의미를 발견했다. 또한 흔들리거나 빼앗길 수 없는 것들에 마음의 닻을 내렸다. 그는 또 사랑과 희락과 화평과 오래 참음과 겸손과 절제 등 성령의 열매에서 자라 갔다(갈 5:22-23). 그런데 바울 안에 이런 것들을 가장 많이 결실하게 한 것은 바로 환난이었다. 환난을 통해 자신의 실상을 깨닫고 하나님을 의지한 덕분이었다.

　　아울러 고난은 미래의 영원한 영광을 위해 그를 준비시키고 있었다. 바울의 말은 고난이 지금 자신의 속사람을 새로워지게 할 뿐 아니라 상상을 초월하는 기쁨과 영광을 누리도록 자신을 준비시키고 있다는 뜻이다. 그것이 어떻게 가능할까? 그다음 구절에 나와 있다. 이렇게 새로워지고 준비되려면 눈에 보이는 것이 아니라 "보이지 않는 것"에 주목해야 한다(고후 4:18).

・고난

하나님께 두는 희망

● 믿음은 바라는 것들의 실상이요 보이지 않는 것들의 증거니 히브리서 11:1

　　신약에 "희망"(hope; 소망, 바람)이라는 단어는 두 가지 방식으로 쓰인다. 희망의 대상이 인간과 우리 자신일 경우에는 그 희망은 늘 상대적이고 불확실하다. 남에게 돈을 빌려줄 때 우리는 돌려받기를 희망한다(눅 6:34). 파종하고 타작할 때는 풍성한 수확물을 희망한다(고전 9:10).[108] 원하는 결과를 얻어 내려고 우리는 최선의 방법과 가장 현명한 실행을 선택한다. 그러면서 자신과 타인에게 '내가 다 해결했고' 통제하고 있다고 주장한다. 하지만 사실은 그렇지 않다. 그럴 수가 없다. '그랬으면 좋겠다는' 상대적 희망일 뿐이다.

　　그러나 희망의 대상이 인간이 아니라 하나님이면, 그 희망은 확신과 실상과 충분한 증거를 의미한다(히 11:1). 하나님께 두는 희망이란, 그분이 당신의 계획을 인정해 주셨으면 하는 불안하고 불확실한 바람이 아니라 그분만이 믿을 만한 분이고 나머지는 다 실망을 줄 수밖에 없다는 인식이다(시 42:5, 11; 62:10). 그분의 계획이 무한히 지혜롭고 선하다는 고백이다.

　　내가 예수님의 부활을 믿는다면 이로써 다음 사실을 명확히 증명할 수 있다. 즉 선하심과 능력을 겸비하신 하나님이 계셔서 어둠을 빛으로 바꾸시고, 그분의 영광과 우리의 유익과 세상의 선을 위해 인내로 계획을 이루시는 중이다(엡 1:9-12; 롬 8:28). 기독교의 희망은 내가 내 삶과 행복을 더는 인간의 자원에 걸지 않고 그분 안에서 안식한다는 뜻이다.

• 안식

저 너머 영원한 빛과 아름다움

● 오직 여호와를 앙망하는 자는 새 힘을 얻으리니 독수리가 날개 치며 올라감 같을 것이요 달음박질하여도 곤비하지 아니하겠고 걸어가도 피곤하지 아니하리로다 **이사야 40:31**

J. R. R. 톨킨은《반지의 제왕》마지막 편에서 저항과 참된 희망의 차이를 설명했다. 위험하고 악한 땅을 통과하는 고달픈 여정에서 샘 갬지는 자신의 주인인 프로도를 보호한다. 탑에 있는 감옥에서 순전히 의지력으로 프로도를 구한 적도 있다. 샘이 잠들려 하는데 하늘에 반짝이는 하얀 별 하나가 보인다.

> 아름다운 별이 그의 심금을 울렸다. 적막한 땅에서 위를 올려다보던 그에게 문득 희망이 되살아났다. 맑고 서늘한 빛줄기처럼 그에게 파고드는 생각이 있었다. 결국 그림자 산맥은 지나가는 작은 것에 불과하고 그 너머에 영원한 빛과 높다란 아름다움이 있다는 것이었다. 탑에서 그가 부르던 노래는 희망이라기보다 저항이었다. 그때는 자신을 생각하고 있었으니 말이다. 그런데 이제 한순간 자신의 운명과 심지어 주인의 운명까지도 더는 걱정되지 않았다. 그는 … 두려움을 모두 떨치고 깊은 단잠에 빠져들었다.[109]

물론 극기나 응어리진 분노로도 당분간은 위기를 헤쳐 나갈 수 있다. 그러나 진정한 용기는 다음과 같은 깊은 확신에서 찾아온다. 이 땅에서 우리는 작은 구석의 어둠에 잠시 갇혀 있으나, 하나님의 우주는 빛과 높다란 아름다움을 품은 광활한 곳이며 바로 거기가 우리의 확실한 최종 숙명이다. 예수님 덕분에 그렇다. 예수님은 우리를 그 빛과 아름다움으로 인도하시려는 일념에 모든 영광과 즐거움을 버리고 깊은 어둠으로 뛰어드셨다. 덕분에 우리는 "저녁에는 울음이 깃들일지라도 아침에는 기쁨이 오리로다"(시 30:5)라는 말씀을 실제로 누릴 수 있다.

• 희망

흑암만이 친구처럼 느껴질 때

● 여호와여 어찌하여 나의 영혼을 버리시며 어찌하여 주의 얼굴을 내게서 숨기시나이까 / 주는 내게서 사랑하는 자와 친구를 멀리 떠나게 하시며 내가 아는 자를 흑암에 두셨나이다 시편 88:14, 18

시편에는 고통으로 절규하는 애통의 시가 많은데, 대부분은 다만 얼마라도 희망의 여운을 남기며 끝을 맺는다. 그런데 88편의 기자는 비탄과 임박한 죽음만을 토로하다가, 하나님이 자기를 버리셨고 "흑암이 내 가장 가까운 친구가 되었나이다"(18절, NIV)라는 말로 끝내 버린다. 시 중간부에 기자는 이렇게 쓰라리게 묻기까지 한다. "유령[죽은 자]들이 일어나 주를 찬송하리이까 주의 인자하심을 무덤에서 … 선포할 수 있으리이까"(10-11절). 그야말로 절망이다.

그런데 신약은 여기에 대반전으로 답한다. 죽은 자들이 일어나 찬송할까? 그렇다! 주의 인자하심이 무덤에서 선포될까? 물론이다!

여기에 당신의 희망이 있다.

예수님이 참으로 버림받으셨기에 당신은 버림받지 않는다. 버림받았다고 느껴질 뿐이다. 겟세마네 동산에서 최악의 흑암이 예수님을 덮쳐올 때, 예수님은 이를 아시면서도 당신을 버리지 않으시고 당신을 위해 죽으셨다. 최악의 흑암인 그분의 흑암 속에서 당신을 버리지 않으신 예수 그리스도께서 왜 지금 당신의 흑암 속에 당신을 버리시겠는가?

십자가의 예수 그리스도야말로 말 그대로 친구라고는 흑암뿐이었다. 그렇게 그분은 당신의 죗값을 치르셨다. 그래서 당신은 당신의 흑암 속에 하나님이 여전히 친구로 함께 계심을 확실히 안다. 그분은 당신을 버리지 않으셨다. 부활이 다가오고 있음을 계속 기억하면, 당신은 극도의 흑암에 빠지지 않는다.

• 친구이신 하나님

죽음을 통과해 하나님께로

● 내가 확신하노니 사망이나 생명이나 천사들이나 권세자들이나 현재 일이나 장래 일이나 능력이나 높음이나 깊음이나 다른 어떤 피조물이라도 우리를 우리 주 그리스도 예수 안에 있는 하나님의 사랑에서 끊을 수 없으리라 로마서 8:38-39

죽음은 거대한 단절이다. 사랑하는 이들을 우리에게서, 또는 우리를 그들에게서 갈라놓는다.

죽음은 거대한 분열이다. 우리를 존재하게 하는 물리적 요소와 무형적 요소를 따로 찢어내, 본래 한시도 육체를 이탈하지 않도록 되어 있던 전인(whole person)을 분리시킨다.

죽음은 끔찍하고 무섭고 잔인한 변종이다. 삶이란 본래 그래서는 안 된다. 우리가 죽음 앞에서 그토록 슬퍼하는 이유도 그래서다. 죽음은 다른 무엇보다도 더 우리의 철천지원수다. 평생 우리를 집요하게 쫓아다니다가 단 한 사람의 예외도 없이 목숨을 앗아 간다.

우리는 죽음을 두려워하며 살 게 아니라 죽음을 영적 후자극제(smelling salts; 의식을 잃은 사람을 냄새로 깨어나게 하는 약 — 편집자)로 봐야 한다. 죽음은 우리를 흔들어 깨워 이생이 영원하리라는 착각에서 벗어나게 해 준다. 장례식, 특히 친구나 사랑하는 이의 장례식에 가거든 당신에게 말씀하시는 하나님의 음성을 들으라. 하나님은 하나님의 사랑을 제외하고는 이생의 모든 것이 덧없다고 말씀하신다. 이것이 사실이다.

이생의 모든 것은 우리 곁을 떠나지만 하나님의 사랑만은 예외다. 그 사랑은 우리와 함께 죽음 속으로 들어가 죽음을 통과해 우리를 그분의 품에 안기게 한다. 당신이 잃을 수 없는 것은 그것 하나뿐이다.

• 덧없는 인생

우리의 챔피언이신 예수

● … 많은 아들들을 이끌어 영광에 들어가게 하시는 일에 그들의 구원의 창시자를 고난을 통하여 온전하게 하심이 합당하도다 / 자녀들은 혈과 육에 속하였으매 그도 또한 같은 모양으로 혈과 육을 함께 지니심은 죽음을 통하여 죽음의 세력을 잡은 자 곧 마귀를 멸하시며 또 죽기를 무서워하므로 한평생 매여 종노릇하는 모든 자들을 놓아 주려 하심이니   히브리서 2:10, 14-15

예수님은 우리를 구원하시려고 고난과 죽음을 통해 우리 구원의 "창시자"가 되셨다. 헬라어 원어로는 "아르케고스"(archēgos)다. 성경학자 윌리엄 레인은 이 단어를 "챔피언"으로 번역해야 한다고 지적했다.[110]

챔피언은 대리전을 치르는 사람이었다. 다윗과 골리앗은 서로 결투할 때 둘 다 자국 군대의 챔피언으로 출전했다. 대표로 싸운 것이다. 챔피언이 이기면 전군은 손가락 하나 까딱하지 않고도 전투에 승리했다. 예수님이 하신 일이 바로 그것이다.

예수님은 우리의 가장 큰 적인 죄와 사망에 맞서셨다. 다윗과 달리 예수님은 목숨을 거신 정도가 아니라 목숨을 버리셨고, 그리하여 죄와 사망을 물리치셨다. 마땅히 우리가 치러야 할 죗값, 죽음이라는 형벌을 우리 대신 그분이 대표로 치르셨다. 그런데 그분은 죄 없이 온전하게 하나님과 이웃을 사랑하신 분이므로 사망에 매여 있을 수 없었고(행 2:24) 그래서 죽은 자 가운데서 부활하셨다.

그래서 히브리서 기자는 2장 14절에 그분이 죽음의 세력을 멸하셨다고 했다. 그분은 우리를 위해 죽으심으로 우리의 형벌을 제하셨고, 믿음으로 그분과 연합하는 모든 사람에게 장래에 부활하리라 보장하셨다. 우리의 위대한 대장이자 챔피언이신 예수 그리스도께서 사망을 물리치셨다.

• 죽음을 멸하심

사망아, 네가 쏘는 것이 어디 있느냐

● 사망아 너의 승리가 어디 있느냐 사망아 네가 쏘는 것이 어디 있느냐 **고린도전서 15:55**

바울은 죽음을 냉정하게 바라본 것이 아니라 조롱했다. 제정신인 사람치고 누가 인류의 가장 막강한 적을 보며 조롱할 수 있겠는가? 바울이 즉시 답을 내놓는다. "사망이 쏘는 것은 죄요 죄의 권능은 율법이라 우리 주 예수 그리스도로 말미암아 우리에게 승리를 주시는 하나님께 감사하노니"(고전 15:56-57). 바울의 말대로 "사망이 쏘는 것"은 우리의 양심이다. 즉 도덕법 앞에서 우리가 의식하는 죄와 심판이다. 그런데 그리스도께서 그것을 제하셨다. 더 정확히 말해서 그분은 모든 믿는 자를 위해 그것을 대신 짊어지셨다.

도널드 그레이 반하우스가 필라델피아의 제십장로교회에서 목회할 당시, 삼십 대 후반이던 그의 아내가 열두 살도 안 된 네 자녀를 남긴 채 암으로 세상을 떠났다. 그가 자녀들과 함께 차를 몰아 장례식으로 향하는데 대형 트럭이 안쪽 차선으로 추월하면서 트럭의 그림자가 그의 차에 드리웠다.

그 순간 반하우스는 아이들에게 "트럭과 트럭의 그림자 중 어느 하나에 치여야 한다면 너희는 어느 쪽을 택하겠니?"라고 물었다. "당연히 그림자죠"라는 열한 살 아이의 답에 그는 이렇게 설명해 주었다. "그게 바로 지금 엄마에게 벌어진 일이야. … 죽음 자체에 예수님이 이미 치이셨기 때문에 엄마는 죽음의 그림자에 치였을 뿐이야."[111]

사망이 쏘는 것은 죄이며, 그 독은 예수님께 흘러들었다.

• 죽음

12월
December

사랑 안에서 계속
나아가라

우는 자들과 함께 울라

● 즐거워하는 자들과 함께 즐거워하고 우는 자들과 함께 울라 로마서 12:15

 하나님이 본래 설계하신 세상과 인생에 죽음은 들어 있지 않았다. 창세기 처음 석 장을 보라. 본래 우리는 죽지 않고 영원히 살도록 되어 있었다. 시간이 갈수록 더 쇠약해지는 게 아니라 더 아름다워지도록 되어 있었다. 기력을 잃고 죽는 게 아니라 더 강건해지도록 되어 있었다. 그런데 바울이 로마서 8장 18-23절에 설명했듯이, 우리가 하나님을 등지고 스스로 구주와 주님이 되려는 바람에 모든 것이 망가졌다. 사람의 몸, 자연 질서, 우리의 마음, 관계 등 아무것도 이제 본래의 설계대로 작동하지 않는다. 전부 훼손되고 변질되고 망가졌으며, 죽음도 그 일부다(창 3:7-19). 그래서 예수님은 죽음이라는 괴물 앞에 노하여 눈물을 흘리신다. 죽음은 예수님이 사랑하시는 창조 세계를 무참히 일그러뜨렸다.

 그러므로 '이를 악무는' 극기는 죽음과 슬픔에 잘못 반응하는 것이다. 그런 반응에도 여러 종류가 있는데 그중 하나는 이것이다. "이제 고인은 주님과 함께 있다. 주님이 모든 것을 합력하여 선을 이루시니 너무 슬퍼할 필요 없다. 물론 보고 싶기야 하겠지만 고인은 이제 천국에 있다. 무슨 일이든 다 그만한 이유가 있는 법이다."

 엄밀한 의미에서는 이 말이 옳을 수도 있다. 하지만 그것은 예수님도 다 아셨다. 예수님은 나사로가 다시 살아날 것도 아셨고, 이 일이 아버지께서 계획하신 사역의 일환임도 아셨다. 그런데도 비통하고 분해서 슬퍼하셨다. 왜 그러셨을까? 그것이 죽음이라는 악과 기현상에 내보일 올바른 반응이기 때문이다.

• 애도

소망을 품은 슬픔

● 형제들아 자는 자들에 관하여는 너희가 알지 못함을 우리가 원하지 아니하노니 이는 소망
없는 다른 이와 같이 슬퍼하지 않게 하려 함이라 데살로니가전서 4:13

슬퍼하는 게 분명히 옳음에도 불구하고 바울은 우리의 슬픔에는 또한 소
망이 뒤따라야 한다고 말한다. 앞서 보았듯이 죽음 앞에서 슬픔과 격노를 억
압하면 심리적으로 해로울 뿐 아니라 우리의 인성에도 해롭다. 물론 분노는
인성을 짓밟아 우리를 독하고 완고해지게 할 수도 있다. 그래서 "꺼져 가는
빛에 맞서 격노"하기만 해서는 안 되고 소망도 있어야 하는 것이다. 그래야
슬퍼하는 방식이 달라질 수 있다.

그렇다면 무엇을 소망할 것인가? 친구 나사로의 무덤 앞에 서신 예수 그
리스도를 보라. 그분은 슬퍼하고 울고 노하셨다. 잠시 후면 자신이 친구를
죽은 자 가운데서 다시 살릴 것을 아시면서도 말이다.

하지만 예수님은 나머지 모든 사람이 상상조차 못했던 부분까지도 미리
아셨다. 요한복음 11장 끝에 보면 예수님이 친구 나사로를 죽은 자 가운데서
다시 살리시자 예수님을 대적하던 세력이 한목소리로 이렇게 말한다. "더는
가만히 둘 수 없다. 이제 죽여야 한다. 우리가 예수를 죽여야 한다."

예수님은 죽은 나사로가 다시 살아나면 적들이 극단적 조치로 치달을 것
을 아셨다. 나사로를 무덤에서 나오게 하려면 자신이 무덤에 들어가시는 수
밖에 없음을 아셨던 것이다. 그분을 믿는 모든 사람에게 부활을 보장하시려
면 실제로 그분이 죽으셔야만 했다. 십자가에서 그분이 하신 일이 바로 그것
이다. 예수님이 죽음을 정복하셨기에 우리도 장차 그분의 부활에 동참한다.
이것이 우리의 소망이다.

• 부활 소망

천국은 사랑의 세계다

● 주께서 호령과 천사장의 소리와 하나님의 나팔 소리로 친히 하늘로부터 강림하시리니 그리스도 안에서 죽은 자들이 먼저 일어나고 그 후에 우리 살아남은 자들도 그들과 함께 구름 속으로 끌어 올려 공중에서 주를 영접하게 하시리니 그리하여 우리가 항상 주와 함께 있으리라   데살로니가전서 4:16-17

위 성경 구절에는 "함께"라는 말이 반복된다. 장차 당신은 사별했던 이들과 함께 있을 것이고, 주님과도 영원히 함께 있을 것이다. 이런 표현은 인격적 관계를 의미한다. 즉 완전한 사랑의 관계들이 영원히 지속된다.

조나단 에드워즈는 "천국은 사랑의 세계다"라는 유명한 설교에서, 우리가 알 수 있는 최고의 행복은 타인에게 사랑받는 것이라고 말문을 뗐다. 그러면서 덧붙이기를 이 땅에서는 아무리 좋은 사랑의 관계라도 속이 잔뜩 막힌 파이프와 같아서 실제로 물(사랑)이 조금밖에 흐르지 못한다고 했다. 그러나 천국에서는 "막힌" 데가 다 뚫려, 지상에서 알던 그 무엇보다도 무한히 크고 형언 못할 사랑을 경험한다.[112]

이 땅에서는 거부당할까 봐 두려워 가면을 쓰기 때문에, 우리는 누군가 나를 다 알면서도 참으로 사랑해 줄 때의 그 위력적 변화를 결코 경험하지 못한다. 그뿐만 아니라 우리는 이기심과 시샘에서 비롯된 사랑을 하다 보니, 사랑의 관계가 흔들리고 약해지고 아예 끝나 버리기까지 한다.

에드워즈가 단언했듯이, 현세의 사랑을 '갈수기(한 해 동안 강물이 가장 적은 시기 ─ 편집자) 때의 강바닥'으로 전락시키는 그 모든 요인은 천국에 가면 다 없어진다. 천국의 사랑은 기쁨과 지복의 끝없는 홍수이자 원천이 되어 영원토록 무한히 우리 안에 흘러들고 또 흘러나간다.

• 사랑의 위력

물리적 회복에 대한 소망

● 사망이 한 사람으로 말미암았으니 죽은 자의 부활도 한 사람으로 말미암는도다 아담 안에서 모든 사람이 죽은 것같이 그리스도 안에서 모든 사람이 삶을 얻으리라 고린도전서 15:21-22

　우리의 소망은 또한 물리적이다. 잘 보면 바울은 그냥 우리가 천국에 간다고 말하지 않고 "그리스도 안에서 죽은 자들이 … 일어난다"라고 했다. 물론 우리는 사후에 영혼이 천국에 갈 것도 믿지만, 그것이 구원의 정점은 아니다. 세상 끝 날에 우리는 새 몸을 받는다. 우리도 부활하신 예수님과 똑같이 부활한다. 알다시피 부활하신 예수님은 제자들을 만나셨을 때 자신이 영이 아니라 "살과 뼈"가 있다고 힘주어 말씀하시며, 그 증거로 그들 앞에서 음식을 잡수셨다(눅 24:37-43). 예수님이 그들에게 가르치셨듯이, 다른 모든 주요 종교와 달리 기독교가 약속하는 것은 영만 존재하는 미래가 아니라 새로워진 하늘과 땅이다. 그곳은 모든 고난과 눈물과 질병과 악과 불의와 죽음이 사라진 완전한 물리적 세계다.

　우리의 미래는 무형이 아니다. 장차 우리는 하나님 나라에서 유령처럼 떠다니는 게 아니라 걷고 먹고 서로 부둥켜안을 것이다. 사랑할 것이다. 성대가 있으니 노래도 부를 것이다. 이 모두를 지금으로서는 상상할 수도 없을 정도로 기쁘고 탁월하고 만족스럽고 아름답고 힘차게 할 것이다. 인자이신 주님과 함께 먹고 마실 것이다.

　그렇게 죽음은 최종 궤멸된다. 물리적 목숨을 잃은 것에 대한 천국의 위안을 받는 수준이 아니라 물리적 목숨까지도 회복하는 것이다. 평생 사모하던 사랑과 육체와 정신과 존재를 모두 얻는다.

• 새 몸

기쁨이 넘치는 소망

● 어두운 데에 빛이 비치라 말씀하셨던 그 하나님께서 예수 그리스도의 얼굴에 있는 하나님의
영광을 아는 빛을 우리 마음에 비추셨느니라 고린도후서 4:6

우리의 소망은 인격적이고 물리적일 뿐 아니라 기쁨이 넘친다. 바울은
그저 우리가 함께 지낸다거나 회복된 세상이 마냥 아름다울 거라고만 말하
지 않았다. 그가 염두에 둔 핵심은 그게 아니다. 궁극적인 메시지이자 강조
점은 바로 "우리가 항상 주와 함께 있으리라"(살전 4:17)라는 것이다. 주님과
얼굴을 직접 마주하여 보며 그분과 온전히 교감을 이룬다는 뜻이다.

바울은 그것을 고린도전서 13장 12절에서 이렇게 말했다. "우리가 지금
은 거울로 보는 것같이 희미하나 그때에는 얼굴과 얼굴을 대하여 볼 것이요
지금은 내가 부분적으로 아나 그때에는 주께서 나를 아신 것같이 내가 온전
히 알리라."

요한도 요한일서 3장 2절에 "그가 나타나시면 우리가 그와 같을 줄을 아
는 것은 그의 참모습 그대로 볼 것이기 때문이니"라고 썼다. 그리스도의 얼
굴을 들여다보는 그때에 우리는 완전히 변화될 것이다. 바울의 말대로 우리
를 온전히 아시면서도 온전히 사랑하시는 그분 앞에 마침내 서기 때문이다.

당신을 사랑으로 바라보시는 우주의 하나님을 마침내 뵐 때, 영혼의 잠
재력이 모두 실현되면서 당신은 하나님의 자녀로서 영광의 자유를 누리게
된다.

• 주와 함께

Dec. 6 — 확실한 소망

● 우리가 예수께서 죽으셨다가 다시 살아나심을 믿을진대 이와 같이 예수 안에서 자는 자들도 하나님이 그와 함께 데리고 오시리라 데살로니가전서 4:14

이 말이 무슨 뜻일까? 죄의 삯은 사망이다(롬 6:23). 즉 우리는 죽어 마땅하다. 그런데 죄수도 죗값을 다 치르면 풀려난다. 법의 구속력이 소멸된다. 마찬가지로 예수님도 자신의 죽음으로 우리 죗값을 다 치르셨으므로 다시 살아나셨다. 법과 사망은 더는 그분께 구속력이 없으며, 그분을 믿는다면 우리에게도 마찬가지다. "이제 그리스도 예수 안에 있는 자에게는 결코 정죄함이 없나니"(롬 8:1). 그분을 믿으면 마치 우리가 직접 죗값을 치르고 죽은 것처럼 정죄로부터 자유로워진다. "만일 우리가 그리스도와 함께 죽었으면 또한 그와 함께 살 줄을 믿노니"(롬 6:8).

바울이 데살로니가전서 4장에서 한 말이 바로 그런 뜻이다. 우리는 장래에 뵙게 될 하나님, 사랑의 세계, 새로워진 우주를 알 뿐만 아니라 그 놀라운 실재가 우리의 것임을 확신한다. 죽은 뒤에 하나님 곁으로 갈 만큼 자신이 충분히 착했는지 불안해하며 고민할 필요가 없다. 우리는 이 모두를 깊이 확신하며 살아간다. 그리스도인의 소망은 이 부분에서도 타의 추종을 불허한다. 무엇을 더 바라겠는가?

• 확신

Dec.

7

산과 나무들이 기쁨으로 노래하리라

● 여호와께서 이 일을 행하셨으니 하늘아 노래할지어다 땅의 깊은 곳들아 높이 부를지어다 산들아 숲과 그 가운데의 모든 나무들아 소리내어 노래할지어다 여호와께서 야곱을 구속하셨으니 이스라엘 중에 자기의 영광을 나타내실 것임이로다   이사야 44:23

이 시대 우리 문화에서 죽음을 입에 올려도 되는 몇 안 되는 곳 가운데 하나는 장례식장이다. 추도식과 달리 영결식은 그야말로 죽음의 목전에서 이루어진다. 관 속에 시신이 있다. 죽음을 마주하는 인간의 반응은 다양하지만, 우리가 범할 수 있는 두 가지 상반된 오류가 있다. 하나는 너무 절망하는 것이고, 또 하나는 마땅히 배워야 할 바를 배우지 않고 그냥 무시하는 것이다. 어느 쪽도 유익하지 못하므로 우리는 성경이 하라는 대로 해야 한다. 슬퍼하되 소망을 품어야 한다. 부정하지 말고 깨어나 영원한 평안의 근원을 찾아야 한다. 마지막으로, 웃고 노래해야 한다.

성경에 보면 하나님의 아들이 다시 오실 그날에는 산과 숲도 기뻐 노래한다. 하나님의 아들 예수 그리스도께서 치유의 날개를 타고 재림하실 때 성경 말씀대로 산과 나무가 기뻐 노래한다. 그분의 손안에서 마침내 우리가 하나님이 뜻하신 본연의 모습으로 완성되기 때문이다.

산과 나무들이 진정 기뻐 노래할진대 하물며 우리는 오죽하겠는가?

• 재림

어둠 속의 빛

● 흑암에 행하던 백성이 큰 빛을 보고 사망의 그늘진 땅에 거주하던 자에게 빛이 비치도다
  이사야 9:2

　어두운 실내에서 무엇이든 하려면 불부터 켜야 한다. 그렇지 않으면 보이지 않아 아무것도 할 수 없다. 크리스마스에 담겨 있는 영적 진리가 많지만, 먼저 이것부터 이해하지 않고는 나머지를 이해하기 어렵다. 즉 세상은 어두운 곳이며, 예수께서 빛이 되어 주지 않으시면 우리는 결코 길을 찾거나 실체를 볼 수 없다.

　세상이 '어둡다'는 말은 무슨 뜻인가? 성경에서 '어둠'이라는 단어는 악과 무지를 가리킨다. 우선 이는 세상에 악과 엄청난 고난이 가득하다는 뜻이다. 예수님이 태어나실 때 무슨 일이 벌어졌는지 보라. 폭력, 불의, 권력 남용, 노숙, 압제를 피하는 난민, 한없는 슬픔 등이다. 오늘날과 다를 바 없다.

　기독교의 메시지는 "문제가 아주 심각해서 우리 스스로는 치유나 구원을 이룰 수 없다. 세상은 심히 어둡지만 그럼에도 불구하고 희망이 있다"라는 것이다. "사망의 그늘진 땅에 거주하던 자에게 빛이 비치도다"(사 9:2). 이것이 크리스마스가 선언하는 메시지다. 보다시피 세상에서 빛이 솟았다고 하지 않고 세상에 빛이 비친다고 했다. 그 빛은 바깥에서 왔다. 이 세상 바깥에 빛이 있으며, 예수님이 우리를 구원하시고자 그 빛을 가져오셨다. 아니, 좀 더 확실히 말하면 그분이 바로 빛이시다(요 8:12).

• 빛이신 예수님

Dec. 9

모든 기쁨은 하나님 안에

● 예수께서 또 말씀하여 이르시되 나는 세상의 빛이니 나를 따르는 자는 어둠에 다니지 아니하고 생명의 빛을 얻으리라 요한복음 8:12

어두운 세상에 하나님의 빛이 "비치도다"라고 말할 때 이사야는 태양을 상징으로 활용했다. 햇빛은 생명과 진리와 아름다움을 가져다준다.

태양은 우리에게 생명을 준다. 해는 모든 생명의 원천이다. 그래서 성경에도 하나님을 힘입어서만 우리가 "살며 기동하며 존재하느니라"(행 17:28)라고 했다. 우리가 존재함은 순전히 그분이 매순간 우리를 붙들어 세우시기 때문이다. 우리의 실존은 하나님에게서 빌려온 것이다. 물리적 몸만 아니라 영과 혼도 마찬가지다.

태양은 우리에게 진리를 보여 준다. 야간에 전조등을 끄고 차를 운전하면 아마 다른 차나 주변 무엇인가에 충돌할 것이다. 왜 그런가? 빛이 사물의 진리, 즉 실태를 드러내 주기 때문이다. 빛이 없으면 안전 운행에 필요한 진리가 부족해진다. 그래서 성경에도 하나님이 모든 진리의 근원이라 했다(요일 1:5-6).

태양은 아름답다. 빛은 찬란하여 기쁨을 준다. 물리적으로도 그렇다. 한 해의 일정한 시기에 일광이 몇 시간밖에 비치지 않는 지역이 있는데, 그런 곳에는 우울증을 앓는 이들이 많다. 빛이 있어야 기쁨도 누릴 수 있다. 하나님은 모든 아름다움과 기쁨의 근원이시다.

성 아우구스티누스가 남긴 유명한 고백이 있다. "주님 안에서 안식을 얻기까지는 우리 마음에 평안이 없나이다"(《고백록》 1.1.1). 모든 기쁨은 정말 하나님 안에 있으며 나머지 즐거움은 다 파생적이다. 알든 모르든, 정작 당신이 찾으려는 대상은 그분이기 때문이다.

• 빛의 의미

Dec.
10

인간으로 오신 하나님

● 이는 한 아기가 우리에게 났고 한 아들을 우리에게 주신 바 되었는데 그의 어깨에는 정사를 메었고 그의 이름은 기묘자라, 모사라, 전능하신 하나님이라, 영존하시는 아버지라, 평강의 왕이라 할 것임이라 이사야 9:6

우리에게 없고 우리가 지어 낼 수도 없는 생명과 진리와 기쁨은 오직 하나님께만 있다. 그렇다면 하나님의 빛은 우리에게 어떻게 비치는가? 유명한 말씀인 이사야 9장 6-7절에 놀랍도록 직설적인 답이 나온다. 본문에 따르면 "한 아기가 우리에게 났고"가 곧 빛이 임한 방식이다. 이 아기가 빛을 가져온다. 그는 "기묘자, 모사, 전능하신 하나님, 영존하시는 아버지, 평강의 왕"이기 때문이다. 이 아기에게 붙여진 다섯 가지 칭호는 놀랍게도 하나님께만 해당된다. 그는 전능하신 하나님이요 영존하시는 아버지(창조주라는 뜻)인데도 아기로 태어나신다. 이런 주장은 다른 주요 종교에는 없다. 그분은 인간이면서 또한 하나님이시다! 신성의 아바타 정도가 아니다.

그저 "예수 탄생을 축하한다"라는 흔한 크리스마스 인사로는 이 놀라운 탄생의 의미를 다 담아내지 못한다. 놀라서 입을 다문 채 바라보며 경이와 사랑과 찬송에 젖는 것이 마땅하다.

하나님은 정말 아기로 태어나 구유에 눕혀지셨으며, 다름 아닌 그분이야말로 당신을 참으로 이해하시고 당신의 경험을 속속들이 아신다. 하나님도 고생을 겪으셨고 용기를 내서야 했다. 친구들에게 버림받고 억울하게 고문당하다 죽는다는 게 무엇인지 그분은 아신다. 크리스마스는 당신이 겪는 일을 그분도 아신다는 걸 의미한다. 그분께 아뢰면 그분이 다 이해해 주신다.

• 빛이신 예수님

은혜의 빛 속으로

- 그러나 너희는 택하신 족속이요 왕 같은 제사장들이요 거룩한 나라요 그의 소유가 된 백성이니 이는 너희를 어두운 데서 불러내어 그의 기이한 빛에 들어가게 하신 이의 아름다운 덕을 선포하게 하려 하심이라 **베드로전서 2:9**

크리스마스는 선물을 받는 때이기도 하지만 생각해 보면 어떤 선물은 받아들이기가 참 어렵다. 선물의 성격상 당신의 자존심을 삼켜야 할 때가 있다. 친구한테서 받은 선물을 크리스마스 날 아침에 뜯고 보니 다이어트 책자였다고 상상해 보라. 이어 다른 친구가 준 선물 상자의 포장지를 벗겨 내니 《이기심을 퇴치하라》라는 책이 나왔다. 그들에게 '정말 고맙다'고 말한다면, 어떤 의미에서 당신은 '나는 뚱뚱하고 이기적이다'라고 시인하는 모양새가 된다.

이처럼 어떤 선물은 받아들이기가 힘들다. 당신에게 흠과 약점이 있어 도움이 필요함을 인정하는 셈이기 때문이다. 예수 그리스도께서 주시는 선물이야말로 당신의 자존심을 완전히 버려야만 받을 수 있다. 크리스마스는 우리가 철저히 잃어버린 바 된 존재라서 내 힘과 노력으로 나를 구원할 수 없으며, 따라서 하나님 아들의 죽음이 아니고는 그 무엇으로도 구원받을 수 없음을 뜻한다.

크리스마스의 진정한 선물을 받으려면 내가 죄인임을 인정해야 한다. 은혜로 구원받아야 한다. 자기 삶을 통제하는 권한을 내려놓아야 한다. 내키지 않더라도 아주 낮은 데로 내려가는 것이다. 그리스도 예수는 밑바닥까지 내려와 우리를 사랑하셨다. 이 얼마나 위대한 사랑인가! 당신도 영적으로 거듭나고 그분의 위대한 그 사랑을 경험하고자 한다면, 결국 그분과 같은 길로 내려가야 한다. 그분은 내려가심으로 위대해지셨고, 당신도 회개를 통해서만 그분의 빛 속으로 들어갈 수 있다.

• 성탄절 선물

Dec.

12

교훈이 아니라 복음

● 아브라함과 다윗의 자손 예수 그리스도의 계보라 마태복음 1:1

마태는 예수 탄생 이야기를 "아주 먼 옛날에"로 시작하지 않는다. 그렇게 시작되는 건 동화와 전설과 신화와 〈스타워즈〉다. "아주 먼 옛날에"라는 말은, 그런 일이 아마 없었거나 사실 여부가 확실하지 않지만 그래도 배울 게 많은 아름다운 이야기라는 걸 넌지시 일러 준다. 그런데 마태가 내놓은 기사는 그렇지 않다. 그는 "예수 그리스도의 계보라"라고 했다. 예수 그리스도의 정체와 행적에는 역사적 근거가 있다는 뜻이다. 예수님은 허구가 아니라 실존 인물이다. 이 모두는 실제로 있었던 일이다.

크리스마스에 관한 성경 본문들은 역사에 실제로 있었던 일을 기록한 것이지 바른 생활의 좋은 본보기를 담은 《이솝 우화》가 아니다. 많은 이들이 복음을 또 하나의 도덕 강론으로 생각하지만 이는 천만부당한 말이다. 예수 탄생에 '이야기의 교훈'이란 없다. 그분의 부모와 목자들과 동방 박사들은 우리에게 교훈으로 제시된 존재가 아니다.

복음서는 전반에 걸쳐 당신이 해야 할 일이 아니라 하나님이 하신 일을 말해 준다. 하나님의 아들이 세상에 태어나신 일은 진리이고 기쁜 소식이며 선언이다. 구원은 당신 스스로 하는 일이 아니다. 당신을 구원하시려 하나님이 오셨다.

• 기쁜 소식

동화가 아니라 역사적 사실

● 밭과 그 가운데에 있는 모든 것은 즐거워할지로다 그때 숲의 모든 나무들이 여호와 앞에서
즐거이 노래하리니 시편 96:12

크리스마스 이야기는 마치 전설이나 판타지 이야기처럼 보인다. 이야기 속 인물은 다른 세상에서 와서 이 세상에 침투하는데, 기적을 행하는 능력이 있어 풍랑을 잔잔하게 하고 병을 고치고 죽은 자들을 살린다. 이에 적들이 공격하여 그를 죽임으로써 모든 희망이 사라진 듯 보이지만, 결국 그는 죽음에서 살아나 모두를 구원한다. 이것을 읽는 사람들은 또 한 편의 훌륭한 동화라고 생각한다.

그러나 마태복음은 "아주 먼 옛날에" 대신 예수님의 역사적 근거를 제시하여 그런 생각을 논박한다. 동화가 아니라는 것이다. 예수 그리스도는 배후의 실체를 가리켜 보이는 또 하나의 즐거운 이야기가 아니다. 예수님 자신이야말로 모든 이야기가 가리켜 보이는 배후의 실체이시다.

예수 그리스도는 영원한 초자연 세계에서 오셨다. 머리에서는 아니라고 말한다 해도 우리는 그 세계가 존재함을 가슴으로 느끼고 안다. 크리스마스에 예수님은 이상과 현실 사이, 영원과 시간 사이를 뚫고 우리가 사는 세상에 오셨다. 그러므로 마태의 말이 옳다면 이 세상에 악한 주술사가 존재하고 우리는 마법에 걸려 있다. 그런데 고귀한 왕자가 그 마법을 깨뜨리셨다. 영원히 우리를 떠나지 않을 사랑도 존재한다. 언젠가 우리는 정말 하늘을 날고 죽음을 이길 것이다. 지금은 "인정사정 봐 주지 않는" 세상이지만 그날에는 나무들도 춤추며 노래할 것이다(시 65:13; 96:11-13).

• 실체이신 예수

은혜가 죄를 덮다

● 이새는 다윗 왕을 낳으니라 다윗은 우리야의 아내에게서 솔로몬을 낳고　마태복음 1:6

　　전체 족보에서 아마도 가장 흥미로울 인물과 그 배후 이야기는 마태복음 1장 6절에 나온다. 거기 보면 예수님의 혈통에 다윗 왕이 등장한다. 당신은 '조상 중에 왕이 있었다니 누구나 바랄 일이 아닌가'라고 생각할 것이다. 그런데 마태는 다윗이 "우리야의 아내에게서" 솔로몬을 낳았다고 덧붙인다. 이는 성경의 굉장한 반어적 축소 표현이다. 성경의 역사를 전혀 모르는 사람에게는 이것이 이상해 보일 것이다. 왜 그냥 여자의 이름을 쓰지 않았는가? 그녀의 이름은 밧세바였다. 그러나 마태는 군이 우리에게 이스라엘 역사의 비참하고 끔찍했던 한 장면을 떠올리게 만든다.

　　왕위에 오른 다윗은 우리야의 아내 밧세바를 탐했고 결국 동침했다. 그러고는 손을 써서 우리야를 죽이고 그녀와 결혼했다. 둘 사이에 태어난 아들이 솔로몬인데 예수님은 그의 후손이다. 마태가 밧세바라는 이름을 뺀 이유를 알겠는가? 그녀를 무시해서가 아니라 다윗의 치부를 드러내기 위해서였다. 바로 이 역기능 가정에서, 그리고 이 치명적 흠이 있는 인간에게서 메시아가 오셨다.

　　이것은 무슨 의미인가? 당신의 혈통이나 행위는 중요하지 않다. 설령 살인을 했더라도 상관없다. 회개하고 예수 그리스도를 믿으면 그분의 은혜가 당신의 죄를 덮고 당신을 그분과 연합시킬 수 있다.

・ 은혜의 계보

가장 높으신 이의 아들

● 천사가 이르되 마리아여 무서워하지 말라 네가 하나님께 은혜를 입었느니라 보라 네가 잉태하여 아들을 낳으리니 그 이름을 예수라 하라 그가 큰 자가 되고 지극히 높으신 이의 아들이라 일컬어질 것이요 주 하나님께서 그 조상 다윗의 왕위를 그에게 주시리니 영원히 야곱의 집을 왕으로 다스리실 것이며 그 나라가 무궁하리라 누가복음 1:30-33

　천사가 알려 주는 예수님의 정체는 무엇인가? 이 메시지에서 예수님은 지극히 높으신 이의 아들로 칭해진다. 고대 언어에서는 누군가를 닮거나 굳게 믿으면 그 사람의 아들이라 칭하는 경우가 있었다. 요한복음 8장에 예수님이 종교 지도자들과 격론을 벌이시는데, 그들이 아브라함의 자손이자 하나님의 자녀라고 자처하자 예수님은 그들이 마귀처럼 거짓말하므로 마귀의 자식이라고 반박하신다.

　하지만 본문에서 예수님의 호칭은 그분이 단지 하나님을 따르신다는 뜻 그 이상이다. 천사가 "영원히 야곱의 집을 왕으로 다스리실 것"이라고 덧붙인 데서 알 수 있다. 영원하다니? 이어 천사는 마리아가 믿기 힘들 줄 알았던지 같은 말을 다르게 "그 나라가 무궁하리라"라고 반복한다. "정말 영원하다는 뜻이다"라는 말이다. 요컨대 이 약속대로 태어날 아이는 정치적 왕일 뿐 아니라 그분의 나라를 영원히 지속하기 위해 오신 분이다.

• 왕이신 예수님

가장 높으신 이의 능력

● 천사가 대답하여 이르되 성령이 네게 임하시고 지극히 높으신 이의 능력이 너를 덮으시리니 이러므로 나실 바 거룩한 이는 하나님의 아들이라 일컬어지리라 누가복음 1:35

천사는 또 "지극히 높으신 이의 능력이 너를 덮으시리니"라고 말한다. 신비롭고 매혹적인 말이 아닌가? "너를 덮으시리니 이러므로 나실 바 거룩한 이(the holy one)는 하나님의 아들이라 일컬어지리라"(원문에는 '거룩하다' 형용사 앞에 정관사만 붙어 있다[the holy]). 보다시피 이 영원한 초자연적 존재는 기적적 출생을 통해 세상에 오신다. '하나님의 아들'이 그의 이름이며, 그는 단지 성품이 하나님을 똑같이 닮아서가 아니라 마리아 안에 하나님의 신성 자체가 물리적 형태로 잉태된다고 하였다. 그러므로 태어날 이는 완전히 거룩하여 조금도 죄가 없으며 신이자 인간으로서 영원히 사신다. 그야말로 믿을 수 없으며 놀라운 발언이다. 이른바 성육신 교리의 멋지고 간명한 요약이기도 하다. 하나님의 아들이 인성과 육신을 취하여 세상에 태어나심으로써 하나님이 성육신하셨다.

• 성육신

정직한 의심의 중요성

● 마리아가 천사에게 말하되 나는 남자를 알지 못하니 어찌 이 일이 있으리이까 누가복음 1:34

마리아는 의심을 솔직히 표현했다. 천사에게 "나는 남자를 알지 못하니 어찌 이 일이 있으리이까"라고 말했다. 역시 그녀는 어수룩하지 않다. "천사의 말이니 무조건 기적으로 받아들이겠습니다"라고 하지 않는다. 오히려 그녀의 반문은 이성적인 사람이라면 누구나 할 법한 말이다. 성관계를 하지 않은 사람이 어떻게 임신할 수 있는가? 이는 의심의 솔직한 표현이다. 그것도 천사에게 말이다. 이렇게 마리아는 자신의 긴가민가한 의문을 기꺼이 털어놓았다.

의심에는 두 종류가 있다. 부정직한 의심과 정직한 의심이다. 부정직한 의심은 교만하고도 비겁하며 경멸과 게으름의 표출이다. 부정직한 의심은 "말도 안 되는 소리다!"라고 말하고는 자리를 떠 버린다. "불가능하다"(요샛말로 "바보 같다")라는 말은 논증이 아니라 억지다. 생각해야 하는 수고를 그런 식으로 피하는 것이다. 반면에 정직한 의심은 겸손하다. 그냥 벽을 쌓는 게 아니라 질문으로 이어지기 때문이다. 진심으로 묻는 사람은 어느 정도 약자의 입장에 놓인다. 사실 마리아는 질문으로 천사에게 정보를 구했는데, 이는 확실한 답변을 통해 자신의 관점을 바꿀 여지를 열어 놓은 것이다. 그래서 정직한 의심은 믿음에 열려 있다. 정말 얻고자 하면 정보와 확실한 논증을 적잖이 얻을 수 있다.

여기 놀라운 사실이 있다. 마리아가 의심을 표현하지 않았다면 천사의 입에서 이 위대한 성경 말씀이 나올 일도 없었을 것이다. "대저 하나님의 모든 말씀은 능하지 못하심이 없느니라"(눅 1:37).

• 생각하는 수고

주의 말씀대로 이루어지이다

Dec.
___
18

● 마리아가 이르되 주의 여종이오니 말씀대로 내게 이루어지이다 하매 천사가 떠나가니라
누가복음 1:38

"대저 하나님의 모든 말씀은 능하지 못하심이 없느니라"(눅 1:37)라는 말을 들고서 마리아는 결단을 내린다. 사실 천사의 그 말은 확실한 논증이다. "마리아야, 너는 하나님을 믿느냐. 하나님이 세상을 창조하시고 너희 민족을 구원하여 장구한 세월 동안 지켜 오셨다면 왜 이 일인들 못하시겠느냐." 마리아가 듣기에도 이치에 맞는 말이었다. 그래서 그녀는 "주의 여종이오니 말씀대로 내게 이루어지이다"(눅 1:38)라고 답한다. 이것은 현대역이고 나는 옛 흠정역의 장중한 표현이 더 좋다. "주의 시녀를 보옵소서. 제게 당신의 말씀대로 되기를 원하나이다"(Behold the handmaid of the Lord; be it unto me according to thy word).

당신도 그리스도께 삶을 드리려면 어떤 식으로든 마리아처럼 말해야 한다. 진심으로 이렇게 고백해야 한다. "주님, 주님이 제게 무엇을 요구하실지 모르지만 좋든 싫든 주님의 말씀대로 하겠습니다. 이해되지 않더라도 주님이 제 삶에 허락하시는 일이라면 다 참고 받아들이겠습니다."

다시 말해서 하나님이 요구하실 일을 당신이 미리 다 알 수는 없다. 예컨대 거짓말하거나 속이지 말라는 성경 말씀은 누구나 안다. 그런데 진실을 말하면 직장을 잃지만 거짓말하면 살아남는 시점이 올 수 있다. 그리스도를 따르는 데는 그런 혹독한 대가가 수반된다. 그럴 때 어떻게 반응할지 이미 결심이 서 있어야 한다. 예수님을 따르는 대가를 미리 알 수는 없으므로 단호히 이렇게 다짐해야 한다. "무슨 일이 닥칠지 다 모르지만 이것만은 안다. 나는 하나님의 뜻대로 행할지 말지를 결정할 권리를 포기한다. 무조건 그분의 뜻대로 한다."

• 순종

371

Dec.

19

하나님과 함께하는 용기

● 그의 남편 요셉은 의로운 사람이라 그를 드러내지 아니하고 가만히 끊고자 하여 이 일을 생각할 때에 주의 사자가 현몽하여 이르되 다윗의 자손 요셉아 네 아내 마리아 데려오기를 무서워하지 말라 그에게 잉태된 자는 성령으로 된 것이라 **마태복음 1:19-20**

누가복음 1장을 마태복음 1장과 비교해 보면 흥미롭다. 누가가 수태고지를 마리아의 관점에서 보았다면, 마태는 요셉의 관점에서 보았다. 요셉은 마리아가 자기와 무관하게 임신했음을 알았을 때 파혼할 작정이었다. 그런데 천사가 나타나, 원래대로 그녀와 결혼하라는 하나님의 메시지를 전했다. 수치와 명예 중심의 그 사회에서 마리아와 결혼하면 아이가 혼외자임을 동네 사람이 다 알게 된다는 것을 요셉은 알고 있었다. 그들도 날짜를 계산할 줄을 알았다. 사실 마리아의 친구들도 대부분 그녀의 혼전 임신을 알아차릴 것이다. 두 사람이 결혼 전에 성관계를 했거나 마리아가 정절을 저버렸음을 조만간 모두가 알게 될 텐데, 어느 경우든 그 문화의 도덕적, 사회적 규범에 어긋났다. 이들 부부는 그 사회에서 영원히 이류 시민이 되어 자녀까지도 따돌림당하거나 늘 수상히 여겨질 것이다.

그러니 요셉과 마리아가 "우리는 부르심에 응하여 이 아이를 받아들입니다. 무슨 일이 뒤따르든 감수하겠습니다"라며 주님의 말씀에 순종했다는 것은 어떤 의미일까? "우리와 함께 계시는 하나님"(마 1:23)을 말 그대로 둘 사이에 모시려면 무엇이 필요했을까? 그분과 함께 살려면 무엇이 필요할까? 본문이 보여 주는 답은 용기다. 무슨 일이 있더라도 기꺼이 그분의 뜻을 행하려는 자세다.

• 순종

우리와 함께 계시는 하나님

● 이 일을 생각할 때에 주의 사자가 현몽하여 이르되 다윗의 자손 요셉아 네 아내 마리아 데려오기를 무서워하지 말라 그에게 잉태된 자는 성령으로 된 것이라 **마태복음 1:20**

마태가 여러 모양으로 부각하는 크리스마스의 핵심 메시지가 있다. 예수님이 그저 위대한 스승이나 천상의 존재가 아니라 신, 곧 하나님 자신이라는 사실이다. 마태복음 1장 20절에 천사가 요셉에게 말했듯이 마리아의 태에서 자라난 생명은 인간에게서 온 것이 아니라 하늘 아버지에게서 왔다. 이렇게 요셉은 자신이 부차적 의미에서만 예수님의 아버지임을 깨닫는다. 마리아는 성령으로 잉태했으므로 예수님의 진짜 아버지는 하나님이시다.

예수님의 정체를 가장 직설적으로 진술한 곳은 마태복음 1장 23절이다. 마태는 이사야 7장 14절을 인용하여 "처녀가 잉태하여 아들을 낳을 것이요 그의 이름은 임마누엘이라 하리라"라고 말한 뒤 "하나님이 우리와 함께 계시다"라는 뜻풀이를 덧붙였다. 유대인 종교 지도자들과 학자들은 이 예언을 안 지 수 세기가 지났지만 이를 문자적으로 받아들여야 한다는 생각은 하지 못했다. 그들이 믿기로 이 예언은 장차 올 어떤 위대한 지도자의 사역을 통해 하나님이 비유적으로 그 백성과 함께 계신다는 뜻이었다.

그러나 마태는 이 약속이 모두의 상상을 초월할 정도로 크다고 말한다. 이 약속은 비유가 아니라 문자 그대로 성취되었다. 예수 그리스도는 "우리와 함께 계시는 하나님"이시다. 마리아의 태에서 자라난 생명은 하나님이 친히 행하신 기적이었기 때문이다. 이 아이는 말 그대로 하나님이시다.

• 임마누엘

잘 듣고 전하라

● 그 지역에 목자들이 밤에 밖에서 자기 양 떼를 지키더니 주의 사자가 곁에 서고 주의 영광이 그들을 두루 비추매 크게 무서워하는지라 누가복음 2:8-9

　해마다 수많은 아이들이 크리스마스 연극에서 목자 역을 맡는다. 그만큼 목자들을 보면 자연스레 그리스도의 탄생이 떠오른다. 하지만 그들이 하는 일은 무엇인가? 어떤 역할을 하는 것일까? 불행히도 목자의 의미는 감상적인 것으로 변했다. 우리가 상상하는 그들은 아름다운 목가적 풍경과 털이 북슬북슬한 양 떼를 연상시킬 뿐이다. 하지만 그리스도의 탄생과 관련된 많은 사건 중에서 누가가 하필 이것을 고른 이유는 그것 때문이 아니다. 그는 우리에게 뭔가를 가르쳐 주려 했다. 마리아처럼 목자들도 천사의 메시지를 받았다. 이에 대한 반응으로 그들은 잘 들었고, 두려움을 극복했고, 세상에 나가 그 기쁜 소식을 사람들에게 전했다.

　예수님에 대해 천사들이 한 말을 들은 목자들은 직접 가서 그분을 보았고, 천사가 말한 것을 전했다(눅 2:15, 17). 그 결과 사람들이 목자들의 말을 듣고 "놀랍게 여겼으나" 믿었다는 기록은 없다. 이렇게 보면 메시지에 더 강하게 영향을 입은 쪽은 목자들이었다. "목자들은 … 듣고 본 그 모든 것으로 인하여 하나님께 영광을 돌리고 찬송하며 돌아가니라"(눅 2:20).

• 기쁜 소식

두려워하지 말라

● 천사가 이르되 무서워하지 말라 보라 내가 온 백성에게 미칠 큰 기쁨의 좋은 소식을 너희에게 전하노라 오늘 다윗의 동네에 너희를 위하여 구주가 나셨으니 곧 그리스도 주시니라
누가복음 2:10-11

누가복음 2장 10절의 전통적 번역은 "무서워하지 말라 보라 내가 … 좋은 소식을 너희에게 전하노라"인데 현대 역본은 대개 "보라"(behold)라는 말을 영어의 의고체(archaism; 일상에서 사용하지 않게 된 예스러운 표현 — 편집자) 표현으로 보고 생략한다. 하지만 성경의 헬라어 원문에 명백히 그 단어가 들어 있다. 천사의 말을 문자적으로 보면, "두려워하지 말라. 지각하라. 내가 너희에게 복음을 전하노라"이다. 보면 두렵지 않게 된다는 것, 그게 원리다. 시간을 들여 복음의 메시지에 담긴 내용을 파악하면(보면), 그동안 당신 삶을 어둡게 지배하던 두려움이 사라질 것이다. 복음을 참으로 보는(응시하고, 깨닫고, 음미하고, 내면화하고, 기뻐하는) 정도만큼 두려움은 당신의 삶에서 힘을 잃을 것이다.

우리가 바라봐야 할 이 복음은 무엇인가? 기쁜 소식은 무엇인가? 구주가 나셨다는 사실이다. 거부당할 것과 실패에 대한 두려움을 극복하고 그분의 사랑으로 충만해지고 싶다면, 그분을 당신의 구주로 의지해야 한다.

우리가 가장 두려워하는 일, 곧 통제권을 내려놓는 일은 어떤가? 어떻게 우리 삶을 그분께 맡길 수 있는가? 답은 구유 안의 어린 아기가 전능하신 그리스도 주라는 사실에 있다. 하나님의 전능하신 아들이 당신을 위해 철저히 통제권을 잃으셨으니 당신도 그분을 신뢰할 수 있다.

보라! 당신을 위해 그렇게까지 하신 분을 신뢰하지 않겠는가? 지금도 천사는 "네 모든 두려움에서 벗어나고 싶은가? 그러면 그분이 하신 일을 보라"라고 외친다. 당신이 그것을 보고 깨닫고 마음에 새기어 생각하는 정도만큼 두려움이 물러가기 시작할 것이다. 두려워하지 말라! 보라!

• 전능하신 주

마음에 새기고 생각하라

● 마리아는 이 모든 말을 마음에 새기어 생각하니라 　누가복음 2:19

마리아는 들은 내용을 생각했을 뿐 아니라 "마음에 새기었다". 이는 정서나 마음과 관계가 깊은 표현으로 뭔가를 생생히 간직하거나 음미한다는 뜻이다. 마리아는 하나님의 말씀을 머리로만 이해하려 한 게 아니라 내면 깊이 받아들여 즐기고 누렸다. 마음에 새기는 일은 기술이라기보다 태도다.

성경 다른 곳에는 그것을 "주의 말씀을 내 마음에 두었나이다"(시 119:11)라고 표현했다. 메시지를 마음으로 받는다는 말은 해석에서 그치지 않고 깊이 영향을 입는다는 뜻이다. 어떤 의미에서는, 자신에게 설교하여, 지금 새기고 있는 특정한 진리의 소중함과 가치와 경이로움과 능력을 상기한다는 뜻이다. 자신에게 이렇게 묻는 것이다. '마음 깊은 데서부터 정말 이렇게 믿는다면 내 삶은 어떻게 달라질까? 내 사고와 감정과 행동은 어떻게 달라질까? 대인관계는 어떻게 달라질까? 기도 생활은, 하나님을 향한 감정과 태도는 어떻게 달라질까?'

하나님의 말씀을 생각하고 마음에 새기는 일, 이 두 가지를 다 하지 않으면 메시지를 참으로 들을 수 없다. 한 귀로 흘려들을 뿐 머리와 마음으로는 듣지 못한다. 메시지가 속으로 배어들지 않으니 당신에게 위로나 확신이나 변화를 가져다줄 리도 없다.

• 하나님 말씀

우리는 희망이 있다

● 아들을 낳으리니 이름을 예수라 하라 이는 그가 자기 백성을 그들의 죄에서 구원할 자이심
이라 하니라 마태복음 1:21

　　예수님이 하나님이시라는 주장은 우리에게 최고의 희망을 준다. 이는 지
금 사는 세상이 전부가 아니고, 죽음 후에도 삶과 사랑이 있으며, 언젠가 악
과 고난이 끝난다는 뜻이다. 끝없는 문제에도 불구하고 세상에 희망이 있을
뿐 아니라, 끝없는 실패에도 불구하고 당신과 내게도 희망이 있다는 뜻이다.

　　하나님이 거룩하기만 하신 분이라면 군이 예수 그리스도를 통해 우리에
게 내려오지 않으셨을 것이다. 그냥 우리 스스로 분발해서 거룩하고 착해짐
으로써 그분과의 관계를 얻어 내라고 요구하셨을 것이다. 반대로 하나님이
'뭐든 다 받아 주는 사랑의 신'이라면 군이 이 땅에 오실 필요가 없었을 것이
다. 죄와 악을 묵과하고 무조건 우리를 품어 주는 이런 신은 현대인들이 지
어낸 것이다. 도덕주의의 하나님이나 상대주의의 하나님이라면 크리스마스
의 수고를 감수하지 않았을 것이다.

　　그러나 성경의 하나님은 무한히 거룩하신 분이다. 그래서 우리의 죄는
묵과될 수 없고 반드시 처리되어야 한다. 그분은 또한 사랑이 무한하신 분이
다. 그래서 우리 쪽에서 그분께로 올라갈 수 없음을 아시고 그분이 우리에게
로 내려오셨다. 하나님이 친히 오셔서 우리가 할 수 없는 일을 해 주셔야 했
다. 그분은 누구를 대신 보내지 않으신다. 위원회 보고서나 설교자를 보내
우리의 힘과 애씀으로 구원받을 수 있도록 조건을 제시하시는 게 아니다. 그
분이 직접 오셔서 우리를 데려가신다.

　　크리스마스는 당신과 내게도 얼마든지 희망이 있음을 말해 준다.

• 구원

우리 중 하나가 되신 하나님

● 오히려 자기를 비워 종의 형체를 가지사 사람들과 같이 되셨고 빌립보서 2:7

예수님은 우리 중 하나이시다. 즉 인간이시다. 성육신과 크리스마스 교리는 예수께서 온전히 참하나님이심과 동시에 온전히 참인간이시라는 것이다. 성육신은 우주를 가르고 역사를 뒤바꾸고 삶을 변화시키고 기존의 틀을 깨뜨리는 궁극의 역사적 사건이다.

그러나 이토록 높고 멀기만 한 진리 앞에서 우리가 던져야 할 질문이 있다. "하나님이 온전한 인간이 되셨기에 우리가 실제로 살아가는 방식은 어떻게 달라지는가?"

그리스도인들은 빌립보서 2장 5-11절 같은 본문들을 역사적으로 다음과 같은 가르침으로 이해해 왔다. 즉 하나님의 아들은 인간이 되실 때 신성을 잃지 않고 여전히 하나님이셨으나 자신의 영광, 곧 신으로서의 특권을 버리셨다. 그분은 연약하고 평범해지셨다. 권력과 아름다움을 잃으셨다. "고운 모양도 없고 풍채도 없은즉 우리가 보기에 흠모할 만한 아름다운 것이 없도다"(사 53:2). 다윗과 모세는 하나님의 아름다움과 영광을 말했으나 이사야에 따르면 성육신하신 메시아는 인간적인 매력이나 아름다움조차 없었다.

이것은 그리스도인들에게 어떤 의미인가? 바울은 그들에게 성육신을 본받아 살라고 명했다(빌 2:5-8). 그리스도인이라면 외적인 조건을 마냥 동경해서는 안 된다는 뜻이다. 하나님이 인간이 되어 자신의 영광을 비우셨다는 사실은 당신도 권력 있고 호화로운 사람들, 인맥이 넓어 당신의 앞길을 터 줄 수 있는 사람들하고만 어울리려 해서는 안 된다는 뜻이다. 오히려 권력과 아름다움과 돈이 없는 사람들에게 기꺼이 다가가야 한다. 그것이 크리스마스 정신이다. 하나님이 우리 중 하나가 되셨기 때문이다.

• 성육신

Dec. 26

즉시 용서하라

● 서서 기도할 때에 아무에게나 혐의가 있거든 용서하라 그리하여야 하늘에 계신 너희 아버지 께서도 너희 허물을 사하여 주시리라 하시니라   마가복음 11:25

예수님 당시에는 서서 기도하는 게 관행이었다(왕상 8:14, 22; 느 9:4; 시 134:1; 눅 18:11, 13). 기도하다가 누군가의 혐의를 알게 되었거나 기억나거든 즉석에서 용서해야 한다. 학자들의 지적처럼 본문의 "용서하라"(헬라어로 '아피에 테'[aphiete])라는 단어는 최고의 강조 용법인 현재 시제 명령법이다.[113]

예수님은 "그리하여야 하늘에 계신 너희 아버지께서도 너희 허물을 사하여 주시리라"라고 덧붙이신다. 다시금 기억해야 하거니와, 이것은 우리가 용서해야 그 대가로 하나님이 우리를 용서하신다는 의미가 절대 아니다. 이 말씀은 용서할 마음이 없다면, 그것은 아직 당신이 하나님의 값없는 은혜를 이해하고 받아들이지 않았다는 증거라는 뜻이다. 어쩌면 당신은 하나님 앞에서 통회하고 돌이킴으로써 그분의 은총을 얻어 냈다고 생각했을지도 모른다. 자신의 가책과 수치심을 일종의 '선행'으로 내세워 그분께 당신이 생각하는 부채감을 안겨 드렸을 수도 있다. 당신이 그런 식으로 감정적 은혜만 경험하고 실제로 하나님의 값없는 용서와 자비를 받아들이지 않았다면, 그것의 확실한 증거가 바로 다른 사람을 용서하지 못하는 마음이다. 자신이 잃어 버린 양의 상태임을 인정하면 겸손해지고 자신이 그리스도 안에서 받아들여 졌음을 알면 기쁠 수밖에 없는데, 그 겸손과 기쁨이 전혀 없는 것이다.

자신도 똑같이 정죄받아 마땅한 존재로 보는 겸손, 그리고 자신의 신분이 그리스도께 사랑받는 존재임을 아는 기쁨, 이 두 마음이 없으면 복수심을 버리는 것이 불가능하다. 예수님의 요지는 아직 누군가를 용서하지 않았음을 깨닫거든 즉시 용서하라는 것이다.

• 겸손과 기쁨

경고하고, 용서하라

- 너희는 스스로 조심하라 만일 네 형제가 죄를 범하거든 경고하고 회개하거든 용서하라 만일 하루에 일곱 번이라도 네게 죄를 짓고 일곱 번 네게 돌아와 내가 회개하노라 하거든 너는 용서하라 하시더라 **누가복음 17:3-4**

마가복음 11장 25절의 "아무에게나 혐의가 있거든 용서하라 그리하여야 하늘에 계신 너희 아버지께서도 너희 허물을 사하여 주시리라"는 본문만 따로 떼어 놓고 보면 '값싼 은혜' 용서 모델을 지지하는 듯 보인다. 그 모델은 피해자의 분노를 떨쳐 버리는 것만 강조할 뿐, 가해자의 변화와 관련된 대책은 없다. 그런데 누가복음 17장 3-4절에서 예수님이 하신 말씀은, 기도하다 말고 곧바로 용서하라는 그분 자신의 명령과 모순되어 보인다.

이 말씀에는 두 가지 책임이 제시되어 있다. 첫째, 어떤 사람이 '당신에게' 죄를 범하거든 경고하라. 아무의 죄나 보이는 대로 다 지적해야 한다는 뜻이 아니다. 갈라디아서 6장 1절과 데살로니가전서 5장 14절에 관련 지침이 나와 있다. 이 구절은 죄를 통틀어서 말하는 게 아니다. 예수님의 말씀은 '당신에게' 죄를 범했을 때 경고해야 한다는 것이다. "경고하고"라는 단어는 잘못을 지적한다는 뜻이다. 상대가 회개할 경우, 당신의 두 번째 책임은 용서하는 것이다.

우선 이 본문에서 우리는 잘못을 지적할 책임과 용서할 책임이 똑같이 우리에게 주어져 있음을 배운다. 그런데 실제로 인간의 기질상 성령의 도움 없이는 그런 균형을 유지할 수 있는 사람은 거의 없다. 대체로 우리는 용서하기보다 지적하고 따지기에 더 빠르거나, 반대로 지적하기보다 용서하고 잊기에 더 빠르다. 우리의 용서가 더디거나 마지못한 것이어서는 안 된다.

• 성령의 도움

용서하고, 화해하라

- 너희는 하나님의 은혜에 이르지 못하는 자가 없도록 하고 또 쓴 뿌리가 나서 괴롭게 하여 많은 사람이 이로 말미암아 더럽게 되지 않게 하며 **히브리서 12:15**

마가복음 11장과 누가복음 17장의 용서에 관한 다른 지시가 어떻게 다 진리일 수 있을까? 답은 용서라는 단어가 두 개의 본문에서 다소 다른 의미로 쓰였다는 것이다. "용서하라"라는 말씀이 마가복음 11장에서는 복수하지 않겠다는 속마음을 뜻하는 반면, 누가복음 17장에서는 상대와 화해한다는 뜻이다. 이처럼 어떤 용서는 내면에서만 이루어지고, 어떤 용서는 외부로 표출되어 관계의 화해를 모색하는 데까지 이른다. "형제와 화목하고"(마 5:24). "네 형제가 죄를 범하거든 가서 너와 그 사람과만 상대하여 권고하라 만일 들으면 네가 네 형제를 얻은 것이요"(마 18:15). 어느 경우든 피해자는 마음으로 용서해야 한다. 화해는 가해자가 자신의 잘못을 인정하고 회개하는지에 달려 있다. 전자를 "태도상의 용서", 후자를 "화해하는 용서"라 칭하기도 한다.[114]

이것은 용서의 두 종류가 아니라, 용서의 두 측면이자 단계다. 앞서 말한 용서는 늘 필수지만, 후자의 용서는 가능하되 항상 그렇지는 않다. 태도상의 용서는 화해 없이도 가능하지만, 화해는 태도상의 용서가 먼저 이루어지지 않고는 불가능하다. 누가복음 17장의 피해자가 속으로 용서하지 않았다면 어떻게 화해에 마음을 열겠는가? 피해자가 화해에 마음을 열려면, 먼저 어떻게든 마음으로 용서해야 한다. 가해자 쪽에서 회개할 의사가 없다고 해서 그것이 피해자가 계속 원한을 품고 있을 구실이 되는 건 아니다. 성경에 나와 있듯이 그런 쓴 뿌리는 결국 영혼의 독소가 된다(히 12:15).

• 쓴 뿌리

원수를 사랑하라

● 나는 너희에게 이르노니 너희 원수를 사랑하며 너희를 박해하는 자를 위하여 기도하라 이같이 한즉 하늘에 계신 너희 아버지의 아들이 되리니 이는 하나님이 그 해를 악인과 선인에게 비추시며 비를 의로운 자와 불의한 자에게 내려주심이라 마태복음 5:44-45

"네 이웃을 사랑하고(레 19:18 인용) 네 원수를 미워하라 하였다는 것을 너희가 들었으나"(마 5:43). 물론 이스라엘 사람들은 "이웃"이란 단어를 나라도 같고 종교도 같은 자신의 동족으로만 해석했다. 외부인은 이웃으로 여기지 않고 배제했다. 생각이 그렇다 보니 이웃을 사랑하라는 명령 또한 같은 민족, 같은 종교의 사람에게만 해당하는 것으로 받아들였다.

그러나 이제 예수님은 "네 이웃을 사랑하라"라는 명령을 그렇게 해석해서는 안 된다고 말씀하신다. 선한 사마리아인 비유에서 예수님은 누구나 우리의 이웃이라고 가르치셨다(눅 10:25-37). 비유 속의 '선한 이웃'은 자신과 종교도 다르고 민족도 다른 사람을 위해 위험을 무릅쓰고 희생적인 도움을 베풀었다. 여기 산상수훈에서 예수님은 그 점을 명시하신다.

예수님이 밝히 이르셨듯이, 그리스도인은 종교나 민족이 다른 사람까지도 미워하지 말고 모든 사람을 사랑해야 한다. 예수님은 "형제", 즉 동족에게만 문안해서는 안 된다고 제자들에게 명확하게 말씀하신다. 이스라엘의 전통적인 인사는 대개 포옹하면서 "샬롬"이라고 말하는 방식이었다. 샬롬은 만사형통과 평화를 뜻하는 단어다. 따라서 예수님의 말씀은 남을 잘되게 하려는 우리의 헌신을 각자의 집단과 민족, 심지어 기독교 공동체로 국한해서는 안 된다는 것이다. 종교적·민족적·도덕적·정치적으로 우리와 완전히 다른 사람에게도 우리는 두 팔을 벌리고 마음을 열어야 한다. 그들의 샬롬을 바라야 한다.

• 샬롬

<table>
<tr><td>

Dec.

_____

30

</td><td>

그리스도와 연합된 우리

</td></tr>
</table>

● 무릇 그리스도 예수와 합하여 세례를 받은 우리는 그의 죽으심과 합하여 세례를 받은 줄을 알지 못하느냐 그러므로 우리가 그의 죽으심과 합하여 세례를 받음으로 그와 함께 장사되었나니 이는 아버지의 영광으로 말미암아 그리스도를 죽은 자 가운데서 살리심과 같이 우리로 또한 새 생명 가운데서 행하게 하려 함이라 로마서 6:3-4

우리는 하나님의 용서하심과 받아들여 주심을 처음으로 받아들인 뒤에도 평생에 걸쳐 용서를 더 깊이 이해하고 새롭게 경험해야 한다. 하나님의 용서를 더욱 풍성하게 경험하는 두 번째 방법은 용서를 떠받치는 여러 교리를 계속 더 깊이 공부하는 것이다.

우리가 받은 모든 복을 아우르는 가장 포괄적인 주제는, 단연 우리가 예수님을 믿으면 법적으로나 실효적으로나 그분의 생명과 죽음(롬 6:1-4)과 승천(엡 2:6)에 연합한다는 개념일 것이다. 우리가 그분과 함께 죽었고 지금 그분과 함께 하늘에 앉아 있다는 말은 무슨 뜻일까? 찬송가 가사에도 있듯이 "나는 이것을 받아들이기에 너무 벅차다."

우리는 예수 그리스도와 온전히 연합되어 있어서 하나님은 우리를 보실 때 예수님을 보신다. 그리스도인은 이처럼 그리스도와 하나라서 마치 죄 때문에 우리가 이미 죽고 부활한 것처럼 용서받았다. 우리가 그분과 온전히 하나여서 아버지는 우리를 보실 때 마치 그리스도의 모든 영광과 명예를 우리가 누릴 자격이 있는 것처럼 대하신다. 바울은 신약성경에 우리가 "그리스도 안에" 또는 "그 안에" 있다는 말을 160번도 넘게 했고, 자신을 칭할 때도 "그리스도 안에 있는 한 사람"(고후 12:2)이라는 표현을 사용했다. 이 진리가 바울의 자아상을 완전히 지배했듯이 우리도 똑같이 그래야 한다.

• 그리스도 안에

사랑으로 나아가라

- 그 동네에 죄를 지은 한 여자가 있어 예수께서 바리새인의 집에 앉아 계심을 알고 향유 담은 옥합을 가지고 와서 예수의 뒤로 그 발 곁에 서서 울며 눈물로 그 발을 적시고 자기 머리털로 닦고 그 발에 입 맞추고 향유를 부으니 누가복음 7:37-38

누가복음 7장을 보자. 예수님이 바리새인 시몬의 집 안뜰에서 식사하시던 중 "그 동네에 죄를 지은 한 여자"가 그분께 다가왔다. 이 문구는 매춘부를 완곡하게 표현한 말이다. 그녀는 무릎을 꿇고 울면서 헌신의 행위로 예수님의 발에 향유를 부었다. 그녀가 '죄인'임을 알아본 시몬은 예수님이 그녀를 피하지 않고 공공연한 사랑의 표현을 받아들이시는 것에 경악했다. 그러자 예수님은 두 채무자의 비유를 들려주셨다. 한 사람이 다른 사람보다 열 배를 더 빚진 상태였는데, 채권자는 두 사람의 빚을 모두 탕감해 주었다. "둘 중에 누가 그를 더 사랑하겠느냐"라는 예수님의 물음에 당연히 시몬은 더 많이 탕감받은 자라고 답했다(눅 7:40-43).

선지자 미가는 하나님이 "우리의 죄악을 발로 밟으시고 우리의 모든 죄를 깊은 바다에 던지"신다고 말했다(미 7:19). 네덜란드의 유명한 작가 코리 텐 붐은 하나님이 우리 죄를 심해에 던지신 뒤 '낚시 금지!'라는 팻말을 꽂으신다고 표현하곤 했다. 당신의 죄를 하나님이 해결하셨다. 그러니 거기로 되돌아가 다시 죄책감에 빠지지 말라. 사랑으로 나아가라.[115]

• 하나님의 해결

주

1. Debra Rienstra, *So Much More: An Invitation to Christian Spirituality* (Jossey-Bass, 2005), p. 41.

2. Flannery O'Connor, *Wise Blood: Three by Flannery O'Connor* (Signet, 1962), p. 16.

3. Rienstra, *So Much More,* p. 38.

4. Rebecca Pippert, *Hope Has Its Reasons* (Harper, 1990), Chapter 4, 'What Kind of God Gets Angry?'

5. Martin Luther, *A Commentary on St. Paul's Epistle to the Galatians* (James Clarke, 1953), p. 101.

6. Bruce K. Walke, *A Commentary on Micah* (Grand Rapids, MI: Eerdmans, 2007), p. 394.

7. Howard Peskett and Vinoth Ramachandra, *The Message of Mission: The Glory of Christ in All Time and Space* (Downers Grove, Ill.: InterVarsity Press, 2003), p. 113.

8. 다음을 보라. D. A. Carson, *The Gospel According to John* (Leicester, UK: InterVarsity Press, 1991), p. 227

9. Stanley Hauerwas, 'Sex and Politics: Betrand Russell and "Human Sexuality,"' *Christian Century*, April 19, 1978, 417-22.

10. 라틴어로 '자기 안으로 굽어 있음'을 뜻하는 단어로, 마르틴 루터가 인간의 죄 많은 본성을 묘사하는 데 사용한 용어다.

11. *Love in the Western World* (New York: Harper and Row, 1956), 300. Diogenes Allen, *Love: Christian Romance, Marriage, Friendship* (Eugene, OR, Wipf and Stock, 2006), p. 96에 인용됨.

12. P. T. O'Brien, *The Letter to the Ephesians* (Grand Rapids, MI: Eerdmans, 1999), pp. 109-10.

13. Moshe Halbertal and Avishai Margalit, in *Idolatry* (Cambridge, Mass.: Harvard University Press, 1992), p. 10.

14. C. S. Lewis, *The Problem of Pain* (HarperOne, 2001), p. 91.

15. 'How Firm a Foundation,' hymn by John Rippon, p. 1787.

16. Max Scheler, 'The Meaning of Suffering,' in *On Feeling, Knowing, and Valuing: Selected Writings*, ed. H. J. Bershady (University of Chicago Press, 1992), p. 111.

17. Ibid.

18. Aleksandr Solzhenitsyn, *The Gulag Archipelago 1918–1956* (Harper & Row, 1974).

19. Luc Ferry, *A Brief History of Thought: A Philosophical Guide to Living* (Harper, 2010), p. 63.

20. Ronald K. Rittgers, *The Reformation of Suffering: Pastoral Theology and Lay Piety in Late Medieval and Early Modern Germany* (Oxford University Press, 2012), p. 46에 인용됨.

21. Ambrose of Milan, *On the Death of Satyrus*. Rittgers, *Reformation of Suffering*, pp. 43-4에 인용됨.

22. Aleksandr Solzhenitsyn, *The Gulag Archipelago* (New York: HarperCollins, 2002) p. 312.

23. 'It Is Finished!', hymn by James Proctor.

24. J. K. Rowling, *Harry Potter and the Philosopher's Stone* (London: Bloomsbury, 1997), p. 216.

25. J. R. R. Tolkien, *The Letters of J. R. R. Tolkien*, ed. Humphrey Carpenter (1981), letter • 121. http://tolkien.cro.net/rings/sauron.html.에 인용됨

26. J. R. R. Tolkien, *The Return of the King* (New York: HarperCollins, 2004), pp. 1148-9.

27. Alvin Plantinga, 'Supralapsarianism, or "O Felix Culpa,"' in *Christian Faith and the Problem of Evil,* ed. Peter van Inwagen (Grand Rapids, MI: Eerdmans, 2004), p. 18.

28. 우리 모두가 '신자'인 이유에 대한 요약은 다음과 같다. Christian Smith, 'Believing Animals', *Moral Believing Animals: Human Personhood and Culture* (Oxford University Press, 2003).

29. Miroslav Volf, 'Soft Difference: Theological Refl ections on the Relation Between Church and Culture in 1 Peter', *Ex Auditu* 10 (1994): pp. 15-30.

30. 다음을 보라. C. S. Lewis's appendix, 'Illustrations of the Tao' in *The Abolition of Man* (Macmillan, 1947).

31. 다음을 보라. 'Christ's Agony', *The Works of Jonathan Edwards,* vol. 2, E. Hickman, ed. (Banner of Truth, 1972).

32. J. R. R. Tolkien, 'The Field of Cormallen', *The Return of the King* (various

editions).

33. 다음을 보라. Derek Kidner, *Psalms 1–2: An Introduction and Commentary* (Downers Grove, Ill.: InterVarsity Press, 1973), p. 161.

34. C. S. Lewis, *The Problem of Pain* (HarperOne, 2001), p. 157. 루이스는 조지 맥도널드(George MacDonald)를 인용한다.

35. Paul Ramsey, ed., *Ethical Writings: The Works of Jonathan Edwards,* vol. 8 (New Haven, CT: Yale University Press, 1989), pp. 403-36.

36. William G. T. Shedd, 'Introductory Essay' to Augustine's *On the Trinity, in A Select Library of the Nicene and Post-Nicene Fathers of the Christian Church,* ed. Philip Schaff, vol. 3 (Grand Rapids, MI: Eerdmans, 1979), p. 14.

37. J. Gresham Machen, *God Transcendent* (Carlisle, PA: Banner of Truth, 1982), 187-8.

38. Edmund P. Clowney in 'A Biblical Theology of Prayer,' in *Teach Us to Pray: Prayer in the Bible and the World,* ed. D. A. Carson (Eugene, OR: Wipf and Stock, 2002), p. 170.

39. Graeme Goldsworthy, *Prayer and the Knowledge of God* (Downers Grove, IL: InterVarsity, 2003), pp. 169-70.

40. 다음을 보라. Irene Howat and John Nicholls, *Streets Paved with Gold: The Story of London City Mission* (Fearn, Scotland: Christian Focus, 2003).

41. Mishnah (Sanhedrin 10.5), J. Daniel Hays, *From Every People and Nation: A Biblical Theology of Race* (Downers Grove, Ill.: InterVarsity Press, 2003), p. 50n에 인용됨.

42. Ben Witherington, *Work: A Kingdom Perspective on Labor* (Grand Rapids, MI: Eerdmans, 2011), p. 2.

43. Derek Kidner, *Genesis: An Introduction and Commentary* (Downers Grove, Ill.: InterVarsity Press, 1967), p. 61.

44. Alec Motyer, *Look to the Rock: An Old Testament Background to Our Understanding of Christ* (Kregel, 1996), p. 71.

45. Alec Motyer, *The Prophecy of Isaiah* (Downers Grove, Ill.: InterVarsity Press, 1993), p. 235.

46. Roy Clements, *Faithful Living in an Unfaithful World* (Downers Grove, Ill: InterVarsity Press, 1998), p. 153.

47. Reinhold Niebuhr, *The Nature and Destiny of Man: Volume I, Human Nature* (New York: Scribner, 1964), p. 189.

48. David Clarkson, 'Soul Idolatry Excludes Men from Heaven,' in *The Practical Works of David Clarkson,* Volume II (Edinburgh: James Nichol, 1865), pp. 299ff.

49. Clarkson, 'Soul Idolatry', p. 311.

50. Douglas J. Moo, *The Epistle to the Romans* (Grand Rapids, MI.: Eerdmans, 1996), p. 110.

51. Martin Luther, *Treatise Concerning Good Works* (1520), Parts X, XI.

52. W. R. Forrester, *Christian Vocation* (Scribner, 1953), p. 129, Albert C. Wolters, *Creation Regained: A Transforming View of the World* (Grand Rapids, MI: Eerdmans, 1985), p. 44에 인용됨.

53. 자유대학(Free University) 개관식, 카이퍼가 한 취임 연설에서 인용한 부분이다. *Abraham Kuyper: A Centennial Reader*, ed. James D. Bratt (Grand Rapids, MI: Eerdmans, 1998), p. 488에서 인용함.

54. D. Martyn Lloyd-Jones, *The Sons of God: An Exposition of Chapter 8:5–17* (Romans series) (Peabody, MA: Zondervan, 1974), pp. 275-399.

55. William H. Goold, ed., *The Works of John Owen,* vol. 9 (Carlisle, PA: Banner of Truth, 1967), p. 237.

56. John Murray, *Redemption: Accomplished and Applied* (Grand Rapids, MI: Eerdmans, 1955), pp. 169-70. 강조는 내가 한 것이다.

57. Austin Phelps, *The Still Hour: Or Communion with God* (Carlisle, PA: Banner of Truth, 1974), p. 9.

58. J. I. Packer, *Knowing God* (Downers Grove, IL: InterVarsity, 1993), pp. 39-40.

59. D. A. Carson, *The Gospel According to John*, Pillar New Testament Commentary series (Grand Rapids, MI: Eerdmans, 1991), pp. 496-7.

60. McNeill, *Calvin: Institutes*, 3.20.36., p. 899.

61. Martin Luther, "Personal Prayer Book," in *Luther's Works: Devotional Writings II*, ed. Gustav K. Wiencke, vol. 43 (Minneapolis: Fortress Press, 1968), 29.

62. Martin Luther, *Luther's Large Catechism*, trans. F. Samuel Janzow (St. Louis: Concordia, 1978), 84.

63. Augustine, Letter 130, trans. S. D. F. Salmond in *Nicene and Post-Nicene Fathers*, ed. Philip Schaff, chapter 12. (Buffalo, NY: Christian Literature Publishing Co., 1887). Revised and edited for New Advent by Kevin Knight. ⟨http://www.newadvent.org/fathers/1102130.htm⟩.

64. Augustine, 'Our Lord's Sermon on the Mount,' trans. S. D. F. Salmond, in *Nicene and Post-Nicene Fathers,* ed. Philip Schaff , vol. 6, 1886 (Electronic edition, Veritatis Splendor, 2012), 156.

65. Calvin, John. *Institutes of the Christian Religion.* Edited by John T. McNeill. Vol. 2. (Louisville, KY: Westminster John Knox Press, 1960), 3.20.42., p. 905.

66. Luther, 'Personal Prayer Book,' p. 32.

67. Luther, 'Personal Prayer Book,' p. 33.

68. Augustine, Letter 130, in Schaff, *Nicene and Post-Nicene Fathers*, chapter 12.

69. McNeill, *Calvin: Institutes*, 3.20.44., pp. 907-8.

70. *Luther's Large Catechism*, p. 92.

71. *Luther's Large Catechism*, p. 93.

72. Augustine, 'Our Lord's Sermon on the Mount,' in Schaff, *Nicene and Post-Nicene Fathers*, p. 167.

73. McNeill, *Calvin: Institutes*, 3.20.46., p. 913.

74. McNeill, *Calvin: Institutes*, 3.20.46., p. 913.

75. *Luther's Large Catechism*, p. 96-7.

76. Augustine, Letter 130, in Schaff, *Nicene and Post-Nicene Fathers*, chapter 12. 아우구스티누스의 다음 글도 보라. 'Our Lord's Sermon on the Mount,' p. 171.

77. C. S. Lewis, *The Four Loves* (New York: Harcourt, 1960), p. 61.

78. Ibid., p. 62.

79. Peter Adam, *Speaking God's Words: A Practical Theology of Preaching* (Vancouver, British Columbia: Regent College Publishing, 1996), p. 59.

80. Ibid., p. 75.

81. Charles Spurgeon, 'Christ Precious to Believers' (sermon no. 242, March 13, 1859), in *The New Park Street Pulpit,* vol. 5 (repr., Pasadena, TX: Pilgrim Publications, 1975), p. 140.

82. Timothy Ward, *Words of Life: Scripture as the Living and Active Word of God* (Downers Grove, Ill.: InterVarsity Press, 2009), p. 25.

83. Ibid., p. 156.

84. 이 유명한 인용문의 원래 저자는 확실하지 않다.

85. *Agatha Christie's Miss Marple: The Body in the Library* (originally broadcast on B in 1984), available at: www.youtube.com/watch?v=crds2h4a3rk(28:00-9:20).

86. Gordon Wenham, *Genesis 1–15,* vol. 1, Word Biblical Commentary (Waco, Tex.: Word Books, 1987), p. 144.

87. Raymond C. Van Leeuwen, 'The Book of Proverbs', in *The New Interpreter's Bible*, vol. 5 (Nashville: Abingdon, 1997), p. 81.

88. Ibid., p. 185.

89. 시편 36:1의 이 번역은 C. S. 루이스가 *The Screwtape Letters* 서문과 *Screwtape Proposes a Toast* (1961)에서 사용했다. 다음을 보라. T. Longman, *Psalms: An Introduction and Commentary*, Tyndale Old Testament Commentaries, vols. 15-6 (Downers Grove, Ill.: InterVarsity Press, 2014), p. 175.

90. Derek Kidner, *The Proverbs: An Introduction and Commentary* (Downers Grove, Ill.: InterVarsity Press, 1972), p. 104.

91. Van Leeuwen, 'Book of Proverbs,' p. 145.

92. Francis Schaeffer, *The Church Before the Watching World* (Downers Grove, IL: InterVarsity Press, 1971).

93. Jacques Ellul, *The Judgment of Jonah* (Grand Rapids, MI: Eerdmans, 1971), pp. 72-3.

94. James Bruckner, *The NIV Application Commentary: Jonah, Nahum, Habakkuk, Zephaniah* (Grand Rapids, MI: Zondervan, 2004), pp. 116 and 7n.

95. Wendell Berry, 'Sex, Economy, Freedom, and Community,' *Sex, Economy, Freedom, and Community* (New York: Pantheon, 1993), 119.

96. C. S. Lewis, *The Four Loves* (New York: HarperCollins, 2017), p. 157.

97. Sam Allberry, *Lifted: Experiencing the Resurrection Life* (Phillipsburg, NJ: Presbyterian and Reformed, 2012), pp. 15-16.

98. Christopher Watkin, *Michel Foucault* (Phillipsburg, NJ: Presbyterian and Reformed, 2018), p. 81.

99. John Polkinghorne, *The Faith of a Physicist* (Princeton, NJ: Princeton University Press, 2016), p. 115.

100. N. T. Wright, *The Resurrection of the Son of God: Christian Origins and the Question of God,* vol. 3 (Minneapolis: Fortress Press, 2003), p. 605.

101. From 'Preface to the Complete Edition of Luther's Latin Writings (1595),' in Timothy F. Lull and William R. Russell, eds, *Martin Luther's Basic Theological Writings,* 3rd edition (Fortress Press, 2012), p. 497.

102. 탈무드의 이 부분은 다음에서 찾을 수 있다. www.sefaria.org/Yoma.86b?lang=bi.

103. R. T. France, *The Gospel of Matthew* (Grand Rapids, MI: Eerdmans, 2007), p. 705.

104. C. S. Lewis, 'The Invasion' in *Mere Christianity* (New York: MacMillan, 1958), p. 56.

105. 나는 이 질문의 언어를 현대적으로 고쳤다. 원래 질문은 다음에서 찾을 수 있다. William Williams, *The Experience Meeting* (Vancouver, BC: Regent College Publishing, 2003), pp. 34-6, 39-41.

106. D. Martyn Lloyd-Jones, *God's Ultimate Purpose: An Exposition of Ephesians 1:1 to 23* (Grand Rapids, MI: Baker Book House, 1978), p. 71.

107. John R. W. Stott, *The Cross of Christ* (Downers Grove, IL: InterVarsity Press, 1986), p. 160.

108. Gerhard Kittel, Gerhard Friedrich, and Geoffrey William Bromiley, *Theological Dictionary of the New Testament* (Grand Rapids, MI: Eerdmans, 1985), p. 231.

109. J. R. R. Tolkien, *The Return of the King* (1955; repr., New York: HarperCollins, 2004), pp. 1148-9.

110. William L. Lane, Word Biblical Commentary *Hebrews 1–8*, vol. 47 (Dallas, TX: Word Books, 1991), pp. 55-8.

111. Margaret N. Barnhouse, *That Man Barnhouse* (Carol Stream, IL: Tyndale House, 1983), p. 186.

112. 다음을 보라. Jonathan Edwards, 'Sermon Fifteen: Heaven Is a World of Love,' in *The Works of Jonathan Edwards*, WJE Online, Jonathan Edwards Center, Yale University.

113. Robert H. Gundry, *Mark: A Commentary on His Apology for the Cross*, vol. 2 (Grand Rapids, MI: Eerdmans, 1993), 649.

114. 여기에서 나는 용서의 두 측면에 대해 동일한 공식을 제시하는 다음 두 작가의 용어를 빌렸다. David Powlison, *Good and Angry: Redeeming Anger, Irritation, Complaining, and Bitterness* (Greensboro, NC: New Growth Press, 2016), pp. 84-7, and D. A. Carson, *Love in Hard Places* (Wheaton, IL: Crossway Books, 2002), p. 82.

115. R. T. France, *The Gospel of Matthew*, The New International Commentary on the New Testament (Grand Rapids, MI: Eerdmans, 2007), p. 224.